MÉTHODE SYNCHRONIQUE

POUR

L'ÉTUDE DE L'HISTOIRE

DES

PRINCIPAUX ÉTATS DE L'EUROPE

PAR

M. BESCHERELLE AINÉ

Bibliothécaire au Louvre,
Membre honoraire de l'Académie d'histoire et de Philologie d'Anvers
Auteur du DICTIONNAIRE NATIONAL
et du DICTIONNAIRE DE GÉOGRAPHIE UNIVERSELLE

ET

M. JOS. BERTAL

Collaborateur au DICTIONNAIRE DE GÉOGRAPHIE UNIVERSELLE

PARIS

CHEZ BORRANI ET DROZ, LIBRAIRES-ÉDITEURS
RUE DES SAINTS-PÈRES, N° 9

1852

PARIS — IMPRIMERIE DE J. CLAYE
7 RUE SAINT-BENOIT

EXPLICATION
DE LA MÉTHODE SYNCHRONIQUE

Depuis un grand nombre d'années, nous avons été appelés à vérifier les résultats des études de plusieurs élèves, et particulièrement leurs études historiques; il nous a été facile de remarquer chez ceux qui faisaient le plus d'honneur à leurs professeurs, que ces élèves savaient seulement, du moyen âge et de l'histoire moderne, ce qui a rapport à l'histoire de France; quant aux autres puissances, les noms seuls leur étaient connus.

Une seconde ignorance nous a frappés; c'est celle des mots : tout a changé avec les siècles, les hommes et les choses. Les expressions anciennes, ou sont oubliées ou n'ont plus aujourd'hui le même sens qu'elles avaient autrefois; et cependant on est obligé de les employer dans l'étude de l'histoire, d'où il résulte que les élèves, nous parlons de ceux qui se distinguent par leurs progrès, ignorent souvent la signification des expressions dont ils se servent. Nous avons demandé à plusieurs d'entre eux ce qu'on entendait par : *conseil aulique*, *heptarchie*, *exarchat*, *magistrats insolites*, *investiture par le sceptre* et *l'épée* et *investiture par la crosse* et *l'anneau*, *féodalité*, *fief*, etc. Nous avons demandé aussi à ces élèves comment ils s'expliquaient à eux-mêmes la *position géographique du royaume des Francs à l'époque de ses différents rois*; quels étaient *les peuples qui habitaient la Gaule devenue France*; nous avons bien rarement obtenu, sur ces différentes questions, une réponse satisfaisante.

Toutes ces choses cependant ont besoin d'être bien connues; c'est la clef de l'histoire, c'est son alphabet: les laisser ignorer aux élèves, ou les leur expliquer dans le courant d'un livre, au moment où la mémoire se préoccupe de conserver le souvenir des noms, des dates et des faits, c'est exposer les jeunes intelligences à se fatiguer sans retirer aucun fruit réel de leur laborieux travail.

Dans l'espoir d'éviter les divers inconvénients que notre expérience nous a fait observer sur ce sujet, nous avons d'abord essayé d'enseigner à quelques élèves l'histoire sur des bases telles que nous les comprenions, c'est-à-dire d'enseigner simultanément l'histoire de plusieurs puissances, après toutefois avoir fait apprendre aux élèves la signification exacte des mots qu'ils devaient rencontrer dans le cours des leçons.

Les succès remarquables que nous avons obtenus nous ont décidés à publier *cette méthode;* nous l'avons tracée, telle que nous en avons fait l'application, en *tableaux synchroniques* présentant au lecteur, *à la fois et sur un même plan*, les événements les plus remarquables des principaux États de l'Europe, et de manière à ce qu'il puisse les saisir d'un seul regard.

Ce mode d'enseignement a l'avantage de permettre aux élèves qui le suivent, d'apprendre l'histoire générale de l'Europe, en aussi peu de temps qu'ils en emploient d'ordinaire à graver dans leur mémoire une histoire séparée; en effet, les événements s'enchaînent d'une puissance à l'autre; on trouve, il est vrai, par ce système, des répétitions; mais ce qui serait un défaut dans un livre d'une haute portée, devient une qualité lorsqu'il s'adresse à la jeunesse toujours si disposée à oublier ce qu'elle doit retenir.

La France est prise pour base : nous partons de l'avénement de Clovis au trône des Francs, et nous arrivons jusqu'à l'année 1815.

Pour que cette méthode produise de bons résultats, *il faut que les élèves étudient les six tableaux simultanément*, puis on doit exiger ensuite *qu'ils fassent une composition sur ce qu'ils ont appris*. Ils devront retracer et enchaîner les événements arrivés à la même époque chez plusieurs peuples. C'est afin d'aider les familles, qui veulent instruire elles-mêmes leurs enfants, que nous avons tracé un *modèle de composition* qui se trouve au commencement de ce livre.

De plus, *un dictionnaire* donne aux élèves *l'explication de tous les mots peu usités* qu'ils sont appelés à rencontrer dans le cours de leurs études historiques.

Nous avons cru devoir faire précéder notre premier tableau d'une courte introduction; dans laquelle nous expliquons l'origine des différents peuples qui se sont établis sur les débris de l'Empire romain.

L'histoire sainte étant l'histoire de notre religion, nous la supposons bien connue de nos lecteurs; c'est pourquoi, dans les quelques mots de notre introduction qui précèdent l'avénement de Notre-Seigneur Jésus-Christ sur la terre, nous n'avons pas voulu parler de grand événement du chrétien; pensant qu'il ne doit jamais être indiqué dans un livre par un simple mot, comme pour rappeler un souvenir ordinaire; nous aimons à le rencontrer entouré de respect, de sainteté, tel enfin qu'il est décrit dans l'Histoire sainte.

Cette méthode *est précédée d'un modèle de composition* appliqué aux faits historiques et suivi *d'un dictionnaire historique, géographique; ce dictionnaire contiendra aussi la biographie des principaux historiens et des grands hommes de tous les pays anciens et modernes.*

APPLICATION DE FAITS HISTORIQUES

A UN MODÈLE DE COMPOSITION SUR UNE PARTIE DU XIe SIÈCLE

La régence de Beaudoin, comte de Flandre, venait de finir, et Philippe Ier, âgé de 15 ans seulement, fut mis à la tête des affaires de l'État. Dans un royaume comme la France, où les femmes ne règnent pas, et où par conséquent les mères sont inhabiles à remplir le trône en attendant la majorité des fils, la régence est un fait important, c'est une tutelle confiée par le vœu de la nation au prince ordinairement le plus rapproché par sa naissance des degrés du trône. Il y a des exemples qui prouvent le danger de ces délégations temporaires; quelques régents ont préféré usurper une royauté dont ils ne jouissaient qu'à titre de lieutenant, que d'attendre d'en être investis plus tard par l'effet naturel de leur bon droit. Philippe Ier n'eut pas à se plaindre d'un pareil excès d'ambition de la part de Beaudoin. Il est même à remarquer que Philippe monta sur le trône à un âge où, selon quelques auteurs, ce droit aurait dû lui être contesté. Son avénement précoce à la royauté est un exemple, parmi beaucoup d'autres, de l'indécision des lois réglementaires de la majorité en France. La mort de Beaudoin fut le terme de la minorité de Philippe Ier, dont le long règne fut témoin de plus de faits mémorables qu'il n'en accomplit pour sa propre gloire; sa durée fut son principal mérite. Pendant ce règne, l'Europe éprouva des secousses dont les traces ne sont pas encore effacées, tant elles remuèrent les institutions politiques et religieuses. Les querelles d'Henri IV, empereur d'Allemagne, et de Grégoire VII ne sont pas de faibles événements. Aux prises pour des questions d'investiture, c'est-à-dire pour savoir à qui des deux appartiendrait le droit de conférer les dignités ecclésiastiques, Grégoire VII anathématise Henri IV, qui de son côté assemble un conseil pour faire déposer Grégoire VII; des armées se mettent en marche, d'autres souverains prennent parti, selon leurs passions, pour ou contre l'empereur et le pape, et des luttes sanglantes s'engagent, au milieu desquelles disparaît souvent le premier motif de cette conflagration universelle.

Quoique bien loin d'offrir tous les caractères de la scission éclatante qui eut lieu au xvie siècle, entre l'Allemagne et l'Italie, cette rupture entre un empereur et un pape, entre Grégoire VII, avide de retenir le monde par les liens d'une hiérarchie religieuse, et Henri IV, jaloux de l'en délivrer, mais peut-être de l'en délivrer au profit de son autorité impériale; cette rupture prépare les voies à la réforme luthérienne. Henri IV, c'est la réforme, moins l'énergie de Luther; Grégoire VII, c'est le catholicisme, plus la force de volonté que n'eut pas Léon X.

Fils d'un charpentier, nommé Bonizone, Grégoire VII passa de l'obscurité de sa condition à l'humilité de moine, après avoir nourri son esprit de fortes études à l'abbaye de Cluny, institution religieuse et enseignante dont la célébrité a duré des siècles. Alexandre II, distinguant le premier les rares qualités de Grégoire, l'envoya comme négociateur politique, à la cour d'Agnès, mère d'Henri IV, cet empereur dont il tourmenta le règne avec tant d'acharnement; il se fit aussi représenter par lui aux conciles de Lyon et de Tours. Il déploya dans ces assemblées, où se réunissaient les hommes éminents de l'époque pour décider les questions les plus difficiles de législation et de doctrine, son vaste savoir et les ressources de son génie dominateur; il réforma beaucoup d'églises, c'est-à-dire, en langue canonique, qu'il détruisit certains vices dans la partie administrative des monastères. Italien dans toute l'acception du mot, il ne permit jamais à la faction allemande d'approcher des marches du trône papal. C'est lui qui y fit monter, par son ascendant et son habileté, Nicolas II et Alexandre II, auxquels il succéda. Lorsqu'il eut la tiare sur la tête, son premier acte fut de déclarer à l'empereur Henri IV la résolution où il était de sévir contre ses mœurs, et surtout contre les empiétements dont il se rendait coupable envers l'Empire romain. Henri IV ne s'arrêta pas d'abord à ce défi, il l'accepta plus tard; mais il eut lieu de se repentir pendant son règne et pour tout le reste de sa vie de s'être engagé dans la lutte. Quelle énergie il devait y avoir dans l'âme de Grégoire VII, pour en montrer une si brûlante et si continue à un âge où d'ordinaire le sang refroidi ne connaît plus l'envie et s'endort dans le repos. Hildebrand avait soixante ans lorsqu'il fut nommé pape, sous le titre de Grégoire VII; délicat, faible, disgracieux de corps, il triompha par la toute-puissance de son intelligence de ces torts de la nature; il excommunia, il fit la guerre, chassa des empereurs de leur trône, en appela pour les remplacer, força Henri IV à lui demander pardon, à lui jurer obéissance, à rester, pendant trois jours et trois nuits, dans la neige, au milieu de la cour du palais de Canossa. Il mourut à Palerme, le 24 mai 1085, après avoir occupé le siège pendant douze années. Son règne fut un combat; Grégoire VII prit au sérieux l'arme spirituelle, et il s'en servit comme d'un glaive d'extermination. Il triompha à la manière des conquérants; sa rentrée dans Rome, d'où Henri IV l'avait expulsé, n'eut lieu qu'après l'incendie de cette capitale. Ce cri résume sa vie : suprématie universelle sur la terre! Henri IV, chargé du plein pouvoir de tous les rois, répondit non à ce cri, et quoique toujours renouvelée, la prétention de Grégoire s'est brisée contre ce non, qui a prévalu.

Parmi ceux qui lui résistèrent avec le plus de ténacité, Guillaume le Conquérant ne doit pas être oublié. Avant de toucher à ses démêlés avec le pape, essayons de retrouver sous la poussière du passé les principaux traits de son beau caractère historique. Trop occupé de plaisirs de cour, Philippe Ier, roi de France, ne pressentit pas le rôle qu'allait jouer son vassal, Guillaume, duc de Normandie, après la victoire d'Hastings. Cette victoire, une des plus mémorables, fit passer l'Angleterre des mains d'Harold dans celles de Guillaume, duc de Normandie, appelé, depuis, Guillaume le Conquérant. Harold, fils de Godwin, maître du pays placé au sud de la Tamise, fut le plus aventureux de ses frères, Sweyn, Tostig, Gurth et Lafwin ; le roi Édouard était son oncle, roi faible, qui laissa prendre aux Normands une autorité dont il fut durement puni. Ses neveux, les frères d'Harold, furent dépouillés du gouvernement de leur province, en faveur des Français, qui, à cette époque, 1051, affluèrent dans toute la Bretagne. Parmi eux se trouvait aussi Guillaume, fils de Robert, surnommé le Diable dans les traditions du pays. La mère de Guillaume était, dit-on, une jeune fille de Falaise, du nom d'Arlète, dont la beauté frappa le roi Robert, un jour que celle-ci lavait son linge dans un ruisseau. Guillaume était vif, sauvage, ombrageux, il ne pardonnait pas à ceux qui lui rappelaient avec ironie l'illégitimité de son origine. Son occupation était la guerre; ses loisirs étaient la chasse. Son voyage en Angleterre pendant le règne d'Édouard, fut un triomphe : sous un air d'indifférence, il calcula les partisans dont il pourrait disposer en sa faveur, s'il entreprenait jamais une invasion. Peu après ce voyage de

Guillaume; Godwin le Saxon et ses fils se réconcilièrent avec le roi Édouard, au grand effroi des Normands, avertis par cette alliance du sort qu'on leur préparait; ils s'exilèrent pour ne pas être chassés.

Quand l'influence des Normands fut abaissée sous l'autorité saxonne, Harold entreprit à son tour un voyage en Normandie, et il alla à Rouen où était la cour de Guillaume. Il est utile d'ajouter qu'il s'était rendu en Normandie, principalement pour réclamer deux otages confiés à Guillaume, l'un son frère, l'autre son neveu. Ce fut dans une entrevue d'Harold et de Guillaume, que celui-ci lui dit amicalement : « Quand Édouard était mon ami, il me promit de me faire hérilier de son royaume, si jamais il devenait roi d'Angleterre; Harold, aide-moi à réaliser sa promesse. » À cette proposition étrange, le neveu du roi Édouard ne sut répondre que par des faux-fuyants, que Guillaume feignit de prendre pour une adhésion. Il ajouta : « Puisque tu consens à me servir, fortifie Douvres, livre-le à mes soldats, donne ta sœur à l'un de mes barons, épouse ma fille Adèle, et continue à laisser sous ma garde un des otages que tu es venu reprendre. » Harold fut forcé de jurer qu'il exécuterait ce que Guillaume lui avait fait promettre par l'effet de la violence, violence honteuse, puisque Harold était son hôte.

Le retour d'Harold en Angleterre fut marqué par la mort du roi Édouard, qui le nomma son héritier au trône au lieu de Guillaume. On raconte que la fin du vieillard fut sinistre; dans ses rêves d'agonie, les malheurs de l'Angleterre se retraçaient, et éclataient en des prédictions fatales. Pour porter au dernier degré la fureur du peuple, une comète se montra; on sait que ces sortes d'apparitions produisaient toujours une impression profonde de découragement sur les esprits grossiers des temps passés. En apprenant la nouvelle de la mort du roi Édouard, et l'avénement d'Harold au trône d'Angleterre, Guillaume commença d'abord par rappeler à ce dernier ses serments; Harold lui répondit qu'obtenus de lui par la force il n'était pas tenu de les exécuter. Guillaume les lui mit ensuite sous les yeux l'un après l'autre, et quand il eut publiquement fait connaître que Harold refusait de se dégager même d'un seul, il jura de se venger dans l'année. Ce qu'il faut remarquer comme un fait caractéristique de l'époque, c'est que l'on fut généralement pour Guillaume contre Harold. Le serment n'admettait pas de discussion, n'importe la condition sous laquelle il avait été prêté.

Rome le pensait sans doute ainsi, et partageait à cet égard l'opinion du peuple, puisque le consistoire de Saint-Jean-de-Latran, présidé alors par Hildebrand, ce même Grégoire VII dont nous avons déjà parlé, autorisa le duc Guillaume à pénétrer à main armée en Angleterre, pour punir le parjure et l'usurpateur Harold. Rome lui envoya même une bannière bénie.

Que de promesses dut faire Guillaume pour entraîner avec lui les seigneurs et leurs vassaux normands! Domaines, bourgs, châteaux, évêchés, monastères, villes, il promettait tout, en effet, pourvu qu'on l'accompagnât bien armé et bien décidé à combattre.

Philippe, que Guillaume alla visiter à Saint-Germain, afin d'en obtenir des forces pour son entreprise, déclara, d'après les vœux de son conseil, qu'il n'aiderait en aucune manière les prétentions des Normands. Guillaume fut piqué du refus; mais il n'en poussa pas moins avec énergie les préparatifs de l'invasion. Le pillage fut promis à tout homme qui le suivrait; à cet appel, chaque province vomit des légions d'aventuriers. Ce fut entre la Seine et l'Orne, à l'embouchure de la Dive, que se rassemblèrent les vaisseaux destinés à opérer la descente en Angleterre. Le 27 septembre 1066, l'armée s'embarqua et les vaisseaux appareillèrent le lendemain, la flotte de Guillaume aborda près de Hastings. L'ordre du débarquement s'exécuta ainsi : les archers descendirent les premiers, ils furent suivis des pionniers, des charpentiers, des forgerons. Après beaucoup de messages inutiles entre Guillaume et Harold, les deux armées se mirent en présence. Ce dut être un instant d'enthousiasme enivrant que celui où un Normand, nommé Taillefer, sortit des rangs et s'élança sur les Anglais l'épée nue à la main, en entonnant le chant national de Charlemagne et de Roland. Les Anglais saxons furent vaincus; Harold et ses deux braves frères moururent couverts de gloire, laissant la postérité indécise de savoir s'il ne valait pas mieux mourir comme Harold que de vaincre comme Guillaume.

Guillaume se fit couronner dans l'abbaye de Westminster. Sa profonde politique l'engageant à prendre un masque, il se montra disposé à conserver les priviléges des principales villes. Tout en appliquant aux Anglais la sévérité dont il usait envers ses sujets normands, son affabilité, ses largesses, en tempéraient la rigueur; il sut ménager le clergé. On ignore pour quels motifs Guillaume quitta l'Angleterre trois mois après sa conquête pour se rendre en Normandie. L'odieux soupçon qu'il fit ce voyage dans le but d'exciter ses nouveaux sujets à une révolte, pour avoir le droit, au retour, d'exercer sur eux sa tyrannie, paraît révoltant et on ose à peine s'y arrêter. Cependant l'intelligence de Guillaume aurait dû lui faire deviner que sa domination était trop nouvelle pour que l'habitude l'eût sanctionnée. Ne comprenait-il pas que le calme de ses nouveaux États était dû en grande partie à la crainte que sa présence inspirait? Quoi qu'il en soit, le résultat de son départ fut une révolte : Guillaume revint promptement, réprima les factieux, et raffermit son pouvoir.

Plusieurs révoltes ayant suivi la première, Guillaume distribua presque tous les biens des nobles aux Normands. C'était changer la face politique de l'Angleterre; car ce sont les institutions qui altèrent ou améliorent le caractère national des peuples, et non les vicissitudes prévues ou fortuites des changements de règne.

Il est aisé de s'apercevoir, au peu de place qu'occupe dans ce récit l'histoire de Philippe Iᵉʳ, que son règne ne fut remarquable, comme nous l'avons déjà dit, que par sa coexistence avec de grands événements.

A peine le remarquerait-on sans l'excommunication que Grégoire lança sur la tête de Philippe Iᵉʳ, pour avoir répudié sa femme Berthe et épousé Bertrade. L'excommunication n'était pas alors une punition vaine et aussi légère à supporter que nos temps d'examen et d'indifférence religieuse le font quelquefois supposer : un roi excommunié était non-seulement détrôné de fait, mais il était hors du droit commun; peine de mort et malédiction céleste sur celui qui le défendait, le servait, ou le plaignait seulement. Sa vie appartenait au premier assassin envieux de sa vie et assez fanatisé pour croire mériter le ciel en la lui arrachant.

Cependant nous voyons Bertrade sur le trône de Philippe Iᵉʳ jusqu'à la mort de ce roi; sans doute Grégoire, trop occupé par Henri IV, ne put agir plus rigoureusement envers Philippe. Quand il voulut étendre son autorité sur Guillaume le Conquérant, il trouva un compétiteur capable de lui résister. Il refusa l'hommage et il défendit à ses évêques d'aller à un concile de Rome. Cependant il promit un synode à Winchester, pour établir le célibat des ecclésiastiques, consentant en outre à payer ce que l'on appelait le denier de saint Pierre (un écu par maison).

Au milieu de ses nombreux succès, Guillaume éprouva que le bonheur des rois n'est pas exempt de mélange. La révolte de Robert, son fils aîné, qui voulait être mis en possession de la Normandie fut, pour le Conquérant, un sujet d'affliction réel. Ce prince, soutenu en secret par Philippe Iᵉʳ, osa braver son père; à moitié vaincu, il se réfugia dans le château de Gerberoi en Beauvoisis, où il fut assiégé. Étant sorti un jour dans l'intention de se signaler contre le premier adversaire venu, selon la mode de la chevalerie, très en vogue à cette époque, ce fut contre son père qu'il se battit : leurs deux casques abaissés les rendaient inconnus l'un à l'autre. Robert eut le malheur de blesser son père; ses remords furent si grands qu'ils le corrigèrent pour toujours de son ambition, et la bonne intelligence se rétablit entre le père et le fils.

Guillaume, voyant ses États jouir d'une grande tranquillité, s'occupa d'exécuter un projet formé par le grand Alfred : il fit faire un dénombrement exact de toutes les terres et de leurs valeurs. On ne peut dire le degré de splendeur auquel il eût élevé son royaume, sans l'incident qui l'appela en France d'où il ne revint plus. Philippe Iᵉʳ, qui avait le défaut de railler, s'exerça un jour sur Guillaume; le roi d'Angleterre prit mal la plaisanterie, il passa en France avec une armée nombreuse, prit et brûla Mantes, et sans une chute de cheval qui le conduisit au tombeau, Philippe aurait pu payer cher son instant de gaieté. Les approches de la mort firent que Guillaume jugea plus sévèrement les différentes actions de sa vie; il pensa qu'il pouvait expier ses violences en prodiguant des largesses aux églises et aux monastères, bonnes œuvres qui coûtent si peu aux princes.

L'Espagne, à cette époque, n'était pas plus tranquille que les différentes puissances de l'Europe; des guerres intestines la divisaient : Ferdinand Iᵉʳ, qui par son mariage et la victoire qu'il avait remportée sur Bermude III roi de Léon, avait réuni la couronne de Castille et de Léon, venait de mourir et, consultant plutôt son amour paternel que la grandeur et le bonheur de son peuple, il avait partagé ses domaines entre ses enfants. Sancho l'aîné, hérita de la Castille; Alphonse le second, de Léon et des Asturies; la Galice et la partie du Portugal conquise par Ferdinand, formèrent un État indépendant pour Garcie son troisième fils; enfin ses filles Uraque et Elvire eurent en partage les cités de Zamora et de Toro, situées sur les rives du Duéro.

Lorsque Sanche connut le testament de son père, il considéra ce partage comme une violation de ses droits de primogéniture, il se battit contre son frère Alphonse VI; Sanche perdit dans cette bataille ses meilleurs soldats, la nuit seule sépara les combattants; mais, tandis que les troupes d'Alphonse étaient plongées dans le sommeil, leur camp fut assailli à l'improviste, et la confusion d'une attaque nocturne les livra sans défense à l'ennemi qu'ils croyaient vaincu. Alphonse prit la fuite et fut arrêté, on le dépouilla de ses domaines, mais on lui conserva la vie; le monastère de Sahagon lui fut assigné pour prison. Garcie, attaqué aussi par Sanche, chercha un asile à la cour du roi mahométan de Séville. La perfidie de Sanche le mit en possession des États de ses frères; bientôt, sous le prétexte que ses sœurs avaient secondé l'évasion d'Alphonse, qui s'était échappé du monastère de Sahagon, il voulut aussi les dépouiller; il n'eut pas honte de les attaquer. Toro, l'héritage d'Elvire, se soumit, mais Zamora résista; les habitants, excités par la présence d'Uraque et par son courage, surent défendre les droits de leur princesse contre un frère dont l'odieuse ambition ne pouvait être arrêtée par les liens sacrés de la nature; mais le bonheur rendit Sanche imprudent, et le fit tomber dans un piége qui lui fut tendu. Un officier de la garnison offrit de lui livrer la porte qu'il était chargé de défendre, le roi s'avança sans précaution; au moment même une détonation partit, et lorsque ses troupes approchèrent il était mort. On leva aussitôt le siége, les troupes qui y avaient été employées se dispersèrent, et le Cid fit transporter les restes de ce prince ambitieux dans le monastère d'Ossa. Uraque s'empressa de faire connaitre cette nouvelle à Alphonse : son message lui donnait de grandes espérances, auxquelles le roi exilé n'osait se livrer; mais la générosité du monarque maure le rassura promptement. Ali Mamon lui rendit la liberté sans le soumettre à aucune condition, les deux monarques se quittèrent en se jurant paix et amitié. Alphonse VI, arrivé à Zamora, reçut les félicitations des nobles de Léon et des Asturies. Les Castillans montrèrent moins d'empressement, ils exigèrent qu'à son arrivée à Burgos, Alphonse, avant de monter sur le trône, jurât qu'il n'avait point trempé dans l'assassinat de Sanche, son frère; cependant, au moment d'exécuter les conditions, personne n'osa les lui rappeler; le Cid fut le seul qui éleva la voix, parla au monarque de ses engagements, Alphonse s'y soumit; mais le Cid fut pour jamais exclu des conseils et de la faveur du roi.

MÉTHODE SYNCRONIQUE

POUR

L'ÉTUDE DE L'HISTOIRE

DES

PRINCIPAUX ÉTATS DE L'EUROPE

GAULE (FRANCE).

Selon les auteurs anciens, les Galls ou Celtes occupaient les vastes régions occidentales de l'Europe; ils donnèrent à ce pays le nom de Gaule. Avant la conquête des Romains, cette contrée n'avait pas de division géographique, elle ne formait pas un État. On ne pouvait la considérer que comme une vaste étendue de pays dont la nature avait tracé les limites. Deux chaînes de montagnes, deux mers et un large fleuve semblaient devoir la mettre à l'abri des invasions étrangères.

La Gaule, au IIe siècle avant Jésus-Christ, était divisée en quatre parties : la première était occupée par les Ibères (Ligures et Aquitains); la deuxième, par les Celtes ou Galls; la troisième, par des Germains (Kimris, Belges et Volces); la quatrième, par des Phocéens qui avaient fondé Marseille, sur le territoire des Ligures, au bord de la Méditerranée.

(154 av. J.-C.) Les Romains, appelés par les Phocéens qui voulaient se débarrasser des Ligures, passèrent les Alpes et soumirent la partie de la Gaule qui s'étendait depuis les Alpes jusqu'à Toulouse, et depuis la Méditerranée jusqu'à Genève. *(118 av. J.-C.)* Ils formèrent de ce pays une province romaine; Narbonne en fut la capitale. Lors de la conquête de Jules-César, la Gaule se divisait en deux parties : 1° la province romaine ou narbonnaise; 2° la Gaule libre ou chevelue; celle-ci était elle-même subdivisée : 1° en Belgique; 2° en Aquitaine; 3° en Gaule celtique. La Gaule celtique était séparée de la Belgique par la Marne et la Seine, de l'Aquitaine par la Garonne.

(50 av. J.-C.) César soumit le reste de la Gaule aux Romains, excepté toutefois les peuples des Alpes; mais il ne changea rien à la distribution des provinces.

Sous Auguste, la Gaule fut partagée en quatre grandes provinces : 1° en Narbonnaise (province romaine); 2° en Aquitaine; 3° en Lyonnaise (Gaule celtique); 4° en Belgique. Dans la Belgique, la rive gauche du Rhin fut subdivisée en Germanique supérieure et en Germanique inférieure.

Sous Constantin, ces quatre provinces furent subdivisées en dix-sept provinces.

La Narbonnaise fut partagée en cinq provinces; 1° la 1re *Narbonnaise*, ayant pour chef-lieu *Narbonne*; 2° la 2e *Narbonnaise*, ayant pour chef-lieu *Aix*; 3° la *Viennaise*, ayant pour chef-lieu *Vienne*; 4° les *Alpes grecques* ou *pennines*, ayant pour chef-lieu *Moutiers-en-Tarentaise*; 5° les *Alpes maritimes*, ayant pour chef-lieu *Embrun*.

L'Aquitaine fut partagée en trois provinces : 1° la 1re *Aquitaine*, ayant pour chef-lieu *Bourges*; 2° la 2e *Aquitaine*, ayant pour chef-lieu *Bordeaux*; 3° la *Novempopulanie*, ayant pour chef-lieu *Auch*.

La Lyonnaise, ou Gaule celtique, fut divisée en cinq provinces : 1° la 1re *Lyonnaise*, ayant pour chef-lieu *Lyon*; 2° la 2e *Lyonnaise*, ayant pour chef-lieu *Rouen*; 3° la 3e *Lyonnaise*, ayant pour chef-lieu *Tours*; 4° la 4e *Lyonnaise*, ayant pour chef-lieu *Sens*; 5° la *Grande Séquanaise*, ayant pour chef-lieu *Besançon*.

La Belgique fut divisée en quatre provinces : 1° la 1re *Belgique*, ayant pour chef-lieu *Trèves*; 2° la 2e *Belgique*, ayant pour chef-lieu *Reims*; 3° la *Germanique supérieure* ou 1re, ayant pour chef-lieu *Mayence*; 4° la *Germanique inférieure* ou 2e, ayant pour chef-lieu *Cologne*.

ESPAGNE.

Les Phéniciens furent les premiers qui découvrirent cette fertile contrée, comprise entre le détroit de Gibraltar et les Pyrénées, la Méditerranée et l'océan Atlantique, et qui lui donnèrent le nom d'Espagne. Plus de mille ans avant la naissance de Jésus-Christ, ils fondèrent, sur un promontoire de l'île de Léon, la ville de Gadès qui devint bientôt le centre du commerce.

(240 av. J.-C.) Après être restés plusieurs siècles paisibles possesseurs du territoire qu'ils avaient conquis, les Phéniciens furent contraints de combattre les tribus barbares qui habitaient la Bétique. Mais se voyant inférieurs à leurs ennemis, ils appelèrent à leur secours les Carthaginois qui étaient comme eux d'origine phénicienne. Les Carthaginois répondirent à leurs vœux, et peu de temps après la conclusion de la première guerre punique, Amilcar, père d'Annibal, débarqua à la tête d'une armée sur la côte d'Espagne la plus voisine de Carthage. Le pays où il aborda était une riche et fertile contrée, recélant dans son sein les plus précieux métaux, et habitée par de nombreuses tribus barbares et guerrières. C'étaient des Celtibériens, des Ibériens, des Lusitaniens, des Numantins et des Cantabres. Ces tribus obéissaient à des chefs différents; mais elles étaient unies par le même caractère, les mêmes mœurs, et comprenaient toutes la nécessité d'une défense mutuelle.

(228 av. J.-C.) Après neuf années de guerres presque continuelles et beaucoup de sang répandu, Amilcar subjugua la Bétique; il pénétra ensuite dans le pays des Lusitaniens et le soumit à sa puissance. Mais surpris sur les rives du Tago, le général carthaginois fut massacré par les Lusitaniens; Asdrubal, son gendre, lui succéda dans le commandement de l'armée. Moins guerrier qu'Amilcar, il était meilleur politique; il sut se concilier l'affection des peuples que son beau-père avait soumis à sa domination; mais il fut victime d'une vengeance particulière et périt assassiné comme Amilcar. Il *(220 av. J.-C.)* avait fondé Carthagène.

(219 av. J.-C.) Annibal, fils d'Amilcar, à peine âgé de vingt-cinq ans, était supérieur à son père et à son beau-frère, par ses talents militaires et par ses connaissances politiques. Il acheva l'œuvre qu'Amilcar et Asdrubal avaient commencée, et l'Espagne devint tributaire de Carthage.

(206 av. J.-C.) Après de nombreuses guerres avec Rome, Carthage succomba et l'Espagne demeura au pouvoir des vainqueurs. Les Romains partagèrent leur nouvelle conquête en deux provinces : en Espagne citérieure et en Espagne ultérieure. La première comprenait la partie septentrionale de la Péninsule, depuis les Pyrénées jusqu'à l'embouchure du Duéro; la deuxième était formée du reste de la Péninsule qui renfermait le Portugal, Grenade et l'Andalousie.

Mais les Espagnols ne tardèrent pas à se révolter, et ne furent complétement soumis que sous Auguste par Agrippa, qui réduisit l'Espagne à l'état de province romaine.

Auguste voulant donner une autre division à l'Espagne, en forma trois provinces qu'il appela Tarraconaise, Lusitanienne et Bétique. La Tarraconaise comprenait l'Espagne citérieure et embrassait les modernes contrées de la Galice, des Asturies, de la Biscaye, de la Navarre, de Léon, des deux Castilles, de Murcie, de Valence, de

BRETAGNE (ANGLETERRE).

La Bretagne était peu connue avant que Jules-César n'eût entrepris de la subjuguer; elle était habitée par les Bretons, peuple de la race celtique, sorti de l'Armorique.

Ce peuple vivait libre dans la plus profonde barbarie; ainsi que toutes les nations dans leur enfance, il se peignait le corps et se couvrait de peaux de bêtes. Cependant les Bretons qui habitaient le sud de la Bretagne, s'occupaient déjà d'agriculture, tandis que les autres, ne vivant que de pillage, menaient une vie errante et ne possédaient que leurs armes et leurs troupeaux.

Divisés en petits États, les Bretons étaient commandés par des chefs; mais seulement dans les expéditions militaires. Ils étaient sous la domination des Druides qui les gouvernaient par la superstition. Ces prêtres, arbitres de tous les différends, et juges dans toutes les affaires, soit civiles, soit criminelles, étaient respectés comme des oracles, et redoutés presque autant que les Dieux eux-mêmes.

(55 av. J.-C.) César, au retour d'une expédition en Germanie, jeta ses regards sur la Bretagne. Il débarqua dans ce pays et obtint quelques succès sur les Bretons. Ceux-ci feignirent de vouloir se soumettre; mais ils violèrent leur promesse aussitôt après le départ du général romain.

L'année suivante, César fit une nouvelle expédition en Bretagne et soumit encore les habitants en apparence. Mais dès que les vainqueurs furent partis, ces peuples ne tardèrent pas à se révolter, et jusqu'au règne de Claude, les Bretons respectèrent très-peu la domination romaine.

Deux généraux de l'empereur Claude vainquirent successivement les Bretons et subjuguèrent en partie la Bretagne. Ceux qui possédaient et cultivaient des terres se soumirent les premiers à la puissance de l'empire, et Claude alla lui-même recevoir leur hommage.

Cependant la Bretagne était loin d'être entièrement conquise; des révoltes continuelles forcèrent les Romains à réprimer sans cesse les Bretons. Sous le règne de Néron, Suétonius Paulinus attaqua l'île de Mona dont les Druides avaient fait leur principale retraite. Les Romains, après une vive résistance, détruisirent les autels et les bois sacrés, et brûlèrent les Druides.

Mais à peine les vainqueurs se furent-ils éloignés, que les Bretons, selon leur habitude,

DATES.	GERMANIE (ALLEMAGNE).	DATES.	OCCIDENT ET ORIENT.
113 av. J.-C. 102 av. J.-C.	L'ancienne Germanie occupait une plus vaste étendue de pays que l'Allemagne actuelle; elle était bornée par le Rhin, le Danube, la Vistule et l'Océan. Un grand nombre de peuples couvraient la surface de la Germanie, les Suèves, les Marcomans, les Quades, les Chérusques, les Saxons, les Cimbres, les Teutons, les Bataves, les Cattes, les Marses, les Chamaves, les Chauques, etc. Cette multitude de nations formait autant de peuples différents; mais le même caractère, les mêmes mœurs, la même religion, le même langage, les unissaient. Les Germains, presque entièrement sauvages, aimaient la vie nomade et la guerre, haïssaient le séjour des villes. Ils étaient sincères dans leurs affections, généreux dans leurs inimitiés, et surtout très-hospitaliers. Quoique très-fiers de leur indépendance individuelle, et malgré leur enthousiasme pour la liberté, l'inégalité des conditions s'introduisit de bonne heure chez les Germains. Il y eut des nobles, des hommes libres et des esclaves ou serfs. Le serf n'était tenu envers le maître qu'à une redevance en grains, en bestiaux, en étoffes; chaque esclave avait sa maison, sa famille. Quelques tribus de Germains avaient des rois qu'elles élisaient suivant leur noblesse, et des chefs de guerre qu'elles élisaient d'après leur valeur; mais la plupart de ces peuples étaient gouvernés par des assemblées d'hommes libres. Les dieux qu'ils adoraient étaient le soleil, la lune, la terre, le feu, les bois, les fleurs, parce qu'ils en recevaient les bienfaits. Les usages suppléèrent longtemps aux lois chez ces peuples; mais ces coutumes ne suffirent plus pour réprimer les violences, maintenir les droits de chacun et la tranquillité publique, lorsque la population et la propriété eurent produit des intérêts contraires. Dagobert I⁰ʳ entreprit plus tard cette réforme, et les nations germaniques eurent alors un code de justice. Rome, au faîte de la grandeur et de la gloire, projetait de soumettre l'univers entier à sa puissance, lorsque deux peuples germains, les Cimbres et les Teutons, vinrent menacer d'une ruine prochaine la République romaine. Les Barbares envahirent les pays voisins, s'approchèrent des terres des Romains et défirent trois armées consulaires. Les victoires des Barbares jetèrent Rome dans la consternation; on ne vit que Marius capable de sauver la patrie. Marius marcha contre eux et extermina les Teutons, près d'Aix en Provence; l'année suivante, les Cimbres, qui avaient passé les Alpes, eurent le même sort dans les plaines de Verceil. Depuis la destruction des Cimbres et des Teutons jusqu'à l'arrivée de César dans la Gaule, l'histoire de la Germanie est pleine de confusion. Nous reprenons cette histoire à cette dernière époque, où les faits historiques présentent plus d'ensemble et plus de clarté. Les Séquaniens avaient appelé à leur aide Arioviste, roi des Suèves, contre les Éduens, avec lesquels ils étaient en guerre. Arioviste procura la victoire aux Séquaniens; mais il s'établit en maître dans le pays des vaincus. Les Séquaniens, pour se délivrer de la tyrannie d'Arioviste qui les opprimait, résolurent alors d'appeler César à leur secours. Les Romains battirent les Suèves, et…	28 av. J.-C. 286 de l'ère chr. 330	Rome fut longtemps la maîtresse du monde; ses conquêtes s'étendirent en Europe sur toute la Gaule, l'Espagne, la Bretagne (Angleterre), et sur toute l'Italie; l'Afrique et l'Asie reconnurent aussi son pouvoir; mais les habitants des pays soumis ne jouissaient pas des droits politiques, réservés uniquement à ceux qui étaient nés dans la grande ville, appelée la ville éternelle. Le gouvernement de Rome était une république composée d'aristocratie et de démocratie; le premier pouvoir était exercé par un sénat héréditaire; le second, par le peuple. Le cadre que nous nous sommes imposé dans cet ouvrage, ne nous permet pas d'écrire l'histoire d'Italie à l'époque de la république romaine; nous ne pouvons pas davantage entrer dans les détails des vicissitudes de ce peuple, lors de la domination des empereurs romains; nous supposons toutes ces choses déjà connues de nos lecteurs. Cet exposé, très-restreint, sur l'empire d'Occident et sur l'empire d'Orient n'a pour but que de remémorer aux élèves les faits qui précèdent l'époque où commence notre premier tableau; et particulièrement de leur faire bien comprendre les différentes causes qui ont amené la ruine de l'empire d'Occident, ruine qui s'est opérée lentement et partiellement. Nous avons dit que les peuples conquis par les Romains n'avaient point le droit de cité; cependant, 665 ans après la fondation de Rome, dans un moment d'effervescence populaire, le sénat accorda le droit de cité à tous les peuples de l'Italie qui, dans ce moment-là, n'avaient point pris les armes contre Rome. Pendant le règne d'Auguste, la Gaule cisalpine fut entièrement incorporée à l'Italie; sous cet empereur, il n'y eut, dans toute la Péninsule italique, que des citoyens; il n'y avait plus de sujets. On vit alors surgir, des différentes provinces, des consuls, des généraux et d'autres magistrats supérieurs, qui rivalisaient de talents et de gloire avec les Romains. Les Romains, chez qui la vanité était excessive, souffrirent dans leur orgueil en voyant des étrangers jouir des avantages et des honneurs qu'ils croyaient seuls mériter. Il s'ensuivit que le patriotisme, autrefois si vivant chez les Romains, commença à s'affaiblir; de leur côté, les provinciaux perdirent au contact de cette ville, où régnaient le luxe et les plaisirs, les goûts simples et les vertus mâles qu'ils avaient conservés en vivant loin du centre de la corruption, et qui faisaient leur principale force, comme leur plus grand mérite. Le pouvoir impérial s'était établi dans la personne d'Auguste; son gouvernement ne fut réellement qu'une monarchie tempérée par l'autorité du sénat et du peuple. Tibère porta une grande atteinte au système d'élection en abolissant les comices, et en transférant au sénat les nominations qui se faisaient autrefois par le peuple. Il devint maître absolu de l'État, c'est-à-dire du peuple, par la suppression de ses priviléges; du sénat, par la terreur. Adrien restreignit encore le pouvoir des communes par la création de magistrats insolites; leur pouvoir était immense, il gênait considérablement l'autorité des municipes. De là vint une grande indifférence envers le gouvernement; l'amour de la patrie s'éteignit chaque jour davantage, et les voies furent ouvertes à la dissolution du corps social. L'affaiblissement de l'empire produit par ces causes diverses devint encore plus sensible par la résolution de Dioclétien de partager le pouvoir avec Maximien, son ami, qu'il associa au gouvernement, après l'avoir fait déclarer Auguste par le Sénat. La partie que Dioclétien se réserva représentait à peu près ce qu'on appela dans la suite l'empire d'Orient; celle de Maximien représentait l'empire d'Occident. Il est vrai de dire que ces deux empereurs gouvernèrent toujours d'accord; mais l'exemple de cette division de l'empire fut funeste, parce que, probablement, ce fut elle qui fit naître dans Constantin I⁰ʳ l'idée singulière d'établir deux siéges, dont l'un resterait à Rome, l'autre serait transféré à Byzance (Constantinople). Pendant le règne de Constantin I⁰ʳ, cet empereur était seul possesseur de la dignité impériale. L'Italie et la Gaule venaient d'être désolées par des guerres sanglantes; le patriotisme s'était éteint dans Rome, parce que les priviléges des Romains étaient devenus le droit de toute l'Italie. Il s'était éteint en Italie, parce que ces droits avaient été accordés à toutes les provinces, à des pays même qu'on croyait habités par des Barbares. Rome était indignée d'avoir vu transporter le siége de l'empire à Constantinople, au sein de la Thrace, pays réputé barbare, conquis par les armes romaines; aussi cet empereur inspira-t-il aux Romains une haine qui fut entretenue par la spoliation continuelle qu'ils voyaient s'opérer sous leurs yeux. En effet, on transportait à Constantinople les statues, les colonnes, et les autres monuments qui rappelaient les hauts faits des Romains. Malgré le caprice de Constantin I⁰ʳ, qui avait voulu transporter le siége de l'empire sur des rivages étrangers et barbares, Rome ne perdit pas toute son importance; c'était là que l'apôtre saint Pierre avait souffert le martyre. L'évêque de Rome fut reconnu comme le chef de toute l'Église, et, à l'imitation de saint Pierre, il établit sa résidence dans cette ville. Cependant les évêques de ce premier siècle de la chrétienté continuèrent d'exercer certaines fonctions, qui devinrent dans la suite l'apanage exclusif des pontifes romains. Les païens, encore nombreux et puissants, nécessitaient un contre d'autorité dans chaque localité pour maintenir la concorde, et pourvoir immédiatement aux besoins nombreux de l'Église naissante.

DATES.	GAULE (France).	DATES.	ESPAGNE.	DATES.	BRETAGNE (Angleterre).
	Ces provinces furent une vice-préfecture de la préfecture des Gaules. La préfecture des Gaules comprenait trois vice-préfectures : la Gaule, l'Espagne et la Bretagne romaine. Plus tard, au ve siècle, on divisa la Viennaise en 1er et 2e. La 1re *Viennaise* eut pour chef-lieu *Vienne*; la 2e *Viennaise* eut pour chef-lieu *Arles*, ce qui porta à dix-huit le nombre des provinces dans la Gaule. Un grand nombre de peuples barbares de la Germanie traversèrent la Gaule, la ravagèrent et y laissèrent des colonies; mais trois seulement, les Bourguignons, les Visigoths et les Francs s'y établirent à demeure, et ont été, par leur mélange avec les Gaulois, les principaux éléments de la nation française.		la Catalogne et de l'Aragon; elle comprenait tous les pays au nord de la péninsule, depuis les Pyrénées jusqu'à l'embouchure du Duéro, où commençait la province de Lusitanie, dont les limites s'étendaient au delà de celles du royaume du Portugal, jusqu'à l'embouchure de l'Anas. La Bétique longeait les extrémités occidentales de l'Espagne, comprenant Gadès et Gibraltar, et avait pour limites les montagnes d'Orospéda, ou Sierra-Morena, où est située la source du Bétis (Guadalquivir).		
414 de l'ère chr.	Les Bourguignons, peuple de la Germanie septentrionale, habitaient d'abord entre l'Oder et la Vistule, sur les deux rives de la Warta. Ils partirent de ces contrées et vinrent se fixer sur la rive droite du Rhin, aux environs du Mein, et plus particulièrement de la Saale. Sous le règne d'Honorius, ils obtinrent de cet empereur des terres entre le Rhin et les Vosges, à la condition de défendre la frontière contre les Alamans. Les Bourguignons étaient presque tous ouvriers en bois ou forgerons. C'était un peuple simple d'esprit et de mœurs, et le plus civilisé de tous les peuples barbares. Gondicaire, le fondateur du premier royaume de Bourgogne et le premier roi des Bourguignons, augmenta considérablement leurs possessions, en prenant aux anciens habitants les deux tiers des terres et le tiers des esclaves. Gondicaire périt dans une bataille contre Attila, roi des Huns; Gundioc, son fils, lui succéda.	260 de l'ère chr.	Deux cent soixante-dix ans s'écoulèrent depuis la division de l'Espagne par Auguste jusqu'à l'avénement de Gallien à l'empire; pendant cette période, l'Espagne put jouir en paix des avantages de la richesse et du luxe; les colonies que les Romains y avaient établies répandirent bientôt partout les bienfaits de l'agriculture, et des monuments s'élevèrent pour attester la splendeur publique. L'Espagne ne se distingua pas seulement dans les ouvrages d'art et dans les travaux mécaniques, elle voulut aussi rivaliser avec Rome par ses œuvres littéraires, et ses prétentions étaient soutenues par les œuvres des deux Sénèque qui étaient nés à Cordone. La même ville avait donné naissance à Lucain, poète épique. L'Espagne avait produit aussi des hommes qui se distinguèrent dans la carrière des armes : Trajan naquit à Italica; Adrien était né dans le même lieu; Marc-Aurèle était aussi d'origine espagnole.	61 de l'ère chr.	reprirent les armes, et conduits par la reine Boadicée, saccagèrent Londres, colonie romaine déjà très-importante. Suétonius vengea les Romains en faisant essuyer aux Bretons une sanglante défaite. La reine Boadicée se donna la mort pour ne pas tomber au pouvoir de ses ennemis.
416	Les Visigoths s'établirent dans la Gaule après les Bourguignons. Les Goths, sortis des îles de la mer Baltique, vinrent vers le m^e siècle, s'établir au nord du Pont-Euxin sur les rives du Tryas, du Borysthènes et du Tanaïs. Sous l'empereur Aurélien, ils s'emparèrent de la Dacie Trajane, entre le Tryas et le Danube. Les Goths, qui habitèrent la gauche du Tryas, se nommèrent Ostrogoths, ou Goths de l'Orient; ceux qui habitèrent la droite, se nommèrent Visigoths, ou Goths de l'Occident. Chassés de leur pays par les Huns, les Visigoths traversèrent la Thrace, la Mésie, ravagèrent l'Italie, saccagèrent Rome, et conduits par Ataulf, beau-frère et successeur d'Alaric Ier, se portèrent dans la Gaule. Ataulf avait épousé Placidie, sœur d'Honorius; il passa dans la Gaule pour réprimer la révolte des deux frères Jovin et Sébastien, qui s'étaient revêtus de la pourpre. Après les avoir vaincus et mis à mort, il conduisit les Visigoths en Espagne et fut assassiné à Barcelone par un de ses officiers. Wallia, son successeur, fit un traité avec Honorius, par lequel il s'engagea à chasser les Suèves, les Alains et les Vandales du nord de l'Espagne, moyennant la cession de l'Aquitaine, d'une partie de la Narbonnaise et de la Novempopulanie. Après avoir vaincu les	265	Mais lorsque les Barbares du Nord fondirent sur l'empire romain, les Francs, sortis des rives du Rhin, passèrent les Pyrénées, saccagèrent Tarragone et ravagèrent l'Espagne pendant douze ans. Après leur départ, l'Espagne conserva longtemps les traces de leur passage dévastateur, et au ve siècle de l'ère chrétienne, Ilerda ne présentait encore que des ruines.	78	Sous l'empereur Vespasien, Julius Agricola eut la gloire de soumettre entièrement les Bretons. Le général romain subjugua les parties méridionales de la Bretagne, poussa vers le nord les peuples les plus féroces, et après les avoir défaits dans une bataille, il les chassa dans les montagnes de la Calédonie; il éleva un mur pour mettre un obstacle aux invasions de ces Barbares. Agricola réduisit ce pays en province romaine, civilisa les peuples qu'il avait conquis et s'en fit chérir par sa douceur et sa justice. Peu à peu les Bretons perdirent l'amour de la vie nomade, en goûtant les douceurs et les avantages de la vie civilisée. Adrien ajouta de nouvelles fortifications au mur d'Agricola; il fit bâtir une muraille qui allait du golfe de Solway à Shields, et défendait la Bretagne au sud. Sévère augmenta encore la défense de ce pays, en faisant construire un autre mur qui allait du golfe de la Clyde au Frith de Forth, et protégeait la Bretagne au nord. La Bretagne, ainsi défendue, jouit longtemps d'une paix inaltérable; mais cette paix porta atteinte au courage et à l'énergie des habitants de ce pays, et les rendit incapables de se défendre lorsque Rome cessa de les protéger.
419	Barbares, Wallia vint prendre possession de ces provinces, en qualité d'allié des Romains. Les Visigoths, comme les Bourguignons, prirent aux indigènes les deux tiers de leurs terres et le tiers de leurs esclaves, et vécurent en bonne intelligence avec eux. Les Francs, peuples de la Germanie, furent les derniers qui s'établirent dans la Gaule. Les Visigoths et les Bourguignons étaient chrétiens et à demi-civilisés; les Francs, au contraire étaient païens et presque sauvages; ils se divisaient en plusieurs tribus, dont les princi-	409	Environ dix mois avant que les Visigoths, sous la conduite d'Alaric Ier, eussent saccagé Rome, les Suèves, les Alains et les Vandales se répandirent dans les défilés des Pyrénées et firent une invasion en Espagne. Les Barbares exercèrent indistinctement leurs cruautés sur les Romains et les Espagnols, ravagèrent également les villes et les campagnes, et réduisirent les habitants à la plus affreuse famine; la peste acheva l'œuvre de destruction des Barbares. Enfin, rassasiés de carnage et de rapines, ils finirent par s'établir dans ces contrées presque entièrement dépeuplées. Les Suèves et les Vandales se partagèrent l'ancienne Galice; les Alains s'établirent dans les provinces de Carthagène et de Lusitanie, depuis la Méditerranée jusqu'à l'Océan Atlantique. Les Silingiens, autre tribu des Vandales, prirent possession du territoire fertile de la Bétique. Bientôt les vainqueurs et les vaincus contractèrent des engagements réciproques de protection d'un côté, et d'obéissance de l'autre; les terres recommencèrent à être cultivées. Cependant, malgré l'état d'esclavage et de pauvreté où se trouvaient les Espagnols, la plus grande partie des habitants préféraient presque la domination des Barbares à celle des Romains.		Sous le règne d'Honorius, des hordes innombrables de Barbares sortirent de la Germanie et vinrent fondre sur la puissance de Rome; l'Italie et la Gaule en furent inondées. Rome rappela aussitôt les légions qui défendaient les frontières de son vaste empire. Alors les peuples barbares de la Bretagne, chassés par Agricola dans les montagnes de la Calédonie, qui sous le nom de Pictes et de Scots gardaient leur indépendance, franchirent le mur de séparation qui n'était plus défendu, et ravagèrent le pays des Bretons. Ceux-ci implorèrent le secours des Romains qui, à deux reprises différentes, envoyèrent, pour les défendre, une légion romaine; les Pictes et les Scots furent repoussés. Cependant, dès que les Romains s'éloignèrent, les Barbares recommencèrent leurs incursions.
		412	Tel était l'état de l'Espagne lorsque Ataulf, beau-frère d'Alaric Ier, fut élu roi des Visigoths. Ataulf, qui avait épousé Placidie,		

DATES.	GERMANIE. (ALLEMAGNE).	DATES.	OCCIDENT ET ORIENT.

GERMANIE. (ALLEMAGNE).

Arioviste fut forcé de repasser le Rhin; César s'établit en vainqueur dans la Gaule, et l'eut bientôt réduite entièrement à sa domination. Après la conquête de la Gaule, César voulut porter ses armes dans la Germanie; mais deux tentatives qu'il fit restèrent sans résultat.

Après la mort de César, les Germains firent différentes incursions dans la Gaule attirés par l'appât du pillage, et avec d'autant plus d'assurance, qu'à l'approche des légions romaines, ils trouvaient une retraite assurée dans l'épaisseur des forêts.

A l'avénement d'Octave, surnommé Auguste, les Germains eurent à se défendre chez eux. Le despotisme d'Auguste avait irrité les peuples de la Gaule auxquels il avait enlevé le fantôme de liberté que leur avait laissé César. Les Gaulois opprimés murmurèrent, et les Germains saisirent cette occasion de renouveler leurs courses. Drusus, beau-fils d'Auguste, fut chargé de les combattre. Il parut sur le Rhin et les repoussa au delà de ce fleuve. **[10 av. J.-C.]** Mais Drusus, à peine âgé de vingt-cinq ans, ne se contenta pas de ce triomphe; il résolut de dompter la Germanie et d'en faire une province romaine. Après plusieurs campagnes remarquables, où la fortune lui fut favorable, il pénétra à travers tous les dangers jusqu'au Weser, et même jusqu'à l'Elbe; mais ce fut là le terme de sa course victorieuse, le jeune héros mourut d'une chute de cheval.

[6 av. J.-C.] Tibère, son frère, lui succéda, et soumit les peuples qui avaient résisté à Drusus; mais ce fut par la ruse et la perfidie. Ses fourberies ayant été dévoilées, les peuples de la Germanie s'alarmèrent : alors les Marcomans, peuple nombreux qui habitait entre le Rhin, le Mein et le Necker, résolurent de s'éloigner du voisinage des perfides Romains. Conduits par leur roi Maraboduus, ils cherchèrent un asile sûr dans l'intérieur de la Germanie, et s'établirent en Bohême, après en avoir chassé les Boïens qui se réfugièrent en Bavière.

Tibère marchait avec une armée formidable sur la Bohême, lorsqu'une révolte des Dalmates et des Pannoniens l'obligea de renoncer à son projet, et de traiter avec les Marcomans pour aller châtier les rebelles.

Varus remplaça Tibère; le général romain irrita bientôt les Barbares par son despotisme, et fut victime d'une conspiration à la tête de laquelle s'était placé Arminius, fils de Sigimer, prince des Chérusques. Varus, trompé par Arminius, qui feignit d'être **[9 de l'ère chr.]** l'allié des Romains, se laissa attirer dans une embuscade; trois légions romaines furent massacrées sous ses yeux; Varus, criblé de blessures, se donna la mort de désespoir.

La perte des légions romaines porta la terreur et la consternation dans Rome. Tous les citoyens au-dessous de trente-cinq ans requirent l'ordre de prendre les armes et de suivre Tibère en Germanie. Tibère reparut sur le Rhin avec une armée nombreuse; mais il se contenta, on ne sait pourquoi, de ravager quelques contrées. Germanicus, fils de Drusus, lui succéda; il battit Arminius et se couvrit de gloire en Germanie.

Arminius devint bientôt victime de son zèle et de son patrio-

OCCIDENT ET ORIENT.

A l'époque de Constantin Ier, deux partis existaient donc dans l'empire : celui des chrétiens et celui des païens. Le premier, puissant par son essence divine et par la protection de l'empereur; le second, par les souvenirs et par la possession de l'État. Le christianisme devait l'emporter malgré les obstacles immenses que lui opposaient les mauvaises mœurs; il l'emporta en effet, et devint la religion de toute l'Italie. Malheureusement, les empereurs de Constantinople se mêlèrent de théologie et se laissèrent souvent entacher d'hérésie; l'imagination naturellement subtile des Grecs, et leur habitude de disputer dans les écoles faisait naître diverses questions sur les objets les plus délicats de la croyance chrétienne. Les empereurs d'Orient, en se déclarant les chefs de ces différentes hérésies, persécutèrent souvent les chrétiens orthodoxes. Il n'en fut pas de même en Italie; aussi, pour vingt hérésies qu'enfanta la Grèce chrétienne, à peine en compte-t-on deux en Italie.

Sous les successeurs de Constantin Ier, l'Italie, qui renfermait déjà dans son sein les causes de sa destruction, marcha activement vers sa ruine; tout dégénéra, les sciences et les arts tombèrent dans la plus grande décadence.

[337] Sous le règne tyrannique de Constance IIe, fils de Constantin, devenu seul maître de l'Empire, tout fut en proie aux Barbares. Les Francs, les Alamans, les Saxons ravagèrent la Gaule, et ruinèrent quarante-cinq villes le long du Rhin. Les Quades désolèrent la Pannonie et la haute Mésie. Constance fomentait le trouble dans ses États par ses discussions théologiques, pendant que le fer et le feu ruinaient ses frontières.

[353] Au milieu de tant de périls, l'empereur se décida à créer César son cousin Julien, qui devint si célèbre. Il l'envoya dans la Gaule; mais les succès du jeune prince ne tardèrent pas à exciter la jalousie de Constance. Il ordonna alors à Julien de faire partir pour Constantinople l'élite de ses troupes afin de combattre les Perses. Julien voulut, dit-on, obéir aux ordres de **[361]** l'empereur; mais son armée s'y opposa et le proclama Auguste. Le nouvel empereur ne voulant pas attendre les effets de la vengeance de Constance, se mit à la tête de son armée et la conduisit à pied, essuyant toutes les fatigues d'un simple soldat. Il s'empara d'abord de Sirmium; se rendit maître de Lucques, et bientôt l'Italie et la Grèce embrassèrent son parti avec ardeur. Pendant ce temps, Constance combattait contre les Perses. En apprenant la révolte de Julien, il partit d'Antioche, où il s'était retiré, pour venir arrêter les rebelles; mais une fièvre le surprit en Cilicie, et il y mourut à l'âge de quarante-quatre ans, après avoir désigné Julien pour son successeur.

A la nouvelle de cet événement imprévu, tous les peuples soumis à l'empire s'empressèrent de reconnaître Julien pour empereur; on était heureux de le voir arriver au trône sans avoir fait répandre le sang de ses sujets. Julien mériterait de grands éloges sans la haine qu'il portait au christianisme; il s'empressa d'abjurer cette religion aussitôt qu'il fut maître du pouvoir.

En même temps que Julien cherchait à détruire le christianisme il méditait aussi de venger sur Sapor, roi des Perses, les **[363]** outrages faits au nom romain; mais cette guerre fut le terme de la vie de cet empereur : percé d'un javelot dans une bataille, il mourut à l'âge de trente et un ans.

Une consternation générale suivit la mort de Julien; l'armée romaine était victorieuse des Perses; mais elle manquait de tout et se trouvait environnée d'ennemis. Jovien, capitaine des gardes, fut élu à la place de Julien; pour obtenir la paix avec Sapor, Jovien céda plusieurs provinces sur le Tigre; il céda encore Nisibe, Singare et quelques autres places de la Mésopotamie; c'est de ce moment que date le premier démembrement de l'empire.

[364] Après la mort de Jovien, l'armée élut empereur à Nicée, en Bithynie, Valentinien Ier, fils de Gratian, comte d'Afrique; peu de temps après, Valentinien fit reconnaître Auguste son frère Valens.

Les Barbares, tenus en respect sous l'empereur Julien, recommencèrent leurs incursions. Les Alamans fondirent sur la Gaule et la Rhétie; les Quades et les Sarmates sur la Pannonie; les Pictes et les Scots sur la Bretagne; les Goths sur la Thrace; d'un autre côté, les Perses harcelaient l'empire. Pour faire face à tant d'ennemis, les deux frères se partagèrent l'empire romain. Valens eut l'Orient; Valentinien se réserva l'Occident. Rome n'était plus le séjour des souverains; la cour de l'empire d'Occident se tenait à Milan.

Chrétien et bon catholique, Valentinien Ier toléra la religion païenne qu'il ne pouvait proscrire sans exciter des troubles dangereux; sous son gouvernement, les discordes produites par la diversité de religion parurent éteintes. Il n'en était pas de même en Orient; Valens, arien impitoyable, persécuta les catholiques sans pouvoir arriver à faire triompher l'arianisme.

Valentinien, emporté et violent, commit d'horribles injustices, quoiqu'il publiât des ordonnances très-sages. Du reste, les Romains se montrent en général plus barbares et plus vicieux de jour en jour.

[376] Sous le règne de Gratian, fils de Valentinien Ier, qui avait succédé à son père à l'âge de seize ans, les Huns, forcés de quitter leur pays, passèrent le Volga, attaquèrent les Alains et s'emparèrent de leur pays, situé entre le Volga et le Tanaïs. Avides de nouvelles conquêtes, ils envahirent l'empire des Goths, chassèrent les Ostrogoths au delà du Borysthène et firent reculer les Visigoths jusqu'au Danube. Ces malheureux peuples demandèrent alors asile à Valens, qui sans prévoir qu'ils pourraient devenir de formidables ennemis, leur accorda un établissement dans la Thrace. Mais bientôt les

DATES.	GAULE (FRANCE).	DATES.	ESPAGNE.	DATES.	BRETAGNE (ANGLETERRE).
	pales étaient les Francs saliens et les Francs ripuaires. Les premiers habitaient les bords de l'Yssel; les seconds occupaient les bords du Weser et du Rhin. Réunis par une espèce de confédération et n'ayant en vue que le pillage, les Francs firent différentes invasions dans la Gaule et se rendirent célèbres par leur bravoure. Sous l'empereur Constance II, Julien, son cousin, qui commandait dans la Gaule, donna aux Francs l'île des Bataves, à la condition qu'ils défendraient le Rhin comme alliés de Rome. Lorsque les hordes barbares des Huns, des Alains et des Vandales, envahirent la Gaule, les Francs restèrent fidèles aux Romains, et essayèrent de s'opposer au passage du Rhin par les Barbares.	416	sœur de l'empereur Honorius, promit de chasser les Barbares de l'Espagne et de la remettre sous le joug des Romains. Il passa d'abord dans la Gaule; il porta ensuite ses armes contre les Barbares de l'Espagne, franchit les Pyrénées et s'empara de Barcelone; mais il mourut assassiné par un de ses officiers qui voulut venger la mort de Sarus, chef visigoth, qu'Ataulf avait sacrifié à une haine héréditaire. Singéric, frère de Sarus, s'empara du pouvoir et fit périr les enfants d'Ataulf. Mais, à son tour, victime de sa cruauté, il périt sept jours après son usurpation. Wallia fut élu roi des Visigoths. Le nouveau chef des Goths s'engagea par un traité à suivre l'exemple d'Ataulf, et à mettre ses armes au service d'Honorius pour chasser les Barbares de l'Espagne. Le génie et la fortune de Wallia assurèrent son triomphe; les Barbares furent complétement vaincus et repoussés dans les montagnes de la Galice, et l'Espagne rentra sous la domination romaine.	448	Mais Rome, trop préoccupée de sa défense personnelle, cessa de protéger les Bretons, après quatre cents ans de domination sur la Bretagne. Les Bretons, incapables de se défendre contre la férocité et la rapacité des Scots et des Pictes, appelèrent à leur secours les Saxons, peuple de la Germanie, qui habitait le Holstein et le Sleswig, et qui s'était répandu sur les côtes jusqu'à l'embouchure du Rhin. Avides de pillage et de conquêtes, les Saxons saisissent avec empressement l'occasion de pénétrer dans la Bretagne. Ils passent la mer sur trois vaisseaux ayant Hengist et Horsa à leur tête, deux frères dont ils respectaient la naissance et l'autorité; ils repoussent facilement les Scots et les Pictes.
420	Pendant le règne de Pharamond, premier roi des Francs, dont l'existence est un problème, les Francs s'établirent dans le pays de Tongres, s'emparèrent de Trèves, la ravagèrent, et occupèrent les pays situés entre le Rhin et la Meuse.		Cependant il s'écoula peu de temps entre la conquête et la perte de cette Péninsule. Après le départ des Visigoths, les Vandales sortirent de leurs retraites et se répandirent dans les plaines fertiles de la Bétique.		Après cette victoire, les deux frères informent leurs compatriotes, qui n'avaient pas fait partie de l'expédition, de la beauté du pays et de la facilité de le conquérir; cinq mille Saxons alors s'embarquent à leur tour pour aller rejoindre leurs frères.
428	Clodion, successeur et fils, dit-on, de Pharamond, quoique allié de Rome, vainquit Aétius, général de l'empereur Valentinien III, s'empara de Tournai, de Cambrai, d'Amiens, et envahit tout le pays jusqu'à la Somme; les Francs saccagèrent Trèves de nouveau et se rendirent maîtres de Cologne. Devenus encore alliés des Romains, les Francs, sous leur roi Mérovée, se rangèrent sous la bannière d'Aétius, lorsqu'Attila, roi des Huns, avec une armée innombrable envahit la Gaule. Théodoric II, roi des Visigoths, et les Bourguignons suivirent l'exemple des Francs. La bataille fut livrée dans les plaines Catalauniques, près de Châlons, en Champagne. Elle fut terrible; Théodoric, roi des Visigoths,	429	Castinus, à la tête d'une armée composée de Goths et de Romains, marcha contre eux; mais les Romains furent vaincus, et Séville et Carthagène ouvrirent leurs portes aux Vandales vainqueurs. Genséric, roi des Vandales, après avoir épuisé les ressources de la péninsule, quitta l'Espagne pour se rendre à l'invitation de Boniface, gouverneur de l'Afrique qui, pour se venger de la disgrâce où il était tombé, engageait les Barbares à venir envahir ce pays.		Les Saxons, voulant s'emparer de tout, s'unirent avec les Pictes et les Scots qu'ils venaient de repousser et tournèrent leurs armes contre les Bretons.
451	y perdit la vie; Attila, vaincu, abandonna la Gaule et passa en Italie. Mérovée mourut en 457; il a donné son nom à la première race		La retraite des Vandales ne rendit pas la paix et la tranquillité à l'Espagne; les Suèves sortirent de leurs sombres retraites de la Galice, et se répandirent dans les plaines pour y jouir de la richesse et de l'abondance du sol. Trente ans après le départ de Genséric, leur puissance commença à devenir dangereuse pour l'Espagne. Conduits par leur roi Réchiarius, ils ravagèrent les provinces de Carthagène et de Tarragone, et menacèrent d'arracher aux Romains les restes de leurs possessions en Espagne. Les Espagnols implorèrent le secours de l'empereur d'Occident; mais les Romains ne se sentirent pas capables de se mesurer avec les Barbares; les Espagnols eurent alors recours à Théodoric II, roi des Visigoths, beau-frère du roi des Suèves. Théodoric passa les Pyrénées à la tête d'une armée composée de Visigoths, de Francs et de Bourguignons, et les deux armées ennemies se trouvèrent en présence sur les rives de l'Orbègue. Les Suèves furent complétement vaincus, et Braga, leur capitale, ouvrit ses portes au vainqueur. Presque toute la population fut vendue comme esclave, et toutes les richesses devinrent la proie des Goths. Réchiarius ayant été fait prisonnier, Théodoric le fit mettre à mort.		Après plusieurs années de guerre, les Bretons furent vaincus; un grand nombre d'entre eux, pour échapper à la férocité des vainqueurs, quittèrent leur pays pour chercher un asile dans l'Armorique, à laquelle plus tard ils donnèrent leur nom (aujourd'hui la Bretagne).
457	des rois francs, appelés Mérovingiens. Après la mort de Mérovée, les Francs se partagèrent en plusieurs tribus indépendantes. Les Francs saliens s'établirent dans les possessions de la Gaule, et conservèrent Tournai, Arras et les pays compris jusqu'à la Somme; les Francs ripuaires restèrent en Germanie, sur les bords du Weser et du Rhin, leurs anciennes demeures. Childéric, fils de Mérovée, fut roi des	456	Les Suèves se réfugièrent encore une fois dans les montagnes de la Galice, et Théodoric pénétra sans résistance jusqu'à Lérida, ville principale de la Lusitanie. Théodoric aurait sans doute conquis toute l'Espagne; mais en apprenant qu'une révolution qui		Ces malheureux fugitifs retrouvèrent une autre patrie sur le sol où ils s'étaient établis. Les habitants de cette province de la Gaule étaient des Bretons qui, vers l'an 284, sous l'empereur Dioclétien, avaient quitté l'île de Bretagne pour se fixer, sous l'autorité de leurs chefs, dans le pays des Curiosolites et des Vénètes, situé dans la péninsule armoricaine.
457	Francs saliens et établit sa résidence à Tournai; Sigebert, aussi, de la noble famille des Mérovingiens, fut roi des Francs ripuaires, et Cologne devint sa capitale. D'autres chefs francs s'établirent ailleurs; Ragnacaire fut roi de Cambrai, Regnomer du Maine et Cararic, d'une partie de la Flandre.				Le reste des Bretons essaya de résister encore; mais malgré leur courage et leurs efforts, ils ne purent néanmoins chasser les usurpateurs de leur patrie. Hengist, chef des Saxons, dont le frère Horsa avait été tué dans une bataille, s'établit définitivement dans l'île de Bretagne (Angleterre).
481	Childéric fut bientôt chassé par ses soldats à cause de ses débauches; il se réfugia dans la Thuringe. Les Francs élurent alors pour roi Egidius, gouverneur de la partie de la Gaule qui appartenait encore à l'empire romain. A la mort d'Égidius, son fils Syagrius lui succéda comme chef des provinces romaines; mais les Francs saliens rappelèrent Childéric, qui remonta sur le trône des Francs à la suite d'une bataille contre Syagrius, qui conserva cependant le gouvernement des possessions romaines dans la Gaule. Childéric, maître de nouveau du pouvoir, se corrigea de ses désordres. Il se mit à la tête des Francs et parcourut la Gaule; il vint jusqu'à Orléans et à Angers, et réuni aux Saxons et aux Visigoths, il battit les troupes de l'empire romain. Childéric mourut à Tournai, laissant à son fils Clovis la couronne des Francs.				

DATES.	GERMANIE (Allemagne).	DATES.	OCCIDENT ET ORIENT.
	tisme; ayant résolu de délivrer sa patrie des tyrans germains qui cherchaient à l'opprimer, il fut soupçonné lui-même de tyrannie et fut massacré.	378	Visigoths prirent les armes contre l'empire, et engagèrent les Huns et les Alains à se joindre à eux. Valens alors attaqua les Barbares; mais il fut vaincu à Andrinople et périt dans la bataille.
	Cependant les Romains, persuadés qu'ils ne pourraient réussir à soumettre les Germains, remplacèrent leur système de conquête par celui de la défense; ils se contentèrent de garder le bord occidental du Rhin, et en firent la limite de l'empire romain. Les Germains, en voyant leur faiblesse, pensèrent qu'ils pourraient les vaincre chez eux. Ces redoutables ennemis firent une guerre acharnée aux Romains. Enorgueillis d'une victoire, ils cherchaient à vaincre encore; vaincus, ils faisaient la paix pour réparer leurs forces et combattre de nouveau.	379	Gratien, sentant le besoin d'un puissant appui, jeta les yeux sur Théodose dont il avait fait périr injustement le père. Lorsque Théodose eut repoussé les Barbares, il en fit son collègue et lui céda l'empire d'Orient.
	Nous arrivons au moment où Rome, qui menaçait de soumettre tout l'univers à sa puissance, va être déchirée par les guerres intestines et ruinée par la profusion de ses tyrans. La Germanie, au contraire, va déployer plus de force et toute son énergie. Les petites peuplades que nous avons nommées plus haut ont disparu; les Goths, les Alamans, les Francs, les Bourguignons, les Alains, les Vandales, sont les nouveaux peuples qui habitent la Germanie. Les Goths, sortis des bords du Pont-Euxin, ne sont pas moins redoutables pour Rome que les Francs et les Alamans. Nous nous occuperons plus particulièrement de ces deux derniers peuples, jusqu'à la ruine de l'empire romain.		Théodose Ier, âgé de trente-deux ans, était digne, à plusieurs égards, du rang suprême auquel il avait été élevé. Cependant, il manqua de prudence en admettant dans ses troupes une trop grande quantité de Barbares; il leur apprenait ainsi les moyens de vaincre les Romains.
263	Pendant que les Goths désolaient la Thrace, que les Alamans portaient l'épouvante dans le centre de l'Italie, les Francs ravageaient la Gaule, pénétraient en Espagne et, après avoir porté la désolation dans cette péninsule, ils passèrent en Afrique.	383	Gratien, en Occident, ne montrait pas plus de prudence; il prodiguait les faveurs aux Barbares, et excitait ainsi le ressentiment de ses sujets. Maxime, qui commandait dans la Bretagne (Angleterre), profita du mécontentement des esprits et fut revêtu de la pourpre. Il traversa la Gaule septentrionale et rencontra l'armée de Gratien; mais ce prince, abandonné de ses troupes, fut assassiné.
	Sous les empereurs Dioclétien, Constance Chlore, Constantin, Constance II et Valentinien Ier, de 286 à 376, les Francs et les Alamans firent plusieurs excursions dans la Gaule; ils furent toujours vaincus. Cependant les cruautés des vainqueurs, loin d'abattre ces peuples, ne servirent qu'à rendre plus odieux le nom romain.	395	Après la mort de Théodose Ier, devenu seul maître de l'empire, le pouvoir fut partagé entre ses deux fils; Arcadius eut l'Orient, Honorius l'Occident. Le premier n'avait que dix-sept ans; il eut pour ministre, Rufin; Stilicon fut ministre du second qui n'avait que dix ans.
376	Nous voici arrivés à l'époque de ces grandes migrations des peuples du Nord qui vont accélérer la chute de l'empire romain. Les Huns, hordes barbares jusqu'alors inconnues, réunis aux Alains, envahirent les contrées situées au nord du Danube, et en chassèrent les Visigoths qui les habitaient. Les Visigoths demandèrent alors à Valens des établissements dans la Thrace, à la condition de servir dans les armées romaines. On accéda à leur demande; mais bientôt ils se révoltèrent contre l'empire; furent vainqueurs à Andrinople, pillèrent les faubourgs de Constantinople et se répandirent dans l'Illyrie, la Macédoine et la Grèce; mais Théodose Ier les vainquit et les prit ensuite à sa solde. A la mort de Théodose,		L'empire, déjà menacé par un nombre infini d'ennemis, va être maintenant livré à une administration vicieuse. Excité par la jalousie que lui inspirait Stilicon, Rufin, afin de se rendre plus nécessaire à Arcadius, invita secrètement les Barbares à pénétrer en Orient. Aussitôt les Huns passent le Tanaïs, ravagent l'Arménie, la Cappadoce, la Cilicie, la Syrie, et portent l'épouvante jusqu'à Antioche. En même temps, les Visigoths, sous la conduite d'Alaric Ier, inondent les provinces situées entre la mer Adriatique et Constantinople. Rufin parvient à éloigner les Barbares de la capitale de l'empire d'Orient, et il ne craint pas ensuite de s'en faire honneur auprès d'Arcadius.
393	ses deux fils, Arcadius et Honorius, encore enfants, furent, le premier, empereur d'Orient, le second, empereur d'Occident, sous la tutelle de deux ministres, Rufin et Stilicon qui, par leur jalousie et leur ambition, augmentèrent les désordres déjà trop grands des deux empires.	395	Stilicon, de son côté, en apprenant le danger que court l'empire d'Orient, marche contre Alaric; mais, au moment de la bataille, les troupes d'Arcadius l'abandonnent par ordre de Rufin. Stilicon se retire; mais avant il charge Gaïnas, officier goth, au service de l'empire d'Orient, du soin de sa vengeance. Gaïnas l'accomplit en faisant massacrer Rufin par ses soldats, en présence de l'empereur. L'eunuque Eutrope, favori de l'empereur, remplaça ce ministre et devint, comme lui, le fléau du peuple et de l'État.
	Sous ces deux princes on vit des hordes innombrables de Vandales, d'Alains, de Suèves, sortir de la Germanie, passer le Rhin,		Alaric Ier, à qui Arcadius avait donné le commandement de l'Illyrie orientale, ne se contenta pas longtemps de son gouvernement; il forma le projet de s'emparer de Rome.
		408 410	Après la mort de Stilicon, dont Olympius, courtisan d'Honorius, avait conjuré la perte, Alaric marcha sur l'Italie, assiégea Rome pour la troisième fois, et, après s'en être emparé, la livra au pillage de ses soldats.
		412	Le roi des Visigoths eût pu facilement prendre Ravenne, où Honorius avait fixé sa cour, et subjuguer toute l'Italie; mais il préférait, dit-on, la conquête de l'Afrique. Au moment où il faisait ses préparatifs de départ, il mourut laissant son beau-frère Ataülf pour son successeur.
			Pendant que ces événements se passaient en Italie, les Alains, les Suèves et les Vandales, après avoir franchi les Pyrénées, mettaient toute l'Espagne à feu et à sang. Enfin, rassasiés de carnage, ces Barbares partagèrent entre eux leurs conquêtes; ils s'établirent en Espagne, laissant aux Romains les pays situés en deçà de l'Èbre, et les royaumes d'Aragon et de Valence jusqu'à l'ancienne Sagonte. A cette époque, Rome, incapable de défendre la Bretagne (Angleterre), l'abandonnait à la rapacité des Pictes et des Scots.
			Les affaires d'Orient offraient aussi un triste spectacle, soit pour l'Église, soit pour l'État. Arcadius était mort, laissant l'empire à son fils Théodose II, âgé de sept ans; heureusement, ce jeune prince eut pour ministre Anthémius, qui possédait toutes les qualités d'un ministre habile et courageux. Pulchérie, sœur de Théodose, proclamée Auguste à l'âge de quinze ans, s'occupa avec zèle de l'éducation de son frère; mais Théodose ne répondit pas à ses soins.
		423	Honorius mourut sans enfants; alors un nommé Jean, secrétaire d'État sous cet empereur, s'empara de la pourpre. Théodose, qui aurait voulu réunir les deux empires sous sa puissance, sentit la nécessité d'un partage; il céda l'Occident à Valentinien III, âgé de cinq ans, fils de Constance et de Placidie, veuve d'Ataülf, qui reçut elle-même le titre d'Auguste. Jean, trahi et fait prisonnier, eut la tête tranchée par ordre de Placidie, régente du royaume.
			Cependant les Barbares gagnaient du terrain, Genséric était maître de l'Afrique; les Huns, conduits par Attila, ravageaient les provinces de l'empire, laissant partout des ruines et des monceaux de cadavres. Théodose fut forcé d'acheter la paix; il en résulta la ruine d'un grand nombre de familles opulentes.
			Pendant ces affreuses calamités, les Grecs continuaient les disputes théologiques, qui produisaient des dissensions intestines, aussi funestes que les armes des Barbares.
		450	Théodose II mourut après un règne de quarante-deux ans, qui fut un tissu de fautes et ne produisit rien de glorieux.

DATES.	GAULE (France).	DATES.	ESPAGNE.	DATES.	BRETAGNE (Angleterre).
	Clovis ne doit pas être nommé roi de France, mais roi des Francs; il n'était pas roi d'un pays, mais chef de ceux qui l'habitaient. Les actes publics et leurs historiens contemporains ne désignent les rois des deux premières races que sous le nom de rois des Francs, et non sous celui de rois de France. En effet, les rois des Francs, dont l'autorité finit par s'étendre sur les peuples de la Gaule entière et sur d'autres peuples étrangers à ce pays, n'auraient pas voulu d'un titre qui eût présenté leur autorité ne s'étendant que sur une seule province; car la France, comme l'Aquitaine et la Bourgogne, n'était qu'une province de la Gaule. Sous Hugues-Capet, on commença à se servir indistinctement de la dénomination de rois des Francs ou de France. Cependant, ce n'est que sous le règne de Philippe-Auguste, que celui de roi des Francs fut complétement oublié, et que l'on trouve, dans les ordonnances, le titre de roi de France et de royaume de France.	466 482	s'était accomplie en Italie avait détrôné son allié et ami, l'empereur Avitus, il abandonna ce pays. Théodoric mourut assassiné, dit-on, par son frère Euric. Euric succéda à Théodoric II, comme roi des Visigoths, et s'empara de l'Espagne qui avait échappé à la domination de son frère. Mais bientôt, ambitionnant d'autres conquêtes, il passa les Pyrénées, s'empara des provinces méridionales de la Gaule, et vint fixer sa résidence à Bordeaux. Tous les peuples recherchèrent son alliance; Rome même fut heureuse d'être en bonne relation politique avec lui; et les Italiens qui habitaient les villes du Tibre, durent leur tranquillité à leur alliance avec le roi des Visigoths. Au moment où il mourut, il jouissait d'une puissance sans bornes.	455	**Heptarchie.** De 455 à 877 Hengist fonda le royaume *de Kent*. Il comprenait, outre le comté actuel de Kent, les comtés de Middlesex, d'Essex, une partie de celui de Surrey; Cantorbéry en était la capitale. La fondation du royaume d'Essex, par Erkenwin, en 526, le diminua beaucoup. La conquête des Saxons attira de nouveaux Germains; les Angles se joignirent à eux et combattirent ensemble les Bretons, qui cherchèrent un asile dans les montagnes inaccessibles de Cornouailles et du pays de Galles.

DATES.	GERMANIE (Allemagne).	DATES.	OCCIDENT ET ORIENT.
	malgré l'opposition des Francs, devenus alliés des Romains, et se répandre dans la Gaule jusqu'aux Pyrénées. Leurs succès décidèrent d'autres Barbares à les suivre; les Saxons, les Bourguignons et les Francs ne tardèrent pas à marcher sur leurs traces. Les campagnes furent entièrement dévastées, les villes pillées et détruites; les Barbares portèrent partout dans la Gaule le carnage et l'incendie.		Pulchérie, sa sœur, s'empara du pouvoir et offrit sa main à Marcien, soldat de fortune, qu'elle estimait. Tous les deux s'appliquèrent à faire des lois pour le soulagement des peuples; Marcien était pieux et juste, il se montra modéré pour les hérétiques.
410 419	Après plusieurs traités avec Alaric Ier, traités que les Romains n'exécutèrent jamais, le roi des Visigoths s'avança sur Rome, la prit d'assaut et la livra au pillage. Alaric étant mort l'année suivante, son beau-frère Ataulf lui succéda. Ataulf épousa Placidie, sœur d'Honorius, et conduisit ses soldats dans la Gaule; mais étant passé en Espagne quelque temps après, il fut assassiné à Barcelone. Wallia, qui le remplaça, s'établit dans la Gaule du consentement d'Honorius, et fonda le royaume des Visigoths dont Toulouse fut la capitale.	450 451 452	A la mort de Placidie, mère de Valentinien III, le mal augmenta dans l'empire d'Occident : tout annonçait sa ruine prochaine. Bientôt Attila, à la tête d'une armée innombrable, vint fondre sur la Gaule; Aétius, général de Rome, le repoussa; mais l'année suivante, il passa en Italie et la ravagea. Valentinien acheta la paix; Attila mourut peu de temps après. Pendant ces désastres, les habitants de la Vénétie et de l'Émilie, réfugiés dans une petite île du golfe de la mer Adriatique, y construisirent des cabanes qui furent l'origine de Venise.
439	Après la mort d'Honorius, Valentinien III, qui lui succéda, éprouva de nouvelles pertes; Genséric, roi des Vandales, enleva l'Afrique aux Romains, et les Huns conduits par Attila menacèrent l'empire d'une ruine complète.	455	Après la mort d'Attila, les Barbares qui faisaient partie de son armée, s'établirent dans l'Assyrie, la Mésie, la Dacie, la petite Scythie, et devinrent confédérés de l'empire. Marcien, empereur d'Orient, accorda aux Ostrogoths, sujets d'Attila, la Pannonie entière; nous verrons cette nation dominer plus tard en Italie. Valentinien, par ses vices, fit autant de mal à l'empire que les armes des Barbares. Après avoir fait assassiner Aétius, le défenseur zélé de l'empire romain, il périt lui-même assassiné par Maxime, qui s'empara de la couronne et força l'impératrice Eudoxie à l'épouser. La princesse, indignée, appela alors Genséric à son secours; Maxime fut mis à mort par les Romains, et le roi barbare s'empara de Rome, qu'il livra pendant quatorze jours au pillage de ses soldats. Genséric partit ensuite, emmenant captives l'impératrice et ses deux filles.
476	La puissance de Rome touche à sa ruine; les Romains, comme des peuples barbares, ne s'occupent qu'à choisir ou à égorger leurs empereurs; lorsque Odoacre, chef des Hérules, envahit l'empire à la tête d'une armée innombrable, composée de différents peuples sortis de la Germanie. Le roi barbare soumit bien vite l'Italie, et fit goûter aux Romains la paix et le bonheur dont ils ne jouissaient plus depuis longtemps.		Maxime n'avait régné que trois mois; Avitus, Auvergnat d'origine, lui succéda; mais le comte Ricimer, fils d'un prince suève, le détrôna.
	Ainsi l'empire romain est détruit par les nations barbares qu'il a voulu soumettre à sa puissance, et les peuples sortis de la Germanie, occupent chacun quelques débris de sa puissance. La Gaule est au pouvoir des Bourguignons, des Visigoths et des Francs; les Alains, les Suèves et les Visigoths se partagent l'Espagne; l'Afrique est aux Vandales; les Hérules et d'autres peuples barbares sont maîtres de l'Italie.	457 457 467	Après la mort de Marcien, Aspar, général des troupes d'Orient, voulant régner sous le nom d'un autre, fit élire empereur de Constantinople Léon Ier, simple tribun. En Occident, Ricimer en fit autant dans le même but; mais il se trompa dans son choix : Majorien, qu'il avait élevé au trône, se montra digne de commander. Ricimer alors le fit assassiner et Sévère fut mis à sa place. Sous cet empereur, que l'histoire nomme à peine, à cause de son obscurité, Ricimer gouverna plusieurs années, avec une autorité absolue; mais les Romains, humiliés d'être sous la domination d'un Suève, s'adressèrent à la cour de Constantinople pour avoir un empereur. Léon Ier leur donna Anthémius, petit-fils du ministre de Théodose II. Ricimer épousa une fille du nouvel empereur, et parut vouloir le laisser jouir tranquillement de l'autorité souveraine.
484	Les Francs avaient suivi l'exemple des Barbares, et s'étaient approprié quelques débris de l'empire. Sous leurs rois, Pharamond, Clodion, Mérovée et Childéric, ils continuèrent d'étendre leurs conquêtes. Enfin, à la mort de Childéric, Clovis son fils, lui succéda, et acheva l'œuvre que les autres Barbares avaient commencée.		Léon Ier, voulant réprimer les insultes de Genséric, arma contre lui une flotte nombreuse; mais la flotte impériale, commandée par Basilisque, son beau-frère, homme sans talent et sans courage, fut entièrement détruite près de Carthage. Après ce désastre, Léon Ier, ayant cherché un appui en Isaurie, attira à sa cour Zénon, distingué par sa naissance parmi les Isauriens; il lui donna une de ses filles en mariage, et le fit ensuite général d'armée et consul.
		472	Ricimer ne tarda pas à prendre les armes contre Anthémius; Léon envoya alors Olybrius pour les réconcilier; mais celui-ci qui avait épousé une fille de Valentinien III, se fit proclamer empereur par les rebelles. Anthémius fut massacré, et, quarante jours plus tard, une maladie violente mit fin à la vie de Ricimer; il avait disposé quatre fois de l'empire. Olybrius lui survécut à peine trois mois; il eut pour successeur Glycérius, qui n'est connu que de nom.
		473	L'empire d'Occident, à cette époque de désordre, était réduit à l'Italie, à la Dalmatie et à une petite partie de la Gaule. Après un an de règne, Glycérius fut détrôné par Népos, officier de l'empereur d'Orient.
		474 475	A Constantinople, Léon Ier mourut laissant l'empire à son petit-fils, Léon II, âgé de quatre ans; mais, Léon II étant mort bientôt après, Zénon, son père, lui succéda. Le nouvel empereur se fit bientôt détester de ses sujets; sa belle-mère, l'impératrice Vérine, conspira contre lui et le fit détrôner. Zénon, chassé de Constantinople, se réfugia chez les Isauriens, et Basilisque, frère de Vérine, le remplaça. Mais, deux ans après, Zénon fut rétabli sur le trône. Son règne fut une suite de crimes et de perfidies qui mirent le plus grand désordre dans l'empire d'Orient.
		455 476	L'empire d'Occident touchait à sa ruine; Euric, roi des Visigoths, avait subjugué toute l'Espagne, moins la Galice, où les Suèves s'étaient maintenus; il ne lui manquait que l'Auvergne, pour être possesseur de toute la Gaule méridionale jusqu'au Rhône. Népos ayant été contraint de la lui céder, résolut de mettre en sûreté le reste des possessions de l'empire dans la Gaule; il commanda alors au patrice Oreste de s'y rendre avec une armée; mais Oreste, une fois à la tête des troupes, détrôna l'empereur et fit proclamer son propre fils Romulus, surnommé Augustule. En lui finit l'empire d'Occident. En effet, bientôt après, Odoacre, à la tête de plusieurs peuples barbares, pénètre en Italie, s'empare de Pavie, fait trancher la tête à Oreste, et relégua Augustule dans un château avec une pension considérable. Le roi barbare subjugua ensuite toute l'Italie et prit le titre de roi. Telle fut la fin de l'empire d'Occident, 1229 ans après la fondation de Rome.
			Les peuples de l'Italie gagnèrent au changement de maître; Odoacre leur procura l'abondance et la paix. Ainsi le monde étonné vit des barbares faire chérir leur domination là où, pendant plusieurs siècles, des empereurs romains régnèrent en barbares.

DATES.	ROYAUME DES FRANCS.	DATES.	ESPAGNE.	DATES.	BRETAGNE (ANGLETERRE).
	PREMIÈRE RACE.		**Alaric II.**		**Heptarchie** (*suite*).
	Clovis.	482	Après la mort d'Euric, son fils Alaric II monta sur le trône; mais ce prince était encore trop jeune pour gouverner avec la même vigueur et le même succès que son père.	479	Ella, autre conquérant saxon, arrivé de la Germanie, débarqua dans l'île de Wight et fonda le royaume de *Sussex*.
481	Clovis monta sur le trône à l'âge de quinze ans; son courage et son ambition changèrent la face de la Gaule.		Clovis avait étendu ses conquêtes des bords de la Meuse, de l'Escaut, de la Moselle et du Rhin, jusqu'aux rives de la Seine; saisissant pour prétexte la différence de religion qui existait entre lui et Alaric, il déclara la guerre à ce prince.		Cet État comprenait les comtés de Surrey, de Sussex et de Southampton; Chichester en était la capitale.
	Il employa d'abord les cinq premières années de son règne à affermir autant que possible son autorité. Il résolut ensuite de détruire la puissance des Romains dans la Gaule et de soumettre tout ce pays à sa domination. Il attaqua Syagrius, général des Romains, le battit à	507	Le roi des Visigoths n'avait pas l'expérience de l'art militaire de son rival, mais il l'égalait en bravoure. Une bataille décisive fut livrée sur les bords du Clain dans les plaines de Vouillé, près de Poitiers. Les Visigoths furent vaincus et impitoyablement massa-		
486	Soissons, et après avoir forcé Alaric II, roi des Visigoths, à lui livrer le général fugitif, il le fit périr. Après sa victoire, le roi des Francs choisit les terres qu'il voulait, laissant le reste aux Gaulois, et fonda un nouveau royaume dont Soissons fut la capitale.		crés; Alaric lui-même reçut la mort des mains de Clovis. L'Aqui- taine fut soumise au vainqueur, et le roi des Francs établit ses quartiers d'hiver à Bordeaux.		
493	Clovis, pour paralyser les effets de la jalousie que la conquête de la Gaule excitait chez Alaric II, s'allia avec Gondebaud, roi de Bourgogne, dont il demanda en mariage la nièce Clotilde.		Au printemps suivant, Clovis s'empara de Toulouse et alla mettre le siège devant Arles. C'en était fait du royaume des Visi- goths; sans l'intervention de Théodoric l'Ostrogoth, roi d'Italie. Il envoya une armée au secours de son petit-fils Amalaric, fils d'Alaric, prince encore enfant, et sauva ainsi le royaume des Visigoths d'une ruine complète.		
	Clotilde, quoique élevée dans une cour arienne, était cependant catholique; aussi les Gaulois, qui commençaient à aimer la nouvelle domination de leur vainqueur, virent-ils ce mariage avec plaisir. Sin- cèrement attachés au christianisme, ils espérèrent que Clovis, qui était idolâtre comme tout son peuple, respecterait de plus en plus leur religion et finirait même par l'embrasser. Leur espoir ne fut pas déçu; l'esprit insinuant de Clotilde travailla à la conversion du roi des Francs, et la bataille de Tolbiac vint décider de cet heureux événement. Clovis	508	Clovis, vaincu, fut forcé de lever le siège d'Arles; mais il conserva néanmoins une partie de ses conquêtes; et, depuis cette époque, la vaste province d'Aquitaine, depuis la Garonne jusqu'à la Loire, fut réunie définitivement à la France; le Lan- guedoc resta aux Visigoths.		
496	fut baptisé par saint Rémi le jour de Noël, et une partie de l'armée fut entraînée par son exemple.				
	L'ambition de Clovis le poussait à s'emparer de toute la Gaule. D'une part, il désirait le royaume des Visigoths qui était situé entre les Pyrénées et la Loire; de l'autre, le royaume de Bourgogne qui s'étendait depuis Langres jusqu'aux villes de Genève et d'Avignon. Il attaqua et battit le roi de Bourgogne, Gondebaud, oncle de sa femme; mais il se contenta d'un tribut. C'était surtout contre le roi des Visi- goths qu'il se proposait depuis longtemps de faire la guerre; quel- ques prétextes frivoles lui en fournirent l'occasion.				
507	Alaric II, roi des Visigoths, digne de l'amour de son peuple, était aussi courageux que son rival; mais il fut moins heureux que lui. Clovis le vainquit et le tua de sa main à la bataille de Vouillé, près de Poitiers. La Touraine, le Poitou, le Limousin, le Périgord, la Sain- tonge, l'Angoumois, Bordeaux et Toulouse, capitale du royaume, subirent la loi du vainqueur.				
	Il ne lui restait plus à conquérir qu'une partie du Languedoc et de la Provence pour soumettre à sa domination tout le royaume des Visi- goths; mais Théodoric, roi d'Italie, vint au secours de son petit-fils Amalaric, fils d'Alaric. Il défit les Francs près d'Arles, et le Languedoc resta aux Visigoths. Alors le royaume de Clovis s'étendit jusqu'aux Pyrénées, et Paris en devint la capitale.				

DATES.	GERMANIE (ALLEMAGNE).	DATES.	ITALIE.	DATES.	EMPIRE D'ORIENT.
	De Clovis à Charlemagne De 481 à 771.		**Théodoric le Grand**		**Anastase Iᵉʳ.**
481 486 496 507	A l'avénement de Clovis au trône des Francs, cette nation reconnaissait plusieurs chefs qui tous étaient de la même famille que Clovis. Sigebert était roi de Cologne, Ragnacaire de Cambrai, Rognomer du Mans, et Cararic d'une partie de la Flandre. Clovis ayant résolu de détruire la puissance des Romains dans la Gaule, de concert avec les autres rois de sa nation, attaqua Syagrius, général des Romains, le défit près de Soissons, et il le fit mettre à mort. Clovis, vainqueur, posa les fondements de son nouveau royaume, dont il fit Soissons la capitale. Le roi des Francs demanda ensuite en mariage Clotilde, nièce de Gondebaud, roi des Bourguignons. Sollicité par la reine de se convertir au catholicisme, Clovis ne voulut pas d'abord abjurer ses anciennes croyances, dans la crainte de s'aliéner les peuples idolâtres auxquels il commandait; mais un événement imprévu vint lever tous les obstacles. Les peuples de l'Alsace et de la Suisse ayant envahi les États de Cologne, Clovis et Sigebert roi de ce royaume, marchèrent contre eux, et les deux armées, composées toutes les deux d'Allemands, se rencontrèrent dans les plaines de Tolbiac, aujourd'hui Zulpich. Clovis, voyant Sigebert blessé et s'apercevant que la victoire lui échappait, leva les mains au ciel et promit de se faire chrétien si la fortune lui était favorable. Bientôt l'armée ennemie fut mise en fuite, et Clovis soumit une partie de l'Allemagne. De retour dans ses États, le roi des Francs, fidèle à son vœu, abjura sa religion et entraîna une partie de son armée par son exemple. Saint Rémi le baptisa le jour de Noël. Cependant Clovis, poussé par l'ambition, attaqua et battit Gondebaud; mais il se contenta d'un tribut. Il marcha ensuite contre Alaric II, roi des Visigoths, le vainquit et le tua à Vouillé, et il s'empara d'une partie de son royaume.	484 487 493 507	Théodoric, à l'âge de 18 ans, avait succédé à son père Théodemir, comme roi des Ostrogoths, établis depuis la mort d'Attila dans la Pannonie. Théodoric s'était déjà distingué par son courage, et il commandait à un peuple redoutable par sa valeur. Zénon, empereur d'Orient, craignant pour le repos de son empire, l'attira à sa cour, et le combla de bienfaits. Mais l'inaction où vivait le jeune prince ne convenait guère à son caractère guerrier; il alla trouver l'empereur, et lui demanda la permission de chasser Odoacre de l'Italie. Zénon y ayant consenti, Théodoric conduisit ses soldats par le territoire de Venise, et vint camper près du pont de l'Isonzo, non loin d'Aquilée. Odoacre, qui ne le cédait en rien à Théodoric, ayant eu connaissance de la terrible invasion qui le menaçait, vint à la rencontre de son adversaire à la tête d'une armée nombreuse. La première bataille fut livrée sur les bords mêmes de l'Isonzo; les Ostrogoths furent vainqueurs. Odoacre, nullement abattu par ce premier revers, rassembla de nouveau ses soldats dans les environs de Vérone; mais la fortune fut encore favorable au roi des Goths, et Odoacre, vaincu, fut forcé de se réfugier dans Ravenne. Théodoric assiégea cette ville et força le roi d'Italie à capituler. Un traité de paix fut conclu : les deux princes devaient se partager le royaume d'Italie; mais quelques jours après, Odoacre et son fils furent assassinés dans un festin. Théodoric, seul maître de l'Italie, s'occupa d'abord de fortifier les différentes parties de son royaume, et il voulut ensuite se rattacher la plupart des chefs barbares, non-seulement par des alliances, mais encore par le mariage. Il donna sa nièce Amalbergue à Hermanfroi, roi de Thuringe; maria Théodetuse, sa fille naturelle, avec Alaric II, roi des Visigoths d'Espagne, et épousa lui-même Andefrède, fille de Clovis, roi des Francs. Théodoric, pour raffermir de plus en plus les bonnes dispositions des Ostrogoths et pour les attacher au sol de leur nouvelle patrie, enleva le tiers des terres aux habitants du pays et les distribua à ses soldats. La mesure adoptée par Théodoric tourna au profit de l'agriculture, parce que le nombre des bras étant augmenté, les terres en furent mieux cultivées. Théodoric fit renaître l'agriculture, le commerce et les arts. L'Italie, qui ne fournissait plus les grains nécessaires à la subsistance de ses habitants, parvint par les sages mesures du nouveau souverain à se suffire à elle-même. De plus, il établit des greniers d'abondance dans le Picenum, la Vénétie, le Milanais, le Piémont, afin de porter secours en cas de disette. Le roi d'Italie ramena la richesse dans les pays qu'il avait soumis, non-seulement par des mesures de police intérieure, mais encore par les conquêtes importantes qu'il ajouta à son nouveau royaume. Outre l'Italie entière, y compris la Sicile, il possédait aussi la Rhétie, la Norique, la Dalmatie, la Liburnie, l'Illyrie, une partie de la Souabe ainsi que la Pannonie. Théodoric avait exercé une grande influence sur le royaume des Goths dans la Gaule et en Espagne par l'amitié qui l'unissait à leur roi Alaric; mais après la mort de ce prince, l'Italie accrut encore son ascendant sur ces pays par la protection qu'il accorda à Amalaric, fils et successeur d'Alaric. Clovis, après avoir défait Syagrius et chassé les Romains de la Gaule, avait fondé le royaume des Francs. Dominé par la soif des conquêtes, Clovis avait vaincu les Visigoths et tué Alaric leur roi; il se serait emparé entièrement de leur royaume	491 497 502 505 507.	Zénon qui avait permis à Théodoric, roi des Ostrogoths, de faire la conquête de l'Italie, ne vit pas la fin de cette entreprise; il mourut à l'âge de 75 ans, après 16 ans et 6 mois de règne. Après la mort de Zénon, Anastase Iᵉʳ, silentiaire du palais et d'une naissance obscure, fut proclamé empereur par la protection de l'impératrice Ariadne, qu'il épousa plus tard. Le patriarche Euphémius, qui le connaissait comme Eutychéen, ne consentit à le couronner qu'après lui avoir fait reconnaître le concile de Chalcédoine, qui avait condamné Eutychès comme hérétique. Anastase, après avoir soumis les Isaures qui s'étaient révoltés, exila Euphémius, accusé de les favoriser. Anastase; prince faible et médiocre, rachetait cependant ses vices par quelques vertus; il fit des choses fort louables : il défendit aux juges de suivre les affaires des princes contraires au bien public, et en droit reçu; il abolit les combats inhumains des hommes avec les bêtes, et supprima le chrysargyre. Depuis l'expédition malheureuse de Crassus contre les Perses, il existait, entre ce peuple et les Romains, une haine que rien n'avait pu éteindre. Anastase ayant refusé une somme d'argent que Cabadès, roi des Perses, exigeait, celui-ci prit les armes et s'empara de la ville d'Amide. L'empereur fit marcher contre lui une armée; mais, par la mésintelligence des généraux, les troupes impériales furent vaincues. Enfin, après trois ans de guerre, il acheta la paix pour une somme de 11,000 livres d'or. Amide fut rendue aux Grecs-Romains, ainsi que toutes les villes prises dans cette guerre. La même année, Théodoric s'empara de la basse Pannonie où Pitula, un de ses généraux, remporta une victoire éclatante sur les troupes de l'empereur d'Orient. Afin de mettre une barrière aux nouvelles invasions des Barbares qui avaient souvent porté l'alarme jusqu'aux portes de Constantinople, Anastase fit construire une muraille, large partout de vingt pieds et flanquée de tours, qui s'étendait du Pont-Euxin à la Propontide, dans un espace de dix-huit lieues, à treize lieues de Constantinople. Anastase irritait les Catholiques en favorisant les Eutychéens; il s'était brouillé avec le saint-siège, parce qu'il refusait de souscrire à la condamnation d'Accace, ancien patriarche de Constantinople, excommunié comme suspect d'hérésie. Un jour il demanda au patriarche Macédonius l'acte par lequel, en montant sur le trône, il s'était obligé à soutenir le concile de Chalcédoine; Macédonius ayant refusé de le rendre, l'empereur fit enlever les actes du concile de Chalcédoine, et les anéantit. Les séditions ne tardèrent pas à éclater : l'empereur fut

DATES.	ROYAUME DES FRANCS.	DATES.	ESPAGNE.	DATES.	(BRETAGNE ANGLETERRE).
508	Vers cette époque, Clovis, dont la réputation s'étendait dans toute l'Europe, fut créé consul par Anastase qui voulait s'en faire un allié contre les Ostrogoths. L'empereur d'Orient lui envoya le manteau consulaire avec une tunique de pourpre et une couronne d'or enrichie de pierreries. Clovis reçut ces présents à Tours, dans l'église Saint-Martin, avec beaucoup de solennité, et prit dans la suite les titres de consul et d'Auguste.		**Amalaric.**	516	Cordick éprouva plus de difficultés; vaincu en plusieurs rencontres par Arthur, rendu célèbre par les romans de la Table-Ronde, il finit par fonder, avec son fils Kenrick, le royaume de *Wessex*.
509	L'ambition du roi des Francs le rendit cruel. Plusieurs princes de sa famille gouvernaient de petits États; Clovis, pour s'emparer de leurs royaumes, les fit tous périr et il se fit reconnaître pour seul et unique roi des peuples qu'il venait de subjuguer. Vers le même temps, il fit bâtir des églises et des monastières, montrant un zèle religieux, peu en rapport avec ses usurpations, ses violences et ses meurtres.	512	Après le siège d'Arles, les Visigoths transportèrent Amalaric, leur jeune roi, en Espagne, où ils établirent sa cour. Gésalaic, fils naturel d'Alaric, déjà d'un âge mûr, voulut lui disputer la couronne; mais ayant été tué dans une bataille, il laissa Amalaric sans compétiteur au trône.		Ce royaume comprenait les comtés de Hamp, de Dorset, de Wilts, de Berks, et avait pour capitale Winchester.
511	Clovis mourut à Paris, la nouvelle capitale de son royaume, à l'âge de 45 ans.		Cependant ce prince était trop jeune pour soutenir le poids du gouvernement; les Visigoths alors conférèrent la tutelle de leur jeune roi à Theudis, dont ils connaissaient les vertus.	526	Le royaume d'*Essex* fut fondé par Erkenwin, autre saxon.
	Successeurs de Clovis.		Pendant la régence de Theudis, la prospérité de l'Espagne fut toujours croissante; le royaume fut gouverné avec la plus grande habileté et la plus grande justice. Aussitôt qu'Amalaric eut atteint l'âge de régner, Theudis lui remit les rênes du gouvernement.		Cet État n'avait que soixante-quinze milles de longueur sur trente-huit de largeur; Colchester et Londres en faisaient partie, et cette dernière ville était la capitale du royaume.
	Jusqu'à l'an 562.	530	Le mariage d'Amalaric avec Clotilde, orthodoxe, fille de Clovis, qui aurait dû resserrer la paix, amena de nouvelles hostilités. Le roi des Visigoths, qui était arien, s'efforça d'établir l'arianisme dans ses États; alors Clotilde, par un motif de piété exagérée, invita son frère Childebert Ier à envahir le royaume de son mari. Amalaric vaincu, se réfugia dans la ville de Narbonne où il fut assassiné. La mort de ce prince mit fin à la dynastie d'Alaric II.		
511	Clovis laissa pour lui succéder quatre fils qui partagèrent entre eux le royaume des Francs. Thierry Ier, l'aîné, fils d'une femme de second ordre, eut une grande partie de l'Aquitaine, et tout le pays entre le Rhin et la Meuse, appelé le royaume d'Austrasie, dont Metz était la capitale; Clodomir fut roi d'Orléans; Childebert Ier de Paris, et Clotaire Ier de Soissons.				
523	Les enfants de Clovis, excités par les conseils de Clotilde, leur mère qui nourrissait une grande haine contre la famille de Gondebaud, son oncle, qui avait fait périr son père et sa mère, se réunirent pour attaquer Sigismond, roi de Bourgogne, fils de Gondebaud. Sigismond fut vaincu, et par l'ordre de Clodomir, jeté, avec sa femme et ses enfants dans un puits. Mais Gondemar IIe, ayant succédé à son frère Sigismond, chassa les Francs de son royaume, et il vainquit et				
524	tua Clodomir dans la bataille de Véséronce.				

DATES.	GERMANIE (Allemagne).	DATES.	ITALIE.	DATES.	EMPIRE D'ORIENT.
509	Cependant, les conquêtes de Clovis étaient loin de satisfaire son ambition. Elle s'accrut de plus en plus, et le roi des Francs devint cruel pour la satisfaire. Il tourna ses armes contre les rois de sa famille. Après avoir fait assassiner Sigebert par son fils Clodomir, et avoir vengé la mort du père dans le sang du fils, il poignarda de sa main Ragnacaire, roi de Cambrai, et son frère Richaire. Regnomer, roi du Mans, avec son frère, eut le même sort. Cararic, roi d'une partie de la Flandre, et son fils, furent rasés et enfermés dans un cloître. Après les meurtres de ces princes, Clovis se rendit maître de leur royaume et se fit reconnaître pour seul et unique roi.	507	sans l'intervention de Théodoric. Le roi d'Italie envoya des secours pour défendre le royaume de son petit-fils Amalaric, encore enfant. Le général du roi d'Italie battit les Francs devant Arles, et força Clovis à lever le siége de Carcassonne.	514	publiquement insulté comme hérétique et ses statues furent renversées; des actes de rigueur qui en furent la suite ne firent qu'augmenter la fureur populaire. Alors Vitalien, petit-fils d'Aspar, leva une armée de 60,000 hommes, contre l'empereur, pour venger la foi outragée, et vint camper aux portes de Constantinople; mais Proclus sauva la ville impériale en brûlant la flotte ennemie. Vitalien ayant fait de nouveaux préparatifs, Anastase conclut la paix avec lui. Il mourut trois ans après, abhorré de ses sujets, après un règne de 27 ans et 3 mois. Son nom fut rayé des diptyques.
511	Afin d'effacer sans doute ses crimes, il fit bâtir ensuite des églises, fonda des monastères et convoqua des conciles. Clovis mourut peu de temps après, laissant quatre fils pour se partager son royaume, qui comprenait l'Austrasie ou France orientale, et la Neustrie ou France occidentale.		Théodoric respecta les lois romaines, et voulut que les Goths fussent jugés par les Goths, et les Romains par les Romains, et lorsqu'un différend surgirait entre un Goth et un Romain, par des juges pris dans les deux nations. Il n'exerça aucune violence contre ses sujets pour cause de religion, et les pauvres, les veuves et les orphelins trouvèrent toujours auprès de ce prince une protection assurée.	518	
	L'Austrasie se composait des pays compris entre le Rhin et la Meuse; la Neustrie, des provinces renfermées entre la Meuse, la Loire et l'Océan.		On lui reproche à tort d'avoir fait périr pour cause de religion Boëtius et Symmachus son beau-père, personnages respectables par leurs vertus et leur savoir; ils furent condamnés sur le soupçon peu fondé, d'avoir conspiré contre la couronne et la vie de Théodoric. Le roi d'Italie ne tarda pas à se repentir de cette punition, qui empoisonna le reste de ses jours.		**Justin Ier.**
511	Thierry Ier eut l'Austrasie entre le Rhin et la Meuse, dont Metz était la capitale; il eut encore des provinces au delà du Rhin, en Aquitaine et en Auvergne. Le reste du royaume fut partagé entre les trois autres fils de Clovis, Childebert, Clodomir et Clotaire.		Théodoric était sobre, modeste dans ses habillements, et sous son règne, les Goths ne menèrent jamais une vie déréglée.	518	Justin Ier succéda à Anastase; c'était un soldat de fortune ne sachant ni lire ni écrire; mais il était intelligent et assez zélé catholique; il fit publier un édit qui ordonnait la soumission au concile de Chalcédoine, il rappela les évêques exilés, et réconcilia l'église d'Orient avec l'église Romaine dont elle
	Nous parlerons ici plus particulièrement des rois d'Austrasie, parce que l'histoire de ce pays est liée à celle de l'Allemagne.	526	Sentant sa fin approcher, il désigna Athalaric, son petit-fils, pour son successeur. Théodoric, le plus grand prince de son époque, mourut âgé d'environ 71 ans, aimé et regretté de ses sujets, après avoir régné 38 ans en Italie.	519	était séparée depuis 34 ans. Par un nouvel édit, Justin exclut les hérétiques de toute charge et même du service militaire; il condamna à l'exil tous les Manichéens, les Païens, les Juifs et les Samaritains; les Goths furent exceptés de cet édit, par crainte de Théodoric.
521	Maître du pouvoir, Thierry ne tarda pas à mettre au jour son caractère entreprenant et sa perfidie. Sollicité par Hermanfroi, roi de Thuringe, il l'aida à se débarrasser de son frère Balderic, avec lequel Hermanfroi partageait le royaume. Thierry, qui devait avoir une partie des dépouilles de Balderic, se joignit avec une puissante armée à Hermanfroi. Balderic fut vaincu et perdit la vie dans la bataille. Mais Hermanfroi, sur les sollicitations de son épouse Amalberguc, nièce de Théodoric, roi d'Italie, refusa de tenir la promesse qu'il avait faite à Thierry.		**Athalaric.**	522	Justin ayant refusé d'adopter Chosroès, fils de Cabadès, roi des Perses, celui-ci déclara la guerre à l'empereur d'Orient et s'empara de l'Ibérie, dont le roi s'était mis sous la protection de l'empereur de Constantinople.
	Le roi d'Austrasie, par crainte de Théodoric, dissimula son ressentiment, mais après la mort du roi d'Italie, il attaqua Hermanfroi, le vainquit sur l'Unstrut et le fit périr en le précipitant du	526	Athalaric n'avait que 10 ans, et sa mère Amalasonthe, fille de Théodoric, était chargée de son éducation, depuis la mort d'Eutharic, son époux. Nommée régente de son fils, Amalasonthe s'en montra digne; elle gouverna le royaume avec une grande sagesse et une grande fermeté.	527	Justin éleva son neveu Justinien à l'empire, et mourut 4 mois après, à l'âge de 77 ans; il avait régné 9 années.
528	haut des remparts de Tolbiac. Thierry réunit ainsi la Thuringe à son royaume.		Afin de se concilier les Italiens, Amalasonthe envoya son fils aux écoles publiques, et le soumit à la même discipline qui régissait les enfants des Romains. Mais ce genre d'éducation déplaisait aux Goths; ils pensaient que les études énervaient l'âme et rendaient moins propre à faire la guerre. L'exemple de Théodoric, qui ne savait ni lire ni écrire, les entretenait dans ces idées.		**Justinien Ier.**
			Ce qui vint donner encore plus de force à leur opinion, c'est qu'Athalaric se livra sans frein aux plus honteux excès de la débauche. Il mourut à l'âge de 18 ans.	527	Justinien Ier, successeur de Justin, lui était supérieur par l'éducation. Ce prince, âgé de 45 ans lorsqu'il monta sur le trône, aimait l'étude et avait le goût des réformes; mais il était d'un caractère faible et vaniteux et son penchant le portait au despotisme. Aux lois de ses prédécesseurs contre les païens, les juifs et les hérétiques, il ajouta la peine de mort; mais il résulta de grands maux de cette nouvelle persécution. Il publia des lois sévères pour réformer les mœurs; il mit tous ses soins à fortifier les villes qui protégeaient les frontières contre les attaques des Barbares et principalement des Perses avec lesquels il était en guerre. Il envoya contre eux Bélisaire, déjà connu par ses talents et son courage. Bélisaire battit les Perses près de Dara; mais, l'année suivante,
		534		531	il fut lui-même battu à Callinique. Les Romains se vengèrent bientôt de leur défaite; ils firent éprouver à Cabadès, roi des Perses, de si grands revers que ce prince en mourut de chagrin.

DATES.	ROYAUME DES FRANCS.	DATES.	ESPAGNE.	DATES.	BRETAGNE (Angleterre).	DATES.	GERMANIE (Allemagne).

533
 	
534
 	
534
 	
547
	Les enfants de Clodomir éprouvèrent bientôt les tristes effets de l'ambition et de l'avarice de leurs oncles; Childebert et Clotaire formèrent le dessein de s'emparer de leur héritage. Ils mandent à Clotilde qu'il faut qu'elle choisisse pour ses petits-fils entre le cloître ou la mort; la reine-mère, transportée de douleur, répond qu'elle préférerait les voir morts que dépouillés de leur royaume. La réponse de Clotilde devint le signal du meurtre de deux des enfants de Clodomir; le troisième fut caché dans un couvent; il est honoré sous le nom de saint Cloud.
	   Thierry qui, de son côté, ne s'était pas montré plus vertueux que ses frères, en faisant périr par trahison Hermanfroi, roi de Thuringe, mourut laissant le royaume d'Austrasie à son fils Théodebert Ier.
	   A peine Théodebert fut sur le trône qu'il eut à lutter contre Childebert et Clotaire; mais les ayant repoussés, il fit alliance avec eux et les aida à combattre Gondemar II, roi de Bourgogne. Gondemar, vaincu, fut détrôné, et les trois princes se partagèrent la Bourgogne, qui existait depuis environ 100 ans.
	   Théodebert Ier, l'un des plus grands princes de son siècle, mourut à l'âge de 50 ans, laissant la couronne à son fils naturel, Théodebalde, qui mourut aussi après 6 années de règne.
		534
		
		542
		
		548
			Theudis.
			
			   Le trône des Visigoths, jusqu'alors héréditaire, devint électif. Les Visigoths, qui connaissaient les vertus de Theudis, le proclamèrent roi à l'unanimité des suffrages; mais malheureusement la fermeté et la sagesse du nouveau roi ne purent parer complétement aux dangers qui entouraient le trône de toutes parts.
			   Les Francs, après la mort d'Amalaric, avaient promené leurs armes victorieuses des bords de la Garonne aux Pyrénées, et avaient même pénétré jusqu'à Saragosse. Chargés d'un immense butin, ils revenaient dans leurs États, lorsque Theudis, épiant le moment de la retraite, attaqua les Francs, leur fit essuyer une grande défaite, et ne leur permit de repasser les monts qu'au prix de la plus grande portion du fruit de leur pillage.
			   Theudis, ayant voulu reprendre la forteresse de Ceuta, dans le royaume de Fez, que Bélisaire avait enlevée aux Visigoths, se mit à la tête d'une expédition et investit Ceuta; mais il fut forcé de lever le siége et de retourner en Espagne.
			   Theudis mourut peu de temps après, assassiné dans son palais. Il avait régné 17 ans.
				547	Idda, chef des Angles, fonda le royaume de *Northumberland* avec ses douze fils.
					   Primitivement, ce royaume formait deux États: la Déirie au sud, et la Bernicie au nord, divisée par la Tyne. Idda les réunit en un seul et en fit le royaume de Northumberland.
					   Cet État qui s'étendait jusqu'en Écosse, allait de l'Humber au Forth.
					   Ce qui prouve que les Germains peuplèrent une partie de l'Écosse, c'est que dans certains cantons, on y parle encore le pur saxon.
					   Le royaume de Northumberland comprenait les comtés de Northumberland, de Nottingham, d'York, de Durham, de Roxburgh, de Selkirk, de Peebles, de Berwick, de Haddington, de Edimbourg; York devint la capitale de cet État.
						534
						
						534
						
						539
						
						547
							Après la mort de Thierry, son fils Théodebert Ier, l'un des plus grands princes de son siècle, lui succéda. Théodebert, déjà célèbre par des victoires, faillit devenir la victime de la rapacité de Childebert et de Clotaire, ses deux oncles; mais il sut leur tenir tête, et fit alliance avec eux pour détrôner Gondemar IIe, roi de Bourgogne; ils partagèrent ensemble les États du roi vaincu.
							   Justinien, empereur de Constantinople, avait acheté l'alliance de Théodebert; Vitigès, roi des Ostrogoths, voulant à son tour, obtenir l'assistance des Francs, leur offrit de fortes sommes d'argent et toutes les possessions des Ostrogoths dans la Gaule. Théodebert, après avoir promis aide à Justinien et à Vitigès, marcha avec une armée nombreuse sur l'Italie et battit tour à tour les Ostrogoths et les Impériaux; mais, voyant son armée décimée par les maladies, il rentra dans ses États après avoir pillé et saccagé la Ligurie.
							   Théodebert Ier nourrissait de grands projets de conquête, lorsqu'il mourut par accident, à l'âge de 50 ans, laissant la couronne à son fils naturel Théodebalde.

DATES.	ITALIE.	DATES.	EMPIRE D'ORIENT.
	Théodat.	532	Justinien avait l'imprudence d'exciter les factions du cirque dites les *Verts* et les *Bleus*, en prenant parti pour l'une contre l'autre. Un jour, il fut insulté par la faction à laquelle il était contraire. Les coupables furent punis; mais le peuple irrité, se révolta. Tout était perdu si Bélisaire, à la tête de quelques troupes, n'eût attaqué promptement et énergiquement les séditieux. Le massacre fut horrible, 30,000 hommes y perdirent la vie. Sainte-Sophie et un grand nombre de monuments publics furent réduits en cendres.
534	Après la mort d'Athalaric, Amalasonthe pour conserver le trône, car, d'après les lois des Goths, les femmes ne régnaient pas, se détermina à épouser Théodat, homme méchant et pervers, fils d'une sœur de Théodoric, en exigeant de lui le serment solennel de se contenter du titre de roi et de la laisser seule chargée du pouvoir.		Gilimer, arrière-petit-fils de Genséric, avait détrôné Hildéric, roi des Vandales; Justinien, voulant venger son allié Hildéric, résolut de porter la guerre en Afrique. Il se hâta de conclure la paix avec les Perses, et chargea Bélisaire de l'expédition.
536	Théodat promit tout; mais à peine sur le trône, il relégua Amalasonthe dans un château fort et la fit étrangler quelque temps après. Justinien, sous le prétexte de venger la mort d'Amalasonthe, mit aussitôt deux armées sur pied, pour exécuter ses projets sur l'Italie.	533	Le général romain débarque en Afrique, rencontre Gilimer près de Carthage, et lui fait essuyer une sanglante défaite. Le lendemain, Bélisaire fut reçu dans la ville avec enthousiasme et comme un libérateur. Carthage était au pouvoir des Vandales depuis 95 ans. Cependant, Gilimer étant parvenu à rassembler de nouvelles troupes, attaqua Bélisaire à Tricamare; vaincu de nouveau, le roi des Vandales se réfugia sur le mont Papnas à l'extrémité de la Numidie; mais réduit à une vie misérable, il se rendit à Bélisaire.
	Bélisaire, guerrier fameux par ses exploits, venait de soumettre l'Afrique; l'empereur le chargea de la conquête de l'Italie. Le général débarque en Sicile avec un corps de 8 à 10,000 hommes et s'empare de cette île, tandis que Mondon, chargé de l'autre corps d'armée, envahit la Dalmatie et prend Salone. Théodat, effrayé, offre de traiter, proposant de céder l'Italie pour un revenu de 1,200 livres d'or. Mais les troupes impériales, ayant éprouvé un échec en Dalmatie où Mondon avait été tué, Théodat rétracta bientôt sa parole. Bélisaire alors, fait une descente sur la côte de Reggio, en Calabre, et peu de temps après s'empare de Naples.	534	Bélisaire qui, dans l'espace de trois mois, avait détruit la domination des Vandales en Afrique, eut les honneurs du triomphe. Justinien donna à Gilimer des terres en Galatie.
	Vitigès.		Après le départ de Bélisaire, les Maures se soulevèrent et l'ordre ne fut rétabli qu'après quatorze années de guerre. L'Afrique fut alors divisée en sept provinces, et Justinien s'occupa à réparer les villes qui tombaient en ruine.
536	Les Goths, indignés de la lâcheté de Théodat, qui refusait de marcher contre l'ennemi, le déposèrent et proclamèrent Vitigès le plus expérimenté de leurs capitaines.	534	Athalaric, successeur de Théodoric, étant mort, Amalasonthe, sa mère, régente du royaume, avait épousé Théodat, homme méchant et pervers; mais à peine sur le trône, Théodat fit étrangler Amalasonthe. Justinien, sous le prétexte de venger la mort d'Amalasonthe, résolut de faire la conquête de l'Italie. Bélisaire, chargé de l'entreprise, débarque en Sicile et s'empare de cette île. Théodat, effrayé, offre de traiter; mais il manque bientôt à sa parole, et Bélisaire prend Naples. Les Goths alors proclament Vitigès, officier de la plus grande valeur, et assassinent Théodat. A peine maître du pouvoir, le nouveau roi des Goths rassemble ses troupes à Ravennes. Bélisaire, de son côté, marche sur Rome, et s'en empare sans résistance.
	Théodat prit la fuite, mais, ayant été atteint, il fut mis à mort. Pendant ce temps, Bélisaire soumet le Samnium, la Pouille, l'Ombrie, une partie de la Toscane, arrive aux portes de Rome et s'empare sans résistance de cette ville détachée depuis 60 ans de l'empire d'Orient.	536	
	Vitigès, affligé de la perte de Rome, veut l'investir pour tâcher de la reprendre; mais après un an et neuf jours de siège, désespérant de s'en rendre maître, il se retire dans Ravennes, place forte et bien approvisionnée. Bélisaire vint l'y assiéger et se rendit maître de la ville après une		Pendant ce temps, Justinien composait des livres de théologie et de jurisprudence, et il faisait rebâtir Sainte-Sophie; mais ce glorieux monument épuisa le trésor public.
539	longue résistance. Vitigès fait prisonnier fut emmené par Bélisaire à Constantinople où ce général était rappelé sous le prétexte d'être opposé au roi des Perses qui recommençait les hostilités. L'empereur d'Orient se montra plein de clémence pour Vitigès et lui donna un commandement dans l'armée de Bélisaire.	539	Bélisaire se décida enfin à assiéger Ravennes; il s'en rendit maître après une longue résistance. Le général romain retint Vitigès prisonnier, et l'emmena avec lui à Constantinople où il était rappelé sous le prétexte d'être opposé à Chosroès, roi des Perses, qui préparait de nouvelles hostilités.
	Cependant l'Italie était loin d'être entièrement soumise : les Goths occupaient encore la Vénétie, et après le départ de Bélisaire, ils avaient fait rentrer Milan sous leur domination.		Chosroès, après avoir pénétré en Syrie, s'était emparé sans résistance d'Hiérapolis et de Bérée; il s'était ensuite rendu maître d'Antioche et l'avait réduite en cendres. Justinien se décida alors à acheter la paix moyennant 5,000 livres pesant d'or et 500 livres chaque année; mais à peine conclu, le traité fut violé de part et d'autre.
	Totila.		L'empereur d'Orient songea alors à Bélisaire pour l'opposer à Chosroès. Le roi des Perses se rendant aux vœux des Lazes, opprimés par les Romains, s'était emparé de Pétra et avait enlevé
541	Après un court règne de Ildobalde et d'Uraja, deux de leurs généraux déposés comme indignes de la couronne, les Ostrogoths élurent pour roi Totila, jeune prince, aussi distingué par son mérite que par ses talents militaires. Totila releva bien vite les espérances de sa nation. Il battit les Grecs en plusieurs rencontres et s'empara de plusieurs places fortes; la Lucanie, l'Apulie, la Calabre, Naples même furent bientôt en sa puissance. Dans ces tristes circonstances, Justinien se décida à renvoyer Bélisaire en Italie, mais avec si peu de troupes, que le général romain fut forcé de se tenir dans Ravennes. Totila, se prévalant de la supériorité de son armée, quitte la	543	la Lazique à l'empire d'Orient. Bientôt après, Chosroès résolut d'envahir la Palestine, mais Bélisaire, presque sans troupes, lui persuada par un stratagème, qu'il commandait à une puissante armée, et le força à repasser l'Euphrate. Cependant Bélisaire ayant été rappelé pour aller en Italie réparer les fautes de ses successeurs, les Perses, avec 4,000 hommes, remportèrent une victoire sur Martin, qui l'avait remplacé, et qui commandait à une armée de 30,000 hommes.
546	Vénétie où il avait ses quartiers, marche sur Rome et s'en empare de vive force. Le roi des Ostrogoths, pour se venger de la trahison des Romains, voulait la détruire; mais Bélisaire lui ayant représenté dans une lettre qu'il ternirait l'éclat de sa renommée en anéantissant la plus magnifique ville du monde, Totila épargna Rome. Il se contenta d'y laisser une petite garnison et partit pour la Calabre afin de combattre les troupes impériales qui arrivaient au secours de Bélisaire. Mais celui-ci profita de cela pour rentrer dans Rome. Cependant Bélisaire, manquant		Après le départ de Bélisaire de l'Italie, Totila, élu roi des Ostrogoths, avait battu deux fois les Romains et s'était rendu maître de la Lucanie, de l'Apulie, de la Calabre et de Naples. Bélisaire fut alors rappelé de Perse pour sauver l'Italie; mais le général romain y arriva avec si peu de troupes, qu'il fut obligé de se renfermer dans Ravennes. Totila alors marche sur Rome et s'en empare. Il voulait la détruire, mais sur les conseils de Bélisaire, il renonça à son projet; Bélisaire la reprit bientôt après.

DÁTES.	ROYAUME DES FRANCS.	DÁTES.	ESPAGNE.	DATES.	BRETAGNE (Angleterre).	DATES.	GERMANIE (Allemagne).
555 558 562 567 568	La succession de Théodebalde fut un nouveau sujet de discorde entre les deux frères. Childebert se trouvant dangereusement malade, Clotaire profita de la circonstance pour engager les Austrasiens à le reconnaître pour unique héritier de Théodebalde. Childebert ayant recouvré la santé, résolut de se venger. Clotaire, forcé de passer en Germanie, pour réprimer les Saxons, avait chargé du gouvernement d'une partie de ses États, un de ses fils naturels nommé Chramne, jeune prince corrompu par la flatterie et la débauche. Childebert, profitant de l'absence de son frère, excita Chramne à la révolte. Sur ces entrefaites, Childebert mourut, et Clotaire devint possesseur de toute la monarchie des Francs. Chramne obtint le pardon de son père; mais s'étant révolté une seconde fois, Clotaire le fit brûler, avec toute sa famille, dans une chaumière où il s'était réfugié. Clotaire mourut deux ans après. **Successeurs de Clotaire Ier** *Jusqu'à l'an 613.* Clotaire Ier laissa quatre fils qui se partagèrent le royaume de leur père. Paris échut à Caribert; Orléans et la Bourgogne à Gontran; l'Austrasie à Sigebert Ier et Soissons à Chilpéric Ier. Caribert mourut bientôt, et ses trois frères procédèrent à un nouveau partage. Les vertus de Gontran et de Sigebert semblaient faire présager des règnes tranquilles et pleins de gloire; mais il fut loin d'en être ainsi. Sigebert avait épousé Brunehaut, fille cadette d'Athanagilde, roi visigoth d'Espagne. Chilpéric, ayant divorcé avec sa première femme, demanda, à son tour, la fille aînée de ce roi nommée Galsuinde. L'ayant obtenue avec peine, à cause de son inconduite, il parut d'abord lui faire le sacrifice de sa passion pour Frédégonde, femme perverse; mais, peu de temps après, Galsuinde fut trouvée étranglée dans son lit, et Chilpéric mit Frédégonde sur le trône.	548 549 550 567 567 569	**Theudisèle.** Les Visigoths, après la mort de Theudis, élurent Theudisèle qui, lors de l'invasion des Francs, s'était distingué par sa valeur. Sa conduite ne répondit pas aux espérances que l'on avait conçues de lui. A peine sur le trône, il exerça la tyrannie la plus odieuse; il mourut victime d'une conspiration, après 17 mois de règne. **Athanagilde.** La majeure partie de l'Espagne, n'ayant pas voulu ratifier le choix d'Agila, porté au trône par les conspirateurs, Athanagilde s'empara du pouvoir. Le nouveau monarque fixa sa résidence à Tolède, et gouverna son peuple avec autant d'équité que de douceur. Il eut deux filles, Brunehaut et Galsuinde, qui épousèrent, l'une Sigebert, roi d'Austrasie, et l'autre Chilpéric, roi de Soissons. Athanagilde mourut dans son palais de Tolède; il avait régné 18 ans. **Liuva Ier.** Après cinq mois d'anarchie, les Goths élevèrent au trône Liuva, gouverneur des provinces qu'ils possédaient encore dans la Gaule et qu'ils avaient conservées, malgré les entreprises des Francs. Du consentement de ses sujets, Liuva resta dans ces provinces, à la sûreté desquelles il était utile de veiller, et il associa à la couronne son frère Léovigilde. Liuva étant mort, Léovigilde lui succéda.	559	A la mort d'Idda, le royaume de Northumberland fut encore divisé en deux royaumes : la Déirie et la Bernicie; York fut la capitale du premier, Édimbourg fut la capitale du second.	555 562 567	Après la mort de Théodebalde Ier, et celle de Childebert, en 558, Clotaire Ier, qui n'avait eu en partage que le royaume de Soissons, se trouva maître de toute la monarchie; mais il mourut quatre ans après. Après la mort de Clotaire, ses quatre fils se partagèrent le royaume : Sigebert fut roi d'Austrasie; Caribert, de Paris; Gontran, d'Orléans et de Bourgogne, et Chilpéric de Soissons. La mort de Caribert amena un nouveau partage qui mit la division entre les trois frères; division qui fut encore augmentée par la haine et la jalousie de deux femmes, Brunehaut et Frédégonde.

DATES.	ITALIE.
548	de secours et de munitions, ayant demandé et obtenu de quitter le commandement de l'Italie, Totila fit rentrer Rome sous sa domination. L'eunuque Narsès, grand chambellan de Justinien, fut chargé de remplacer Bélisaire. Le nouveau général, après de grands préparatifs, débarqua en Italie à la tête de la plus belle armée que l'empire eût mise sur pied depuis bien longtemps. Totila vint attendre son rival en Toscane, aux pieds des Apennins. Les deux armées furent bientôt en présence, la bataille fut sanglante.
552	Enfin la fortune se déclara en faveur de Narsès; les Goths furent vaincus. Totila, blessé mortellement, fut transporté à Capra où il rendit le dernier soupir. Le roi des Goths reçut la sépulture à l'endroit même où il était mort. Narsès s'empara de Rome et se dirigea ensuite vers Cumes, la plus forte place de l'Italie.

Téja.

DATES.	ITALIE.
553	Après la mort de Totila, les Goths choisirent pour roi Téja, brave capitaine digne de succéder à Totila. Téja, à peine maître du pouvoir, rassemble les débris de l'armée des Goths, et, après leur avoir distribué les trésors renfermés dans Pavie, il se met en marche pour sauver Cumes, où était accumulé le reste des richesses de la nation. Mais Narsès lui ferme le passage, et les Ostrogoths et les Romains se rencontrent de nouveau à Nocéra. Le choc fut terrible de part et d'autre; mais Téja tomba percé d'un coup mortel, et sa tête, élevée au bout d'une pique, abattit entièrement le courage des Goths. L'armée de Téja fut en partie détruite; les soldats qui échappèrent au carnage demandèrent à capituler et obtinrent des conditions honorables. On leur donna des terres pour cultiver, non comme des esclaves, mais comme des hommes libres. Après de si sanglantes défaites, les Goths possédaient encore quelques villes fortes dans le voisinage de Milan et de Pavie, quelques autres au delà du Pô, et Cumes dans la basse Italie. Cette ville était défendue par Aligerne, chef intrépide, frère de Totila. Après la mort de Téja et la soumission de son armée, Narsès marche sur Cumes pour y joindre les troupes impériales qui avaient commencé à en faire le siége. Mais, pendant ce temps, une armée d'Allemands et de Francs, commandée par Leutharis et Bucelin, envahit l'Italie sous le prétexte de porter secours aux Goths. Déjà ils avaient conquis la Vénétie et la Ligurie, depuis les Alpes rhétiennes jusqu'à la mer de Toscane, et s'étaient établis dans Lucques, qu'ils avaient fortifiée. Narsès, après plusieurs attaques inutiles contre Cumes, prend la résolution d'y laisser des troupes pour la tenir bloquée et marche sur la Toscane. Il soumet, presque sans coup férir, les villes insoumises, met le siége devant Lucques, s'en empare après une vive résistance et chasse Leutharis et Bucelin de cette ville. Cumes restait seule à soumettre; mais Aligerne, prévoyant que les Francs et les Allemands, sous le prétexte de porter secours aux Goths, n'étaient venus que pour subjuguer l'Italie entière, prit la résolution de se rendre à Narsès, préférant obéir aux Romains qu'à des étrangers. Leutharis et Bucelin, après avoir essuyé plusieurs défaites, voyant leur armée décimée par les maladies, repassèrent les Alpes, abandonnant à Narsès l'Italie
554	entière. La reddition d'un corps de sept mille Goths, qui s'étaient jetés dans Conza, après la retraite des Francs et des Allemands, fut la fin de cette nation illustre et guerrière, et termina la conquête de l'Italie par Narsès.
	Narsès, après avoir subjugué les Ostrogoths, gouverna l'Italie avec sagesse, continuant de jouir de l'estime et de la confiance de Justinien. Mais à la mort de ce prince, sous le règne de Justin II, son successeur, l'impératrice Sophie parvint à lui faire enlever le commandement de l'Italie. Longin lui succéda; le nouveau gouverneur établit à Ravennes sa résidence, et, investi
568	d'une autorité sans bornes, il donna à l'Italie une nouvelle forme de gouvernement. Il supprima les consulaires, les correcteurs et les présidents, qui jusqu'ici avaient gouverné les provinces, et les remplaça, dans les villes et dans les lieux de quelque importance, par des chefs qu'il nomma ducs et par des juges chargés de rendre la justice. Rome elle-même fut privée de ses consuls et de son sénat; Longin, gouverneur de toute l'Italie, prit le titre d'Exarque.

DATES.	EMPIRE D'ORIENT.
	Le général romain, manquant de secours, demanda et obtint de quitter son commandement de l'Italie, pour ne pas compromettre sa réputation militaire. Après son départ, Rome retomba au pouvoir des Ostrogoths.
551	Après une trêve de quatre ans, la guerre avec les Perses se ralluma dans la Lazique, et Justinien se vit obligé d'acheter encore la paix à prix d'argent. Cependant l'empereur d'Orient cherchait un général qui pût réaliser ses projets sur l'Italie; son choix tomba sur l'eunuque Narsès.
552	Narsès, grand chambellan et favori de l'empereur, à la tête d'une puissante armée, débarque en Italie et marche sur Rome. Bientôt, les Goths et les Romains se rencontrent aux pieds des Apennins; mais les Goths, inférieurs en nombre, sont vaincus; et Totila, blessé mortellement, va expirer à Capra. Narsès s'empare de Rome et se dirige ensuite sur Cumes. Les Ostrogoths, après la mort de Totila, avaient élu Téja. Le nouveau roi des Goths, connaissant les projets de Narsès sur Cumes, dirige ses soldats vers cette ville pour lui porter secours. Les deux armées ennemies ne tardèrent pas à se trouver en présence, et une bataille sanglante fut livrée à Nocéra, près de Cumes; mais Narsès fut encore vainqueur, et Téja perdit la vie en combattant. Les Ostrogoths demandent alors la paix au général romain, et l'obtiennent à des conditions honorables.
	Aligerne, frère de Totila, qui défendait Cumes, se rendit volontairement à Narsès après une longue résistance, préférant obéir aux Romains qu'à une armée de Francs et d'Allemands, commandée par Bucelin et Leutharis, qui, sous le prétexte de secourir les Goths, menaçait l'Italie entière. Les Francs et les Allemands furent forcés de repasser les monts, et la soumission de
554	7,000 Goths, renfermés dans Conza, termina la conquête de l'Italie par Narsès.
558	Les Avares et les Turcs, deux peuples inconnus jusqu'alors, sortirent de la Tartarie et s'avancèrent jusqu'aux frontières de l'empire d'Orient; l'année suivante, les Huns inondèrent la Thrace, et osèrent même faire des excursions jusqu'aux portes de Constantinople. Bélisaire, qui vivait retiré, fut regardé comme le seul capable de repousser les Barbares; il les défit presque sans troupes; mais il fut bientôt rappelé. Les Huns recommencèrent leurs excursions. Justinien, pour s'en débarrasser, parvint à exciter contre eux d'autres Huns; les deux peuples barbares se combattirent avec tant d'acharnement, qu'ils se détruisirent presque entièrement l'un et l'autre.
563	Après de longues négociations, un traité de paix de cinquante ans fut enfin conclu avec les Perses; Justinien s'engagea à leur payer une pension de 300,000 pièces d'or et à ne jamais s'approcher des frontières de la Perse. Chosroès, de son côté, devait abandonner entièrement la Lazique, et promettait de ne donner jamais passage aux Barbares par les portes Caspiennes. A cette époque, un complot s'étant formé contre la vie de l'empereur, Bélisaire fut soupçonné injustement d'être l'auteur de la conspiration; il fut jeté en prison et eut ses biens confisqués; mais son innocence ayant été reconnue, il rentra en grâce. Justinien fit réviser toutes les constitutions ou ordonnances de ses prédécesseurs et en forma un *Code* qui porte son nom. Ce *Code* fut suivi du *Digeste* ou *Pandectes*, des *Institutes* et des *Novelles*.
565	Après avoir poursuivi et tourmenté les hérétiques, il devint, sur la fin de son règne, lui-même hérétique et exerça des persécutions contre ses sujets. Il mourut à l'âge de 84 ans, il en avait régné 39.

Justin II.

DATES.	EMPIRE D'ORIENT.
565	Justin II, neveu de Justinien, succéda à son oncle et précipita la ruine de l'empire par son orgueil et ses imprudences. Narsès commandait en Italie depuis treize ans, où sa vigueur et sa fermeté maintenaient la tranquillité. Mais les Italiens, humiliés de la domination d'un eunuque, se plaignaient de la dureté de son gouvernement. L'impératrice Sophie, femme de Justin, qui détestait Narsès, prenant pour prétexte les murmures qui s'élevaient contre lui, acheva de le perdre dans l'esprit de l'empereur, et lui fit enlever le commandement de l'Italie. Longin lui
568	succéda; il fut le premier exarque de Ravennes. Le titre de cette nouvelle forme de gouvernement, dont la durée fut de 184 ans, était revêtu d'un pouvoir très-étendu et donnait tous les droits de la souveraineté.

HISTOIRE DES PRINCIPAUX

DATES.	ROYAUME DES FRANCS.	DATES.	ESPAGNE.	DATES.	BRETAGNE (Angleterre).	DATES.	GERMANIE (Allemagne).
575 581	La mort de Galsuinde fut attribuée à Chilpéric et à Frédégonde; Brunehaut, convaincue de cela, excita Sigebert et Gontran à venger la mort de sa sœur. Attaqué par ses deux frères, Chilpéric fut plusieurs fois vaincu; on lui accorda la paix. Chilpéric, excité par Frédégonde, reprit bientôt les armes contre Sigebert; il fut encore vaincu et perdit presque tous ses États. Forcé de se retirer dans Tournai, il y fut assiégé par Sigebert. Chilpéric était à bout de ressources; mais Frédégonde le sauva en faisant assassiner, par deux scélérats, Sigebert au milieu de son armée. Frédégonde, souillée de crimes, voulant assurer la couronne à ses fils, résolut de faire périr les enfants du premier lit de Chilpéric. Mérovée, fils aîné de ce prince, avait été déjà la victime de Frédégonde après son mariage avec Brunehaut. Elle cherchait l'occasion d'immoler Clovis, autre fils de Chilpéric, lorsque ses trois enfants lui furent enlevés par une maladie épidémique; mais ayant persuadé à Chilpéric que Clovis avait empoisonné ses enfants, Frédégonde fit poignarder le jeune prince.	572 582	**Léovigilde.** Les Grecs-Romains, après la mort d'Athanagilde, s'étaient avancés jusque dans l'intérieur du pays et s'étaient emparés de Médina-Sidonia, dans l'Andalousie, et de la ville de Cordoue. Léovigilde ne tarda pas à les punir de leur témérité; il assiégea ces deux villes, les réduisit après une vive résistance, et força les troupes de l'empire d'Orient à se retirer dans leurs forteresses sur les côtes de la mer. Les Goths se soumirent de bon cœur aux intentions de Léovigilde qui voulait perpétuer la couronne dans sa famille, et Hermenegilde et Recarède, ses deux fils d'un premier mariage, furent appelés à la succession au trône et reçurent le titre de princes des Visigoths. Léovigilde s'occupa ensuite de soumettre les Barbares qui habitaient la province de Biscaye et les montagnes d'Orospéda; il vainquit aussi les Suèves qui leur avaient prêté assistance. Mais le bonheur dont Léovigilde était digne de jouir, ne tarda pas à être troublé par sa femme Galsuinde, veuve d'Athanagilde. Hermenegilde, son fils, avait épousé Ingundis, princesse orthodoxe, fille de Sigebert, roi d'Austrasie, et de Brunehaut. Cette jeune princesse, à peine âgée de seize ans, et d'une grande beauté, fut indignement persécutée par Galsuinde, son aïeule, parce qu'elle avait refusé de sacrifier sa foi catholique à l'arianisme qui dominait à la cour des Visigoths. Les persécutions dont Ingundis était victime, et les conseils de Léandre, archevêque de Séville, firent embrasser la religion orthodoxe à Hermenegilde. Hermenegilde, soutenu par les Vascons, nation orthodoxe, prit bientôt les armes contre son père; mais Hermenegilde, cédant aux conseils de Recarède, se soumit bientôt et fut relégué comme prisonnier à Tolède. Léovigilde entra alors dans le pays des Vascons dont il se rendit maître, et où il fonda Vitoria. Les Vascons, vaincus, passèrent les Pyrénées et, après avoir combattu les Francs pendant plusieurs années, ils finirent par s'emparer d'une partie de l'Aquitaine et s'y organisèrent en duché indépendant vers 629, avec l'agrément de Caribert II, frère de Dagobert. Ils portent aujourd'hui le nom de Gascons.	571	Les Angles, établis à l'est, donnèrent leur nom au royaume d'*Estanglie*. Cet État comprenait les comtés de Cambridge, de Suffolk, et de Norfolk.	575 576	Sigebert, roi d'Austrasie, excité par sa femme Brunehaut, fille du roi des Visigoths d'Espagne, déclara la guerre à Chilpéric pour venger la mort de Galsuinde, sœur de Brunehaut que Chilpéric avait épousée et fait périr. Chilpéric, sur le point de succomber, obtint la paix de Sigebert; il reprit bientôt les armes; mais il fut encore vaincu et perdit une partie de ses États. Chilpéric se retira alors dans Tournai où il fut assiégé par son frère; Frédégonde le sauva en faisant assassiner Sigebert dans son camp. Chilpéric et Frédégonde voulurent profiter de la mort de Sigebert pour s'emparer du royaume d'Austrasie; mais un seigneur austrasien, nommé Gondebaud, fit sauver le jeune Childebert II, fils de Sigebert, et le mit en possession de son royaume.

DATES.	ITALIE.	DATES.	EMPIRE D'ORIENT.
	C'est de cette nouvelle institution que prit naissance ce grand nombre de duchés, tels que les duchés de Rome, de Naples, de Bresse, de Spolète, de Frioul, de Bénévent, de Turin, etc., dont les noms subsistèrent longtemps. Narsès, qui s'était retiré à Naples après sa disgrâce, ne songeait qu'au moyen de se venger. Pour arriver à son but, il engagea, par tous les moyens en son pouvoir, Alboin, roi des Lombards, qui régnait alors dans la Norique et la Pannonie, à envahir l'Italie. Les Lombards, peuple de la Germanie, connaissaient déjà l'Italie ; ils avaient aidé les troupes impériales à chasser les Goths de ce royaume. Narsès étant mort sur ces entrefaites, Alboin n'en continua pas moins ses projets de conquête. Il fit d'abord alliance avec les Avares, pour se délivrer des Gépides dont il redoutait le voisinage pour ses États. Il battit les Gépides, tua Cunimond, leur roi, dont il épousa la fille Rosemonde, et, à la tête d'une armée innombrable, composée de différents peuples, il pénétra en Italie.		Narsès se retira à Naples plein de ressentiment ; c'est pourquoi il engagea, par tous les moyens de son pouvoir, Alboin, roi des Lombards, à envahir l'Italie.
568		568	Malgré la mort de Narsès, arrivée sur ces entrefaites, Alboin pénétra en Italie par les Alpes Juliennes, soumit aisément la Vénétie, et multiplia rapidement ses conquêtes dans les différentes parties de l'Italie dont il forma plusieurs duchés. Il s'empara ensuite de Pavie, après trois ans de siége, et fit de cette ville la capitale de son nouveau royaume. Longin, incapable de résister à un si terrible ennemi, ne conserva que Ravenne, les places maritimes de la Campanie, le Brutium, l'ancienne Calabre et la Sicile.
569	Longin n'avait pas assez de forces pour résister à un pareil torrent ; il se borna à garnir de troupes les places les plus fortes. Alboin envahit d'abord la province vénitienne, érigea tout le Frioul en duché, et y créa pour premier duc son neveu Gisolphe. Les ducs créés par Alboin différaient essentiellement de ceux de Longin ; les premiers étaient de véritables chefs féodaux, tandis que les seconds n'étaient que des magistrats civils et militaires. Le roi des Lombards passa une année dans le Frioul, et, au printemps suivant, il s'empara de Trévise, de Vicence et de Vérone, avec tout le pays qui s'étend jusqu'à Trente, établissant dans chaque place un duc lombard avec une garnison de la même nation. Dans sa troisième campagne, il s'étendit dans toute la Gaule cisalpine, soumettant à sa domination Bresce, Bergame, Lodi, Côme et tout le pays situé jusqu'aux Alpes cottiennes, et, pour couronner son œuvre, il s'empara de Milan, capitale de toute la contrée, où il fut salué roi par les Lombards. Le pays changea alors de nom, et commença à s'appeler Lombardie. Cependant l'Italie n'était pas encore entièrement soumise. Alboin, continuant sa marche triomphale, s'empara de Tortone, de Plaisance, de Parme, de Modène et de Reggio ; il passa ensuite en Toscane, dont il érigea une partie en duchée ; se dirigea, toujours vainqueur, vers l'Ombrie, et il établit un duché à Spolette. Après ces nombreux succès, il vint mettre le siége devant Pavie, s'en empara après trois ans de siége, et en fit la capitale de son nouveau royaume.	573	Alboin ne jouit pas longtemps du fruit de ses victoires : dans un festin, ayant forcé sa femme Rosemonde, fille de Cunimond, à boire dans le crâne de son père, celle-ci, pour se venger, fit assassiner son mari.
573	La prise de Pavie fut le terme de la prospérité du roi des Lombards ; Alboin, dans un festin qu'il donnait aux seigneurs de sa cour à Vérone, ayant forcé Rosemonde, sa femme, à boire dans le crâne de son père, dont il avait fait une coupe, celle-ci s'en vengea en le faisant assassiner. Le roi des Lombards, aimé pour sa justice et sa clémence, fut vivement regretté de ses sujets.	574	Malgré le traité de paix de cinquante ans qui existait entre les Perses et les Romains, Justin ayant refusé de payer à Chosroès Ier le tribut annuel qui lui était dû, les hostilités recommencèrent. Le roi des Perses se rendit maître de Dara, pendant que ses généraux ravageaient la Syrie. Justin éprouva une si vive impression de ces revers, qu'il en perdit presque la raison. Heureusement pour l'empire une trève d'un an fut conclue avec le roi des Perses, moyennant 45,000 pièces d'or. Dans cet intervalle, l'impératrice Sophie obtint de Justin qu'il adoptât Tibère, commandant de la garde impériale.
	Cléfus.		Tibère, auquel le titre de César fut conféré, était estimé de tous par ses brillantes qualités et la noblesse de son caractère. Il mit tous ses soins à relever les affaires de l'empire, mais il ne put cependant s'opposer aux progrès des Lombards en Italie. Ces derniers étaient maîtres du Frioul, de la Vénétie, de presque toute la Ligurie, de l'Ombrie et d'une grande partie de la Toscane, et ils avaient même poussé leurs conquêtes jusque dans la Campanie et dans l'Apulie.
576	Après la mort d'Alboin, les Lombards élurent pour leur roi Cléfus, homme distingué par sa naissance et ses talents militaires, mais féroce et cruel. Le nouveau monarque s'empara de Rimini et soumit à ses armes toute l'Émilie et une partie de l'Ombrie, presque jusqu'aux portes de Rome. Mais le règne de Cléfus ne dura que trois ans ; les Lombards, indignés de ses cruautés et de ses débauches, se révoltèrent contre lui et le mirent à mort. Les enfants de Cléfus n'étant pas en âge de régner, les seigneurs s'assemblèrent, et, après avoir partagé leur royaume en trente duchés, ils élurent trente ducs, plutôt électifs qu'héréditaires, chargés du gouvernement de chacun des duchés dont le chef-lieu fut placé dans la ville principale. Les principaux duchés furent ceux de Frioul, de Pavie, de Milan, de Bergame, de Bresce, de Trente et de Spolète. Mais bientôt la discorde se mit parmi ces divers chefs ; il manquait en effet un pouvoir central pour régler les intérêts de la nation et pour juger les différends qui survenaient entre les ducs. Ce nouveau système de gouvernement affaiblit considérablement la puissance des Lombards.	576	Vers ce même temps, la trève avec les Perses étant expirée, Chosroès envahit la petite Arménie ; mais le général Justinien s'avança à sa rencontre et lui fit éprouver une sanglante défaite près de Mélitène ; l'armée des Perses, vigoureusement poursuivie, fut engloutie presque toute entière dans les eaux de l'Euphrate. Justinien, profitant de sa victoire, passa ce fleuve et le Tigre, et, après avoir pénétré sans résistance jusque dans l'intérieur de la Perse, il força Chosroès à demander la paix.
		578	Cependant les négociations traînant en longueur, Maurice, commandant de la garde impériale, fut chargé de remplacer Justinien. Le nouveau général battit les Perses en plusieurs rencontres, prit Nisibe et ravagea tout le pays jusqu'au Tigre. Traversant ensuite ce fleuve, il s'empara de la forteresse de Singare et envahit la Mésopotamie.
		578	Justin sentant ses jours s'affaiblir, déclara empereur Tibère, qui gouvernait l'empire avec gloire depuis quatre ans. Justin mourut peu de temps après, après un règne de 12 ans.
			Tibère II.
		578	Après la mort de Justin II, Tibère prit les rênes du gouvernement.
		580	A peine était-il sur le trône que Chosroès Ier, avec qui la paix allait se conclure, mourut aussi. Hormisdas III, son fils et son successeur, ralluma la guerre ; Maurice alors marcha contre lui, battit les Perses près de Callinique et s'empara de la Mésopotamie. Mais, dans ce même temps, les Avares s'emparèrent de Sirmium, ville importante et la seule que l'empire d'Orient eût conservée dans la Pannonie.
			Tibère, dont la vie s'éteignait de jour en jour, n'ayant pas d'enfants mâles, fiança Maurice à sa fille aînée et le nomma son successeur.
		582	Il mourut huit jours après, aimé et regretté de tous ses sujets. Tous les Romains prirent le deuil. Il avait régné 4 ans.

DATES.	ROYAUME DES FRANCS.	DATES.	ESPAGNE.	DATES.	BRETAGNE (ANGLETERRE).
584	Chilpéric mourut assassiné en revenant de la chasse, selon les uns, par Brunehaut, selon les autres, par Frédégonde. De tous les enfants de Chilpéric il ne restait à Frédégonde qu'un fils de quatre mois nommé Clotaire II. Elle parvint à intéresser en sa faveur Gontran, roi de Bourgogne, qui protégea la mère et le fils contre les tentatives de Childebert II, roi d'Austrasie et fils de Sigebert et de Brunehaut. Le règne de Gontran fut long et sans gloire. Ce roi, tantôt bon, tantôt cruel, ne s'attira le respect que par son zèle pour la religion.		Hermenegilde ne tarda pas à s'échapper de Tolède. Les catholiques d'Espagne étaient encore nombreux; malgré l'émigration des Vascons; Mérida, Cordoue et Séville embrassèrent le parti du jeune prince; il appela encore à son aide les Suèves et les Francs, barbares orthodoxes. Léovigilde ayant rompu cette ligue formidable, son fils se retira alors dans Cordoue, sa dernière ressource; mais cette ville ne put résister longtemps aux efforts de Léovigilde. Hermenegilde, fait prisonnier, eut la vie sauve; son père le fit transférer à Tarragone, chargé de chaînes. Alors Hermenegilde, par l'intermédiaire de l'archevêque Léandre, qui avait été l'instrument de sa conversion, invita les Romains, qui possédaient encore l'Afrique et une partie de la côte d'Espagne, à faire la conquête de son pays. Les négociations furent découvertes, et son père le fit transporter à Séville et enfermer dans une tour, où il eut la cruauté de le faire périr, parce que son fils refusa de retourner à la foi de ses pères.	584	Le royaume Angle de *Mercie*, le dernier de l'Heptarchie, fut fondé par Crida. Situé au centre de la Bretagne, il était le seul État qui n'eût pas de mer pour frontières. C'était le plus étendu des sept royaumes de l'Heptarchie; il comprenait les comtés actuels de Glocester, de Worcester, de Leicester, Northampton, Bedford, Buckingham, Derby, Nottingham, Hereford, Warwick, Chester, Lincoln, etc. Lincoln était la capitale de ce royaume.
593	Childebert II, roi d'Austrasie, succéda à Gontran. Aussitôt sur le trône, il voulut opprimer Clotaire II, roi de Soissons, fils de Frédégonde, mais le courage de sa mère sauva Clotaire II; elle se mit à la tête d'une armée et battit Childebert.	585	Léovigilde eut bientôt des remords de son action; il chercha à les étouffer en faisant la guerre aux Suèves. Il les vainquit à Braga et soumit la Galice; cette conquête fut son dernier exploit. Léovigilde, aussi remarquable par son administration politique que par ses talents guerriers, travailla toute sa vie à la prospérité de ses États. Il revisa les lois, introduisit la discipline dans l'armée, mit de l'ordre dans les finances et veilla soigneusement à ce que la dignité royale fût toujours respectée. Il fut le premier roi visigoth qui se soit distingué par l'éclat de ses vêtements lorsqu'il paraissait en public, et par la magnificence de sa cour; mais, dans son intérieur, il conservait la plus grande simplicité, et il ne s'écarta jamais de la frugalité et de la tempérance.	585	Ethelbert, arrière-petit-fils d'Hengist, fut le sixième roi du royaume de Kent. Les premiers successeurs d'Hengist avaient préféré jouir tranquillement de ses conquêtes que d'imiter ses exploits; mais Ethelbert parut avoir hérité du courage et de l'ambition de son aïeul. Il combattit contre Céaulin, roi de Wessex, qui voulait dominer dans l'Heptarchie. Vaincu d'abord, Ethelbert finit par vaincre à son tour son adversaire avec le secours des autres princes saxons. Après sa victoire, Ethelbert soumit presque sous sa domination les royaumes de Sussex, de Wessex et d'Essex, et s'empara du royaume de Mercie, le plus considérable de l'Heptarchie; mais il le rendit à l'héritier légitime à des conditions très-onéreuses. C'est sous le règne d'Ethelbert que les Saxons commencèrent à se convertir au christianisme. Ces barbares vivaient dans la plus grossière idolâtrie; Woden, le dieu de la guerre, était leur principal dieu. Berthe, fille de Caribert, roi de Paris, qu'Ethelbert avait épousée, fut le premier apôtre que la providence envoya aux Saxons pour les convertir. L'influence de cette seconde Clotilde, aussi remarquable par ses charmes que par sa piété, fut si grande, que le pape Grégoire le Grand espéra voir bientôt toute la nation convertie. Pour seconder la reine Berthe dans ses pieux efforts, il envoya à son aide le moine Augustin et quatre autres missionnaires.
595	Childebert étant mort, Frédégonde s'empara de Paris et de plusieurs autres villes. Mais elle ne jouit pas longtemps du fruit de ses conquêtes, elle mourut quelque temps après.	586	Il mourut de maladie dans sa capitale de Tolède, après 18 ans d'un règne prospère.		
597	A la mort de Childebert, Brunehaut avait été chargée de la tutelle de ses deux petits-fils, Théodebert II et Thierry II; le premier était roi des Austrasiens, le second des Bourguignons. Mais les Austrasiens, fatigués de la domination de Brunehaut, la chassèrent du royaume.		**Récarède Ier.**		
		586	Récarède succéda à son père. Plus prudent que son frère, il avait attendu la mort de Léovigilde, contre lequel il n'eût jamais voulu se révolter, pour rendre publique sa profession de foi orthodoxe. A peine sur le trône, il donna tous ses soins à l'établissement de sa religion, et il réussit à la conversion des Goths; mais bientôt les Ariens déplorèrent intérieurement le renversement de leur foi, et, excités par Gassuinde et Ubila, évêque arien, ils se révoltèrent. L'énergie de Récarède apaisa les troubles et fit rentrer les rebelles dans leur devoir. Gassuinde se tua de désespoir et Ubila dut au caractère sacré dont il était revêtu de n'être qu'exilé. Le roi des Goths s'occupa ensuite de repousser l'invasion des Francs qui avaient fait irruption, au nombre de soixante mille, dans les provinces des Visigoths, dans la Gaule; il les battit et mit leur armée complètement en déroute.		
612	Le cœur rempli de ressentiment, Brunehaut se réfugia en Bourgogne et parvint, après plusieurs tentatives infructueuses, à exciter Thierry à la guerre à son frère. Le roi de Bourgogne entra en Austrasie, battit Théodebert à Toul et à Tolbiac, et fit périr avec ses enfants.	589	Après sa victoire, Récarède convoqua un concile à Tolède et de nouveaux canons assurèrent la stabilité de l'église catholique. Malgré le désir constant de Récarède de conserver la paix dans ses États, quand il ne put l'obtenir à des conditions justes et honorables, il fit la guerre avec la plus grande vigueur. Les Vascons, voulant reprendre le pays dont ils avaient été chassés par Léovigilde, traversèrent les Pyrénées pour envahir l'Espagne; mais Récarède les mit en déroute, et, vainqueur généreux, il leur permit de repasser les Pyrénées. Les Ariens, ne pouvant oublier l'humiliation de leur secte, Afgimond, chambellan de Récarède, forma une nouvelle conspiration contre lui; mais elle fut découverte, et, Récarède se lassant d'user de clémence, Argimond et ses complices furent punis de mort. Peu de temps après,	596	Augustin obtint d'Ethelbert la permission de prêcher publiquement le christianisme. L'austérité de sa vie donnant du poids à ses doctrines, il amena le roi de Kent à se faire baptiser, et ses sujets suivirent en foule son exemple. Grégoire le Grand éleva Augustin à la dignité d'archevêque de Cantorbéry. Le nouveau et le premier prélat de la Bretagne consacra plusieurs évêques et
612	Thierry s'apprêtait à marcher contre Clotaire II lorsqu'il mourut à Metz, laissant quatre fils sous la tutelle de leur bisaïeule Brunehaut.	601	Récarède mourut regretté de ses sujets, laissant trois fils de différentes mères. Liuva II, l'aîné des deux frères, succéda à Récarède; mais il ne jouit pas longtemps du trône; il mourut victime d'une conspiration ourdie par Vittéric, noble Goth. Il avait régné 2 ans.	610	mourut en 610. Les Saxons, devenus chrétiens, commencèrent à se civiliser, et Ethelbert leur donna le premier un corps de lois écrites.
		610	Le meurtrier s'empara du trône; mais, soupçonné de vouloir rétablir l'arianisme, les catholiques assassinèrent Vittéric dans son palais. Son règne avait été de 7 ans.		

DATES.	GERMANIE (ALLEM.)	DATES.	ITALIE.	DATES.	EMPIRE D'ORIENT.
593 **595** **612**	Gontran, roi d'Orléans et de Bourgogne, étant mort, Childebert II, qu'il avait désigné pour son héritier, lui succéda. A peine sur le trône, il voulut opprimer le jeune Clotaire II, roi de Soissons, fils de Chilpéric et de Frédégonde. Mais Frédégonde se mit elle-même à la tête des troupes et battit le roi d'Austrasie. Childebert II étant mort, Brunehaut, sa mère, gouverna les États de ses petits-fils, Thierry II et Théodebert II. Le premier avait eu la Bourgogne et le second l'Austrasie. Bientôt les Austrasiens se fatiguèrent de la domination de Brunehaut et la firent exiler. Elle se réfugia alors auprès de Thierry, roi de Bourgogne, et elle l'excita, pour se venger, à déclarer la guerre à son frère Théodebert. Celui-ci vaincu à Toul et à Tolbiac fut massacré par les ordres de Brunehaut. Thierry mourut bientôt après, à Metz, laissant quatre fils.	**585** **589** **590** **591** **604** **607**	Cependant les Lombards, effrayés des sourdes menées de Maurice, empereur d'Orient, qui employait tous les moyens pour abattre leur puissance, se déterminèrent à se ranger sous un seul chef. Ils s'assemblèrent promptement, et élurent d'un commun accord Autharis, fils de Cléfus. Cette élection mit fin, après dix ans d'existence, à la domination des trente ducs. **Autharis.** Autharis était un prince aussi sage que valeureux. A peine sur le trône, il s'appliqua à réduire à l'obéissance les ducs, mais de manière cependant à ce qu'ils conservassent assez d'autorité sur les peuples qu'ils gouvernaient. Il donna en outre toute son attention à ce qui pouvait contribuer à la stabilité et à la puissance de son gouvernement. Jusqu'alors les Lombards avaient vécu dans la religion païenne; mais leur nouveau roi, devant régner sur des populations chrétiennes, embrassa le christianisme, et entraîna par son exemple une grande partie de la nation. La conduite prudente que le roi des Lombards tint avec les ducs, fit que tous l'aidèrent puissamment dans les guerres qu'il eut à soutenir. Ayant appris que Childebert II avait passé les Alpes avec une puissante armée, et prévoyant qu'il lui serait impossible de résister en rase campagne à un ennemi si redoutable, il ordonna à ses ducs de se renfermer dans leurs villes avec de fortes garnisons; aussi Childebert, rebuté bientôt par les difficultés que présentaient les nombreux siéges qu'il avait à faire, de plus, ébranlé par les riches présents d'Autharis, lui accorda la paix. Cependant, sur les instances de Maurice, Childebert ne tarda pas à repasser les Alpes avec une armée plus nombreuse que la première. Autharis ne fut pas longtemps à prendre une grande résolution pour conjurer le danger qui le menaçait. Au lieu d'attendre Childebert comme la première fois, il décida d'aller le combattre en rase campagne. Il rassemble une armée nombreuse attaque les Francs avec tant d'intrépidité qu'il les met complétement en déroute. Autharis alors, libre de ses mouvements, résolut de subjuguer le reste de l'Italie, qui était encore soumise à la puissance des empereurs d'Orient. Laissant de côté Rome et Ravenne, dont la conquête offrait de grandes difficultés, Autharis réunit une armée puissante dans le duché de Spolète, envahit d'abord le Samnium, qu'il soumet sans peine, et y fonde le duché de Bénévent, qui devint un des plus puissants États de l'Italie. Encouragé par son succès, il traverse ensuite la Calabre, et pénètre jusqu'à Reggio, ville située à la pointe de l'Italie. Délivré des soucis de la guerre, Autharis, épousa Théodelinde, fille de Garibalde, roi de Bavière; mais il mourut peu de temps après; il avait régné un peu moins de 6 ans. **Agilulfe.** Théodelinde, aimée et estimée par ses vertus, fut nommée sur-le-champ régente du royaume par les Lombards, qui lui laissèrent le choix d'un second mari : elle donna la préférence à Agilulfe, duc de Turin, prince remarquable par ses belles qualités. Théodelinde appela Agilulfe à Lomello, où résidait alors la cour, et le déclara roi des Lombards, non pas en lui mettant une pique à la main, suivant l'ancien usage de la nation, mais en posant sur sa tête une couronne presque toute d'or quoiqu'on la dise de fer. C'est cette couronne que l'on appela couronne de fer, et que les rois lombards regardent comme l'emblème de leur souveraineté. Agilulfe, confirmé roi quelque temps après, embrassa le christianisme sur le conseil de Théodelinde; la plupart des ducs lombards suivirent son exemple. Le nouveau monarque se montra plein d'ardeur pour sa nouvelle religion, et s'occupa avec zèle du bonheur de son peuple. Personne ne montra plus de fermeté dans la paix et de valeur dans la guerre; il reprit sur les Grecs Padoue, Monselice, Crémone et s'empara aussi de Mantoue et de la forteresse de Vulturnia. Smaragde, exarque de Ravenne, parvint à conclure une trêve d'un an avec le roi des Lombards, pendant laquelle mourut le pape Grégoire le Grand. Mais dès que la trêve fut expirée, Agilulfe pénétra en Toscane et se rendit maître d'Orviette et de Bagnara. Ces hostilités furent enfin suivies d'une autre trêve de trois ans qui se convertit en une paix définitive.	**582** **592** **602**	**Maurice.** Maurice, quoique grand capitaine, ne put cependant rétablir les affaires de l'empire en Italie. Les Lombards, sous leur roi Autharis, conservèrent leurs provinces dans ce pays, malgré les secours que Childebert II, roi des Francs, avait envoyés à l'empereur d'Orient. Chosroès II était monté sur le trône à la place de son père Hormisdas III que le peuple avait jeté en prison. Quelque temps après, chassé lui-même, il alla implorer la protection de Maurice qui parvint à le rétablir sur le trône. Après une longue suite d'hostilités avec les Avares, le chef de ces barbares lui proposa de racheter les prisonniers moyennant une pièce d'or par tête. L'empereur d'Orient ayant refusé, douze mille Romains furent massacrés. Malgré cela, la paix fut conclue, et on ajouta 20,000 pièces d'or au tribut annuel que l'on payait déjà aux Avares. Le massacre des prisonniers fit éclater les murmures, et Maurice devint l'objet de la haine générale. Deux ans plus tard, Phocas, exarque des centurions, à la tête d'une armée de rebelles, marcha sur Constantinople et, après avoir fait déposer Maurice, il se fit proclamer empereur. Phocas fit périr les cinq fils de Maurice en sa présence et termina cette scène de cruauté par la mort du père. **Phocas.** Sous le règne de Phocas, homme cruel et sans mérite, tous les malheurs fondirent sur l'empire. Chosroès II, roi des Perses, allié et ami de Maurice, devint l'ennemi implacable du nouvel empereur. Les Perses s'emparèrent d'Édesse, ravagèrent toute l'Asie, depuis le Tigre jusqu'au Bosphore, et arrivèrent jusqu'au port de Chalcédoine, séparée de Constantinople par le détroit. Depuis quelques années, Agilulfe, qui avait succédé à Autharis comme roi des Lombards, portait en Italie des coups terribles à l'empire. Après s'être emparé de plusieurs villes importantes, une trêve d'un an avait été conclue. Mais, dès qu'elle fut expirée, le roi des Lombards fit essuyer de nouvelles défaites aux troupes impériales; cependant ces hostilités furent suivies d'une trêve de trois ans qui se convertit en une paix définitive. L'exarque Smaragde en profita pour fortifier Ferrare. Tous les désastres et les cruautés de Phocas engendrèrent un grand nombre de conspirations. Crispe, son gendre, au nom du sénat, invita Héraclius, exarque d'Afrique, à venir au secours de l'empire. Héraclius envoie contre Constantinople une flotte commandée par son fils. La ville impériale tombe au pouvoir d'Héraclius, et Phocas, chargé de chaînes, est conduit devant le vainqueur, qui lui fait trancher la tête à la vue de tout le peuple. Il avait régné 8 ans. Héraclius, son vainqueur, lui succéda.

(Dates dans la colonne EMPIRE D'ORIENT : 607 et 611 figurent en marge aux paragraphes correspondants.)

DATES.	ROYAUME DES FRANCS.	DATES.	ESPAGNE.	DATES.	BRETAGNE (ANGLETERRE).
	Successeurs de Clotaire II Jusqu'à l'an 692. Bientôt Clotaire II, soutenu par les seigneurs des trois royaumes de Neustrie, de Bourgogne et d'Austrasie, marcha contre Brunehaut, qui vint elle-même à sa rencontre, à la tête d'une armée composée de Bourguignons et d'Austrasiens; mais, au moment de la bataille, ses troupes prirent la fuite, et Brunehaut fut prise avec ses petits-fils. 613 — Clotaire II, héritier des sentiments de sa mère Frédégonde, après avoir fait tuer les enfants de Thierry, fit périr Brunehaut au milieu des plus affreux supplices. Après ces meurtres, Clotaire s'empara des royaumes d'Austrasie et de Bourgogne et se trouva, comme son aïeul Clotaire Ier, unique roi de la monarchie des Francs. Clotaire chercha plus tard à effacer par des traits de modération et de justice les cruautés dont nous venons de parler. 628 — Il mourut regretté de ses peuples, laissant deux fils pour lui succéder : Dagobert et Caribert. Pendant son règne, il avait laissé les maires du palais commander en Austrasie et en Bourgogne; ce fut le commencement de cette puissance qui les rendit maîtres du pouvoir.	612 612 620 621 624 631	Gondemar, l'un des chefs de la conspiration contre Vitteric et le plus distingué d'entre eux par son mérite et ses vertus, fut reconnu pour roi. Il mourut deux ans après; pendant son règne de peu de durée, il avait remporté une victoire sur les Romains qui avaient envahi le territoire des Goths. **Sisebut.** Sisebut lui succéda; à peine sur le trône, il aspira à la gloire de chasser les Grecs-Romains du territoire d'Espagne; il marcha contre eux et, dans deux batailles, il détruisit presque entièrement leur armée. Ce fut à cette dernière guerre que l'Espagne dut son indépendance presque complète. Héraclius, empereur de Constantinople, se trouvant dans l'impossibilité de fournir des secours à ses sujets d'Espagne, conclut un traité dont les conditions furent dictées par Sisebut. Par ce traité, les forteresses impériales et le territoire sur les côtes de la Méditerranée, occupés jusqu'alors par les Grecs, passèrent sous l'autorité des Visigoths, et les possessions de l'Empire d'Orient, du côté de l'océan Atlantique, ne s'étendirent pas au delà de la province d'Algarve. Sisebut, quoique bon et généreux, ne fut pas moins le persécuteur des juifs : quatre-vingt-dix mille consentirent à se faire catholiques pour conserver leurs richesses et leur vie. Ceux qui s'y refusèrent furent livrés aux plus cruelles tortures. Cette persécution est la seule tache qui ait terni la gloire du règne de Sisebut. Quelque répugnance qu'il eût pour la guerre, poussé par l'intérêt de ses sujets, il porta les armes au delà des limites de ses États. Il passa le détroit de Gibraltar, réduisit la forteresse de Couta et s'empara de la ville de Tanger. Il mourut de maladie à son retour en Espagne, laissant la couronne à son fils Récarède II; mais ce prince, étant mort presque aussitôt qu'il fut arrivé au pouvoir, Suintilla, second fils de Sisebut, remplaça son frère sur le trône. **Suintilla.** Suintilla s'était déjà distingué par sa valeur sous le gouvernement de son père, en soumettant les Asturiens révoltés. A peine au pouvoir, il fut obligé de prendre les armes pour s'opposer à une invasion formidable des Vascons qui déjà avaient pénétré dans la Biscaye et dans le royaume de Navarre. Il les rencontra sur les bords de l'Èbre et les mit en fuite. Les Vascons alors se précipitèrent vers les Pyrénées, mais elles étaient gardées. Réduits à la famine, ils implorèrent le secours de Suintilla, qui leur permit de repasser en sûreté les Pyrénées, toutefois après avoir restitué le butin qu'ils avaient fait. Suintilla, pour prévenir leur retour, fit élever une forteresse sur l'emplacement occupé maintenant, dit-on, par la ville de Fontarabie. Attaqué par les Romains qui, resserrés dans les limites de la province d'Algarve, voyaient s'être emparé de toutes les forteresses de l'Empire d'Orient, il devint maître absolu de l'Espagne. Suintilla profita de la reconnaissance publique pour associer son fils à la couronne. Après cette mesure qui affermissait le trône dans sa famille, le monarque qui avait été d'abord le protecteur de son peuple en devint ensuite le tyran. Altier, voluptueux, avare, ce prince eût longtemps peut-être pesé sur l'Espagne, qui n'avait pas oublié ses exploits, si Sisenand, gouverneur des provinces des Goths dans les Gaules, n'eût levé l'étendard de la révolte. Sisenand, soutenu par Dagobert, roi des Francs, fondit sur l'Espagne, à la tête d'une armée composée de Goths et de Francs. Suintilla, reprenant sa vigueur d'autrefois, marcha contre les rebelles; mais, abandonné de ses soldats et de son frère même, il prit la fuite, après avoir eu la douleur de voir son rival acclamé par toute l'armée.	616 617 620 633	Ethelbert étant mort, son fils Edbald, lui succéda. Ce prince, égaré par une passion coupable, abjura le christianisme, et tout son peuple se laissa entraîner par son exemple. Mais Laurent, successeur d'Augustin, le ramena à ses premières croyances, et ses sujets reprirent avec lui la religion chrétienne. Les annales du royaume de Sussex sont très-stériles; ce fut le premier qui se fondit dans le royaume de Wessex. Le royaume de Wessex, qui plus tard doit absorber tous les royaumes de l'Heptarchie, fut continuellement en guerre soit avec ses voisins, soit avec les Bretons de Cornouaille, auxquels Ceaulin, le troisième roi de ce royaume, avait enlevé les comtés de Devon et de Somerset. Le royaume d'Essex, comme celui de Sussex, n'offre rien de remarquable. On y vit, comme dans ce dernier royaume, le christianisme établi par un roi et aboli par un autre, puis ensuite rétabli. Le royaume de Northumberland, divisé en Déirie et Bernicie à la mort d'Idda en 559, avait été réuni en un seul en 592 par Edilfrid, roi de Bernicie. Ce prince agrandit encore son royaume aux dépens des Scots, des Pictes et des Bretons, auxquels il se rendit redoutable. Le jeune Edwin, à qui Edilfrid avait enlevé la couronne de la Déirie, s'était retiré à la cour de Redwald, roi d'Estanglie. Ce prince, étant parvenu à intéresser à son sort Redwald, celui-ci marcha contre Edilfrid, lui livra bataille, et après l'avoir défait, il rendit la couronne à Edwin. Le nouveau roi se fit chérir et estimer de ses sujets par un grand amour de la justice. Redwald, roi d'Estanglie, son bienfaiteur, ayant été assassiné, il refusa la couronne de ce royaume, et obligea les rebelles à reconnaître l'héritier légitime qui régna sous sa protection. Sous le règne d'Edwin, le royaume de Northumberland devint le principal de l'Heptarchie, et le christianisme s'établit dans ses États par le zèle et la piété de sa femme Ethelburge, fille du roi de Kent, Ethelbert, et de Berthe; secondée par l'évêque Paulin, elle amena le roi à ouvrir les yeux à la vérité et à se faire baptiser; le peuple suivit en foule son exemple. Paulin fut le premier archevêque d'York. Edwin mourut en combattant Penda, roi de Mercie. Ce que nous voyons de plus remarquable dans le royaume d'Estanglie, c'est que le roi Earpwold, successeur de Redwald, embrassa le christianisme pour être agréable à Edwin, son bienfaiteur, auquel il avait été redevable de la couronne d'Estanglie,

DATES.	GERMANIE (Allem.)	DATES.	ITALIE.	DATES.	EMPIRE D'ORIENT.
	Clotaire II devint alors usurpateur et meurtrier; il se fit livrer les quatre enfants de Thierry, en fit assassiner deux, fit raser le troisième, et le quatrième s'échappa.		Lorsque la paix fut conclue, le roi des Lombards rappela au devoir les ducs qui trop souvent s'écartaient de l'obéissance qu'ils devaient au roi de la nation. Agilulfe, voulant le plus possible diminuer les éléments de discorde, supprima autant de duchés qu'il le put, de manière qu'ils se trouvèrent insensiblement réduits à un petit nombre.		**Héraclius.**
613	Clotaire mit le comble à ses crimes en livrant au plus affreux supplice Brunehaut; il la fit traîner sur les ronces et les pierres par un cheval indompté. Clotaire II se trouva ainsi unique roi de la monarchie des Francs.	615	Ce prince, ayant associé son fils Adaloald à la couronne, mourut peu de temps après, regretté de tous ses sujets, et particulièrement de la reine, qui l'aimait tendrement. Il avait régné 24 ans.	614	Héraclius, malgré sa valeur et ses talents militaires, s'endormit dans l'inaction. Sisebut, roi des Visigoths, enleva à l'empire d'Orient quelques provinces qu'il avait encore en Espagne, et les Perses, commandés par Sapor, s'emparèrent de Jérusalem et emportèrent la croix du Sauveur.
	Clotaire II s'efforça ensuite d'effacer, par sa justice, ses actes de cruauté. Mais, sous son règne, l'autorité royale s'affaiblit par la puissance que prirent les maires du palais.		**Adaloald.**	615	Un peu plus tard, ils pénétrèrent en Égypte et la dévastèrent. Les Avares recommencèrent leurs hostilités et firent de nouveau acheter la paix. Mais Chosroès II, par son arrogance et ses insultes, finit par réveiller l'ardeur guerrière d'Héraclius. Il se mit à la tête de ses troupes, remporta sur les Perses plusieurs victoires, et s'empara du trésor royal.
628	Il mourut regretté de ses sujets, après s'être associé son fils Dagobert.		Adaloald, digne de son père par ses vertus, voulut partager l'autorité avec Théodelinde sa mère. Sous son règne, la paix ne fut pas troublée. Les églises continuèrent à prospérer, et il enrichit les couvents par ses donations. Mais il ne jouit pas longtemps de son bonheur : empoisonné par Eusèbe, que l'empereur Héraclius avait envoyé près de lui pour traiter de quelques affaires importantes, Adaloald devint presque fou. Cet état de maladie le rendit si cruel, qu'il fit périr les principaux personnages de la Lombardie. Alors les Lombards se soulevèrent et le chassèrent du trône ainsi que sa mère, et mirent à sa place Ariobald, duc de Turin, qui avait épousé Gondeberge, sœur d'Adaloald.	628	Chosroès, vaincu par Héraclius, fut détrôné par Siroès, son fils, qui laissa son père mourir de faim. Un traité de paix fut conclu entre Héraclius et Siroès; les deux royaumes gardèrent leurs anciennes limites et les prisonniers furent échangés.
			Ariobald.		L'empereur d'Orient remporta en triomphe, à Constantinople, la sainte croix que les Perses avaient enlevée à Jérusalem. Il voulut aller la replacer lui-même dans cette ville.
		626	Cet événement créa deux partis qui troublèrent l'Italie et lui firent beaucoup de mal. Mais Adaloald étant mort, Ariobald se trouva seul maître de la couronne. Le nouveau roi étant arien, persécuta les catholiques, et occasionna de grands désordres dans son royaume.		À peine la paix fut-elle conclue qu'Héraclius retomba dans l'inaction et l'indolence, ne s'occupant plus que de subtiles controverses théologiques qui donnèrent naissance au Monothélisme, hérésie en faveur de laquelle il publia plus tard le fameux édit nommé l'Ecthèse, qui excita des troubles funestes dans l'empire.
			Théodelinde ne tarda pas à mourir de chagrin, ne pouvant supporter la position humiliante qu'on avait voulu lui faire.		Dans ce même temps, une catastrophe terrible et imminente menaçait l'empire et le christianisme. Mahomet, né à la Mecque vers l'an 570, d'une famille illustre, appartenant à la puissante tribu des Koraïchites, avait résolu de réformer la religion de son pays, d'y faire adorer un seul Dieu et de réunir en un seul culte les différentes religions qui divisaient l'Arabie. Regardé comme un imposteur et persécuté, il fut obligé, en 622, de s'enfuir de la Mecque, et vint chercher un asile à Yatreb; cette ville l'accueillit avec enthousiasme et reçut de là le nom de Médine (Medinet-al-Nabi) ou *ville du Prophète*. C'est de cet événement que date l'ère des mahométans, appelée hégire ou fuite.
			Ariobald mourut après 9 ans de règne sans laisser d'enfants mâles.		Par ses talents et ses exploits, et avec son Coran prêché le sabre à la main, Mahomet réunit bientôt à son obéissance toutes les tribus arabes et devint leur roi. Pendant que l'empire se détruisait en Occident, par des attaques sourdes, lentes et successives, il s'écroulait en Asie par grandes masses : les musulmans abattaient à grands coups ce vaste édifice, et, sur un monceau de ruines, s'élevait un nouveau culte et un nouvel empire. Mahomet mourut
				632	à Médine le 17 juin, à l'âge de soixante-trois ans, laissant après lui l'incendie qu'il avait allumé.

DATES.	ROYAUME DES FRANCS.	DATES.	ESPAGNE.	DATES.	BRETAGNE (Anglet.)
	Successeurs de Clotaire II Jusqu'à l'an 692.		**Sisenand.**		après l'assassinat de Rodwald; mais, Edwin étant mort, il rétablit le paganisme pour complaire à sa femme qui était idolâtre.
628	Dagobert Ier, fils de Clotaire II, déjà roi du vivant de son père qui se l'était associé pendant son règne, ne pouvait se résoudre à partager le royaume avec son frère Caribert II. Aussi par l'intrigue et la force, parvint-il à se faire reconnaître pour unique roi. Il accorda cependant à son frère une partie de l'Aquitaine; mais ce prince n'en jouit que deux ans. Dagobert eût été un bon roi; mais il se laissa dominer par les passions. Actif, laborieux, plein de sollicitude pour ses sujets, il visitait les principales villes de son royaume et rendait justice à tout le monde. Il fit fleurir les lois et le bon ordre au commencement de son règne, mais, entraîné par ses passions, Dagobert donna l'exemple du plus affreux désordre.	631	Le nouveau roi des Goths congédia les Francs et poursuivit sa marche vers Tolède, lieu de la résidence royale où il fut reconnu solennellement et sacré roi. La vie de Suintilla fut épargnée en souvenir de ses anciens services. Pour obtenir le secours de Dagobert, Sisenand avait promis au roi des Francs une fontaine d'or massif, présent que le patricien Aétius avait fait autrefois à Thorismond, roi des Goths, successeur de Théodoric, en récompense de la valeur que ce prince avait montrée dans les plaines Catalauniques contre le célèbre Attila, roi des Huns.		
633	Dagobert eut à soutenir une guerre terrible contre les Esclavons, qui, d'abord vainqueurs, finirent par être repoussés. Malgré ses scandales, il y avait cependant à sa cour des hommes vertueux : Pepin de Landen, maire du palais, ministre habile et vertueux; Dadou, connu sous le nom de saint Ouen, référendaire, et saint Éloi, parvenu à la charge de trésorier par ses talents pour l'orfévrerie et qui se dépouilla de tout en faveur des pauvres et de l'Église. Si des vices déshonorèrent le règne de Dagobert, des événements mémorables l'illustrèrent d'un autre côté. Un des plus beaux monuments qui éternisèrent sa mémoire, fut la rédaction des lois de tous les peuples soumis à son empire. Les lois des Français sont nommées loi salique et loi ripuaire : celle-ci était en vigueur entre le Rhin et la Meuse, celle-là entre la Meuse et la Loire.		Lorsque Sisenand fut sur le trône, Dagobert lui envoya des ambassadeurs pour réclamer le prix des services rendus; mais les Goths s'opposèrent de toutes leurs forces à ce que leur roi livrât cette fontaine, témoignage irrécusable de leur intrépidité. Ce manque de foi excita le ressentiment de Dagobert, et la guerre fut sur le point d'éclater entre les deux nations. Cependant, après de longues négociations, Sisenand parvint à apaiser la colère du roi des Francs, en lui payant une somme d'argent égale à la valeur de cette fontaine qui rappelait aux Goths le courage que leurs ancêtres avaient montré dans une bataille terrible où Théodoric, un de leurs rois, avait perdu la vie. Sisenand mourut après 5 ans de règne.	634	Après la mort d'Edwin, le christianisme fut aboli aussi dans le royaume de Northumberland par son successeur; il fut rétabli de nouveau par le roi Oswald. Sous les règnes qui suivirent, ce royaume fut agité par des troubles nombreux et tomba dans une entière anarchie, dont Egbert, roi de Wessex, profita, comme nous le verrons plus tard, pour s'en emparer.
638	Dagobert Ier mourut en 638, à l'âge de 36 ans; c'est le premier de nos rois qui ait été enterré à l'abbaye Saint-Denis, qu'il avait fondée.	636	**Chintila.** Lorsque Sisenand fut mort, le clergé et les nobles élurent Chintila. Le nouveau monarque, peu connu avant son avénement au trône, ne régna que 4 ans. Il ne fit rien de remarquable si ce n'est un édit qui opéra l'expulsion des juifs du royaume. Son gouvernement fut doux et avantageux au peuple, qui fit des vœux pour la conservation de sa vie.	636	Après la mort d'Earpwold, roi d'Estanglie, rien de remarquable ne se passe dans ce royaume; une suite de rois obscurs, égorgés ou méprisés, remplit les annales de cet État.
		640	Son fils, Tulga, lui succéda. La faiblesse de caractère de ce prince le rendit incapable de soutenir le fardeau de la royauté. Il fut détrôné par les principaux seigneurs, on respecta sa vie, mais on lui coupa les cheveux et il fut relégué dans un monastère.		
		642	**Chindasuinte.** Chindasuinte remplaça Tulga sur le trône. Il soutint ses prétentions à la couronne par la force des armes et fit périr tous les généraux qui s'étaient opposés à son élection. Cette élection fut ratifiée dans une assemblée générale tenue à Tolède, et Recesuinte, son fils, fut associé à la couronne et déclaré son successeur. Chindasuinte, remarquable par ses talents militaires, ses connaissances littéraires et sa piété, mourut après 11 ans de règne, regretté de ses sujets.		

DATES.	GERMANIE (ALLEMAGNE).
628	Dagobert Ier, l'aîné de ses fils, qui régnait déjà en Austrasie depuis six ans, succéda à son père et ne laissa à son frère Caribert II qu'une partie de l'Aquitaine. Le nouveau roi fit le bien de son peuple et en fut chéri tant qu'il suivit les conseils de ses deux ministres, Arnoul, évêque de Metz, et de Pepin de Landen, deux hommes aussi distingués par leur mérite que par leur vertu. Mais les excès auxquels il se laissa bientôt entraîner et les impôts dont il accabla son peuple lui aliénèrent l'amour de ses sujets.
633	C'est sous son règne que les Francs eurent à combattre contre les Slaves, peuples de la Germanie. Depuis que la puissance des Romains avait été renversée, l'Allemagne était au pouvoir des Slaves, des Saxons, des Thuringiens, des Bavarois et des Allemands. Les Slaves, divisés en différentes tribus, habitaient la Bohême, la Moravie, la Lusace, la Misnie et le Mecklembourg. Dagobert, pour obtenir justice des mauvais traitements que les Slaves avaient fait subir à quelques marchands francs, leva une armée pour aller les châtier. Mais les Austrasiens, irrités des vexations de Dagobert, refusèrent de combattre et laissèrent les Slaves ravager le royaume. Dagobert, pour réprimer ces dangereux ennemis qui dévastaient la Thuringe, y envoya Radulfe avec le titre de duc. Les Slaves furent repoussés, mais Radulfe s'appropria la Thuringe, malgré les efforts de Sigebert II dont Dagobert, son père, avait fait le roi de ce pays.
638	Une des plus belles choses du règne de Dagobert fut la rédaction des lois de tous les peuples soumis à son pouvoir. Dagobert, avant sa mort arrivée en 638, avait partagé ses États entre ses fils enfants. L'Austrasie était échue à Sigebert II, la Neustrie et la Bourgogne à Clovis. Après Dagobert Ier, le royaume est gouverné par des fantômes de rois appelés rois fainéants. Les maires du palais ont seuls toute la puissance. Nous parlerons plus particulièrement, comme maires du palais, de la famille de Pepin de Landen, qui a donné des rois à la France et à l'Allemagne.
640	Pepin dit de Landen était un des plus puissants seigneurs de l'Austrasie. Il fut maire du palais sous Dagobert et sous le règne de Sigebert son fils. Ministre vertueux, chéri du peuple, il n'usa de son autorité que pour le bien du royaume, dont il aurait pu s'emparer avec plus d'ambition. Mais cette usurpation eût répugné à sa fidélité et à son cœur. Il mourut en 640 et fut le modèle des maires du palais.

DATES.	ITALIE.
	Rotharis.
636	Après la mort d'Ariobald, les Lombards, incertains sur le choix de leur nouveau roi, autorisèrent Gondeberge, femme d'Ariobald, à nommer roi celui qu'elle prendrait pour son second mari, comme ils l'avaient déjà fait pour Théodelinde. Gondeberge jeta son choix sur Rotharis, duc de Bresse.
642	Le nouveau monarque, aussi sage que ferme, conquit les Alpes cottiennes et les villes que les Romains possédaient encore dans la Vénétie.
643	Rotharis rendit son règne encore plus célèbre par ses lois que par ses conquêtes. C'est le premier roi lombard qui ait fait des lois écrites. Son Code de lois est resté célèbre. Jusqu'alors ce peuple n'avait eu que des coutumes, qui étaient, il est vrai, connues des Lombards, mais qui ne l'étaient pas des Italiens, ce qui faisait que le vaincu était presque à la merci du vainqueur. Il est facile de comprendre quel mécontentement un pareil état de choses devait entraîner; c'est ce grave inconvénient que le roi des Lombards voulut faire disparaître en publiant des lois écrites. Depuis Rotharis jusqu'à Luitprand, qui devint roi des Lombards en 712, l'histoire d'Italie n'est qu'une suite confuse et peu intéressante de conflits entre les empereurs d'Orient et les exarques de Ravenne d'un côté, et les rois lombards de l'autre, conflits où les ducs de Bénévent jouèrent un grand rôle.

DATES.	EMPIRE D'ORIENT.
632	Mahomet, ne laissant pas d'enfant mâle, avait désigné son gendre Ali pour son successeur; mais Abubècre, son beau-père et qui le premier avait cru en lui, réunit les suffrages en sa faveur. De là vint, entre les Turcs et les Persans, le schisme violent et la haine qui se sont perpétués jusqu'à nos jours entre ces deux nations. Le nouveau calife enleva à l'empire d'Orient Damas et soumit en deux ans à sa puissance une grande partie de la Syrie.
638	Omar, son successeur, s'empara de Jérusalem et acheva de soumettre la Syrie à sa puissance. L'année suivante, Ayud, un des lieutenants de ce calife, conquit sur les Romains la Mésopotamie qu'il subjugua entièrement en une campagne; pendant qu'Amrou, un autre de ses généraux, pénétrait en Égypte et la soumettait presque toute à sa domination.
640	Il ne restait aux musulmans qu'à s'emparer d'Alexandrie pour achever la conquête de l'Égypte. Ils ne tardèrent pas à aller mettre le siége devant cette ville. Sur ces entrefaites, Héraclius, accablé de chagrin et d'infirmités, mourut d'hydropisie après un règne de 30 ans et 4 mois.

Constantin III.

DATES.	EMPIRE D'ORIENT.
641	Héraclius laissa quatre fils et deux filles. L'aîné, Héraclius Constantin, né de Flavia Eudocia, âgé de 28 ans, portait le titre d'empereur presque depuis sa naissance. L'autre Héraclius, nommé plus communément Héracléonas, fils de Martine, seconde femme de l'empereur, était âgé de 19 ans. Ces deux princes devaient se partager la couronne par le testament de leur père. Les deux autres fils étaient David et Marin, qui avaient été nommés Césars. Quoique le pouvoir souverain fût partagé entre les deux frères, on n'obéissait cependant qu'aux ordres de Constantin. Ce prince, ayant appris que son père avait déposé un trésor chez Pyrrhus, patriarche de Constantinople, et qu'il devait être remis à l'impératrice Martine dans le cas de quelque disgrâce, fit enlever cet argent. Martine s'en vengea, dit-on, en le faisant empoisonner. Il avait régné 3 mois et 15 jours.

Héracléonas.

DATES.	EMPIRE D'ORIENT.
641	Après la mort de Constantin III, l'impératrice Martine, qui dominait entièrement son fils Héracléonas, devint maîtresse de l'empire. Mais Valentin, général des troupes, leva l'étendard de la révolte, sous prétexte de prendre la défense du fils de Constantin auquel le trône devait appartenir. Héracléonas, contraint par les cris du peuple, fit couronner Constant, fils de Constantin, par le patriarche Pyrrhus; ce jeune prince était âgé de onze ans. Malgré cela, un soulèvement ne tarda pas à éclater; l'empereur et sa mère Martine furent arrachés de leur palais. On coupa la langue à l'impératrice, le nez à Héracléonas, et tous deux furent envoyés en exil.

Constant II.

DATES.	EMPIRE D'ORIENT.
641	Constant II, fils de Constantin III, succéda à son oncle. Au commencement de son règne, Alexandrie, dont le siége durait depuis quatorze mois, tomba au pouvoir d'Amrou, général d'Omar. Toute l'Égypte suivit la fortune de cette ville et se soumit au vainqueur. Amrou fit détruire tous les monuments d'Alexandrie et fit brûler la bibliothèque : c'était la plus vaste collection de livres qu'il y eût dans l'univers. Il bâtit ensuite tout auprès, sur les bords du Nil, une autre ville qu'il nomma *Fostat*, aujourd'hui *le Vieux Caire*. Vers le même temps, Rotharis, roi des Lombards, enlevait à l'empire d'Orient les Alpes cottiennes et les villes que les Romains possédaient encore dans la Vénétie.

DATES.	ROYAUME DES FRANCS.	DATES.	ESPAGNE.	DATES.	BRETAGNE (ANGL.)
	Après la mort de Dagobert Ier, l'inertie du gouvernement affaiblit de jour en jour la monarchie. L'Austrasie échut à Sigebert II, son fils aîné, et Clovis II, son autre fils, posséda la Neustrie et la Bourgogne.	652	Recesuinte, pendant le gouvernement de son père, avait donné des preuves de valeur en apaisant une insurrection qui avait éclaté dans l'intérieur du royaume; il avait battu aussi les Vascons, qui avaient encore repassé les Pyrénées. Ce prince se concilia l'amour de ses sujets par sa clémence et la douceur de son gouvernement. Il régna 24 ans. La mort de Recesuinte plongea l'Espagne dans le deuil.	655	Le violent et turbulent Penda, roi de Mercie, est tué dans une bataille. Tous les États voisins avaient éprouvé l'injustice et les violences de ce prince, et trois princes d'Est-anglie et deux rois de Northumberland avaient perdu la vie en le combattant.
	Les maires du palais commençaient à devenir puissants, aussi les deux frères furent-ils l'un et l'autre sans autorité. Ces maires qui ne commandaient d'abord que dans les palais des rois, devinrent plus tard leurs ministres et leurs généraux, et rendirent héréditaire cette charge si importante.		**Vamba.**		
656	A la mort de Sigebert, Clovis fut reconnu seul roi de Neustrie et d'Austrasie. Clovis II mourut la même année; ses fils se partagèrent ses États. Clotaire III fut roi de Neustrie et de Bourgogne; Childéric II, d'Austrasie. Clotaire étant mort jeune et	672	Vamba, homme sans ambition, dont les talents supérieurs et les qualités éminentes le rendaient digne de la couronne, prit les rênes du gouvernement après avoir longtemps refusé de se rendre au désir de l'assemblée qui l'avait élu.		
670	sans enfant mâle, Thierry III, son frère, qui n'avait point eu de part à l'héritage, lui succéda par la protection d'Ebroin, maire du palais, sans que les seigneurs fussent consultés. Peu de temps après, Thierry ayant été chassé de son royaume par les		A peine Vamba fut-il sur le trône que les habitants de la Navarre et des Asturies se révoltèrent, et Hilpéric, comte de Nîmes, gouverneur des provinces des Goths, dans la Gaule, se déclara indépendant. Pendant que Vamba se préparait à marcher contre les rebelles de la Navarre et des Asturies, il ordonna à Paul d'aller soumettre Hilpéric. A l'approche de Paul, digne par ses talents de la mission qui lui était donnée, Hilpéric mit bas les armes et reconnut son autorité. Mais le général de Vamba, soutenu par les chefs de la Catalogne et les Francs, entreprit à son tour de se rendre indépendant, et fut reçu comme souverain par la ville de Narbonne.		
670	seigneurs révoltés, Childéric fut reconnu pour unique souverain, et le maire Ebroin fut relégué à Luxeuil.		Le roi des Goths était sur les frontières de la Navarre quand il apprit la trahison de Paul. Plein de résolution et de courage, il pénétra dans la Navarre et les Asturies, et mit tout à feu et à sang. Les habitants remplis de terreur implorèrent sa clémence et l'obtinrent après avoir fait serment d'armer tous les hommes en état de porter les armes pour marcher sous les drapeaux du roi des Goths. Avec ce nouveau renfort Vamba traverse précipitamment l'Aragon, passe les Pyrénées, et vient mettre le siége devant Narbonne. La ville assiégée, animée par la présence de Vitimir, l'ami et le général favori de Paul, déploya la résistance la plus opiniâtre. Néanmoins elle fut forcée de céder, et Vitimir fait prisonnier fut fouetté publiquement.		
	Childéric, qui s'était montré d'abord plein de modération et de bons sentiments, commit dans la suite plusieurs actes indignes d'un bon roi. Une conspiration s'étant formée		Paul renfermé dans la ville de Nîmes se prépara à une vigoureuse résistance; mais comme la ville de Narbonne, Nîmes, après une défense héroïque, tomba au pouvoir de Vamba.		
673	contre lui, Childéric II fut assassiné avec toute sa famille par Bodillon, seigneur qu'il avait outragé.		Paul et les chefs les plus coupables de la révolte ayant été condamnés à mort, le roi des Goths usant de clémence, leur accorda la vie à la condition de se retirer dans un cloître. Vamba, après avoir visité les provinces des Goths dans la Gaule, rentra à Tolède où il fut reçu en triomphateur.		
	Thierry III remonte alors sur le trône. A cette nouvelle, Ebroin s'échappe du monastère de Luxeuil, forme un parti puissant, et se donne un faux roi qu'il fait couronner sous le nom de Clovis III.		Pendant la paix le roi des Goths s'occupa de publier des règlements sages pour le bonheur de ses sujets. Les plaintes auxquelles donnait lieu le luxe du clergé, ayant appelé son attention, il convoqua une assemblée à Tolède et fit promulguer neuf canons pour rétablir l'ancienne simplicité de l'Église.		
	Mais bientôt, abandonnant son faux roi, il reconnaît Thierry, se fait remettre la charge de maire du palais et gouverne avec une autorité absolue les Neustriens et les Bourguignons.		Mais déjà la religion de Mahomet s'était répandue des régions de l'Arabie dans les provinces de l'Orient; et la plus grande partie de l'Afrique se trouvait au pouvoir des Musulmans, dont les escadres avaient même ravagé les côtes de l'Andalousie.		
	L'Austrasie, refusant de le reconnaître, se nomma deux maires du palais, Pepin d'Héristal et Martin; Ebroin les vainquit tous les deux et il marcha sur l'Austrasie avec l'intention d'en faire la conquête; mais il fut		Pour mettre l'Espagne à l'abri de leurs incursions, Vamba fit équiper, avec la plus grande promptitude, une flotte nombreuse, et se trouva bientôt en état d'abaisser l'orgueil des infidèles. Les Goths, habitués à combattre sur terre, s'effrayèrent d'abord du nouveau théâtre de la guerre; mais ils surmontèrent bien vite leurs craintes, et après avoir maintes fois défait leurs ennemis, ils rentrèrent dans leur patrie chargés de butin.		
681	assassiné par un seigneur neustrien nommé Hermanfroi.		Les Sarrasins, quoique vaincus, ne perdirent pas courage, et rassemblèrent de nouvelles flottes innombrables pour prendre leur revanche. Mais ils furent encore vaincus, et la victoire que les chrétiens remportèrent sur les infidèles fut complète et glorieuse; 270 vaisseaux sarrasins furent amenés en triomphe dans les ports d'Espagne.		
		680	Après tant de succès, l'ambition et la jalousie mirent le trouble dans le royaume des Goths. Vamba, aussi distingué par ses vertus que par ses actions d'éclat, fut détrôné malgré l'affection et l'admiration de ses sujets. Un domestique infidèle lui ayant fait avaler une forte dose d'opium pendant son sommeil, Erviga qui se vantait de descendre d'Athanalgilde, s'empara de la couronne, après avoir dépouillé Vamba des longues clés d'argent, symbole de la dignité royale, et lui avoir fait raser la tête. Vamba en s'éveillant, s'étant aperçu qu'il n'était plus roi, dissimula sa surprise et feignit d'abdiquer volontairement pour ne pas troubler la tranquillité de l'Espagne. Il se retira ensuite dans un monastère, après avoir recommandé le traître Erviga comme son successeur.		

DATES.	GERMANIE (Allemagne).	DATES.	ITALIE.	DATES.	EMPIRE D'ORIENT
	Son fils Grimoald, qui lui succéda comme maire du palais, fut loin d'imiter l'exemple de son père. Sigebert II, occupé à fonder des monastères laissait tout le pouvoir à son ministre; il ne manquait à Grimoald que le titre de roi.	652	Après un règne glorieux de seize ans, Rotharis mourut laissant la couronne à son fils Rodoald, qui périt bientôt assassiné.	644	A la mort d'Omar, les Mahométans étaient déjà maîtres de la plus grande partie de la Perse. L'année suivante, Othman, son successeur, acheva de soumettre cet empire dont la puissance était si redoutable aux Romains. Deux ans plus tard, Othman ayant jeté les yeux sur l'Afrique, elle fut envahie par une armée de Sarrasins, et le patrice Grégoire qui la gouvernait fut vaincu et tué dans une bataille.
656	Sigebert II, en mourant, laissa l'Austrasie à son fils unique Dagobert II, âgé seulement de sept ans. Grimoald, tuteur et protecteur du jeune prince, affecta de le faire couronner; mais, peu de temps après, il le fit raser et conduire en Irlande; et, ayant répandu le bruit de sa mort, il mit la couronne sur la tête de son propre fils Childebert. Les Austrasiens, révoltés d'un pareil attentat, se saisirent du perfide Grimoald et se soumirent à Clovis II, frère de Sigebert, roi de Neustrie. Clovis II ne jouit pas longtemps	653	Ariberi, frère de la reine Théodelinde, succède à Rodoald; il meurt après un règne paisible de neuf ans, laissant pour successeurs ses deux fils, Pertharit et Gondebert. Le premier établit sa résidence à Milan et l'autre à Pavie. Mais bientôt les deux frères, poussés par l'ambition, prennent les armes l'un contre l'autre. Gondebert alors appelle à son secours Grimoald, duc de Bénévent; celui-ci accourt et le tue d'un coup d'épée. Pertharit, effrayé, prend la fuite, et Grimoald, se trouvant seul maître de la Lombardie, s'en fait proclamer roi et épouse la sœur de Gondebert.	655	Constant, séduit par les Monothélites, abandonna ses croyances catholiques; il persécuta le pape Martin qui avait condamné ses erreurs, et l'envoya en exil où il mourut.
658	de cette puissance considérable; il mourut la même année, laissant trois fils : Clotaire III, Childéric II et Thierry III.	661		662	Cependant l'empereur d'Orient, voulant abattre la puissance des Lombards, se rendit en Italie; mais, vaincu par eux, il alla en Sicile et il établit sa résidence à Syracuse.
	Clotaire III fut roi de Neustrie et de Bourgogne, et Childéric II d'Austrasie. Thierry n'eut point de part à la succession de son père. Clotaire étant mort sans enfant, Thierry lui succéda; mais bientôt, Thierry ayant été exilé, Childéric fut reconnu pour unique souverain par les Neustriens et les Austrasiens. Childéric, dont les premières années de				Les Siciliens parurent d'abord heureux de ce que l'empereur leur paraissait vouloir fixer dans leur île le siége de l'empire; mais leur joie ne fut pas de longue durée; car jamais ils ne furent plus cruellement opprimés et pillés.
673	règne avaient été glorieuses, se fit bientôt détester de ses sujets qui l'assassinèrent.	662	Cet usurpateur eut bientôt occasion de montrer ses talents militaires. Une armée de Francs envahit l'Italie, et elle s'avança jusque près d'Asti; Grimoald l'attira dans une embuscade et la détruisit presque entièrement.	664	Pendant ce temps le calife Moavia, chef de la tribu des Ommiades, qui avait établi sa résidence à Damas, désolait les frontières de l'empire, et Busar, un de ses lieutenants, pénétrait en Arménie et la ravageait. L'année suivante les Sarrasins firent une seconde expédition en Afrique, et s'emparèrent de Géloula.
	Après la mort de Childéric II, qui avait péri avec toute sa famille, les Neustriens élurent pour roi Thierry III. Mais les			668	Constant II vivait depuis six ans à Syracuse lorsqu'il fut assassiné. Il avait régné 27 ans. Il n'emporta dans la tombe que la haine de ses sujets et le mépris de ses ennemis.
679	Austrasiens, ne voulant pas de lui, proclamèrent Dagobert II, fils de Sigebert, qui était revenu d'Irlande. Dagobert ayant été assassiné, les Austrasiens, dans la crainte de tomber sous la tyrannie d'Ebroin, maire du palais de Neustrie, homme méchant et pervers, prirent pour les gouverner Pepin d'Héristal et Martin avec le titre de ducs d'Austrasie. Ebroin, irrité de ce qu'avaient fait les Austrasiens,	662	Sur ces entrefaites, Constant II, empereur d'Orient, voulant abattre la puissance des Lombards, se rendit en Italie. Il marche d'abord sur l'importante place de Bénévent; mais il lève bientôt le siége, et ayant pris le chemin de Naples, il est battu pendant sa marche par le comte de Capoue. Arrivé à Naples, il confie vingt mille hommes à Saburcus, un de ses généraux, qui est complétement défait près de Bénévent.		**Constantin - Pogonat.**
681	entra en Austrasie avec une puissante armée et battit les deux ducs Martin et Pepin. Martin se réfugia à Laon, où Ebroin le fit périr, et Pepin se retira au fond de l'Austrasie.			669	Après la mort de Constant II, Constantin IV son fils lui succéda. A peine sur le trône, il équipa une flotte nombreuse et fit une descente en Sicile où une révolution avait éclaté à la suite du meurtre de son père. Tout fut bientôt apaisé; les rebelles furent punis, et Constantin retourna ensuite en Orient, où il rapporta le corps de son père. Il lui fut donné à cette époque le surnom de Pogonat.
	Ebroin se préparait à faire la conquête de ce royaume lorsqu'il fut assassiné par un seigneur neustrien qu'il avait dépouillé de ses biens.	671	Grimoald étant mort, son fils Garibald, encore enfant, lui succéda. A cette nouvelle, Pertharit, qui s'était réfugié en France, revint en Italie et détrôna Garibald après trois mois de règne.	670	A peine avait-il quitté la Sicile, qu'une flotte de Sarrasins y arriva d'Alexandrie et pénétra sans résistance dans le port de Syracuse. Tout fut livré au meurtre et au pillage. Pendant ce temps Oucba, lieutenant du calife Moavia, faisait une nouvelle expédition en Afrique; mais après avoir vaincu les Romains, Oucba fut lui-même vaincu et tué.
				673	Cependant, les Sarrasins ne restaient pas inactifs; ils équipaient une flotte formidable destinée à la prise de Constantinople. Ce fut alors qu'un Syrien nommé *Callinique*, apporta dans cette ville l'invention du feu grégeois. Au printemps prochain les infidèles se présentèrent devant Constantinople qui fut attaquée avec toutes les machines de guerre en usage à cette époque. Mais les assiégés montrèrent une grande résolution dans la défense; ils employèrent avec tant de succès le feu grégeois que les Sarrasins furent forcés, après cinq mois de siége, de se retirer. Ils allèrent s'emparer de Cyzique dont ils firent leur place d'armes et leur quartier d'hiver.
				679	Cette guerre dura sept ans; chaque année ils revinrent, au mois d'avril, à Constantinople et s'en retournèrent à Cyzique au mois de septembre; enfin les Sarrasins, rebutés d'un siége si pénible, s'éloignèrent tout à fait de Constantinople; mais leur flotte fut détruite par une tempête sur la côte de Pamphylie.
					Après un si grand désastre, les Sarrasins demandèrent la paix. Une trève de trente ans fut signée et ils consentirent à payer tribut à l'empire.
					Les Maronites, peuplade chrétienne de la Syrie, par leurs courses et leurs attaques continuelles contre les Sarrasins, contribuèrent beaucoup à cette paix; mais dans ce même temps, les Bulgares s'emparèrent de la Mésie, et l'empereur leur paya tribut.
				680	Constantin IV, voulant enfin donner la paix à l'Eglise troublée depuis longtemps par le Monothélisme, convoqua à Constantinople un concile qui condamna cette hérésie.
				685	Il mourut après 17 ans et 6 mois de règne, laissant la couronne à son fils Justinien II.

DATES.	ROYAUME DES FRANCS.	DATES.	ESPAGNE.	DATES.	BRETAGNE (Angleterre).
681	Après la mort d'Ébroïn, le gouvernement de Thierry III ne fut pas meilleur, les idées d'Ébroïn s'étant continuées chez ses successeurs. Une foule de mécontents se réfugièrent en Austrasie; Pepin s'intéressa à leur sort avec une apparence de zèle, et sur le refus de Berthaire, maire du palais de Thierry III, de rappeler les exilés, et de leur rendre leurs biens, il détermina les Austrasiens à prendre les armes.	680	**Erviga.** Vamba par son assentiment détermina le choix d'Erviga, qui fut élevé au trône par l'assemblée générale de Tolède. Ce roi, qui s'était emparé du pouvoir par une action coupable, gouverna l'Espagne avec autant de sagesse que d'équité. Cependant le peuple ayant eu quelques soupçons sur la manière dont il s'était emparé du pouvoir, une conspiration puissante se forma contre lui; mais le roi des Goths apaisa les troubles en appelant à la succession de la couronne, au préjudice de ses enfants, Égiza, neveu de Vamba, auquel il donna sa fille Cixilona en mariage.	687	Le royaume de Kent qui, sous Ethelbert, avait eu la suprématie sur les trois royaumes saxons, d'Essex, de Wessex et de Sussex, perdit beaucoup de son influence après la mort de ce prince: Codwala, roi de Wessex, le soumit à sa domination.
687	Les deux armées se rencontrèrent à Testry, près de la ville de Vermand (Saint-Quentin). Après un combat acharné, Pepin remporta une victoire éclatante sur les Neustriens, se rendit maître de leur pays et s'empara de leur roi Thierry III.		Erviga, pendant les huit années qu'il régna, conserva, par sa vigueur et sa prudence, la paix dans son royaume. Atteint d'une maladie dangereuse, il fit le vœu solennel de déposer la couronne et de prendre l'habit de pénitent, s'il guérissait; ce qu'il fit aussitôt que sa santé le lui permit. Il nomma Égiza son successeur et usa de tout son pouvoir pour le faire reconnaître roi.	689	Ina, prince estimable, succède à Codwala; ce roi de Wessex mérite d'être distingué parmi la foule des rois barbares; il donna à ses sujets l'exemple des vertus civiles et guerrières.
	Domination des Maires du Palais. De 687 à 752. Par la victoire de Testry, Pepin anéantit les restes de l'autorité royale, et gouverna le royaume des Francs comme maire de Neustrie et de Bourgogne.	687	**Égiza.** Aussitôt qu'Égiza fut sur le trône, il s'occupa de faire discuter et sanctionner le Code des lois qui avaient été décrétées depuis Euric jusqu'à Erviga. Il fit rédiger encore un Code de jurisprudence civile et criminelle propre à l'usage d'une grande nation unie par les mêmes intérêts et ayant pour principes l'égalité et l'impartialité. Tous les peuples dont se composait la monarchie espagnole jouirent des mêmes privilèges et furent soumis aux mêmes obligations.		
691	Après la mort de Thierry III, Pepin d'Héristal ne voulut pas mettre la couronne sur sa tête, il se contenta du pouvoir suprême. Il rétablit sous l'ancien nom de Champ-de-Mars les assemblées aristocratiques qui tombaient en désuétude, et y admit les évêques, afin de s'attacher le corps ecclésiastique, dont le crédit était d'autant plus grand que le reste de la nation vivait dans la plus grande ignorance.		Après l'établissement de ce Code de lois, Égiza devait penser que le règne des rois visigoths en Espagne se prolongerait plusieurs siècles par l'union de leurs sujets chrétiens. Cependant les conquêtes des Sarrasins sur la côte d'Afrique voisine de l'Espagne ne tardèrent pas à lui donner des inquiétudes.		
	Maître du pouvoir, Pepin s'occupa avec soin de raffermir sa puissance. Les dangers extérieurs les plus menaçants venant de la Germanie, il déclara la guerre aux Frisons et aux Alamans, et les vainquit en plusieurs rencontres. Afin de soumettre plus facilement ces peuples barbares à sa puissance, il favorisa de tous ses efforts l'introduction du christianisme dans la Germanie.		Leurs nombreuses escadres partirent de l'Afrique et vinrent menacer les côtes de l'Andalousie; mais Théodemir, gendre d'Égiza, leur fit essuyer une sanglante défaite et dissipa encore une fois les inquiétudes qu'avaient conçues les Goths pour leur royaume.		
	Pepin, forcé par les guerres de séjourner en Austrasie, faisait gouverner la Neustrie par ses fils, en lui laissant des fantômes de rois, renfermés dans leurs palais et condamnés à l'inaction, et ne paraissant en public qu'à certains jours de l'année.		La tranquillité de l'Espagne se trouvant rétablie, Égiza voulut régler la succession à la couronne. Il convoqua une assemblée générale à Tolède, où son fils Vitiza fut solennellement associé à la couronne; il mourut bientôt après, laissant l'Espagne sans aucun espèce de partage. Il avait régné 4 ans.		
	Il continua de régner ainsi sous les trois derniers rois de la première race, que nous ne nommerons que pour suivre la filiation de la dynastie mérovingienne.				
	Après la mort de Thierry III, Clovis III, son fils âgé de 9 ans, lui avait succédé. Il régna 4 ans.	701	**Vitiza.** Pendant les premières années de son règne, Vitiza mérita l'amour de son peuple; mais bientôt il devint débauché et cruel; ses vices et ses crimes devinrent si révoltants qu'ils excitèrent les murmures de tous ses sujets.		
695	Childebert III, autre fils de Clovis, fut le successeur de son frère. Il était âgé de 12 ans, et en régna 16.	710	Théodofred, le frère ou le neveu de Recesuinte, avait été privé de la vie et jeté dans les prisons de Cordoue. Son fils Roderic ayant résolu de le venger, leva l'étendard de la révolte. Une guerre civile s'alluma et se soutint de part et d'autre avec un égal succès; mais cette lutte se termina enfin par la déposition de Vitiza. Son règne avait été de 9 ans.		
711	Son fils, Dagobert III, lui succéda.				

DATES.	GERMANIE (Allemagne).	DATES.	ITALIE.	DATES.	EMPIRE D'ORIENT.
681	Après la mort d'Ébroïn, ses successeurs continuèrent la guerre contre Pepin; mais moins heureux qu'Ébroïn, ils furent vaincus.		Pertharit, élevé à l'école de l'adversité, maintint ses États dans une paix profonde pendant les 16 années que dura son règne.		**Justinien II.**
687	Pepin, par la bataille de Testri, se rendit maître du roi Thierry III et de toute la monarchie des Francs. Les Neustriens le regardèrent comme un libérateur et se soumirent à son autorité. Maître de la Neustrie, de l'Austrasie et de la Bourgogne, Pepin eût pu s'emparer de la royauté; il se contenta du pouvoir. Il rétablit le calme dans l'État, la discipline dans les troupes, l'ordre dans les finances, réorganisa sous l'ancien nom de Champ-de-Mars les assemblées aristocratiques qui tombaient en désuétude, et continua de régner comme maire du palais, sous les trois derniers rois de la race mérovingienne, laissant au peuple des fantômes de roi.	686	Cunibert, dit le Pieux, fils de Pertharit, qui avait été associé à son père en 678, lui succéda. Détrôné par Alachis, duc de Trente et de Brescia, il fut bientôt après rappelé par les vœux de ses sujets.	686	Justinien II, successeur de son père Constantin IV, n'était pas seulement dépourvu d'expérience; mais encore il était doué d'un mauvais naturel. Dès son début, il rompit la trêve de trente ans conclue par son père avec les Sarrasins. Le patrice Léonce, à la tête d'une nombreuse armée, pénétra alors jusqu'en Hyrcanie, ravageant tout sur son passage; de là, il se rendit en Syrie. Cependant, peu après, une paix de dix ans fut signée avec le calife Abdel-Mélek. Pendant cette trêve, et pour complaire, dit-on, aux musulmans, Justinien, par une infâme trahison, ordonna à Léonce de transporter une partie de la brave tribu des Maronites dans des provinces éloignées du mont Liban; les Sarrasins alors s'établirent dans les contrées habitées précédemment par les Maronites. Justinien, après avoir rompu une autre trêve conclue par son père avec les Bulgares, eut contre ce peuple quelques succès; cependant la campagne ne se termina pas d'une manière favorable à l'empire: l'armée de Justinien fut surprise et battue par les Bulgares. Les Sarrasins, ayant rompu la trêve, entreprirent une nouvelle expédition en Afrique; mais ils furent défaits par les armées de Justinien.
		697	Vers cette époque, il se formait dans le voisinage de Ravenne et sur les Lagunes du golfe Adriatique, la république de Venise, qui devait plus tard balancer la puissance des plus grands rois de l'Europe. Chacune des soixante-douze îles des Lagunes s'administrait elle-même; elles se réunirent en commun, et choisirent pour chef un doge. Ce fut Paul-Luc Anapeste.	692	Dans une seconde guerre contre Abdel-Mélek, les troupes de l'empire furent battues, et, par cette victoire, les Sarrasins s'emparèrent d'une partie de la petite Arménie. Bien loin de chercher par l'ordre et par l'économie à rétablir ses finances, que les guerres avaient épuisées, Justinien n'était occupé qu'à élever de superbes monuments pour l'exécution desquels il prenait au peuple, sous le titre d'impôts, le produit de son laborieux travail; les riches eux-mêmes n'étaient pas exempts de ses vexations; il soulevait contre eux des contestations pour arriver à s'emparer légalement de leurs biens; souvent même, secondé par deux ministres barbares, Justinien punissait d'une mort horrible les victimes qui osaient résister à son oppression.
691	Après la mort de Thierry III, Pepin fit reconnaître pour roi Clovis III, fils de ce prince; mais le nouveau souverain ne régna que 4 ans, et eut pour successeur son frère Childebert III.	700	Après la mort de Cunibert, son fils Luitpert, son successeur, fut placé sous la tutelle d'Ansprand; mais détrôné par Ragimbert, duc de Turin, il tomba entre les mains d'Aribert II, fils de ce dernier, qui le fit mourir et s'empara de la couronne.		**Léonce.**
695	Childebert III régna 16 ans sous la domination de Pepin, qui ne lui laissa prendre aucune part au gouvernement. Son fils Dagobert II lui succéda.	701		696	Justinien, apprenant que le peuple, à bout de patience, méditait un soulèvement, voulut le prévenir; il prit la résolution de faire, à un jour fixé, égorger tous les habitants qu'on trouverait hors de leurs maisons. Mais Léonce, averti de cet infâme complot, le fait avorter, et il est proclamé empereur à Sainte-Sophie. Au point du jour, Justinien II est conduit sur la place publique, le peuple veut qu'il soit mis à mort; Léonce obtient qu'on lui laisse la vie, mais on lui coupe le nez et les oreilles et on l'envoie à Cherson. Quant à ses ministres, ils furent brûlés.
714				698	Cette révolution, renfermée dans Constantinople, ne troubla en rien les provinces de l'empire; mais les Sarrasins, en apprenant les événements arrivés à Constantinople, firent une nouvelle invasion en Afrique et s'emparèrent de Carthage. Léonce envoya contre eux une flotte qui les battit; cependant, peu de temps après, les infidèles reprirent Carthage, dont ils détruisirent les murailles.
					Tibère III.
				698	Au retour de cette dernière expédition, les soldats proclamèrent Absimare empereur, sous le nom de Tibère III; le nouvel usurpateur s'étant procuré par trahison l'entrée de Constantinople, fit subir à Léonce les outrages que lui-même avait fait éprouver à Justinien; il eut, comme lui, le nez coupé et on l'enferma dans un monastère. Tibère fit une guerre horrible aux Sarrasins; la Syrie fut inondée du sang des Arabes; on dit que plus de deux cent mille hommes de cette nation y perdirent la vie.

DATES.	ROYAUME DES FRANCS.	DATES.	ESPAGNE.	DATES.	(BRETAGNE Angleterre).
714	La puissance de Pepin ayant excité l'envie de quelques seigneurs, ils profitèrent d'une maladie grave dont il était atteint pour assassiner son fils Grimoald, duc de Bourgogne. Mais la santé de Pepin s'étant rétablie, il condamna les coupables au dernier supplice. A la mort de Pepin, sa puissance était si bien établie, qu'il laissa pour lui succéder son petit-fils, âgé seulement de 6 ans, sous la tutelle de sa veuve Plectrude.	710 710 711 714	**Roderic.** Roderic fut élu roi des Visigoths; mais à peine sur le trône il eut à combattre de terribles ennemis. Le comte Julien, général goth, qui, par sa valeur et son habileté, avait défendu jusqu'alors la forteresse de Ceuta contre les Sarrasins, soit pour venger son honneur outragé, soit pour seconder les projets des fils de Vitiza, qui épiaient le moment d'assurer leurs prétentions héréditaires au trône par la voie des armes, invita Muza, qui commandait en Afrique comme vice-roi du calife, à faire la conquête de l'Espagne. Roderic, plein de confiance dans l'habileté et la valeur du comte Julien dont il ne se méfiait pas, négligea de prendre les mesures nécessaires pour repousser ses terribles ennemis, et la côte resta sans défense. Cinq mille Musulmans s'embarquèrent sous le commandement de Tarik ou Tarix, officier intrépide et intelligent, et secondés par leur trop fidèle allié le comte Julien, ils débarquent à l'endroit connu sous le nom de détroit de Gibraltar (montagne de Tarik). Roderic, averti de l'invasion des Infidèles, se contenta d'envoyer Édecon, son lieutenant, avec une armée insuffisante pour arrêter les Sarrasins. Édecon ayant été repoussé, Roderic commença à comprendre le danger qui menaçait l'Espagne. Le roi des Goths rassembla à la hâte une armée formidable composée de cent mille hommes et marcha en personne contre l'ennemi. Tarik, en présence de forces aussi imposantes, battit prudemment en retraite, en attendant les secours qui devaient lui arriver d'Afrique. L'armée des Sarrasins, par les soins de Muza, fut bientôt portée à 12,000 hommes, auxquels vinrent se joindre une multitude d'Africains et un grand nombre de Chrétiens mécontents attirés par l'influence du comte Julien. Les deux armées se rencontrèrent près de la ville de Xérès, à deux lieues de Cadix. Après un combat acharné, les Sarrasins, malgré leur valeur, succombant sous le nombre de leurs ennemis, jonchèrent les plaines Xérès de leurs cadavres. Les Goths allaient être encore une fois vainqueurs; mais les Sarrasins échappés au carnage revinrent au combat, ranimés par le courage et l'énergie de Tarik leur général, et bientôt l'armée des Goths, mise en désordre par la défection des fils de Vitiza et de leur oncle Oppas, archevêque de Séville, qui occupaient les postes les plus importants, fut complétement battue, poursuivie et détruite dans l'espace de quelques jours. Au milieu du désordre général, Roderic se jeta sur un de ses plus rapides coursiers et alla s'engloutir, dit-on, dans les eaux du Guadalquivir. Les Visigoths, fugitifs, vinrent se réfugier dans Ecija, ville forte située sur un bras du Guadalquivir et peu éloignée du champ de bataille; les Sarrasins ne tardèrent pas à en faire le siége, et, après une lutte sanglante, s'en rendirent maîtres. Les soldats et les habitants sans défense furent tous massacrés. Après la bataille de Xérès et la prise d'Écija, Tarik, sur les conseils du comte Julien, marcha sans délai et en personne vers Tolède, la cité royale, pour ne pas laisser aux Chrétiens le temps de se reconnaître et d'élire un nouveau monarque. Les Catholiques les plus zélés avaient abandonné cette ville, emportant les reliques de leurs saints; ceux qui restaient ouvrirent les portes de Tolède, mais après avoir obtenu une capitulation avantageuse et honorable. Les Chrétiens qui préférèrent émigrer eurent la faculté d'emporter leur fortune. Sept églises furent réservées au culte chrétien, et l'archevêque et son clergé purent en liberté exercer leurs fonctions. Les Goths et les Romains restèrent soumis à la juridiction de leurs propres lois et conservèrent leurs magistrats dans toutes les causes civiles ou criminelles.	709	Kenred, roi de Mercie, successeur d'Ethelred, après un règne de 5 ans, étant allé en pèlerinage à Rome, entre dans un monastère, où il se fait moine, dévotion assez commune à cette époque.

DATES.	GERMANIE (Allemagne).	DATES.	ITALIE.	DATES.	EMPIRE D'ORIENT.
714	Profitant des troubles des règnes précédents, les peuples tributaires avaient secoué le joug; mais Pepin, par les victoires qu'il remporta sur les Frisons, les Saxons, les Allemands, les Bavarois, les Bretons et les Vascons, les fit rentrer en partie dans l'ordre, et fut regardé comme un héros. Il mourut regretté de ses sujets, après avoir gouverné trente-quatre ans l'Austrasie en qualité de duc, et les royaumes de Neustrie et de Bourgogne pendant vingt-sept ans comme maire du palais. Son fils Grimoald ayant été assassiné, Pepin, avant sa mort, avait revêtu d'une partie de ses dignités son petit-fils Théodoald, encore au berceau, sous la tutelle de Plectrude, son épouse. Il avait créé duc d'Austrasie et de Brabant son fils Charles, issu d'une femme de second ordre, nommée Alpaïde.	712	Vers ce temps, l'Italie se détachait peu à peu de l'empire d'Orient; l'autorité des papes éclipsait insensiblement celle des empereurs. La Campanie était ravagée par Gisulf, duc de Bénévent; et ce prince ne put être désarmé que par les prières et les présents du pape Jean VI, qui racheta les prisonniers de l'argent de son Église. L'exarchat de Ravenne même ne jouissait, en ce moment, de quelque tranquillité qu'à la faveur des troubles de la Lombardie, dont Aribert II avait usurpé le trône, au détriment de Luitpert qu'il avait fait assassiner. Aribert II, après un règne de 11 ans, fut détrôné lui-même par Ansprand. Ansprand ne régna qu'environ un an. Vaincu par Raginibert, il se réfugia en Bavière, mais il remonta bientôt sur le trône, et eut pour successeur Luitprand.		A cette époque, l'empire grec perdait chaque jour de son autorité en Italie; les papes y devenaient tout-puissants, et l'exarchat de Ravenne ne jouissait de la paix qu'à la faveur des troubles de la Lombardie, dont le sceptre était passé entre les mains de l'usurpateur Aribert II. Cependant l'exil n'avait point calmé la férocité de Justinien II; fatigués de ses fureurs, les habitants de Cherson résolurent de le livrer à Tibère; mais Justinien trouva le moyen de s'évader et il se rendit près du khan des Khazares, peuples qui habitaient les bords du Palus-Méotide. Ce prince le combla d'honneurs et il lui donna pour épouse sa sœur Théodora. Tibère, averti de ce qui se passait, fit offrir au khan des sommes considérables pour qu'il lui livrât Justinien mort ou vif. Ce prince envoya deux de ses officiers pour tuer Justinien; mais ce dernier, ayant été prévenu par sa femme, les étrangle de ses mains, renvoie Théodora à son frère, et, se jetant dans un bateau de pêcheur, il se réfugie, après beaucoup de peine, chez les Bulgares qui consentent à lui fournir une armée pour aller reconquérir son royaume.

Justinien II.

708. Quoique Tibère III n'eût pris aucune précaution contre cette irruption, le peuple était décidé à faire une vigoureuse résistance; mais Justinien II, ayant trouvé le moyen de s'introduire secrètement dans la ville, il y fit ensuite pénétrer son armée qui s'empara de tous les postes importants, et Justinien se trouva encore une fois maître de Constantinople. Il se livra alors à son naturel féroce, et ce fut au milieu du sang de ses sujets qu'il remonta sur le trône. Il fit ensuite immoler Tibère, dont le règne avait été de 7 ans.

Les cruautés de Justinien furent poussées si loin que le roi des Bulgares regretta le service qu'il lui avait rendu; aussi se le fit-il payer par des masses d'or avant de quitter Constantinople. Deux ans après, Justinien, oubliant que c'était aux Bulgares qu'il devait sa couronne, leur déclara la guerre; mais ses armées furent taillées en pièces.

Justinien étendit ses vengeances jusqu'à la ville de Ravenne dont les habitants, disait-on, s'étaient réjouis de sa chute. Le patrice Théodore eut ordre de les traiter comme des rebelles, ce qui fut ponctuellement exécuté.

711. Il résolut aussi de se venger des injures qu'il avait éprouvées des habitants de Cherson; il envoya contre eux une flotte; mais ils eurent recours à la protection du khan des Khazares, et ils proclamèrent empereur un jeune Arménien nommé Bardane, qui avait été envoyé en exil à Cherson.

Le commandant de l'expédition, voyant les forces imposantes des Khazares, abandonna le parti de l'empereur et se joignit aux ennemis. Justinien, ne voyant pas revenir sa flotte, alla lui-même s'informer de sa destinée. Quand il apprit que Bardane était proclamé empereur sous le nom de Philépique, sa fureur ne connut plus de bornes; mais elle fut inutile; en rentrant dans sa capitale, il vit que Bardane l'avait prévenu. Justinien voulut prendre la fuite; il fut arrêté par Élie, son ancien écuyer, qui le tua.

713. Philépique, trop occupé de ses plaisirs, ne sut pas régner; aussi n'occupa-t-il le trône que pendant dix-huit mois. On lui creva les yeux et il fut conduit en exil.

Anastase II.

713. Le peuple de Constantinople apporta peu d'attention à cet événement, qui devenait pour lui une chose presque habituelle. Artémius, secrétaire d'État, fut couronné empereur sous le nom d'Anastase II. Les deux patrices qui avaient crevé les yeux à Philépique reçurent le même châtiment et furent envoyés aussi en exil. Comme c'était un prince vertueux, il choisit pour son administration des hommes intègres et éclairés, et il confia le commandement des troupes à Léon, surnommé l'Isaurien.

DATES.	ROYAUME DES FRANCS.	DATES.	ESPAGNE.	DATES.	BRETAGNE (Angleterre).
713 715 717	Après la mort de Pepin, Dagobert III se trouva sous la tutelle d'une femme et d'un enfant; mais, ce prince étant mort aussi quelque temps après, les Neustriens se révoltèrent; ils élurent Rainfroi comme maire du palais et se nommèrent un roi nommé Chilpéric II, fils, dit-on, de Childéric II. Ce prince, âgé de 45 ans, stimulé par Rainfroi, résolut de faire la conquête de l'Austrasie. Les Neustriens s'allièrent d'abord avec les Frisons et menacèrent d'envahir ce royaume de deux côtés différents. Sur ces entrefaites, Charles, duc d'Austrasie, fils de Pepin et d'Alpaïde, que Plectrude avait fait enfermer pour s'emparer de ses États, s'échappa de prison et vint se réfugier chez les Austrasiens qui le reçurent avec enthousiasme et le mirent aussitôt à leur tête. A peine maître du pouvoir, Charles marcha contre ses ennemis; il rencontre d'abord les Frisons sous les murs de Cologne; mais il fut battu. Les Neustriens se joignent alors aux Frisons et s'emparent de Cologne. Ils regagnaient leur pays, chargés d'un riche butin, lorsque Charles, qui épiait leur retour, les attaqua à Vincy près de Cambrai; et, après les avoir complétement défaits, les poursuivit l'épée dans les reins jusqu'à Paris. Forcé de revenir dans ses États par suite d'une invasion des Saxons, Charles fut mis en possession du pouvoir par Plectrude dont le petit-fils venait de mourir. Il se donna ensuite un roi nommé Clotaire IV, et gouverna le royaume comme duc des Francs.	714 715	**Domination des Arabes.** De 714 à 1492. Après la soumission et la réduction de Tolède, Tarik étendit ses conquêtes au nord; les villes consternées lui ouvraient les portes sans résistance et lui livraient leurs trésors. Le général arabe ne s'arrêta qu'après s'être emparé de Gizon, ville maritime située au delà des montagnes des Asturies. L'Espagne qui, pendant deux siècles, avait résisté aux aigles romaines, fut en partie subjuguée en quelques mois par les Sarrasins. Le gouverneur de Cordoue ne voulut pas se soumettre aux conditions qu'on lui offrait, il préféra succomber en combattant. Muza à la tête de 10,000 Arabes et de 8,000 Africains était venu de la Mauritanie en Espagne, emmenant avec lui trois de ses fils. Tarik fut rappelé de Gizon à Tolède pour rendre compte de sa conduite. La nouvelle de ses nombreux succès avait excité la jalousie de son chef; par sa hardiesse et sa valeur, Tarik avait préparé la conquête de l'Espagne; au lieu d'être récompensé, il dut rendre un compte fidèle du butin de la guerre. Muza, jaloux de son lieutenant, voulut le trouver coupable; après lui avoir fait infliger la peine ignominieuse du fouet, il le fit jeter en prison. Il restait cependant encore à Muza des ennemis à vaincre. Les villes qui ne s'étaient pas trouvées sur le chemin de Tarik restaient encore à soumettre. Séville et Mérida étaient défendues par des ennemis encore redoutables. Muza se mit en marche contre Mérida. Arrivé devant cette ville, en apercevant les travaux magnifiques des Romains, le pont, les aqueducs, les arcs de triomphe et le théâtre, il s'écria : Heureux l'homme qui deviendra possesseur des merveilles de cette cité! Mérida se défendit longtemps avec une énergie opiniâtre, et le Château des martyrs est un témoignage éternel des pertes des Infidèles. Enfin la famine et les maladies forcèrent les assiégés à ouvrir les portes au vainqueur. Les habitants eurent le choix ou de s'exiler volontairement ou de payer tribut. Les églises furent partagées entre les deux religions, et les biens de ceux qui étaient morts au siége ou s'étaient retirés dans la Galice devinrent la récompense des Musulmans. Cependant Tarik, malgré l'indigne traitement qui lui avait été infligé, servit encore la cause des Sarrasins; il fut chargé de soumettre la province Tarragonaise. Saragosse se soumit et livra ses trésors à Muza. Le port de Barcelone fut ouvert aux vaisseaux de Syrie. Pendant ce temps, Abdélasis, un des fils de Muza, soumettait de son côté Séville et côtoyait en vainqueur la Méditerranée de Malaga à Valence. Mais, dans les plaines fertiles de Murcie et de Carthagène, Abdélasis rencontra un adversaire digne de lui: Théodomir, gendre d'Égiza, qui, sous le règne de ce roi, avait fait essuyer une terrible défaite aux Sarrasins en détruisant presque leur flotte. Théodomir était à la tête d'une bande de guerriers chrétiens que sa réputation avait attirés sous ses drapeaux; avec cette petite armée il tint en échec les Sarrasins. Enfin un traité de paix honorable pour Théodomir fut conclu entre lui et le général des Infidèles. Les conquérants de l'Espagne se montraient d'une grande douceur et d'une grande générosité. Ils exigeaient, il est vrai, des tributs, mais ils le faisaient avec une modération à laquelle les vaincus étaient forcés d'applaudir. Quelquefois les passions et le fanatisme produisirent quelques calamités; ces exemples furent rares. Muza se préparait à porter ses armes au delà des Pyrénées, lorsqu'il fut rappelé par le calife Valid. Il avait formé le vaste projet de conquérir la Gaule et l'Italie, et après avoir subjugué les barbares de la Germanie, le général des Infidèles se proposait de suivre le cours du Danube, depuis sa source jusqu'à la mer Noire, de renverser l'empire de Constantinople et de retourner d'Europe en Asie pour ajouter à ses conquêtes Antioche et les provinces de Syrie. Le rappel de Muza anéantit ce magnifique rêve.		Après avoir vaincu les Bretons, au lieu de les exterminer, selon la coutume de cette époque, Ina imita Clovis à l'égard des vaincus; ils furent traités avec humanité, et ils restèrent en possession de leurs terres. Il chercha ensuite à les unir à ses sujets par le mariage et par les lois. Plein de sollicitude pour son peuple, Ina fit rédiger un Code de lois qui servit de base à celui d'Alfred le Grand.

DATES.	GERMANIE (Allemagne).	DATES.	ITALIE.	DATES.	EMPIRE D'ORIENT.
713 715 717	Plectrude, ambitieuse de jouir de toute la puissance qu'avait eue son mari, fit enfermer Charles dans une prison à Cologne, et réunit ainsi l'Austrasie à la Neustrie et à la Bourgogne. Mais son pouvoir fut de courte durée. Les Neustriens, honteux d'obéir à une femme, et voulant reprendre leur indépendance, battirent les Austrasiens, et après avoir nommé Rainfroi maire du palais, ils mirent sur le trône Chilpéric II, qu'ils avaient tiré du cloître. Rainfroi ayant fait alliance avec les Frisons, continua la guerre contre l'Austrasie, qu'il dévasta jusqu'à la Meuse. Sur ces entrefaites, Charles s'échappa de prison et vint chez les Austrasiens, découragés d'avoir pour chef une femme et un enfant. Reçu comme un sauveur, il se mit à leur tête. A peine maître du pouvoir, Charles marche contre Rainfroi et Radbod, duc des Frisons, qui s'étaient ligués contre l'Austrasie. Il attaqua d'abord Radbod, qui était déjà devant Cologne, mais il fut battu. Alors les Neustriens viennent se joindre aux Frisons, et après avoir forcé Plectrude, enfermée dans Cologne, à leur livrer une partie de ses trésors, ils retournent dans leur pays. Mais Charles les attaque, les défait à Vincy, près de Cambrai, et les poursuit jusqu'à Paris, en leur faisant essuyer de grandes pertes. Une invasion des Saxons le força à revenir dans ses États. Après avoir repoussé les barbares, Charles s'empara de Cologne; et Plectrude, dont le petit-fils Théodoald venait de mourir, lui remit le pouvoir. Il se donna alors un roi de la famille Mérovingienne, nommé Clotaire IV, et gouverna le royaume sous le titre de duc des Francs.	712	**Luitprand.** Pendant que Luitprand, successeur d'Ansprand, régnait sur les Lombards, Léon l'Isaurien était monté sur le trône de Constantinople et Grégoire II occupait le siége pontifical de Rome. Les papes avaient déjà, à ce moment, une grande puissance, et quoiqu'ils n'eussent pas encore de pouvoir temporel, leur influence n'en était pas moins grande sur les affaires politiques. A cette époque, une espèce d'équilibre s'était établi entre les puissances qui se partageaient l'Italie. Les empereurs de Constantinople et les Lombards n'étaient pas assez forts les uns et les autres pour détruire mutuellement leur puissance; aussi cherchaient-ils à se ménager l'amitié du pape, dont l'autorité influençait grandement les peuples et aurait entraîné leur volonté en faveur de celui auquel il aurait prêté son appui. Une querelle religieuse fut le premier signal de discorde et le premier élément de destruction de cet équilibre; elle vint de Constantinople et produisit en Italie un bouleversement général.	715 717	Cependant le calife Valid, fils et successeur d'Abdel-Mélek, se disposait à faire la guerre à l'empire lorsqu'il mourut; son frère Soliman, qui lui succéda l'année suivante, suivit le même projet et fit de grands préparatifs dans le but de planter le drapeau de Mahomet sur les murs de Constantinople. Après avoir fait abattre des forêts entières sur le mont Liban, Soliman fit transporter ces arbres sur le bord de la mer pour construire une nombreuse flotte. Anastase équipa alors un certain nombre de bâtiments légers chargés de matières combustibles pour détruire ces préparatifs; mais les soldats que cette petite flotte portait se révoltèrent, et un simple receveur des impôts, nommé Théodose, fut forcé d'accepter le titre d'empereur. Malgré la résistance d'Anastase, les rebelles l'emportèrent; on lui laissa la vie, et ce monarque, après avoir reçu l'ordre de la prêtrise, fut confiné à Thessalonique. Il avait régné 2 ans et 6 mois. Léon l'Isaurien, refusant de reconnaître le nouvel empereur, vint avec une armée pour assiéger Constantinople; mais Théodose III consentit volontiers à quitter le pouvoir; il s'engagea pour lui et son fils à se vouer à l'état monastique.

DATES.	ROYAUME DES FRANCS.	DATES.	ESPAGNE.	DATES.	BRETAGNE (Angleterre).
718	Cependant les Neustriens, nullement abattus par ces premiers revers, demandèrent du secours à Eudes, duc d'Aquitaine, et marchèrent de nouveau contre Charles; mais celui-ci les battit de nouveau à Soissons. Chilpéric II, après sa défaite, s'était retiré en Aquitaine; Charles, ayant forcé Eudes à le lui livrer, le fit reconnaître roi par les trois royaumes, et, à l'exemple de son père, il régna seul, comme maire du palais, avec un pouvoir absolu.	717	Valid, informé du traitement honteux que Tarik avait subi pour prix de ses éclatants services, avait blâmé Muza et l'avait rappelé. A son arrivée à Damas, Muza trouva un nouveau calife sur le trône, Soliman avait succédé à Valid mort après une longue maladie. Il fut mal reçu à la cour, on lui fit son procès, et il fut condamné à une amende de 200,000 pièces d'or; de plus, il fut envoyé en exil à la Mecque. Le comte Julien expia son crime par une fin malheureuse; après avoir trahi son pays et sa religion, il devait inspirer de la défiance aux vainqueurs. On saisit le prétexte d'une conspiration pour confisquer ses biens et le jeter dans une prison, où il mourut misérablement, méprisé des vainqueurs et des vaincus. Le fils de Muza, Abdelasis, ne tarda pas à éprouver à son tour les vicissitudes de la fortune. Chargé par son père du gouvernement de l'Espagne, il s'était concilié l'estime des Musulmans et des Visigoths. Malheureusement, cédant à une passion irréfléchie, il avait épousé Égilona, veuve de Roderic. Ce mariage blessait à la fois les préjugés des Chrétiens et des Infidèles. La disgrâce dont son père avait été victime, et peut-être les conseils d'Égilona, lui inspirèrent le désir de se faire souverain indépendant et d'élever un trône à Cordoue. Sur le soupçon des projets d'Abdelasis, une conspiration se forma contre lui, et il fut assassiné au moment où, à l'heure de la prière, il se rendait à la mosquée de Cordoue. Ayub, qui était à la tête de la conspiration, prit le gouvernement de l'Espagne après la mort d'Abdelasis, mais il ne garda pas longtemps le pouvoir. Alahor, plus en faveur, lui succéda. Le nouveau général, à peine au pouvoir, se prépara à exercer de nouveau la valeur des Infidèles; il conduisit une armée au delà des Pyrénées. Les Sarrasins envahirent comme un torrent les provinces des Goths et renversèrent le reste de leur monarchie. Carcassonne, Narbonne, Béziers, Nîmes, tombèrent au pouvoir des Sarrasins. Les Infidèles, après s'être rassasiés de carnage et de pillage, furent forcés d'abandonner leurs nouvelles conquêtes et de repasser les Pyrénées.	722	Ina, après avoir vaincu Albert, roi de Sussex, soumet ce royaume à sa domination. Animé par son zèle religieux, le roi de Vessex alla en pèlerinage à Rome, et, à son retour, il institua dans ses États la taxe connue sous le nom de *denier de saint Pierre*.
720	Chilpéric II étant mort, Thierry IV, âgé de 7 ans, lui succéda; mais ce prince, malgré les grands événements de son règne, est à peine connu. Cependant la politique de Charles Martel, comme celle de son père, consistait à ne pas laisser reposer l'ardeur guerrière de sa nation. Il tourna ses idées de conquêtes vers la Germanie, et, après avoir vaincu les peuples de ce pays, il laissa à des moines le soin de soumettre complétement ces barbares en leur apprenant l'agriculture et l'Évangile.	718	Après la bataille désastreuse de Xérès, et la prise de Séville et de Mérida, un grand nombre d'illustres proscrits s'étaient retirés dans les montagnes des Asturies. Dans leurs retraites presque inaccessibles, ils purent conserver leurs lois et leurs coutumes anciennes, ayant un chef catholique nommé Pélage, aussi distingué par sa naissance que par sa valeur et son habileté. Six ans après la bataille de Xérès, dans une assemblée générale, ils l'élurent roi. La contrée de Liébana constituait seule le royaume de Pélage; elle n'avait tout au plus, en étendue, que neuf lieues de longueur sur quatre de largeur; mais elle était défendue par des montagnes difficiles à franchir. Pélage, non content de défendre son royaume, osait encore faire des incursions en pleine campagne, qui étaient toujours couronnées de succès.	726	Ina se retira ensuite dans un cloître, après un règne glorieux de 37 ans.
		719	Les exploits de Pélage assombrirent la joie d'Alahor. Il envoya, sous le commandement d'Alahaman, une armée nombreuse, pour anéantir les débris des Chrétiens. Pélage les laissa s'engager dans la vallée que bordent les montagnes d'Auseba; mais bientôt à la tête de ses guerriers, il fondit sur eux et fit essuyer une sanglante défaite aux Musulmans. Alahaman, leur général, chercha et trouva la mort sur le champ de bataille. Ceux qui avaient échappé au massacre des Chrétiens, trouvèrent presque tous la mort dans la Deva, agitée et grossie par les énormes débris d'une montagne voisine renversée par un tremblement de terre.		
		720	La victoire des Chrétiens n'arrêta pas les Infidèles. Munuza, gouverneur maure de Gijon, à la tête de ses troupes marcha contre eux; mais les Musulmans furent encore une fois vaincus dans la vallée d'Olalles, par les bandes guerrières de Pélage, qui s'emparèrent de Gijon, quoique bien fortifiée. Les Sarrasins, dont les deux tiers de l'armée avaient été détruits, renoncèrent pour quelque temps à l'espoir de conquérir le petit royaume des Chrétiens.		

DATES.	GERMANIE (ALLEMAGNE).	DATES.	ITALIE.	DATES.	EMPIRE D'ORIENT.
749	Une dernière victoire que Charles remporta près de Soissons, sur les forces réunies de Chilpéric II, roi de Neustrie, et d'Eudes, duc d'Aquitaine, termina la querelle et le rendit maître des trois royaumes d'Austrasie, de Neustrie et de Bourgogne. Clotaire IV étant mort, Charles fit reconnaître Chilpéric roi des trois royaumes, et régna seul comme son père Pepin d'Héristal. Rainfroi obtint de la clémence de Charles le comté d'Angers. Le règne de Charles ne fut qu'une suite de victoires. Actif dans l'exécution, hardi, courageux, il était toujours le premier à combattre et le dernier à poser les armes. Il réduisit à l'hommage Eudes, duc d'Aquitaine, et après avoir vaincu en plusieurs rencontres les Frisons, il les soumit à sa puissance. La Souabe, la Bavière, subirent aussi la loi du vainqueur. Les Saxons seuls, quoique souvent vaincus, surent se soustraire à sa domination.	727	Léon fournit le premier élément de discorde, en proscrivant les images. Les peuples de l'Occident, surtout en Italie, loin de se soumettre à la volonté de l'empereur, se soulevèrent. A Ravenne, où l'Exarque voulut faire exécuter la volonté de Léon, il y eut un soulèvement général. Luitprand, prince habile et ambitieux, profitant de la faute de l'empereur, s'empara de la ville. Le pape s'était opposé avec indignation aux ordres de Léon, mais il craignait l'ambition du roi des Lombards; aussi, tout en condamnant l'hérésie de l'empereur d'Orient, il résolut de venir en aide à ses intérêts temporels, afin que l'Italie entière ne se trouvât pas tout à fait à la discrétion de Luitprand. Il engagea, en conséquence, les Vénitiens à secourir Ravenne, tombée au pouvoir des Lombards. Les Vénitiens, cédant aux exhortations du pape, envoyèrent des flottes au secours des Impériaux, et les Lombards furent chassés de Ravenne. Grégoire II croyait que Léon, reconnaissant du service qu'il lui avait rendu, reviendrait à des sentiments de modération envers ceux qui ne voulaient pas renoncer à un culte sanctionné par le pape, et pour lequel ils avaient eu jusqu'ici la plus grande vénération. Mais il n'en fut rien; l'empereur persévéra au contraire dans ses rigueurs, et chercha même à s'emparer de la personne de Grégoire. Alors le pape, fort de l'assentiment des peuples et de Luitprand, qui ne lui gardait pas rancune du secours qu'il avait envoyé à Léon, employa les armes spirituelles pour que l'édit ne fût pas reçu en Italie. Il excommunia d'abord l'Exarque et ses complices, et par des lettres apostoliques, il exhorta tous les peuples de l'Italie à demeurer fermes et inébranlables dans la foi catholique, et à s'opposer par tous les moyens aux ordres de l'empereur d'Orient. L'effet de cette lettre fut si grand, que tous les peuples de l'Italie, autrefois rivaux, se réunirent en un seul corps pour travailler à la défense de la religion catholique et de leur pape. Non contents d'abattre les statues de Léon, ils cessèrent de le reconnaître pour empereur, et se choisirent de nouveaux chefs; ils voulaient même, avec une puissante armée, aller placer un nouvel empereur sur le trône de Constantinople; mais le pape s'y opposa. Au milieu de cette agitation, deux factions se formèrent, l'une pour l'empereur, l'autre pour le pape. A Ravenne, on en vint aux mains, mais le parti catholique fut le plus fort; les Iconoclastes furent en partie massacrés, et l'Exarque lui-même, qui était leur chef, fut tué dans cette échauffourée. Ravenne et plusieurs villes de l'Exarchat, et d'autres villes de la Marche, se mirent elles-mêmes sous la puissance de Luitprand, déterminées par leur zèle pour la foi catholique. L'empereur Léon, malgré une détermination si générale, renouvela ses ordres contre la suppression des images, et il envoya comme exarque en Italie un eunuque nommé Eutychius, homme capable de tous les crimes. La vie de Grégoire courut des dangers. Dans cette triste circonstance, les Romains voyant les périls qui entouraient le pape, et partageant les craintes que l'ambition du roi des Lombards inspirait au pontife, résolurent de se soustraire à la domination de l'empereur d'Orient, et de se mettre sous la puissance de Grégoire. Ils le reconnurent pour leur chef et jurèrent de le défendre contre Léon et Luitprand. Telle fut l'origine de la souveraineté temporelle des papes.		**Léon III.** 717 — Léon III fut couronné, et Théodose se retira à Éphèse, où il vécut tranquillement jusqu'à sa mort. Les Grecs, qui avaient méprisé son gouvernement, honorèrent sa mémoire. A peine Léon était-il sur le trône, que les Sarrasins vinrent assiéger Constantinople. Mouslima, le plus habile des généraux musulmans, se trouvait à la tête d'une armée formidable de mer et de terre; malgré cela, et grâce aux talents de Léon, les Infidèles furent forcés de lever le siège. Mais en se retirant, la flotte fut battue d'une si terrible tempête, qu'il ne rentra que cinq vaisseaux dans les ports de la Syrie. 726 — Léon ayant appris, qu'aidé des Bulgares, Anastase projetait de recouvrer le trône, le fit décapiter ainsi que l'archevêque de Thessalonique, accusé de l'avoir secondé dans ses intrigues. Quand Léon se vit bien affermi sur le trône, il voulut donner suite à une pensée de Philépique; c'était de détruire dans la religion le culte des images; il croyait purger le christianisme de l'idolâtrie, que le culte des images, suivant lui, y avait introduite. L'empereur déclara dans un édit, que prier devant un tableau de la sainte Vierge ou de Notre Sauveur, c'était se livrer à l'idolâtrie, et des peines sévères furent décrétées contre ceux qui n'obéiraient pas à cet ordre. Les courtisans se soumirent facilement, mais le peuple résista. Le pape Grégoire II ayant condamné cette erreur, avertit Léon qu'il ne lui appartenait pas de rien innover en matière de religion; mais cette remontrance fut mal reçue, et Grégoire fut menacé de déposition s'il refusait d'obéir. 727 — Partout éclatèrent alors des troubles et des séditions; les Italiens se révoltèrent ouvertement contre ces édits. Rome, Naples et toutes les villes qui dépendaient de l'empire d'Orient, ne virent dans leur souverain qu'un hérétique. A Ravenne, capitale de l'Exarchat, il y eut des soulèvements funestes. Luitprand, roi des Lombards, en profita pour s'emparer de cette ville; il aurait poussé plus loin ses conquêtes, si Grégoire II, redoutant un voisin tel que Luitprand, ne fût venu au secours de l'empereur d'Orient et n'eût forcé le roi des Lombards, avec l'aide des Vénitiens, à abandonner Ravenne. Cependant, Léon ne tenant aucun compte du service que venait de lui rendre le pape, ne se montra pas moins animé contre les images et contre Grégoire lui-même. Le pape alors poussé à bout par les violences de l'empereur, employa les armes spirituelles de son ministère pour empêcher les édits d'être reçus en Italie. Les anathèmes dont on frappait les Iconoclastes disposaient l'Italie à secouer le joug de l'empire d'Orient. La Pentapole, voisine de Ravenne, s'était déclarée pour le pape et ne voulait que des gouverneurs catholiques; les peuples même de l'Italie voulaient se créer un nouvel empereur. Il se forma dès lors deux partis qui en vinrent bientôt aux mains. Les Catholiques vainqueurs, firent un grand carnage des Iconoclastes. Paul, exarque de Ravenne, fut lui-même tué. A la suite de ces événements, l'empire d'Orient perdit Ravenne et plusieurs autres villes de l'Exarchat, ainsi que d'autres villes de la Marche qui se soumirent à Luitprand.

(Dans la colonne EMPIRE D'ORIENT, les dates 717, 726 et 727 figurent en regard des paragraphes correspondants.)

DATES.	ROYAUME DES FRANCS.	DATES.	ESPAGNE.	DATES.	BRETAGNE (Angleterre).
	Charles, déjà célèbre par ses nombreuses victoires, rendit son nom immortel par la défaite des Sarrasins. Les successeurs de Mahomet, après avoir subjugué une partie de l'Orient, avaient porté leurs armes victorieuses en Espagne et dominaient dans ce pays. Attirés par la soif des conquêtes, les Sarrasins résolurent de conquérir la Gaule. Ils passent les Pyrénées et envahissent l'Aquitaine. Vaincus et repoussés deux fois par Eudes, ils repassent les monts avec des forces plus nombreuses et font irruption de nouveau dans l'Aquitaine. Eudes essaie de les repousser encore; mais, vaincu cette fois dans une grande bataille, les infidèles prennent et pillent Bordeaux. Ils se répandent ensuite dans toute l'Aquitaine jusqu'à la Saône et la Loire, ravageant tout sur leur passage. Eudes vint alors demander aide et protection à Charles, son ancien ennemi.	732	Cependant la possession de l'Espagne inspira plus d'une fois aux Musulmans le désir de soumettre l'Occident à leur domination. Abdérame, l'un des successeurs d'Alahor, après avoir remporté une victoire sur Eudes, duc d'Aquitaine, vint avec une armée formidable camper dans les plaines situées entre Tours et Poitiers. Mais Charles, fils naturel de Pepin, qui sous le titre de majre du palais gouvernait la France, marcha contre eux et leur fit essuyer une sanglante défaite. Abdérame, le général des Sarrasins, perdit la vie dans cette célèbre bataille, et son armée fut en partie détruite. Ils parvinrent pourtant à se maintenir dans les provinces méridionales de la Gaule; mais vaincus de nouveau, ils furent forcés de repasser les Pyrénées.		A cette époque, rien de remarquable ne se passe dans l'Heptarchie. Éthelbert II et Edbert règnent en même temps dans le royaume de Kent; Séolred dans celui d'Essex; Edbert dans celui de Northumberland; Béorna et Éthelbert, tous les deux en Estanglie; Éthelbald dans le royaume de Mercie et Adélard dans celui de Wessex.
732	Celui-ci, résolu de s'opposer aux Sarrasins qu'il voyait inonder le royaume, et animé du désir de conquérir la Gaule méridionale, se met à la tête d'une armée nombreuse, passe la Loire et vient attaquer les Infidèles, commandés par Abdérame, dans les plaines situées entre Tours et Poitiers. La mêlée fut horrible; enfin, après un affreux carnage, les Sarrasins, vaincus, se retirèrent; leur général Abdérame perdit la vie dans la bataille. Après la victoire, Charles, ayant fait jurer fidélité à Eudes, le renvoya en Aquitaine et rentra lui-même en Austrasie. Cette victoire lui fit donner le surnom de *Martel*.		L'Espagne, successivement gouvernée par les Carthaginois, les Romains et les Goths, perdit bientôt de son antique caractère et se confondit dans l'intervalle de quelques générations avec les Arabes dont elle prit l'esprit et les habitudes. Les tribus nombreuses de la nation arabe qui vinrent profiter des fruits de la conquête, renouvelèrent en partie la population chrétienne détruite par les ravages de la guerre. Les villes d'Espagne furent bientôt repeuplées d'habitants de diverses origines, et de nombreuses colonies se formèrent.		
737	Cependant les Sarrasins s'étaient retirés, après leur défaite, dans la Septimanie et dans la Provence, et, favorisés par les habitants qui préféraient leur domination à celle des Francs, ils s'y maintenaient. Charles marcha de nouveau contre eux et, après les avoir défaits dans différentes rencontres, il les chassa pour toujours de la Gaule méridionale; mais il ne put soumettre complétement ces pays à sa puissance.		La légion royale de Damas s'établit à Cordoue, celle d'Émèse à Séville, celle de Chalcis à Jaen, et celle de la Palestine à Algézire et à Médina-Sidonia. Les naturels de l'Arabie-Heureuse et de la Perse se dispersèrent dans les environs de Tolède et dans les contrées intérieures; les États de Grenade devinrent le partage de dix mille hommes de cavalerie de Syrie et d'Irack qui tiraient leur origine des plus pures et des plus puissantes tribus de l'Arabie.		
	Tout concourait à rendre le nom de Charles immortel. Léon l'Isaurien, empereur de Constantinople, voulant proscrire le culte des images comme contraire au christianisme, mettait par ses édits l'empire d'Orient en combustion. Le pape Grégoire III, ayant condamné ses erreurs, s'attira la haine de Léon. D'un autre côté, Luitprand, roi des Lombards, voisin plein d'ambition, menaçait de réduire Rome à sa puissance. Dans ces tristes circonstances, Grégoire implora la protection de Charles Martel, lui offrant de le faire proclamer patrice de Rome. Charles, qui avait déjà repoussé des offres moins avantageuses de la part de Grégoire II, ne	737	Cependant Pélage, roi des Asturies, agrandit insensiblement ses États, et mourut après 19 ans de règne prospère, aimé et estimé de ses sujets.		
741	résista plus à une proposition qui flattait autant son ambition, et il promit aide et protection au souverain pontife, mais il se contenta d'engager Luitprand à respecter le territoire de Rome. La mort l'enleva la même année, ainsi que le pape et l'empereur. L'exécution de ce grand projet était réservé à Pepin, un de ses fils.	739	Par reconnaissance pour ses vertus et ses services, les Espagnols élevèrent son fils Favilla au trône; mais ce prince ne régna que 2 ans; il fut blessé mortellement à la chasse par un ours qu'il poursuivait.		

DATES.	GERMANIE (Allemagne).	DATES.	ITALIE.	DATES.	EMPIRE D'ORIENT.
732 737 737 741	Une victoire qu'il remporta sur les Infidèles le rendit encore plus célèbre et lui acquit le surnom de Marteau ou Martel. Les Sarrasins, après s'être rendus maîtres de l'Espagne, avaient envahi la France, et après avoir vaincu Eudes, duc d'Aquitaine, s'étaient répandus dans l'Aquitaine jusqu'à la Saône et à la Loire et menaçaient toute la France. Charles marcha contre eux, les attaqua près de Poitiers et leur fit essuyer une sanglante défaite. Abdérame, le général des Musulmans, perdit la vie dans la bataille. Chassés de la France, les infidèles reparurent dans les provinces méridionales; mais Charles-Martel les battit de nouveau près de Narbonne, et les repoussa pour toujours de la France. A la mort du dernier roi Thierry IV, la puissance de Charles était si bien établie, qu'il ne crut pas devoir le remplacer. Il gouvernait le royaume depuis cinq ans lorsqu'il mourut, après avoir partagé, de l'avis des grands, le royaume entre ses deux fils, Carloman et Pepin. Le premier eut l'Austrasie, et le second la Neustrie et la Bourgogne. Outre ces deux fils qu'il avait eus de Rotrude, sa première femme, il en avait un troisième de Sonnichilde, nièce du duc de Bavière, sa deuxième femme. Ce dernier, nommé Grifon, n'eut que quelques places. L'inégalité du partage ayant soulevé quelques troubles, Grifon et sa mère furent enfermés.	728 731 741 744	Cependant l'exarque Eutychius était parvenu à faire rentrer Ravenne sous le pouvoir de Léon; mais il comprit que c'en était fait de la puissance de l'empire d'Orient en Italie, s'il ne parvenait pas à détacher Luitprand de la cause du pape et des Romains. Il mit alors tout en usage pour engager ce prince à s'unir avec lui. Sur ces entrefaites, Thrasimond, duc de Spolette, s'était révolté, et Luitprand désirait le punir de sa félonie. De plus, ayant appris la résolution des Romains de se soumettre au pape, il pensa qu'il ne pouvait s'emparer du duché de Rome que par la force des armes. Il fit un traité avec Eutychius, et il accepta l'offre qu'il lui fit de lui prêter son concours pour punir la félonie de Thrasimond. Dans cette extrémité, Grégoire II dont la perte paraissait inévitable, implora le secours de Charles Martel qui, comme maire du palais, gouvernait alors la France pour Thierry IV; mais cette demande n'eut aucun effet. Cependant le duc de Spolette ayant été vaincu, Luitprand et Eutychius, d'après leur traité, marchèrent sur Rome et vinrent camper dans les plaines situées entre le Tibre et l'église Saint-Pierre, vis-à-vis le château Saint-Ange. Quoique Rome fût bien fortifiée, le pape comprit qu'il lui était impossible de résister à deux ennemis aussi puissants. Il prend aussitôt une résolution courageuse; à la tête de son clergé et de quelques seigneurs romains, il sort de la ville et va se présenter devant le roi des Lombards. Luitprand attendri jusqu'aux larmes, se jeta aux pieds de Grégoire et le pria de le conduire à la basilique du Vatican; là il promit de défendre à l'avenir les Romains et le pape. Le roi des Lombards, après avoir obtenu son pardon, réconcilia Eutychius avec le pape, et reprit le chemin de Pavie. Le pape pensait que les événements qui venaient de se passer changeraient les sentiments de Léon, mais il se trompait; l'empereur d'Orient publia un nouvel édit contre les images, de plus il confisqua tous les biens que l'Église de Rome possédait dans l'empire. Ce fut dans ces tristes circonstances que mourut le pape Grégoire II, laissant une si haute idée de ses vertus, qu'il fut mis au nombre des saints. Cependant Luitprand, dont l'ambition saisissait toutes les occasions, profita d'une seconde révolte du duc de Spolette, qui s'était réfugié à Rome, pour déclarer la guerre aux Romains. D'un autre côté, Grégoire III, qui occupait à cette époque le trône de saint Pierre, ayant appris que Léon, furieux de la résistance que rencontraient ses édits, se préparait à tirer une vengeance éclatante des Romains et du pape, résolut, dans cette triste circonstance, d'invoquer comme son prédécesseur le secours des Francs, qui avaient toujours été attachés à la foi catholique. Il envoya des ambassadeurs à Charles Martel, ce qui était un acte de souveraineté, dont jusqu'alors les pontifes romains s'étaient abstenus. Grégoire lui offrait de renoncer complétement à l'obéissance des empereurs, de mettre Rome sous sa domination, et de le reconnaître pour patrice des Romains. Les ambassadeurs du pape furent reçus avec les plus grands honneurs, et un traité fut conclu. Charles Martel s'engageait à défendre l'Église et les Romains contre les attaques de l'empereur d'Orient et des Lombards. Peu de temps après, Grégoire III mourut, heureux de voir l'Église en sûreté sous la puissante protection de Charles Martel.	728 733 740 741	Dans ces tristes circonstances, l'empereur d'Orient envoya un nouvel exarque en Italie, nommé Eutychius, homme capable de tout pour arriver à ses fins. Le nouvel exarque, après être parvenu à faire rentrer Ravenne sous le pouvoir de Léon, voyant le danger que courait l'empire d'Orient en Italie, ne recula devant rien pour arriver à détacher Luitprand des intérêts du pape. La vie du pontife courut même de grands dangers; les Romains voyant les périls qui entouraient le trône pontifical, et comprenant qu'il y avait peu à compter sur Luitprand, dont ils redoutaient l'ambition, prirent la résolution de se soustraire à la domination de l'empereur, et de se réunir sous l'obéissance de Grégoire; telle fut l'origine de la souveraineté temporelle du pape. Léon ne cessait de persécuter le patriarche Germain qui cherchait à s'opposer à ses débordements; ce prélat, âgé de quatre-vingt-quinze ans, mais encore plus vénérable par sa sainteté que par son âge, fut forcé de se démettre de l'épiscopat, et eut pour successeur Anastase, qui n'apporta aucune entrave aux fureurs de l'empereur. Dès que Germain fut éloigné, Léon s'abandonna à tous les excès de cruauté; il fit brûler la superbe basilique qui renfermait la bibliothèque, composée de trente-six mille volumes, et où douze professeurs enseignaient les lettres sacrées et profanes. Tout fut réduit en cendres, livres et professeurs. Cependant l'empereur d'Orient voulant se venger sur les catholiques de l'opposition que rencontraient ses édits, confisqua tous les patrimoines que l'Église romaine possédait dans ses États. Non content de cela, il lui enleva une partie considérable de la juridiction; il en détacha la Grèce, l'Illyrie, la Macédoine, et les soumit au patriarcat de Constantinople. Telle fut l'origine en partie de la funeste division de l'Église grecque et de l'Église latine. Dans les six années qui suivirent, les Sarrasins continuèrent leurs incursions dans les provinces de l'empire. L'Arménie, la Cappadoce, la Phrygie, ne cessèrent d'être dévastées par Moavia et Soliman. La Sicile aussi ne fut pas exempte des ravages des infidèles; Abderahman y fit une descente, et ne quitta le pays qu'après l'avoir saccagé. Pendant que Léon continuait ses proscriptions contre les images, un affreux tremblement de terre renversait une grande partie de la ville de Constantinople. La Thrace fut couverte de ruines. Nicomédie et Préneste, villes de la Bithynie, furent bouleversées, et de la ville de Nicée il ne resta sur pied qu'une église. Léon III mourut l'année suivante, laissant deux enfants : Anne, femme d'Artabaze, et Constantin, son successeur, âgé de vingt-deux ans. La même année moururent aussi Charles-Martel et Grégoire III.

DATES.	ROYAUME DES FRANCS.	DATES.	ESPAGNE.	DATES.	BRETAGNE (Angleterre).
742 747 752	Charles, avant sa mort, avait, de l'avis des grands, partagé l'empire des Francs entre ses deux fils, Pepin et Carloman, nés de sa première femme. Carloman eut l'Austrasie, la Thuringe et la Souabe, qui commença dès lors à prendre le nom d'Allemagne ; Pepin eut la Neustrie, la Bourgogne et la Provence. Les Bavarois, les Aquitains, les Vascons et les Bretons, non complétement soumis, furent tributaires. Carloman gouverna l'Austrasie avec le titre de duc ; mais pour plaire aux Neustriens qui aimaient la royauté, Pepin leur donna pour roi Childéric III, fils de Chilpéric II. Après la mort de Charles Martel, les peuples tributaires tentèrent de reprendre leur indépendance ; la Frise, la Bavière et la Souabe se soulevèrent ; mais Carloman les réduisit bientôt à l'obéissance ; tandis que Pepin, de son côté, réprimait le duc d'Aquitaine. Carloman, ayant pris la résolution de se faire moine, il se rendit à Rome et il entra dans le monastère du Mont-Cassin. Pepin se trouva alors seul maître de l'empire des Francs. Illustré par ses victoires, aimé du clergé qu'il protégeait et adoré de son peuple, il aspira ouvertement à la royauté dont il avait le pouvoir sans le titre. Le serment prêté par son peuple à Childéric III était le seul obstacle à ses desseins. Par l'intermédiaire de Boniface, évêque de Mayence, il fit demander au pape Zacharie qui devait être roi : Un prince qui n'en avait que le nom, ou le ministre qui en avait la puissance. Zacharie, n'écoutant que son propre intérêt, répondit comme Pepin le désirait. La décision du pape fut regardée comme un oracle ; Pepin fut sacré à Soissons par Boniface, et Childéric rasé fut enfermé avec son fils Thierry dans un monastère. **SECONDE RACE.** **Pepin le Bref.** Aussitôt maître de la couronne, Pepin recommença la guerre. Les Saxons, les Bretons, les Bavarois, furent soumis. Il vainquit Gaifre, duc d'Aquitaine, et réunit l'Aquitanie à la couronne après la mort de ce prince, assassiné par ses propres soldats.	739 750 755	Alphonse, beau-frère de Favilla, lui succéda. Ce prince pieux, surnommé le Catholique, éleva de nouvelles églises sur les ruines des mosquées, et resserra les Sarrasins dans des limites encore plus étroites. Le nouveau monarque pénétra dans la Galice, et réduisit Lugo. Il porta ensuite ses armes victorieuses vers le nord, et vint camper dans les plaines de Léon et de Castille. Les villes d'Astorga, de Saldagna et de Vitoria ouvrirent leurs portes au monarque catholique, pour les succès duquel les habitants faisaient intérieurement des vœux. Encouragé par le succès, Alphonse conduisit son armée jusqu'aux frontières du moderne royaume de Portugal, et poursuivit sa marche jusqu'aux montagnes qui séparent la vieille Castille de la nouvelle. Le bruit de ses exploits attira sous ses drapeaux une foule de Chrétiens, qui supportaient depuis longtemps avec peine le joug des Musulmans. Le Califat, cette grande dignité tout à la fois royale et sacerdotale, après une révolution sanglante, était passé en 750 de la maison des Ommiades dans celle des Abbassides. Les Musulmans d'Espagne, quoique éloignés du théâtre de la guerre, avaient pris part à la révolution de l'Orient. Un jeune prince du nom d'Abdérame, de la maison des Ommiades, ayant échappé à la fureur de ses ennemis, vint se réfugier en Espagne. Sa présence dans ce pays ranima bien vite l'espoir d'un parti qui avait déploré la ruine de sa maison. Les chefs le reçurent avec enthousiasme, et l'invitèrent à se mettre à leur tête. Bientôt la défaite éprouvée par les Ommiades sur les rives du Zeb, fut vengée sur celles du Guadalquivir par le massacre des Abbassides ; et le prince victorieux, après avoir réduit à son pouvoir toutes les provinces de l'Espagne, excepté celles que l'élage et Alphonse avaient conquises ou conservées, fonda le royaume de Cordoue. Dès cette époque, date le siècle de la galanterie et de la magnificence arabe. Cordoue devint le centre des arts, des sciences et des plaisirs.	757	Ethelbald, roi de Mercie, étant mort, Béonred lui succède ; mais, peu de temps après, Offa, qui fut le plus célèbre de tous les rois de Mercie, monte sur le trône.

Les papes ne tardèrent pas à mettre la reconnaissance du nouveau roi à l'épreuve. Étienne II, successeur de Zacharie, vint en France implorer la protection de Pepin contre Astolphe, roi des Lombards. C'était la première fois qu'un pape venait dans le royaume ; il y fut reçu avec les plus grands honneurs. Pepin profita de la circonstance pour se faire sacrer une seconde fois par Étienne, et la cérémonie se fit à Saint-Denis. Bertrade sa femme et ses deux fils, Charles et Carloman, furent aussi sacrés.

DATES.	GERMANIE (Allemagne).	DATES.	ITALIE.	DATES.	EMPIRE D'ORIENT.
742 747 752 754	Depuis la mort de Thierry IV, le royaume des Francs était privé de roi. Pepin maître de la Neustrie et de la Bourgogne, aussi ambitieux et non moins habile que son père, pour complaire aux Neustriens, fit proclamer roi de ces pays Childéric III, fils de Chilpéric II. La domination de Carloman, seul maître en Austrasie, s'étendait sur l'Allemagne et sur la Thuringe; il gouverna ce royaume avec le titre de duc. Les deux frères étroitement liés, subjuguèrent plusieurs peuples de la Germanie. Mais au milieu de ses triomphes, Carloman résolut de se faire moine. Pepin, à qui il communiqua son projet, fut loin de l'en dissuader; Carloman se rendit à Rome, et alla s'enfermer ensuite dans le monastère du Mont-Cassin, laissant son frère seul maître du royaume. Pepin avait, outre le courage et les talents de Charles Martel, l'ambition de se faire roi et d'en avoir l'autorité. Aussi jamais homme ne conduisit mieux un pareil dessein: aimé du peuple, respecté des grands et du clergé, il obtint par saint Boniface, évêque de Mayence, que le pape Zacharie décidât que le titre de roi devait appartenir à celui qui en avait l'autorité. Childéric fut alors rasé et on l'enferma avec son fils dans un monastère. Ainsi finit la race des Mérovingiens après 270 ans de règne depuis Clovis. Pepin une fois proclamé roi, fortifia son pouvoir comme il l'avait établi. Avant on inaugurait les rois en les élevant sur un bouclier; lui voulut, pour inspirer une sorte de vénération religieuse à ses peuples, se faire sacrer à Soissons par saint Boniface. Cette cérémonie jusqu'alors inconnue dans le royaume, se perpétua comme un hommage que les rois font de leur couronne à la Divinité. Pepin chercha à s'affermir sur le trône en servant l'Église; il rendit une partie des biens ecclésiastiques dont Charles Martel son père s'était emparé, et promit qu'aussitôt que les ressources de l'État le permettraient, il les restituerait en entier. Il repoussa les Sarrasins du royaume, et battit les Saxons qui avaient chassé les missionnaires. Les commencements de son règne furent signalés par des victoires; il soumit les Saxons, les Bretons, les Bavarois, et après avoir vaincu le duc d'Aquitaine, il réunit ce pays à son royaume. Bientôt après, le pape étant venu en France lui demander aide et protection contre Astolphe, roi des Lombards, Pepin se fit sacrer roi une seconde fois par Étienne II, successeur de Zacharie.	744 749 752 754	Luitprand, prince sage et actif, dont le défaut dominant était une ambition exclusive, étant mort en 743 à Pavie, Hildébrand, son neveu, lui succéda; mais bientôt les seigneurs, ne trouvant en lui aucune qualité de son oncle, le déposèrent et nommèrent à sa place Rachis, homme très-religieux et remarquable par sa sagesse et sa justice. Le caractère paisible du nouveau monarque mit obstacle, pendant quelque temps, aux desseins du pape et du roi des Francs contre le royaume des Lombards; mais il régnait à peine depuis quatre ans, qu'il déposa la couronne et alla se renfermer dans le couvent du Mont-Cassin. **Astolphe.** Les Lombards élurent à sa place Astolphe, son frère, dont le caractère guerrier renouvela les inquiétudes du pape. A cette époque, Pepin, fils de Charles Martel, du courage et des talents duquel il avait hérité, gouvernait la France sous le titre de maire du palais. Plein d'ambition, il voulait être roi de nom comme il l'était de fait. Childéric III, roi des Francs, vivait encore, et malgré son imbécillité, la nation avait un grand respect pour le sang de Clovis. Pour arriver à son but, Pepin avait besoin de l'autorité du pape, dont il avait gagné le cœur en se montrant favorable à l'Église et en secondant les évêques de France dans les réformes qu'ils avaient voulu accomplir dans les affaires ecclésiastiques. Il fallait maintenant trouver le moyen de provoquer une décision du pontife favorable au changement de gouvernement qu'il méditait. Boniface, évêque de Mayence, homme jouissant d'une grande réputation de sainteté, fut chargé de plaider auprès du pape Zacharie la cause de Pepin. Zacharie fit ce que voulait Pepin; il rendit un décret par lequel il déposait Childéric III comme incapable de régner, et ordonnait que Pepin fût placé sur le trône. Pepin fut nommé roi des Francs, et sacré à Soissons par l'évêque Boniface. Ainsi fut justifiée l'usurpation des Carlovingiens. Mais Astolphe, voulant à tout prix réunir à son royaume le duché de Rome et les villes qui en dépendaient, s'empara de Ravenne, qui appartenait à l'empire, et vint mettre le siége devant Rome. Étienne II avait succédé à Zacharie sur le siége pontifical. Dans cette cruelle extrémité, Étienne se rendit en France pour demander du secours à Pepin. Le roi des Francs profita de la circonstance pour se faire sacrer une seconde fois par le pape, et promit à Étienne la protection qu'il lui demandait.	741 743 753 754	**Constantin V.** Constantin V, surnommé Copronyme, succéda à son père Léon, et comme lui il embrassa avec ardeur l'hérésie des Iconoclastes en persécutant les Catholiques et remplissant les prisons de moines. La haine publique qui poursuivait ce prince inspira le désir à son beau-frère Artabaze, qui commandait un corps de troupes en Phrygie, de se faire proclamer empereur. Mais l'usurpateur ne jouit pas longtemps du pouvoir; défait en Asie par les troupes qui étaient restées fidèles à Constantin, il fut forcé de prendre la fuite et se réfugia à Constantinople. Constantin vint l'y assiéger et s'empara de la ville. Artabaze ayant été arrêté, fut conduit avec ses deux enfants devant Constantin, qui leur fit crever les yeux. Le rétablissement de Constantin porta la consternation dans tout l'empire. A ce malheur succéda une peste affreuse qui de la Sicile et de la Calabre s'étendit dans la Grèce et vint envahir Constantinople. Les vivants suffisaient à peine pour enterrer les morts; ce terrible fléau dura trois ans, et enleva une grande partie de la population de Constantinople. Pour repeupler sa capitale, Constantin y attira des habitants des autres provinces de l'empire en leur accordant de nouveaux privilèges. Cependant Astolphe, successeur de Luitprand, à peine monté sur le trône, s'était emparé de l'Istrie, de Ravenne et de la Pentapole. L'exarque Eutychius, incapable de lui résister, se réfugia à Naples. Telle fut la fin de l'exarchat de Ravenne qui subsistait depuis cent quatre-vingt-quatre ans. Astolphe ambitionnant d'autres conquêtes songea à s'emparer de Rome; mais il trouva dans Étienne II, successeur de Zacharie, un adversaire redoutable. Ce pontife, voyant que toutes les exhortations ne suffisaient pas pour arrêter les projets ambitieux du roi des Lombards, s'adressa alors à Constantin Copronyme pour avoir du secours; mais l'empereur d'Orient occupé à faire la guerre aux images, lui répondit de s'adresser à Pepin, roi des Francs. Étienne implora alors la protection de ce prince, qui essaya vainement de changer la résolution d'Astolfe. Le pontife prit le parti de se réfugier en France pour obtenir plus sûrement le secours qu'il demandait. Pepin promit tout, et profitant de la circonstance il se fit sacrer par le pape, quoiqu'il eût déjà reçu l'onction sacrée des mains de Boniface, archevêque de Mayence.

DATES.	ROYAUME DES FRANCS.	DATES.	ESPAGNE.	DATES.	BRETAGNE (Angleterre).
755	Étienne obtint ce qu'il voulait; Pepin passa les Alpes et força Astolphe à renoncer à ses prétentions sur Rome; mais à peine Pepin était-il de retour dans ses États, que le roi des Lombards recommença les hostilités contre le saint-siége. Pepin, sollicité de nouveau par le pape, reparut en Italie, et après avoir vaincu encore Astolphe il le rendit tributaire de sa couronne. Il donna ensuite au Saint-Siége la Pentapôle et l'exarchat de Ravenne, dont il se réserva néanmoins la souveraineté. C'est de cette époque que commence la puissance temporelle des papes.	757	Alphonse, qui, vers la fin de son règne, avait quitté les montagnes des Asturies pour habiter les villes de Léon et d'Astorga, dont il avait relevé les remparts, mourut aimé et estimé de ses sujets par sa sagesse et sa valeur.	758	Offa à peine sur le trône, remporte plusieurs victoires sur Ethelbert et Clénulf, rois de Kent et de Wessex, et obtient la prépondérance sur l'Heptarchie.
708	Après avoir pris l'avis des seigneurs de son royaume, Pepin partagea ses États entre ses fils Charles et Carloman, et mourut peu de temps après.	757	Froïla, son fils, hérita de la couronne. Ce prince, remarquable par ses talents militaires, n'avait pas le caractère généreux et magnanime de son père. Sévère et cruel, il forçait ses sujets à l'obéissance, sans se concilier leur affection.		
	Charles Ier, dit Charlemagne.		Cependant Abdérame Ier n'était pas homme à souffrir les hostilités et les empiétements des Chrétiens. Il fit marcher contre eux une nombreuse armée, qui, après avoir gagné la Galice, vint attaquer Froïla. Le roi catholique suppléa, par son habileté et sa valeur, à l'infériorité de ses troupes, et remporta sur les Musulmans une victoire éclatante; cinquante-quatre mille Musulmans restèrent sans vie sur le champ de bataille. Froïla, avec les dépouilles des Sarrasins, fit construire Oviédo, dont il fit la capitale de son royaume qui prit ce nom.		
708	Charles Ier eut la Neustrie et la Bourgogne, Carloman l'Austrasie avec la Septimanie et la Provence.		Abdérame ne tarda pas à vouloir venger la défaite qu'il avait essuyée, mais il fut encore vaincu dans la vieille Castille, et fut très-heureux d'obtenir une trève honorable.		
769	Bientôt l'Aquitaine se souleva; mais Charles passa la Loire, battit les Aquitains et laissa garnison dans leur pays.	768	Froïla, qui par ses sévérités et ses cruautés n'avait jamais obtenu l'amour de ses sujets malgré les services qu'il avait rendus à son pays, devint jaloux de l'affection et de l'estime que son frère Bimarano inspirait. Irrité de cette préférence, il invita son frère à une conférence et le poignarda de sa propre main.		
771	Carloman étant mort, sa veuve, craignant pour ses enfants les violences de leur oncle, se réfugia auprès de Didier, roi des Lombards. Charles vint alors en Austrasie et se fit reconnaître roi par tous les Francs.		Le crime de Froïla amena sa chute. Les nobles, saisis d'horreur pour cet odieux fratricide, formèrent une conspiration contre lui, et il périt assassiné, sans emporter les regrets d'un peuple qu'il avait glorieusement défendu.		
	Charles ayant divorcé avec sa première femme, avait épousé en secondes noces la fille de Didier, malgré l'opposition du pape Étienne IV qui redoutait l'union des Francs et des Lombards. Mais un an après, Charles répudia sa nouvelle femme.	768	Froïla laissa un fils, nommé Alphonse, seul enfant de son mariage avec Monina, sa belle captive; mais ses droits furent sacrifiés, et Aurélio, cousin du dernier monarque et un des conspirateurs, monta sur le trône.		
	Cependant la guerre avait de nouveau éclaté entre Didier et le pape. Adrien, homme énergique et de talents, occupait alors le trône pontifical.		Le règne de ce prince n'offrit rien de remarquable, si ce n'est une conspiration formée par les Maures pour se venger des Chrétiens leurs maîtres, mais ce complot fut découvert et réprimé.		
773	Le roi des Lombards menaçant de s'emparer de Rome, le pape appela les Francs à son secours. Charles franchit les Alpes et défait les Lombards, qui vont se réfugier dans Pavie et dans Vérone. Après avoir fait investir ces deux villes, le roi des Francs fait son entrée à Rome, où il est reçu en libérateur par le pape, qui lui fait confirmer les donations de Pepin. Adrien, de son côté, le reconnaît pour patrice des Romains et roi d'Italie.	774	Aurélio n'ayant pas d'enfant chercha son successeur parmi les nobles les plus distingués de son royaume. Il choisit Silo, lui fit épouser Adosindá, sa parente, et l'associa à la couronne pour lui assurer la succession au trône. Aurélio mourut après 6 ans de règne.		
774	Après un court séjour dans Rome, le roi des Francs se dirige vers Pavie et Vérone, assiégées par ses troupes. Bientôt ces deux villes capitulent. Didier est relégué dans un monastère en France; Adalgise, son fils, qui commandait à Vérone, se réfugie à Constantinople. Charles se trouve ainsi maître de toute l'Italie, moins le duché de Bénévent qui comprenait le midi de la presqu'île.	774	Les nobles et le peuple, habitués à voir Silo régner, ne s'opposèrent pas, après la mort d'Aurélio, à son élévation au trône. Le nouveau roi justifia le choix de son prédécesseur. Pendant son règne la tranquillité ne fut point troublée, si ce n'est par une insurrection légère, qui eut lieu en Galice.		
	Le roi des Francs laissa aux vaincus leur nom, leurs ducs, leurs lois, et ajouta à ses titres de roi des Francs et de patrice des Romains, celui de roi des Lombards.				

DATES.	GERMANIE (Allemagne).	DATES.	ITALIE.	DATES.	EMPIRE D'ORIENT.
755	Le roi des Francs alla ensuite en Italie, et après avoir forcé Astolphe à restituer au Saint-Siége les villes dont il s'était emparé, il en fit don au pontife: telle fut l'origine de la puissance temporelle de la papauté.	755	Pépin, comme il l'avait promis, vint en Italie, força Astolphe à lever le siége de Rome et à abandonner les villes dont il s'était emparé. Mais à peine Pepin avait-il quitté l'Italie, que le roi des Lombards recommença ses hostilités contre le saint-siége. Le roi des Francs, sollicité de nouveau par le pape, repassa les monts, et vainquit de nouveau Astolphe.	755	Astolphe n'ayant tenu aucun compte du conseil de Pepin, celui-ci passa les Alpes avec une puissante armée et força le roi des Lombards à lever le siége de Rome qui durait depuis trois mois. La paix fut conclue moyennant la cession au pape de l'Exarchat, de la Pentapole, de la ville de Comacchio et le remboursement des frais de la guerre. L'empereur d'Orient offrit de payer les frais de la guerre, moyennant la restitution de ces pays, mais Pepin refusa d'y consentir, et la donation au pape fut consignée dans un acte authentique.
768	Après avoir pris l'avis des grands, Pepin partagea son royaume entre ses fils Charles et Carloman. Il mourut peu de temps après, à l'âge de 53 ans. Il avait fait oublier, par ses talents et par son mérite, l'usurpation dont il s'était rendu coupable.		Après sa victoire, le roi des Francs investit le pape de la souveraineté de l'exarchat de Ravenne et de la Pentapole. Telle fut l'origine de la puissance des papes.		Il ne restait plus à l'empire d'Orient en Italie que les duchés de Naples et de Gaëte, la Pouille, la Calabre, le Brutium et le duché de Rome, dont l'empereur possédait encore la souveraineté, mais sans pouvoir.
	Charlemagne.	756	Astolphe étant mort l'année suivante, eut pour successeur Didier, duc d'Istrie.	760	Vers ce même temps, l'empire était pressé à la fois par les Sarrasins et par les Bulgares. Les premiers, après s'être emparés de Mélitène, place importante, et la clef de l'empire du côté de la Syrie, traversèrent la Cilicie, pénétrèrent jusqu'en Pamphylie, et taillèrent en pièces les troupes impériales. Les seconds, après s'être ligués avec les Esclavons se répandirent dans la Grèce. Constantin marcha contre les Esclavons et les battit; mais il fut moins heureux avec les Bulgares, qui le défirent complétement et l'obligèrent à retourner à Constantinople. Cette défaite le rendit plus sombre et plus féroce, et ne fit qu'augmenter sa fureur contre les Catholiques. Il surpassa en barbarie les plus ardents persécuteurs des chrétiens des premiers siècles.
	A l'époque où Charles et Carloman se partagent l'empire, les royaumes du Nord, le Danemark, la Suède et la Norwége renferment une foule de guerriers inconnus.		Le pape Étienne II mourut un mois après; son frère, Paul Ier, lui succéda.		
	La Grande-Bretagne divisée en plusieurs petits royaumes, est en proie aux guerres civiles. L'Espagne est soumise aux Infidèles. L'Italie est au pouvoir des Lombards, des Grecs et des Romains, et l'Allemagne, à l'exception des Saxons, des Slaves et des Avares, est soumise à la puissance des rois des Francs.		**Didier.**	762	Une nouvelle invasion des Bulgares sur les terres de l'empire suspendit pendant quelque temps les cruautés de Constantin. Il marcha contre eux à la tête d'une puissante armée, et après les avoir taillés en pièces, il rentra à Constantinople en triomphateur.
771	Carloman eut l'Austrasie et les provinces de la Germanie; Charles la Neustrie, la Bourgogne et la Provence. Bientôt la discorde se mit entre les deux frères, et Charles s'empara d'une partie de l'Austrasie. Mais Carloman étant mort, Charles réunit toute la monarchie des Francs sous son autorité.		La mort d'Étienne III, successeur de Paul, avait fait place à Adrien, le plus grand homme d'État qui eût gouverné l'Église. Didier voulant se venger de Charlemagne, qui avait répudié sa fille, fit tous ses efforts pour engager le pape à sacrer les deux fils de Carloman, frère de Charles, et à les nommer rois d'Austrasie. Adrien ayant refusé d'accéder aux demandes de Didier; celui-ci, pour se venger du refus du pape, envahit ses États.		L'année suivante un froid excessif suspendit toutes les guerres et toutes affaires civiles; le Pont-Euxin même se glaça, et la terre fut, dit-on, couverte de plus de trente pieds de neige.
	Après la mort de son mari, Gerberge, veuve de Carloman, craignant pour ses enfants, va demander un asile à Didier roi des Lombards, successeur d'Astolphe. Didier, pour se venger de Charlemagne qui avait répudié sa fille, engagea le pape Adrien, successeur d'Étienne, à sacrer rois de France les deux fils de Carloman. Sur le refus du pontife, qui ne voulait pas s'aliéner l'amitié de Charlemagne, le roi des Lombards envahit les provinces de l'Église et menace Rome. Le pape appelle le roi de France à son secours.	773	Adrien alors implora le secours des Francs. Charles, heureux de trouver l'occasion de se venger de Didier, qui cherchait à semer la division dans son royaume, accepte avec empressement l'invitation du pape. Il prépare une expédition et passe les Alpes. Mais, au moment où les deux rois vont en venir aux mains, une terreur subite s'emparant de l'armée de Didier, elle se met en déroute et laisse le passage libre aux Francs. Le roi des Lombards va s'enfermer dans Pavie, et son fils Adalgise dans Vérone.	773	En Italie, Adrien, successeur d'Étienne III, ayant imploré contre Didier le secours de Charles, fils de Pepin et son successeur, celui-ci passa en Italie, et après avoir vaincu Didier et rendu au pape les villes qu'il lui avait enlevées, il alla à Rome où il fut reçu avec les plus grands honneurs.
773	Charlemagne, heureux de trouver un prétexte de punir Didier d'avoir voulu troubler le repos de ses États, passe les Alpes avec une puissante armée, et s'empare de toute la Lombardie, à l'exception de Pavie, où Didier se défendit pendant six mois; obligé de capituler, le roi des Lombards fut envoyé en France et enfermé dans l'abbaye de Corbie, où il finit ses jours. Ainsi fut détruit ce royaume des Lombards 206 ans après sa fondation par Alboin.		Charles regardant la conquête de l'Italie comme accomplie, ne voulut pas passer son temps à faire les siéges de ces deux villes; il laissa ce soin à ses généraux, et se décida à aller à Rome passer les fêtes de Pâques. Le pape, à la tête du clergé et de toute la noblesse, le reçut avec les plus grandes marques de satisfaction et d'honneur. Il fut salué roi des Francs et des Lombards, et reçut les hommages publics en qualité de patrice de Rome.	774	Le mercredi de Pâques ce pontife conduisit le roi des Francs à la basilique de Saint-Pierre, où Charles confirma la donation que Pepin son père avait faite au Saint-Siége, et lui donna même plus d'étendue.
		774	Après les réjouissances, Charles confirma les donations que Pepin son père avait faites à l'Église de Rome, et par clause expresse insérée dans la donation, il ordonna à ses successeurs de respecter cette donation et de se considérer comme les tuteurs et les défenseurs du Saint-Siége.	774	Après avoir séjourné huit jours à Rome, Charles retourna devant Pavie, dernier refuge de Didier, dont ses troupes faisaient le siége. S'en étant emparé, le roi des Francs se trouva maître de toute la Lombardie. Peu de temps après, Vérone, où le fils de Didier s'était renfermé, tomba aussi au pouvoir des Francs. Telle fut la fin du royaume des Lombards qui avait subsisté 206 ans.
			Le roi des Francs retourna ensuite au siége de Pavie pour achever de réduire la puissance de Didier. Vérone avait déjà succombé, et Adalgise avait trouvé moyen de se réfugier dans les États de l'Empire d'Orient. Après quelques mois d'une résistance opiniâtre, Pavie tomba aussi au pouvoir de Charles.		

DATES.	ROYAUME DES FRANCS.	DATES.	ESPAGNE.	DATES.	BRETAGNE (ANGLETERRE).
	Depuis trois ans, les Saxons qui habitaient la Germanie septentrionale s'étaient révoltés. Ils avaient été plusieurs fois vaincus par le roi des Francs ; mais jaloux de leur liberté, ils se soulevaient de nouveau, aussitôt que le danger était passé. Charles croyant les soumettre d'une manière plus certaine en leur faisant quitter le culte des idoles, les contraignit à se faire chrétiens ; mais ces chrétiens devenaient bientôt parjures et rebelles, excités à la révolte par leur fameux général Witikind.		Cependant les Sarrasins d'Espagne n'avaient pas tous reconnu Abdérame Ier ; certains émirs des Pyrénées, fidèles au calife de Bagdad, ou voulant se rendre indépendants, sollicitèrent le secours de Charles, promettant de se soumettre à sa domination.	784	Quoique les rois de Wessex fussent tous de la famille royale, l'ordre de succession n'était pas cependant régulièrement observé dans ce royaume. Brithrick, qui monta sur le trône en 784, y avait moins de droits qu'Egbert, jeune prince aussi distingué par son mérite que par sa naissance.
776	Charles était rentré depuis peu de temps dans ses États, lorsque les ducs de Bénévent, de Frioul et de Spolette, excités par Adalgise, se révoltèrent ; Charles repassa les monts, battit les Lombards, et remplaça leurs chefs par des Francs.	777	Le roi des Francs pénétra en Espagne, traversa la Vasconie et vint s'emparer de Pampelune et de la cité de Saragosse. Charles ne trouvant pas le parti des Arabes qu'il allait défendre assez fort, reprit le chemin de la Vasconie. Mais les Vascons et les Arabes, qui s'étaient entendus ensemble, épiant son retour, se portèrent dans les défilés de Roncevaux, et détruisirent complétement l'arrière-garde de l'armée des Francs. Ce fut dans cette journée que périt le fameux Roland, dont la valeur a été si célébrée dans les anciens romans.		Egbert, en butte à la jalousie de Brithrick, fut forcé d'abandonner sa patrie et se réfugia à la cour de Charlemagne où non-seulement il se façonna sous le roi conquérant à l'art de la guerre, mais où il étudia encore les mœurs et les manières des Francs. Egbert mit à profit son exil ; il devint un des princes les plus braves et les plus civilisés de l'Occident.
777	Après sa victoire, le roi des Francs constitua l'Italie en un royaume à part, qu'il donna à son deuxième fils Pepin.	778	Charles, étant revenu sur ses pas, battit les Vascons et fit périr leur duc.		
778	Sollicité par quelques émirs d'Espagne, Charles passa les Pyrénées, et rendit les Vascons tributaires ; mais en regagnant ses États, il fut défait dans les défilés de Roncevaux par les Arabes et les Vascons réunis. C'est dans cette bataille que périt Roland, préfet des Marches de Bretagne, ce héros des fables de l'Arioste.		Le roi des Francs garda les contrées dans lesquelles il avait pénétré ; le territoire qu'il occupa en Espagne s'étendait de l'Ebre au delà des Pyrénées, et comprenait le pays de Roussillon. Barcelone devint la résidence d'un gouverneur Franc, dont la juridiction était reconnue dans les provinces de Catalogne, ainsi que dans les royaumes de Navarre et d'Aragon.		
	Le roi des Francs revint alors sur ses pas, battit les Vascons, et rendit tributaires les contrées dans lesquelles il avait pénétré.	783	Silo, qui par ses talents avait contribué au bonheur de son peuple, mourut après 9 ans de règne.		
781	Cependant l'Aquitanie, la Vasconie et la Septimanie souffraient avec impatience la domination des Francs ; Charles résolut alors de faire du pays compris entre l'Ebre, le Rhône, la Loire et les deux mers, un royaume d'Aquitaine qu'il donna à son troisième fils Louis. Par suite de cette indépendance, les pays du midi restèrent paisibles, et l'on y vit refleurir le commerce et la civilisation.		Ce prince avait mis tous ses soins à ce que Alphonse, fils de Froïla, reçût une éducation en rapport avec son rang ; aussi, à sa mort, une partie de la noblesse était d'avis d'élever au trône le jeune Alphonse, sous la régence d'Adosinda, sa mère, mais la couronne lui fut ravie par Mauregat, fils naturel d'Alphonse le Catholique et d'une captive maure.		
	Sous le règne de Charlemagne, l'histoire des royaumes de Neustrie et de Bourgogne, nous est pour ainsi dire inconnue. Le roi des Francs ne séjourne qu'à Herstall, à Worms, à Aix-la-Chapelle ; son royaume de prédilection est l'Austrasie ; aussi l'histoire de son règne doit-elle appartenir plus à la Germanie qu'à la Gaule.		Le nouveau monarque n'avait jamais eu aucun droit légitime au trône loin duquel il avait été élevé. Alphonse eût pu réclamer ses droits en armant son parti contre l'usurpateur, mais il aima mieux donner des preuves de modération et de désintéressement, que de soulever une guerre civile qui eût pu compromettre le salut de son pays. Le fils de Froïla se retira dans la Biscaye, où il se fit aimer de tous ceux qui l'approchèrent.		
782	Cependant les Saxons, excités à la révolte par Witikind, ayant repris les armes, ils taillèrent en pièces les Francs. Charlemagne s'en vengea cruellement par le massacre de Verden. Plus de quatre mille Saxons qui demandaient grâce furent passés au fil de l'épée ; mais ce terrible exemple ne servit qu'à augmenter leur haine contre les Chrétiens.				

DATES.	GERMANIE (Allemagne).	DATES.	ITALIE.	DATES.	EMPIRE D'ORIENT.
	Pendant que Charlemagne se rendait maître de l'Italie, il faisait aussi la guerre aux Saxons. Ce peuple habitait une grande étendue de pays incultes, couverts de forêts et sans villes; cette contrée avait pour frontières la mer d'Allemagne, la Thuringe, l'Elbe et le Rhin. Les Saxons menaient une vie dure, et étaient privés de bien-être, mais la liberté leur suffisait. Charlemagne voulant réduire toute l'Allemagne à sa domination, résolut de les soumettre.		**Charlemagne.**		Depuis la perte de Ravenne et l'extinction de l'Exarchat, Constantin V restait indifférent aux événements qui se passaient en Italie; les Sarrasins et les Bulgares, déjà maîtres des deux extrémités de l'empire, attiraient seuls toute son attention et le faisaient trembler jusque dans son palais.
773	Il s'empara d'abord du fort d'Eresbourg, renversa la fameuse colonne d'Irmin, que les Saxons regardaient comme un Dieu, et pénétra jusqu'au Weser. Après sa victoire, Charlemagne voulant forcer les Saxons à se faire chrétiens, se fit donner des otages qu'il envoya dans des cloîtres pour les convertir au christianisme.	774	Après sa victoire, Charles jeta en Italie les fondements solides de sa puissance. Il y laissa une partie de son armée, en y incorporant tous les Lombards et Italiens qui voulurent servir sous ses drapeaux; et pour ne pas blesser leur amour-propre, il laissa aux Lombards leur nom, leurs ducs, leurs lois. Mais, afin que le nom de Rome fût toujours respecté, il voulut que les parties de l'Italie qui composaient l'exarchat de Ravenne s'appelassent Romagne, nom qu'elle porte encore aujourd'hui.	775	Ayant entrepris une nouvelle expédition contre les Bulgares, il fut attaqué d'une maladie pestilentielle dont il mourut quelques jours après. Il était âgé de 50 ans, et avait régné 34 ans et 2 mois; sa mémoire fut longtemps en exécration parmi ses sujets.
	Les Saxons ne tardèrent pas à se révolter de nouveau. Alors, Charles, qui venait d'anéantir le royaume des Lombards par la paix de Pavie, marche en personne contre eux, et après les avoir réduits à l'obéissance, il les force à se faire baptiser.		Quoique l'Italie fût, sans contredit, la partie la plus importante de son vaste empire, Charlemagne ne pouvait cependant fixer sa résidence dans ce pays, sans s'exposer au mécontentement des Francs, et la France renfermait le véritable nerf de sa puissance.		**Léon IV.**
	Les promesses ne coûtaient rien aux Saxons vaincus, lorsque le danger était présent. Mais à peine Charles s'était-il éloigné, qu'ils oubliaient bien vite leurs serments.		Mais l'Italie n'était pas entièrement soumise, il y restait encore de puissants ferments de discorde. Une partie de la nation lombarde regrettait sa domination, et les ducs de Frioul et de Bénévent étaient loin d'avoir abandonné leurs projets d'indépendance. Aussi devenait-il nécessaire d'établir en Italie une forme de gouvernement qui pût prévenir et au besoin résister aux effets de ces différentes causes d'opposition réunies.	775	Léon IV, fils de Constantin, succéda à son père à l'âge de vingt-cinq ans. Il parut d'abord vouloir réparer les maux du règne précédent. L'année suivante il conféra à son fils Constantin, âgé de cinq ans, le titre d'auguste.
776	Charles venait de réduire à l'obéissance le duc de Frioul, lorsqu'une nouvelle insurrection le rappelle en Saxe. Il tombe sur les rebelles et ravage tout le pays. Les Saxons consternés, promirent de se faire chrétiens; dans une diète tenue à Paderborn, ils consentirent à perdre leurs biens et leur liberté, s'ils violaient encore les conditions de la paix.				Cependant les Sarrasins ne cessaient de ravager les provinces de l'empire en Asie; Léon marcha contre eux et les battit dans plusieurs rencontres.
	Mais l'amour de la liberté et la haine du christianisme leur firent bien vite oublier ces serments et les promesses arrachées par la violence. Excités par leur célèbre général Witikind, le chef de toutes les révoltes, les Saxons profitant de l'éloignement du vainqueur appelé en Espagne par certains émirs pour les protéger contre Abdérame Ier, se soulèvent de nouveau et ravagent les provinces voisines de la Saxe. Charles accourt des bords de l'Èbre, et après avoir vigoureusement châtié les rebelles, il leur accorde encore la paix.		**Pepin.**	780	Ce prince, qui avait les mêmes sentiments que son père, relativement aux adorateurs des images, n'eut pas le temps d'exercer ses persécutions. Il avait répudié l'impératrice Irène, sa femme, parce qu'il avait trouvé deux images cachées dans sa chambre. Il mourut après 5 ans de règne.
	Après sa victoire, il fait construire plusieurs forts sur l'Elbe pour assurer sa puissance, et tranquille sur la soumission des Saxons, il revient en Italie pour apaiser une nouvelle révolte des ducs de Bénévent, de Frioul et de Spolette.	781	Dans cette conjoncture, Charles, avant de quitter l'Italie pour retourner dans ses États, fit reconnaître pour roi d'Italie Pepin, son second fils, enfant à peine âgé de quatre ans.		**Constantin VI.**
	Croyant commander aux Saxons comme aux autres peuples soumis, Charles leur avait ordonné de se réunir à ses armées. Mais ces hommes sauvages, préférant consacrer ses forces à la défense de leur pays et de leur liberté, se révoltèrent encore. Ils égorgèrent les généraux qui devaient les commander et les soldats avec qui ils devaient faire cause commune. Charles en tira une éclatante vengeance. Plus de quatre mille Saxons furent massacrés à Verden.		Pour s'assurer la possession du royaume d'Italie, le roi des Francs ne s'arrêta pas là; il voulut intéresser un plus grand nombre de personnes à la conservation de son royaume; il institua alors un plus grand nombre de pouvoirs. Les Lombards avaient fait des ducs, Charles créa des ducs, des marquis, des comtes, des capitaines, des feudataires, suivant l'importance des gouvernements. Les Lombards avaient créé le haut système féodal, Charlemagne voulut le faire descendre plus bas. Telle fut l'origine du gouvernement féodal en Italie.	780	Constantin VI, âgé de dix ans, succéda à son père, Léon IV, sous la tutelle de sa mère Irène. Cette princesse, pleine d'ambition, voulant obtenir par des alliances ce qu'elle ne pouvait avoir par la force des armes, demanda à Charlemagne, par des ambassadeurs, Rotrude, l'aînée de ses filles, pour le jeune empereur. La proposition ayant été acceptée, cette princesse âgée de huit ans, fut fiancée à Constantin.
782			Dans le principe, ce gouvernement ne touchait guère qu'à l'administration militaire : les ducs, les marquis, les comtes et autres fonctionnaires semblables n'étaient que des chefs de cette administration; leurs charges étaient à vie, mais ils étaient obligés, pour leur compte et sous leur responsabilité, d'après les règlements qu'ils faisaient eux-mêmes, de lever et de faire marcher des troupes pour le roi, lorsque les circonstances le réclamaient.		Tranquille du côté de l'Occident, Irène tourna ses regards vers les frontières orientales sans cesse dévastées par les Sarrasins. Elle envoya contre eux une puissante armée, qui les battit et les obligea à regagner la Syrie.
			Quant à l'autorité civile elle conservait son indépendance; les magistrats et la loi subirent à peine d'altération.	782	L'impératrice Irène ayant été forcée d'envoyer des troupes en Sicile pour réprimer une sédition, les Sarrasins commandés par Haroun, frère du calife Musa, profitèrent de cela pour désoler de nouveau les provinces de l'Asie. Après avoir défait les deux armées romaines, les Sarrasins accordèrent la paix, mais à des conditions onéreuses pour l'empire. Le traité conclu, les Musulmans s'en retournèrent chargés de butin.
					Débarrassée de ces terribles ennemis, Irène résolut de chasser les Esclavons de la Grèce dont ils s'étaient emparés. Elle envoya contre eux Staurace, un de ses favoris, qui les chassa de ce pays.

	ROYAUME DES FRANCS.	DATES.	ESPAGNE.	DATES.	BRETAGNE (ANGLETERRE).

ROYAUME DES FRANCS.

Cette terrible punition fut loin d'abattre le courage des Saxons; la guerre en devint, au contraire, plus acharnée. Charles résolut alors de gagner à sa cause Witikind par la douceur et la modération. L'ayant invité à venir en France, il parvint à lui faire recevoir le baptême à Attigny. (785)

Les Thuringiens voulurent aussi se soustraire à la domination de Charles; ils furent promptement soumis. (786)

En Italie, le duc de Bénévent entretenait la révolte en donnant asile aux Lombards exilés, et par son alliance avec les Grecs, qui possédaient encore dans ce pays, la Sicile et quelques autres villes. Charles, sur l'invitation du pape, passa en Italie; à son approche, le duc de Bénévent se soumit et garda son duché à ce prix. Mais les Grecs donnèrent le gouvernement de la Sicile à Adalgise, fils de Didier, et lui fournirent des secours. Pepin, roi d'Italie, s'allia alors avec le duc de Bénévent et marcha contre Adalgise qui fut vaincu. (787)

Vers la même époque, Tassillon, duc des Bavarois, le plus puissant et le plus inquiet de ses tributaires, se révolta aussi; il le soumit et le fit enfermer dans un cloître. (788)

Il eut aussi à combattre contre les Avares qui habitaient la Pannonie. Il les soumit après une guerre de huit ans. Leur roi se fit chrétien avec une partie de son peuple. (790)

Les Arabes ayant franchi les Pyrénées, s'étaient emparés de Narbonne; après avoir ravagé toute la Septimanie ils se retirèrent emmenant beaucoup de captifs; mais l'année suivante les Aquitains reprirent Narbonne, passèrent à leur tour les Pyrénées, et après avoir soumis les émirs d'Aragon et de Navarre ils formèrent de tout le bassin de l'Ebre un comté, où des Francs et des Aquitains s'établirent. (797)

Les Bretons, de leur côté, tributaires des Francs, avaient refusé de payer l'impôt; mais après une longue guerre ils furent vaincus et la Bretagne fut réunie au royaume des Francs. (799)

Possesseur déjà d'une partie du pouvoir impérial, Charles aspirait encore au titre d'empereur. Sans paraître le rechercher il eut le bonheur de voir ses désirs se réaliser.

Il avait reçu, comme patrice de Rome, une lettre d'hommage de Léon III, successeur d'Adrien. Quelque temps après, ce pontife, voulant échapper à la fureur des Romains, se réfugia auprès de Charles qui se trouvait à Paderborn.

Reçu avec les plus grands honneurs par le roi des Francs, et assuré de sa protection, il retourna quelque temps après dans ses États. (799)

Charles, après avoir mis ordre à quelques affaires du royaume, arriva lui-même en Italie avec une puissante armée et fut reçu à Rome avec les plus grands honneurs.

L'innocence du pape ayant été reconnue, ses ennemis furent punis. Sur ces entrefaites, les fêtes de Noël étant arrivées, le pape célébra la messe dans la basilique du Vatican, et, au milieu d'un grand concours de peuple, il sacra Charles empereur, aux applaudissements de tous les assistants. (800)

ESPAGNE.

Mauregat n'eut pas les qualités et les vertus nécessaires pour se concilier l'amour de son peuple; il mourut, après 6 ans de règne, détesté de ses sujets. (788)

La même année, Abdérame Ier, qui devait le sceptre à son épée, mourut aussi. Pendant son règne, il s'occupa constamment du bonheur des peuples soumis à son autorité; il encouragea l'agriculture et le commerce, protégea les arts et les sciences, et se montra en toute occasion digne du trône. Les Chrétiens eux-mêmes eurent à se louer de sa conduite à leur égard. (788)

Il avait régné environ 30 ans, chéri de ses sujets; Hescham Ier, son fils, lui succéda.

Bermude Ier, frère d'Aurélio et moine, qui, sous le règne de son frère, n'avait pas paru se soucier de la couronne, ayant été élu roi à la mort de Mauregat, appela auprès de lui Alphonse, fils de Froila, et lui confia le commandement en chef de l'armée. Les Musulmans ayant tenté encore d'envahir le territoire des Chrétiens, Bermude, accompagné d'Alphonse, marche contre eux et les défait complétement à Buraha, petite ville des environs de Burgos. Alphonse ayant fait des prodiges de valeur dans cette bataille, excita l'enthousiasme des Chrétiens. Bermude saisit cet heureux moment pour résigner la couronne et faire élire Alphonse à sa place. (788)

Alphonse II, qui par la pureté de ses mœurs mérita le surnom de *Chaste*, ne voulut pas que Bermude retournât dans sa retraite. Il lui donna un appartement dans son palais, et lui témoigna toujours la même déférence que s'il eût été encore roi. (791)

Tout à coup une armée de Sarrasins, commandée par Hescham Ier, inonda la Galice et fit des progrès si rapides qu'Alphonse fut forcé de marcher contre les Infidèles. Le roi des Chrétiens les attaqua près de Lodos, et sortit encore vainqueur de la lutte, après avoir tué six mille Musulmans.

Vers cette époque, mourut Hescham Ier. Comme son père Abdérame Ier, il aima la gloire, les arts, et surtout l'architecture. Il contribua beaucoup à l'embellissement de Cordoue, et le pont qu'il fit jeter sur le Guadalquivir, et dont il donna le plan, est un témoignage éternel de son mérite supérieur. Il avait repris aux Chrétiens Narbonne et Gironne, et avec le butin conquis sur les provinces méridionales de la Gaule, il avait achevé la grande mosquée de Cordoue, commencée par son père. Al-Hakem Ier lui succéda. (796)

Les Sarrasins ayant cessé pendant quelque temps les hostilités pour réprimer leurs dissensions intérieures, Alphonse en profita pour réparer les fortifications et repeupler la ville de Braga, située sur les rives du Cavado. Il porta ensuite ses armes jusqu'à l'embouchure du Tage; il s'empara de Lisbonne, et il enrichit les habitants de Braga des dépouilles de cette ville. (798)

BRETAGNE (ANGLETERRE).

Offa qui avait illustré son règne par ses victoires, se couvrit d'opprobre par le meurtre d'Ethelbert, roi d'Estanglie. Ce prince attiré à la cour du roi de Mercie, pour épouser sa fille, périt par les ordres d'Offa, au milieu des fêtes données en son honneur, et le roi de Mercie s'empara de ses États. (792)

Mais bientôt après, Offa, tourmenté par les remords de son crime, se livra aux pratiques de la dévotion; il enrichit la cathédrale d'Hereford, donna la dixième partie de ses biens à l'Église, et il se rendit ensuite en pélerinage à Rome pour implorer son pardon du Pape, qui le lui accorda. A son retour de Rome, il établit la fameuse taxe d'un denier sur chaque maison. C'est *ce denier de saint Pierre* qu'on leva dans toute l'Angleterre après la réunion des sept royaumes de l'Heptarchie, et que les papes exigèrent comme un tribut; il fonda aussi un magnifique monastère à Vérulam. Il mourut en 794.

Offa avait entretenu des relations amicales avec Charlemagne, auquel il envoya le savant Alcuin qui aida le roi des Francs à faire renaître les sciences et les arts dans son vaste empire. Il avait fait un Code de toutes les lois qui régissaient ses États; on les retrouve en grande partie dans le Code anglo-saxon que publia plus tard Alfred le Grand. (794)

Un événement imprévu rappela dans le royaume de Wessex le jeune Egbert qui s'était réfugié à la cour de Charlemagne. Brithrick ayant bu par mégarde un poison que la reine, femme sans pudeur, destinait à un des favoris de son mari, le roi de Wessex mourut bientôt après. La noblesse du royaume invita alors Egbert à venir prendre la couronne. (800)

DATES.	GERMANIE (Allemagne).	DATES.	ITALIE.	DATES.	EMPIRE D'ORIENT.
783 800	Cette punition loin d'intimider les Saxons, leur inspira au contraire la fureur du désespoir, et la guerre n'en devint que plus terrible. Le roi des Francs s'apercevant alors que la violence n'amenait pas les effets qu'il en attendait, se décida à employer la modération et la douceur pour gagner à sa cause Witikind. Il lui envoya des ambassadeurs, lui fit des offres avantageuses et l'invita à venir le trouver en France. Le général saxon se rendit à Attigny, où il se convertit au christianisme et reçut le baptême, gagné par l'éloquence et les bienfaits de Charles. Maître de l'Allemagne, de l'Italie, de la France et d'une partie de l'Espagne, il ne manquait plus à Charlemagne qu'un titre digne d'une si grande puissance. Léon III avait remplacé Adrien sur le siége de l'église de Rome. Le nouveau pape, pour échapper à la fureur de ses ennemis qui avaient formé une conspiration contre lui, s'était échappé de la prison où il était enfermé, et était venu à Paderborn, où Charles se trouvait, pour implorer sa protection. Le pape fut reçu avec autant d'amitié que de respect, et le roi des Francs lui promit de lui faire rendre justice. Léon rentra à Rome avec une escorte de seigneurs que Charles lui avait donnée pour le faire respecter, et bientôt après, le roi des Francs lui-même passa les Alpes avec une puissante armée, quoique la Saxe encore insoumise, réclamât sa présence. Charles punit les coupables, et le pape fut remis sur le trône pontifical. Léon reconnaissant, le sacra empereur d'Occident aux fêtes de Noël. Ainsi fut renouvelé l'empire d'Occident après 324 ans d'interruption. Charles prit de ce jour le titre d'empereur au lieu de celui de patrice de Rome qu'il avait porté jusqu'alors.	787 799 800 802	Après le départ de Charles, Arigise, duc de Bénévent, qui avait refusé de rendre hommage au roi des Francs, causa des troubles sérieux en Italie. Voulant se rendre tout à fait indépendant, il se fit sacrer et couronner par son évêque. Charles repassa en Italie pour éteindre ce commencement d'incendie, et réduisit à l'obéissance Arigise, qui consentit à lui payer un tribut; ce prince mourut la même année. Le calme ne fut pas rétabli pour longtemps; Grimoald, fils d'Arigise, leva les armes contre le royaume, mais il mourut à la fleur de l'âge. Ainsi s'éteignit la dernière espérance des Bénéventins, dont le puissant duché ne tarda pas à être détruit. Léon III avait remplacé Adrien sur la chaire de saint Pierre. Il jouissait de toute la confiance de Charlemagne, auquel, comme patrice des Romains, le pape avait prêté serment de fidélité. Mais bientôt des accusations s'élevèrent contre Léon III, et un complot se trama contre lui; il fut maltraité et enfermé dans le couvent de Saint-Érasme. Le pape parvint à s'échapper; il se réfugia chez les Francs et alla trouver Charles, qui était à Paderborn. Léon III fut reçu avec les plus grands honneurs, et après avoir traité avec le roi des Francs des affaires les plus importantes, il retourna à Rome avec une escorte de seigneurs qui devaient le protéger et lui faire rendre obéissance, et attendit le roi des Francs pour se soumettre à son jugement. Charles, peu après, passa les Alpes avec une puissante armée, et vint à Rome, où il fut reçu en triomphe par le peuple et par le clergé. A peine arrivé, le procès du pape commença; mais ayant été reconnu innocent, Charles punit les chefs du complot, et remit Léon III sur son siége. Le jour de Noël étant arrivé, le roi des Francs, accompagné de sa cour et au milieu d'un immense concours de peuple, assista à la messe solennelle que le pape célébra dans la basilique du Vatican. Lorsque le sacrifice divin fut terminé, Léon s'avança vers le roi des Francs avec une magnifique couronne d'or à la main, et la posant sur le front de Charles, il s'écria : *Salut et victoire à Charles très-pieux, très-auguste; à Charles couronné par la main de Dieu, grand et pacifique empereur.* Le clergé, la noblesse et le peuple répétèrent plusieurs fois la même acclamation, et le pontife sacra avec les saintes huiles le nouvel élu. Ce fut ainsi que l'empire d'Occident passa des Italiens aux Francs. A peine élu empereur d'Occident, Charles, chercha à tempérer par des négociations ce que sa nouvelle dignité pouvait avoir d'offensant pour les Grecs; il conçut même la pensée de réunir sur sa tête la couronne des deux empires. Il fit demander la main de l'impératrice Irène, qui était veuve alors; mais les Grecs ne voulant pas devenir sujets d'un étranger et du roi des Francs, déposèrent Irène, et portèrent Nicéphore sur le trône de Constantinople.	787 788 792 795 797 800 802	Aimant par goût et par politique le culte des images, l'impératrice convoqua un concile à Nicée. Ce culte fut rétabli; on déclara faux et hérétique le concile tenu sous Constantin Copronyme, et l'on frappa d'anathème les prélats iconoclastes. Ce concile est célébré par les Grecs le 12 octobre. Cependant, le projet d'alliance avec Rotrude, fille de Charlemagne, ayant été rompu, l'impératrice maria son fils à une jeune arménienne nommée Marie. Constantin ayant voulu entreprendre une expédition contre les Bulgares, fut complétement battu. Les Bulgares s'emparèrent des bagages, des chevaux, des tentes, de la caisse de l'armée, et les propres équipages du jeune empereur tombèrent même au pouvoir des ennemis. L'empereur étant devenu éperdument amoureux de Théodote, fille d'honneur de l'impératrice, répudia sa femme Marie pour l'épouser. L'exemple de l'empereur devint contagieux, les liens du mariage se relâchèrent de toutes parts. **Irène.** Irène, ambitieuse du pouvoir, forma une conspiration contre son fils pour s'emparer du gouvernement. Les traîtres s'étant saisis du jeune empereur, on lui creva les yeux, par ordre de sa mère. Maîtresse absolue du pouvoir, l'impératrice chercha à effacer par la douceur de son gouvernement l'horreur de ses forfaits. Nous touchons à l'événement le plus important qui se fût encore produit dans l'empire d'Orient. Charlemagne le plus grand prince de l'univers, déjà maître de la plus grande partie de l'Italie, ayant couronné ses conquêtes par le titre d'empereur d'Occident, fit disparaître l'ombre de souveraineté que les empereurs de Constantinople conservaient encore dans Rome, et fit perdre aux Grecs le nom de Romain qu'ils avaient porté jusqu'alors. Le jour de Noël, le pape Léon le couronna empereur, et l'oignit ensuite de l'huile sainte. Telle fut la fin de la souveraineté de l'empire Grec en Occident. Il ne restait plus en Italie aux empereurs de Constantinople que Naples, la Calabre et la Sicile. Cependant l'impératrice Irène, pour calmer ses remords et vaincre la haine de ses sujets, répandait les aumônes à pleines mains, fondait des hôpitaux et des maisons de bienfaisance. Elle diminua aussi les charges publiques et fit une remise générale à son peuple des dettes du fisc. Elle parvint ainsi à regagner l'amour de ses sujets, mais elle ne put éteindre l'ambition de ses courtisans. Une conspiration se forma contre elle, et Nicéphore, grand trésorier de l'empire, fut élevé sur le trône. Irène, reléguée dans l'île de Lesbos, mourut de chagrin l'année suivante, à l'âge de 50 ans, après en avoir régné 5. Les Grecs la révèrent comme sainte et célèbrent sa fête le 15 août.

DATES.	ROYAUME DES FRANCS.	DATES.	ESPAGNE.	DATES.	(BRETAGNE ANGLETERRE).
804	Par la conversion de Witikind les Saxons perdirent toute leur valeur et leur énergie. Ils reprirent encore les armes, mais ils n'opposèrent qu'une faible résistance; enfin, après une guerre de trente-trois ans, Charles parvint à les soumettre complétement. Cependant, malgré ses nombreuses expéditions, Charlemagne ne s'occupait pas moins de l'intérieur de son royaume; son génie s'étendait à tout. Voulant composer un tout, par l'unité du gouvernement, des vingt peuples qui composaient son empire, il confia le gouvernement des provinces à des magistrats permanents et amovibles appelés *ducs, comtes, viguiers, centeniers, échevins,* qui étaient chargés de lever les troupes, d'administrer la justice et de percevoir les impôts. Le service militaire était gratuit; il fut imposé aux vainqueurs comme aux vaincus, non du consentement libre des propriétaires, mais à raison de la propriété. Les propriétés du clergé furent soumises comme celles des laïques au service militaire; il devait envoyer pour faire la guerre des hommes qu'il faisait commander par des leudes. Les guerres d'alors ne ressemblaient point à celles d'aujourd'hui. On ne connaissait ni troupes régulières, ni suite d'opérations militaires. Le roi convoquait ses vassaux, il marchait aux ennemis, revenait dans ses États et congédiait ses troupes. Cette méthode dura plusieurs siècles; elle ne fut changée que sous Charles VII, qui établit des compagnies d'ordonnance. La justice était rendue par des échevins nommés par le roi, dans des assemblées provinciales qui se tenaient trois fois par an, et d'après les lois de chaque peuple. Les impôts étaient payés fréquemment par les peuples conquis; les Francs en étaient pour ainsi dire exempts. Le gouvernement était seul chargé de la construction et de l'entretien des routes et des ponts; mais la noblesse et le clergé devaient contribuer à la fondation des monuments et des églises. Charles voulant connaître jusqu'aux plus minutieux détails tout ce qui se passait dans son vaste empire, créa des *envoyés royaux,* et établit des assemblées nationales. Les envoyés royaux étaient des agents temporaires qui inspectaient les évêques, les ducs et les comtes, les provinces, les domaines du roi, etc., réformaient les abus, présidaient les assemblées provinciales, y publiaient les *Capitulaires* ou ordonnances royales, et rendaient compte au souverain de la manière dont les gouverneurs remplissaient leurs fonctions. Ils avaient chacun leur département, et devaient s'y rendre quatre fois l'année. Les assemblées nationales, sous le gouvernement de Charlemagne, changèrent de caractère. Au lieu de faire des lois, elles se contentèrent de donner des conseils sur les lois proposées, en laissant au roi le pouvoir de décider. Ces assem-		Alphonse chercha à conserver par la voie des négociations les avantages qu'il avait remportés par la force des armes. Il avait fait alliance avec Charlemagne, alors empereur d'Occident; il lui rendait compte de ses actions comme au plus grand des rois chrétiens, et il s'honorait d'être appelé par lui son fidèle allié. Il en était de même des Arabes d'Espagne qui prenaient pour arbitre l'empereur d'Occident, et imploraient souvent son appui.	801	A peine Egbert fut-il roi de Wessex, qu'il remporta plusieurs victoires sur les Bretons de Cornouaille; mais bientôt une plus vaste carrière s'ouvrit devant lui, par la soumission à sa puissance de toute l'Heptarchie.

DATES.	GERMANIE (ALLEMAGNE).	DATES.	ITALIE.	DATES.	EMPIRE D'ORIENT.

GERMANIE (ALLEMAGNE).

L'abandon de Witikind avait porté un grand coup à la puissance des Saxons; privés de leur général, ils perdirent de leur valeur et de leur énergie. Ils reprirent cependant encore les armes, mais ils n'opposèrent dès lors qu'une faible résistance.

804. Enfin, la paix termina cette guerre opiniâtre, qui avait obligé Charlemagne à avoir les armes à la main pendant 33 ans. Les Saxons conservèrent leurs lois à la condition de se faire chrétiens et de payer pour seul et unique impôt, une dîme aux ecclésiastiques. Mais, pour assurer sa conquête, Charles dispersa dans les différentes parties de ses États, dix mille Saxons des plus insoumis.

Depuis que la Saxe s'était convertie, Charlemagne avait fondé des évêchés à Osnabruck, à Minden, à Halberstadt, à Verden, à Brême, à Paderborn, à Munster et à Hildesheim. Voulant les mettre en état de contenir les Saxons dans leur nouvelle foi, il leur avait donné de vastes possessions, et il avait ordonné par un décret à tous les possesseurs de terres, de payer une dîme aux ecclésiastiques. Et, pour donner le premier l'exemple de l'obéissance, il enjoignit aux intendants des propriétés royales de satisfaire à cette obligation.

Cette imposition devait être divisée en trois parties : la première pour l'ouverture des églises, la seconde pour le soulagement des pauvres, la troisième pour la subsistance des pasteurs.

Charlemagne ne signala pas seulement son règne par des conquêtes, il le rendit encore immortel par la sagesse de son gouvernement, par le rétablissement et la correction des lois, et par la protection qu'il accorda à la religion, aux lettres et aux arts.

Pensant que les lois étaient inutiles si elles n'étaient observées, Charles ne voulut pas en confier l'exécution à un seul magistrat, qui eût pu abuser de son autorité. Les ducs, les comtes, les évêques mêmes furent surveillés par trois ou quatre officiers choisis dans la noblesse et dans le clergé, que l'on nomma *envoyés royaux*. Par les rapports de ces censeurs, aucune partie de son vaste empire n'échappait ainsi à la vigilance de Charlemagne.

Pepin, son père, avait rétabli les assemblées nationales qui se tenaient, sous son règne, une fois l'an, au mois de mai; Charlemagne voulut qu'elles fussent convoquées deux fois par année, au printemps et à la fin de l'automne. Dans celle-ci on traitait des intérêts du royaume, on cherchait les causes et les remèdes des abus, on préparait les sujets sur lesquels devait délibérer l'assemblée suivante que l'on appelait *Champ de Mai*. Cette dernière, qui faisait seule les lois, était composée de trois corps, du clergé, de la noblesse et du peuple, ou de douze députés de chaque comté qui représentaient le peuple. Chaque corps discutait, dans une chambre séparée, les affaires qui le concernaient. Quelquefois les trois chambres se réunissaient pour se communiquer leurs délibérations ou

ITALIE.

802. Le nouvel empereur de Constantinople sentant la nécessité de vivre en bon accord avec un rival aussi redoutable que l'était Charles, lui fit des propositions de paix. On convint par un traité que le titre d'empereur d'Orient resterait à Nicéphore, et celui d'empereur d'Occident à Charlemagne, et les limites de leurs possessions en Italie furent réglées.

Charlemagne, maître de la France, de l'Allemagne et de la plus grande partie de l'Italie, jeta le plus vif éclat sur son nouvel empire, et écrasa tous ses rivaux par sa gloire et sa puissance. Il restaura les lettres et les arts, et accorda la plus grande protection aux savants. Il créa en outre des écoles publiques, et ordonna que chaque monastère, chaque maison épiscopale tînt école gratuite.

Il se rendit à Pavie, quelque temps après son couronnement, et y convoqua une assemblée composée non-seulement de la noblesse, des magistrats et des juges, comme le faisaient les Lombards, mais aussi, suivant l'usage des Francs, des évêques, des abbés et autres ecclésiastiques.

803. C'est vers cette époque qu'il publia son Code, connu sous le nom de *Capitulaires*. Il permit aux Lombards et aux Romains de conserver leurs propres lois. Il ne changea rien à l'organisation politique du pays. Les ducs, les comtes, les marquis conservèrent leurs privilèges.

Charlemagne chercha continuellement à augmenter son pouvoir sur les papes, et il y parvint sans difficultés, en enrichissant l'Église de Rome. Il fit plus; non content d'enrichir l'Église de Rome, il combla encore de dons les autres églises et les monastères; il leur donna des duchés, des comtés, et les rendit seigneurs temporels des lieux où ils possédaient leurs bénéfices, unissant ainsi au pouvoir spirituel le pouvoir temporel.

De leur côté, les papes laissèrent à Charlemagne plein pouvoir sur eux. Avant que les papes ne se soumissent au joug des Grecs et ne fussent reconnus pour chefs ou souverains par les Romains, les empereurs d'Orient avaient toujours joui du droit de donner ou de refuser leur approbation à la nomination des papes; mais depuis que les Grecs avaient perdu Rome et l'exarchat de Ravenne, ce droit était tombé en désuétude. Charlemagne, du consentement des papes, le fit revivre. Il voulut que les élections se fissent comme à l'époque où Rome était sous la domination des empereurs d'Orient, et qu'elles fussent soumises à son approbation. Il put ainsi disposer à volonté du saint-siège. Louis et Lothaire, successeurs de Charlemagne, conservèrent ce droit.

Il rendit aussi au peuple et au clergé le droit d'élire les évêques, mais il prescrivit de quelle manière on devait procéder. L'évêque élu devait être présenté à l'empereur, qui devait lui donner *l'investiture par le bâton pastoral et l'anneau*, et il devait ensuite être consacré par les évêques voisins.

EMPIRE D'ORIENT.

Nicéphore.

802. A peine Nicéphore fut-il sur le trône que, poussé par l'avarice, son défaut principal, il établit une chambre de justice qui ne fut qu'un tribunal d'iniquité où toutes les fortunes bien ou mal acquises vinrent s'engloutir dans le trésor impérial.

L'année suivante fut troublée par une révolte de ses troupes, qui proclamèrent empereur Bardane, un des meilleurs généraux de l'empire. Mais Nicéphore comprima l'insurrection et fit crever les yeux à Bardane.

803. Nicéphore, redoutant la puissance de Charlemagne, fit des propositions de paix à ce monarque. On convint par un traité que le titre d'empereur d'Orient resterait à Nicéphore, et celui d'empereur d'Occident à Charlemagne. On régla ensuite les limites des deux empires : l'Istrie, la Liburnie, la Dalmatie, l'Esclavonie, la Croatie, furent cédées à l'empire d'Occident.

Nicéphore ayant rompu la paix qu'Irène avait achetée au calife Haroun-Al-Raschid, les Sarrasins envahirent la Bithynie; l'empereur effrayé consentit à leur payer un tribut annuel pour les éloigner.

Ce tribut, qui coûtait beaucoup à son avarice, lui inspira le courage de rompre plusieurs fois la paix et d'aller attaquer les Sarrasins; mais Haroun lui fit payer cher son manque de foi; il envahit les provinces de l'empire, ravagea toute l'Asie-Mineure et s'empara de l'île de Chypre et de Rhodes dont il emmena la plupart des habitants en captivité.

809. La mort d'Haroun-Al-Raschid délivra l'empire d'Orient du plus redoutable de ses ennemis.

Il restait cependant encore à Nicéphore un adversaire qui lui inspirait des inquiétudes sérieuses. Crum, roi des Bulgares, après avoir battu en différentes rencontres les troupes impériales, s'était emparé de la ville de Sardique. Deux ans plus tard, l'empereur voulant venger la défaite que les Bulgares lui avaient fait essuyer, vint, accompagné de son fils Stauracé qu'il avait associé à l'empire, envahir la Bulgarie. Crum, surpris par cette invasion et ne pouvant la repousser, demanda la paix, mais il ne put l'obtenir; aciné alors par le désespoir, il fait fermer tous les défilés, tous les passages par de grands abattis de bois, et enserre les Grecs sans défiance dans un mur impénétrable. Après un travail opiniâtre qui dura deux jours, les Bulgares mettent, pendant la nuit, le feu à ces barrières, et fondent, par un passage laissé libre, sur le camp des Grecs. Le carnage fut horrible; tout ce qui échappait au glaive des Barbares allait périr dans les flammes. L'empereur

811. y périt la vie et l'armée fut en partie détruite. Stauracé, son fils, quoique grièvement blessé, fut du petit nombre de ceux qui échappèrent au carnage. Telle fut la triste fin de Nicéphore après environ 9 ans de règne.

DATES.	ROYAUME DES FRANCS.	DATES.	ESPAGNE.	DATES.	BRETAGNE (Angleterre).
	blées, régulièrement convoquées deux fois l'an, étaient autant des revues militaires que des sessions législatives. Il rendait à la suite de ces assemblées ses ordonnances ou *Capitulaires*. Charlemagne pensait que la conduite du peuple dépend en partie du clergé et des moines, aussi la discipline ecclésiastique fut-elle l'objet de tous ses soins; les dignités ecclésiastiques ne furent plus données qu'à des hommes de science et de vertu; il surveilla les évêques au moyen des envoyés royaux, restaura les études et la discipline, et réforma les institutions monastiques; il défendit d'ordonner les prêtres avant trente ans, et fixa l'âge de vingt-cinq ans pour la profession religieuse. A l'égard des églises, il restreignit aussi le droit d'asile, dont l'abus tendait à l'impunité des crimes Charles défendit de faire l'aumône aux mendiants qui pourraient travailler; chaque canton devait nourrir ses pauvres, et la mendicité fut sagement interdite. On remarque sous son règne les premières lois somptuaires, pour régler le prix des étoffes et l'habillement convenable aux particuliers, selon leur état; Le roi des Francs s'occupa aussi d'arrêter la décadence intellectuelle en protégeant les savants et en les appelant autour de lui. Il établit partout des écoles, même chez les Saxons; il fonda une école de médecine à Salerne. Il protégea particulièrement l'architecture et voulut faire d'Aix-la-Chapelle une nouvelle Rome. Par le conseil d'Alcuin, célèbre moine né en Angleterre; Charlemagne forma encore une académie dont il voulut être membre. La réputation de Charlemagne pénétra jusqu'en Asie. Le célèbre calife Haroun-Al-Raschid, troisième calife Abbasside qui régnait en Perse, lui envoya une ambassade. Cependant les provinces dont les Francs s'étaient emparés en Espagne, étaient loin d'être complétement soumises; la guerre se continua dans ce pays jusqu'en 812. Louis, roi d'Aquitaine, après s'être emparé de Barcelone en 801, se rendit maître de Tortose en 810. Une trève fut enfin conclue et les Francs restèrent possesseurs du bassin de l'Èbre. Après avoir promené ses armes victorieuses chez presque tous les peuples et avoir obtenu le titre d'empereur, il ne manquait plus au bonheur de Charlemagne que d'assurer le sort de ses enfants. Charles et Pepin, ses fils, qu'il avait faits, l'un duc du Maine, et l'autre roi d'Italie, étant morts, il associa à l'empire Louis qui était déjà roi d'Aquitaine. Bernard, fils naturel de Pepin et petit-fils de Charlemagne, fut vers le même temps proclamé roi d'Italie. Charlemagne, l'un des plus grands princes de l'antiquité et des temps modernes, mourut en héros chrétien à l'âge de 70 ans et après 46 ans de règne, dont 14 comme empereur. Il était de haute taille et d'une force extraordinaire. Simple		Si les Maures respectaient Charlemagne, ils n'agissaient pas de même envers Alphonse. Une nouvelle armée de Musulmans fit irruption dans les plaines de Burgos et dévasta la Biscaye; mais Alphonse marcha contre eux et les tailla encore en pièces. Malgré les exploits du roi catholique, qui devaient le faire aimer et estimer de ses peuples, une conspiration formidable se forma contre lui. Alphonse fut détrôné et emprisonné dans le monastère d'Abalia. Mais le peuple s'indigna de tant d'ingratitude; excité par Theudès, il prit les armes pour la défense de son souverain. Les rebelles furent vaincus et Alphonse fut conduit en triomphe d'Abalia à Oviédo. La clémence dont il usa envers les conspirateurs en fit des sujets aussi zélés que fidèles.		De tant de princes saxons descendus du dieu Woden, selon leurs annales fabuleuses, il ne reste à ce moment qu'Egbert, roi de Wessex. Les autres rois qui régnaient en même temps que lui dans l'Heptarchie, sont : Aldestan, dans le royaume de Kent; Suithred, dans celui d'Essex; Andred, dans le Northumberland; Ethelbert II, en Estanglie, et Cénulf dans le royaume de Mercie.
812					
813					
814					

DATES.	GERMANIE (Allemagne).	DATES.	ITALIE.	DATES.	EMPIRE D'ORIENT.
	pour examiner les affaires qui intéressaient la nation entière. Le roi ne paraissait dans aucune chambre, afin de ne pas gêner la liberté des opinions. S'il y était appelé, il s'y montrait sans pouvoir, comme un simple médiateur. Charlemagne fit renaître les lettres et les arts, et attira à sa cour les plus grands savants de tous les pays. Il établit des écoles gratuites dans tous les presbytères et dans les abbayes. Il eut bientôt l'occasion de s'illustrer par de nouvelles victoires. Les Sorbes, peuplade slave, venaient d'être vaincus par son fils aîné Charles ; les Sarrasins d'Afrique et d'Espagne qui ravageaient les îles de Corse et de Sardaigne avaient été aussi repoussés avec vigueur, lorsqu'un nouvel ennemi vint menacer ses États. Godefroi, roi de Danemark, audacieux guerrier, avait été chassé de la Saxe par le jeune Charles. Excité par l'appât du butin et par la vengeance, il aborde en Frise sur une flotte nombreuse, ravage cette province et met en déroute une armée de Frisons et de Saxons ; après ce succès, il dévaste les contrées entre l'Ems et l'Escaut, pénètre jusqu'à la Moselle, et forme l'audacieux projet de s'emparer d'Aix-la-Chapelle et de la couronne impériale. Charlemagne, quoique déjà vieux, ranime son ancienne valeur. Il rassemble une armée, passe le Rhin, et se rend sur le Weser pour attaquer le roi de Danemark. Mais à son arrivée, les Normands, privés de leur chef Godefroi, mort assassiné, se retirèrent avec précipitation. Hemming, neveu de Godefroi, lui ayant succédé sur le trône, demanda la paix et restitua les pays conquis par son oncle. Mais Charlemagne prévoyant dès lors le mal que ces Barbares feraient un jour à son royaume, prit les mesures nécessaires pour les repousser. Il fit construire une flotte nombreuse, et fit de Gand et de Boulogne les arsenaux de sa marine. De plus, il partit lui-même pour la Flandre pour visiter les places maritimes et le cours de l'Escaut, pressant avec ardeur l'exécution des travaux qui devaient mettre une barrière aux invasions des Barbares. Charles délivré des excursions des Normands, fut bientôt assailli par des chagrins domestiques. Pepin, roi d'Italie, mourut tout jeune, ne laissant qu'un fils, Bernard, qui lui succéda. Bientôt après, la mort lui enleva Charles auquel il destinait l'empire. Plein de tristesse et sentant qu'il s'affaiblissait de jour en jour, Charlemagne résolut d'associer au trône Louis, roi d'Aquitaine, l'unique fils qui lui restât. Peu après, il mourut, et il fut enterré dans l'église de Notre-Dame d'Aix-la-Chapelle, qu'il avait fait bâtir avec la plus grande magnificence. Son règne avait duré 46 ans.	810 812 814	Charlemagne, en quittant l'Italie, laissa son fils Pepin pour gouverner le nouveau royaume ; mais ce prince mourut à la fleur de l'âge, laissant cinq fils, dont l'aîné, Bernard, lui fut donné pour successeur par Charlemagne. **Bernard.** Bernard était trop jeune pour gouverner ; il rencontra heureusement deux hommes sages, Adelard, abbé de Corbie, et son frère Vala, qui avaient été ministres de son père, et qui continuèrent, pendant son règne, à faire marcher le gouvernement avec fermeté et prudence. Mais la mort ne tarda pas à enlever Charlemagne. Louis le Débonnaire lui ayant succédé, les deux sages ministres furent rappelés d'Italie et envoyés en exil par le nouvel empereur, qui avait été circonvenu par les mauvais conseils de ses courtisans jaloux du crédit d'Adelard et de Vala. A cette époque, un vice intérieur minait la puissance des successeurs de Charlemagne. Il était d'usage que le prince régnant partageât, même de son vivant, ses États entre ses fils ; on devait aussi, selon l'habitude, désigner son successeur ; souvent le souverain ne choisissait pas l'aîné de ses enfants ; ainsi le droit de succession, dans la même famille, n'était pas réglé comme il l'a été depuis dans les monarchies modernes, on retrouvait chez les Carlovingiens des souvenirs turcs et persans. Une pareille législation avait toujours des inconvénients graves ; elle devenait un sujet de désordre pour la nation, même pendant la vie du roi, comme nous le verrons sous le règne de Louis le Débonnaire, qui ne put retenir l'ambition de ses héritiers d'une main ferme ; de plus, à la mort du souverain, il était rare que le pays ne fût pas livré aux guerres civiles : on voyait toujours chaque prince mécontent de la part que son père lui avait faite ; les courtisans s'en mêlaient ; les haines fraternelles s'envenimaient ; l'ambition étouffait la voix du sang, et des guerres fratricides déchiraient la patrie ; l'État s'écroulait, et les puissances étrangères venaient établir leur domination sur les ruines d'un édifice que ceux qui devaient le défendre travaillaient ardemment à faire écrouler. Trop souvent aussi on vit les enfants, impatients de régner, ne pas attendre que la mort de leur père leur en eût donné le droit, et chercher à usurper le trône de celui à qui ils devaient la vie. Tel était l'état de la dynastie Carlovingienne. Charlemagne seul, avec la puissance de son génie et le prestige de sa gloire, pouvait la soutenir ; après sa mort, les causes de décadence que nous venons d'expliquer, devaient produire leurs effets. Aussi, verrons-nous que le règne de Louis le Débonnaire fut loin d'être tranquille. Il eut à combattre contre ses trois fils : Lothaire, roi d'Italie, Louis, roi de Bavière, et Charles, roi d'Aquitaine.	811 811 812 813 813 814	**Staurace.** Staurace, après cette terrible défaite, étant parvenu à gagner Andrinople, le patrice Étienne, commandant de la garde impériale, l'y fit reconnaître empereur. Mais un parti puissant ne tarda pas à se former contre lui et donna la couronne à Michel, son beau-frère. Staurace, à cette nouvelle, alla s'enfermer dans un monastère où il mourut de ses blessures. Il avait régné 2 mois. **Michel Ier.** Michel, surnommé *Rhangabé*, signala son élévation à l'empire par de grandes largesses. Il rendit ensuite les biens usurpés par Nicéphore, et, secondé par sa femme, il rechercha avec soin toutes les injustices qu'avait commises cet empereur, pour en effacer les traces. Il s'occupa aussi de réprimer les Iconoclastes, qui, regrettant le règne de Constantin-Copronyme, formaient des complots contre l'empereur. Après une expédition infructueuse contre les Bulgares, il songea à repousser les Sarrasins qui ravageaient l'Asie. Léon l'Arménien chargé de l'expédition battit les Infidèles et leur enleva un grand butin. L'année suivante Michel entreprit avec une puissante armée une nouvelle expédition contre les Bulgares. Les deux armées en vinrent aux mains ; mais par la trahison de Léon l'Arménien, les Grecs furent battus. Michel plongé dans la plus vive douleur reprit le chemin de Constantinople ; mais à peine arrivé, il apprit que Léon avait soulevé l'armée et s'était fait proclamer empereur. Michel fut relégué dans une île de la Propontide, où il prit le froc. Il avait régné 2 ans et 9 mois, et il vécut encore 32 ans, sous le nom d'Athanase, dans une austère pénitence. **Léon V dit l'Arménien.** A peine Léon V était-il monté sur le trône, que les Bulgares parurent aux portes de Constantinople. Après avoir désolé les bords du Bosphore jusqu'au pont Euxin, ils se tournèrent vers la Chersonèse de Thrace, détruisant toutes les villes qui se trouvaient sur leur passage ; de là ils se dirigèrent sur Andrinople, et après l'avoir pillée ils réduisirent le peuple en esclavage. La même année les Bulgares traversèrent encore la Thrace et se rendirent maîtres d'Arcadiopolis, ville importante située à trente lieues de Constantinople. Crum, roi des Bulgares, s'apprêtait à renouveler ses tentatives contre Constantinople, lorsqu'il mourut. Deucom, son successeur, rejeta les propositions de paix que lui fit Léon ; mais il fut complétement défait.

DATES.	ROYAUME DES FRANCS.	DATES.	ESPAGNE.	DATES.	BRETAGNE (Angleterre).
	dans ses vêtements, frugal, économe, pieux, charitable, il se fit aimer et regretter de ses sujets par sa douceur, son affabilité et sa bienfaisance. Ses victoires innombrables lui attirèrent le respect et l'admiration de tous les peuples.		Al-Hakem Ier qui, en 796, avait succédé à Heschem Ier, ne signala son règne que par des cruautés. Il remplit de sang Tolède, où deux de ses oncles s'étaient révoltés, et Cordoue où avait éclaté une conspiration contre lui.	819	Cependant Cénulf, roi de Mercie alors très-puissant, ayant pris les armes contre Egbert, fut vaincu et perdit la vie en combattant; Cénelm lui succéda.
	Louis Ier, dit le Débonnaire.	822	Il eut pour successeur son fils Abdérame II.	820	Débarrassé de cet adversaire redoutable, Egbert soumit bien vite à sa puissance les rois de Kent et d'Essex qui étaient devenus tributaires des Merciens, et ces deux royaumes furent réunis à celui de Vessex.
814	Louis Ier, dit le Débonnaire, associé à l'empire du vivant de son père, succéda à Charlemagne.			820	Deux nouvelles batailles, où périrent Cénelm et Céolulf, rois de Mercie, le rendirent maître de cet État, où il laissa un roi tributaire nommé Bernulf, sur lequel il se réserva l'autorité.
	Le règne de ce prince nous offre un tableau frappant des malheurs auxquels peut être exposé un souverain d'un caractère faible. Étant roi d'Aquitaine, sous Charlemagne, Louis s'était montré vaillant, généreux, plein de zèle et en même temps plein de clémence; mais il devint bientôt, par son peu d'énergie, le jouet de ses courtisans, et sa religion mal éclairée lui inspira le désir de se faire moine.				
	Charlemagne, cependant, lui avait appris, par son exemple, et par ses conseils, à régner; mais Louis s'éloigna bien vite des préceptes de son père, dès qu'il ne l'eut plus près de lui.				
	La première faute qu'il commit fut la disgrâce d'Adelard, abbé de Corbie, et celle du fameux comte Vala, son frère, qui avaient eu tous les deux la confiance de Charlemagne; mais Louis fit bientôt une faute plus grande encore, en partageant son royaume avec ses fils, événement qui eut des suites malheureuses.				
817	Le roi des Francs assembla un parlement à Aix-la-Chapelle et déclara qu'il associait Lothaire, son fils aîné, à l'empire; qu'il faisait Pepin, son second fils, roi d'Aquitaine, et Louis, le plus jeune, roi de Bavière.				
818	L'association de Lothaire irrita Bernard, roi d'Italie, qui croyait avoir des prétentions à l'empire, par son père Pepin, aîné de Louis le Débonnaire. Il leva une armée contre son oncle, mais trahi, abandonné par ses troupes, il fut promptement vaincu. Bernard se rendit alors à Châlon-sur-Saône, sur la foi de l'empereur, et lui demanda pardon; mais il n'en fut pas moins condamné dans une assemblée de Francs. Louis fit crever les yeux à Bernard, qui mourut à la suite de ce traitement.				
	Il réunit ensuite le royaume d'Italie à l'empire, et il y envoya son fils Lothaire pour le gouverner.				
	Cependant Louis courait à sa perte, il négligeait les devoirs du trône pour les pratiques du cloître, et ne savait pas distinguer les véritables droits de l'Église; les moines et les prélats qui le gouvernaient s'étaient entièrement emparés de son esprit.				
822	Louis, dévoré par les remords, voulant expier la mort de Bernard, convoqua une assemblée à Attigny et y fit une pénitence publique.				

DATES.	GERMANIE (Allemagne).	DATES.	ITALIE.	DATES.	EMPIRE D'ORIENT.
	Louis Ier dit le Débonnaire.	817	Bernard, roi d'Italie, fut mécontent de la disgrâce de ses deux ministres, il en conçut une grande irritation, mais à cette cause de dépit il s'en joignit une autre d'une plus grande importance. L'empereur Louis, surnommé le *Débonnaire*, ayant assemblé ses barons, avait fait déclarer auguste, Lothaire, son fils aîné; c'était l'appeler à la dignité impériale, et l'autoriser après sa mort à prendre le titre d'empereur.	815	L'année suivante, les Bulgares ayant repris les armes contre Léon, ils furent encore battus, et leur roi perdit la vie dans la bataille. A la suite de ces revers, Mortagon, leur nouveau souverain, conclut avec l'empereur d'Orient une trève de trente ans.
814	Louis Ier, surnommé *le Débonnaire*, après la mort de son père, se rendit à Aix-la-Chapelle et y fut de nouveau reconnu empereur et roi des Francs par Étienne IV, successeur de Léon. Pieux, bienfaisant, juste et rempli de bravoure, avec plus de fermeté Louis eût pu faire le bonheur de son peuple; sa faiblesse le perdit. Le partage de ses États entre ses enfants lui fut fatal. Dans une diète tenue à Aix-la-Chapelle, il associa Lothaire, son fils aîné, à l'empire; il donna l'Aquitaine à Pepin et la Bavière à Louis, avec les titres de rois.		Bernard, qui était roi d'Italie, croyait avoir le droit d'hériter de son oncle, du titre impérial; il pensait que le siége de l'empire étant en Italie, la dignité impériale devait appartenir à celui qui régnait dans ce pays.	816	Après de si brillants succès, Léon se crut assez fort pour attaquer l'Église et anéantir le culte des Images, consacré depuis vingt-huit ans par un concile œcuménique. Il assembla un concile qui proscrivit ce culte, et il fit publier un édit qui le défendait sous les peines les plus sévères.
817			A cette époque, il y avait en France beaucoup de mécontents; Louis le Débonnaire, d'un caractère faible, se laissait dominer un peu par tous ceux qui l'approchaient, mais il était particulièrement soumis aux volontés de l'impératrice; alors pour lui plaire il repoussait les personnes qui avaient joui de la confiance de son père. Ils se réunirent tous et parvinrent à former un parti puissant contre Louis; l'évêque d'Orléans était au nombre des conspirateurs. Tout le monde savait combien Bernard était irrité contre son oncle; on l'entoura si bien qu'on finit par lui faire lever l'étendard de la révolte.		Léon V, prince actif et plein de valeur, dont le caractère dur et cruel se faisait cependant remarquer par des actes de justice, eût été digne d'estime s'il ne s'était rendu odieux par ses cruautés envers ceux qui défendaient le culte des
818	Ce partage porta la discorde dans la famille impériale: Bernard, qui gouvernait l'Italie comme roi, prétendit qu'il avait seul des titres légitimes à l'empire comme fils de Pepin, frère aîné de Louis le Débonnaire, et, excité par les mécontents, il leva les armes contre son oncle. Mais bientôt abandonné par son armée, il alla implorer le secours de Louis, qui se montra inflexible. Bernard fut jugé et condamné à mort. Louis lui fit grâce de la vie, mais il eut la barbarie de lui faire crever les yeux; trois jours après, le malheureux Bernard mourut.	818	Mais le roi d'Italie ayant été vaincu, poussé par sa nature confiante, se laissa attirer en France par les artifices de l'impératrice, qui s'engagea à rétablir la paix entre lui et l'empereur; lorsqu'il fut en la puissance de Louis il fut traduit devant une assemblée de barons qui le condamna à la peine de mort; l'empereur lui fit grâce de la vie, mais en lui faisant appliquer cette horrible punition dont l'emploi était si commun en Orient: il lui fit crever les yeux. Cette opération fut faite si brutalement que Bernard ne vécut que quelques jours après l'avoir subie.	820	Images. Il fut massacré, le lendemain du jour de Noël, dans une église, victime d'une conspiration tramée contre lui.
822	Cependant l'empereur, plein de remords pour sa conduite cruelle, convoqua une assemblée à Attigny, et demanda à être admis à la pénitence publique; demande pleine de faiblesse, qui amoindrissait considérablement l'autorité de la couronne.		De ce moment, le royaume d'Italie fut réuni à la couronne des Francs. Peu de temps après, l'empereur y envoya son fils Lothaire pour gouverner le royaume.		**Michel II, dit le Bègue.**
			Louis Ier, dit le Débonnaire.		Après la mort de Léon V, Michel, surnommé *le Bègue*, monta sur le trône; ce monarque prit pour modèle Constantin Copronyme, le héros des Iconoclastes; bientôt on ne parla plus que d'exils, de prisons et de supplices. Aussi présomptueux qu'ignorant, Michel était ce qu'on est convenu d'appeler un *esprit fort*, il niait tout ce que nous sommes habitués à respecter; cependant on le voyait mêler à son déisme quelques pratiques judaïques, en souvenir, sans doute, de son éducation première, car sa mère était juive: il voulait qu'on sanctifiât le samedi, il prétendait que la pâque devait être célébrée selon l'usage de la synagogue, il mettait Juda au nombre des saints; comme il savait à peine l'alphabet, qu'il ne pouvait pas épeler son nom, il défendait qu'on fit apprendre à lire aux enfants. Le tyran persécutait impunément les Catholiques, parce que ces derniers aimaient mieux souffrir les tourments les plus atroces que de se défendre.
			A cette époque, les intérêts de l'Italie se trouvaient bien compliqués: elle était généralement gouvernée par un prince étranger, souvent sans expérience; le roi des Francs lui envoyait un de ses enfants, demandant pour lui-même, à l'Italie, le titre d'empereur; elle, seule, en raison de ses souvenirs, était censée pouvoir le donner; l'Italie, de son côté, voulait accorder cette dignité à celui qui demeurait chez elle.	821	Mais bientôt il vit s'élever sur sa tête un orage qui lui inspira de vives inquiétudes: le patrice Thomas, qui commandait les troupes en Orient, leva l'étendard de la révolte, il mit dans son parti toutes les villes de l'Asie; deux provinces seules, les plus voisines de Constantinople, demeurèrent attachées à Michel.
			Il y avait aussi l'empereur grec qui conservait dans ce pays des possessions importantes, particulièrement la ville de Naples.		Thomas craignant que les Sarrasins ne fissent une diversion nuisible à ses intérêts, fit avec eux un traité de paix d'après lequel il eut la liberté de se faire proclamer empereur dans la ville d'Antioche. Les Sarrasins lui donnèrent des troupes; l'Égypte, la Perse, l'Assyrie, l'Arménie, la Chaldée, l'Ibérie et tous les pays mahométans situés sur le Pont-Euxin et la mer Caspienne lui envoyèrent leurs soldats.
			Puis les ducs lombards très-puissants, principalement ceux de Spolette, de Frioul et de Bénévent, y entretenaient la discorde.		Suivi de cette nuée de barbares, il devint comme eux fier, cruel, insolent; il se livra sans réserve au plaisir, et cessa de mériter l'empire dès qu'il eut pris le titre d'empereur.

DATES.	ROYAUME DES FRANCS.	DATES.	ESPAGNE.	DATES.	ANGLETERRE.
	Il avait eu de Judith de Bavière, sa seconde femme, princesse intrigante et d'une réputation équivoque, un fils, nommé Charles, qui semblait exclu de la succession par le partage entre les enfants du premier mariage.	830	Malgré trois victoires qu'Alphonse II avait remportées sur les infidèles, ce prince fut encore forcé de prendre les armes; il avait confié la garde des frontières de la Galice à Mahomet, général maure, qu'il avait protégé contre la puissance d'Abdérame II. Mahomet, pour obtenir le pardon du roi maure, trahit son protecteur, et laissa envahir la Galice par les infidèles. Alphonse, malgré son âge avancé, marcha contre eux et leur fit essuyer à Lugo une sanglante défaite; 50,000 Musulmans restèrent sur le champ de bataille. Mahomet reçut la peine de sa trahison, et sa tête fut présentée au vainqueur.		Après la conquête des royaumes de Kent, d'Essex, d'Est-anglie et de Mercie, Egbert, suivant le cours de sa fortune, marcha contre le Northumberland pour le subjuguer; mais les Northymbres, fatigués de l'anarchie où ils vivaient, vinrent d'eux-mêmes lui rendre hommage. Il leur donna, comme il avait fait pour les autres États, un roi tributaire, sur lequel il se réserva l'autorité.
830	Judith persunde à l'empereur d'assurer à son fils un sort digne de sa naissance, et elle parvient à y faire consentir Lothaire, fils aîné de Louis, le seul qui eût grand intérêt à s'y opposer. Dans les circonstances les plus critiques, l'empire est démembré en faveur de Charles; les mécontents saisissent cette occasion pour conspirer.			827	Egbert réunit ainsi toute l'Heptarchie à sa puissance. Il donna à son nouveau royaume le nom d'*Angleterre*, d'un des peuples saxons (Angles) établis dans cette contrée depuis environ 400 ans, et il prit lui-même le titre de roi d'Angleterre.
	Le comte Vala, devenu moine, qui avait été disgracié par Louis le Débonnaire, profite de cela pour faire publiquement à l'empereur des reproches amers et offensants; Louis s'humilie et assemble quatre conciles pour leur soumettre tout ce qu'il y a à réformer dans son gouvernement et même dans sa personne; l'audace des mécontents excitée par cette humilité ne connaît plus de bornes; Vala, sous prétexte de zèle, se déclare pour eux. Le peuple est excité contre Judith, et l'on pousse les trois fils de Louis, que le partage avait lésés, à se révolter contre leur père.	831	Le comte Aznar, auquel Louis le Débonnaire, alors roi d'Aquitaine, avait donné, en 806, le royaume de la Navarre, fut confirmé, en 824, dans ce gouvernement; mais il s'y rendit indépendant en 831.		**Egbert Ier.**
	L'empereur se sentant trop faible devant tant d'ennemis, s'humilie de nouveau et consent à faire enfermer Judith. Obligé de se mettre à la merci des rebelles, il eût été détrôné, si un moine adroit n'était venu à son secours, en détachant Pepin et Louis; ce moine parvint à convaincre ces deux princes que leur conduite était criminelle; bientôt après, Lothaire se soumit aussi et tous les trois obtinrent le pardon de leur père.			827	Sous le règne d'Egbert, prince habile et belliqueux, seul reste des anciens fondateurs de l'Heptarchie, l'Angleterre était devenue redoutable pour ses voisins et devait espérer, par conséquent, de vivre en paix, à l'abri des invasions étrangères. Mais autant les Saxons qui avaient envahi la Grande-Bretagne s'étaient convertis facilement au christianisme, entraînés par l'exemple et la douceur des rois; autant les Saxons de la Germanie, irrités par les violences de Charlemagne se montrèrent rebelles à changer de religion.
832	Louis en rappelant Judith à la cour fut forcé de suivre la haine et la vengeance de l'impératrice; les troubles recommencèrent; Lothaire, fut dépouillé du titre d'empereur, Pepin le fut à son tour de son royaume d'Aquitaine qui échut à Charles, fils de Judith. Tous ces événements ne pouvaient que soulever les esprits; les trois frères se liguèrent de nouveau contre leur père et firent déclarer le pape Grégoire IV pour eux. Les deux armées sont prêtes à en venir aux mains, mais, l'empereur, trahi par ses soldats, tombe au pouvoir de ses enfants, qui le déposent, exilent l'impératrice et donnent l'empire à Lothaire.				Dans cette circonstance le zèle malentendu de Charlemagne donnait un démenti à sa réputation d'humanité.
833	La puissance de ces princes ne leur paraissant pas encore assez affermie, ils proposèrent de soumettre l'empereur à la pénitence publique, ce qui fut accordé par une assemblée de prélats et de seigneurs, tenue à Compiègne. L'empereur y consent, il confesse ses prétendus crimes, prend un sac de pénitent et se laisse conduire dans une cellule qu'on lui donne pour demeure.			832	Les plus obstinés avaient abandonné leur pays et s'étaient retirés dans le Jutland, chez les Normands ou Danois, peuples du Nord très-féroces, qui les y reçurent comme des frères, adoptant avec ardeur leurs projets de vengeance et de conquêtes. Bientôt ils devinrent célèbres par leurs invasions et leurs brigandages; après avoir envahi plusieurs fois la France, ils s'étaient jetés sur l'Angleterre à l'époque où l'Heptarchie était à son déclin. Sous le règne d'Egbert, une grande bataille qu'ils perdirent ne les découragea point; ils firent encore une invasion dans ce pays, mais ils furent complétement battus. Ils firent alors alliance avec les Bretons de Cornouailles, et envahirent le comté de Devon. Ils furent encore défaits par Egbert. Mais la mort vint surprendre ce prince; son fils Ethelwolf lui succéda : il était bien peu capable de gouverner.
834	Mais bientôt le repentir du peuple, l'indignation de quelques seigneurs, irrités de l'avilissement du roi, et les remords de Pepin et de Louis, concoururent à une révolution. Les deux frères prirent les armes contre Lothaire; les évêques, après avoir réconcilié Louis avec l'église, le remi-				

DATES.	GERMANIE (Allemagne).	DATES.	ITALIE.	DATES.	EMPIRE D'ORIENT.
820 830 833 834	Après la mort d'Ermengarde, Louis avait épousé Judith, fille d'un comte de Souabe, dont il avait eu un fils, Charles, connu plus tard sous le nom de Charles le Chauve. La reine Judith, voulant que son fils eût un royaume, décida le monarque à un démembrement des États de ses fils aînés, et elle obtint même par ses artifices le consentement de Lothaire, qui d'abord s'y était formellement refusé avec ses frères. Un nouveau partage eut lieu; Charles eut l'Allemagne. Bientôt Lothaire, regrettant son consentement, s'unit à ses frères pour anéantir les dispositions de son père. Au milieu de ces divisions qui partageaient l'empire, les grands augmentèrent leur autorité; chacun songea à profiter de l'anarchie où se trouvait le royaume. Bientôt même des plaintes s'élevèrent, on demanda la réforme du gouvernement. La révolte ne tarda pas à éclater. Les trois frères se mirent à la tête des rebelles et prirent les armes contre leur père. Louis crut apaiser les rebelles en consentant à s'humilier de nouveau; mais sa nouvelle faiblesse ne fit qu'augmenter l'audace des factieux, qui l'auraient solennellement détrôné si un moine, nommé Gombaud, n'eût trouvé le moyen de rompre adroitement la ligue des princes en faisant comprendre à Pepin et à Louis qu'ils travaillaient à se donner un maître impérieux dans Lothaire. La paix parut d'abord rétablie; la reine Judith renouvela les troubles. La vengeance étant son seul guide dans la victoire, elle fit exciter Lothaire lui-même. Les princes reprirent bientôt les armes contre leur père, mais Louis les dispersa avant qu'ils eussent réuni leurs forces. Cependant Pepin, le plus coupable, fut déshérité; Charles eut son royaume. Cette punition, toute juste qu'elle était, excita les trois frères à se liguer de nouveau contre leur père. Louis marche contre les rebelles; mais ses troupes l'ayant abandonné, il tombe au pouvoir de ses enfants. Le trône ayant été déclaré vacant, fut déféré à Lothaire. Judith fut exilée, Charles enfermé dans l'abbaye de Prum et Louis dans celle de Saint-Médard de Soissons. Afin de priver le roi du trône pour toujours, on résolut de le soumettre à la pénitence publique. A cet effet, le malheureux Louis comparaît devant une assemblée d'évêques, dépouillé de ses habits impériaux; et après avoir confessé ses crimes imaginaires, revêtu d'un habit de pénitent, il est conduit dans une cellule pour y passer le reste de ses jours dans la pénitence. Lothaire ne conserva pas longtemps l'empire qu'il venait d'acquérir par un crime. Le peuple et les seigneurs, indignés des humiliations du roi, commencèrent à murmurer et formèrent un parti puissant contre Lothaire. Bientôt Pepin et Louis, repentants, ne tardèrent pas à se séparer de leur frère, qui, se voyant entouré d'ennemis, se sauva précipitamment en Dauphiné. Louis, redevenu libre, fut rétabli sur le trône, après avoir été absous sur sa demande par les évêques.	827	A cette époque, Euphémius, seigneur sicilien, ayant commis un crime odieux, l'empereur Michel le Bègue lui fit couper le nez. Cet homme, qui était très-puissant en Sicile, souleva une révolte contre l'empereur, mais désespérant de résister seul aux forces de l'empire, il prend une détermination qui rend sa mémoire exécrable: il s'adresse aux Sarrasins d'Afrique, leur promettant la possession de la Sicile, s'ils veulent seconder sa vengeance. Les Infidèles rassemblent une armée, et montés sur une flotte nombreuse, ils partent du cap Bon, sous la conduite d'un chef nommé Adelcame; ils arrivent sur les rivages de l'île, se joignent aux troupes d'Euphémius, et ils s'emparent de Mazzara. Ce n'était encore là qu'un pied-à-terre, il fallait conquérir le reste de l'île. Adelcame incendie sa flotte; puis il dit à ses soldats : *Tout espoir de retour est perdu à jamais, il ne vous reste plus qu'à vaincre ou à mourir;* un homme courageux s'adressant à des hommes aussi courageux que lui devait être compris; c'est ce qui arriva. Tous approuvèrent l'action qu'Adelcame avait faite, et ils lui jurèrent de vaincre; ce serment fut tenu par eux. Avant de s'avancer davantage dans l'île, le chef fit jeter sur le lieu même où il avait débarqué les fondements d'une ville qu'il appela de son nom. Le chef africain fait un affreux carnage des habitants qu'il a vaincus. Adelcame n'oublie pas l'infâme Euphémius, et par dérision il le salue du titre d'empereur. Ce pauvre peuple, rempli d'épouvante, assemble à la hâte quelques troupes; mais bientôt vaincu par les Infidèles, il ne reste plus aux Siciliens d'autre ressource que de fuir et de se cacher dans les lieux les plus escarpés des montagnes. Palerme, Messine, Modica, Ragusa, sont entre les mains des vainqueurs; enfin, presque toute la Sicile tombe en leur pouvoir, à l'exception de Taormina et de Syracuse, dont les habitants se déterminèrent à une vive résistance, préférant mourir honorablement sur le champ de bataille plutôt que de se soumettre à un ennemi impitoyable. Les soldats qui avaient pu échapper aux déroutes précédentes vinrent se joindre à ces braves Siciliens; Euphémius lui-même ne pouvant supporter le mépris que les Barbares ressentaient pour lui, osa se présenter à ses compatriotes, croyant trouver grâce devant eux en leur amenant tout l'appui de sa faction; mais le peuple, indigné, le mit en pièces.	822 823 825 829	Les premières troupes que Michel envoya contre Thomas furent taillées en pièces. Dès qu'il eut traversé l'Hellespont, tous les peuples de la Thrace se joignirent à lui pour aller assiéger Constantinople; il croyait qu'à sa vue les portes de cette ville s'ouvriraient, et au contraire il entendit le peuple lui lancer l'insulte et l'outrage. Dans son irritation il fit brûler toutes les habitations le long du Bosphore jusqu'au Pont-Euxin; puis, il se décida à donner l'assaut. Deux grandes armées, précédées d'un nombre prodigieux de machines de guerre, viennent contre les murs de Constantinople et y plantent leurs échelles. Pendant que ces instruments destructeurs sont en mouvement, sa flotte fait pleuvoir dans la ville le feu, les pierres, les javelots. Les habitants, aussi ardents à se défendre que les ennemis le sont à les attaquer, mettent tout en œuvre pour repousser leurs efforts. Heureusement pour les assiégés une violente tempête s'élève sur la mer et elle disperse les vaisseaux de Thomas. Ce contre-temps et l'approche de la mauvaise saison l'engagèrent à aller prendre ses quartiers d'hiver dans le fond de la Chersonèse. Vers le commencement du printemps suivant, Thomas revint de nouveau attaquer la capitale, mais l'empereur était alors en état de le recevoir; dans une sortie il lui tua un grand nombre de soldats; de plus, dans le même temps, l'équipage de la flotte de Thomas déserta son drapeau pour s'unir à l'armée de Michel. Une seconde flotte, envoyée par Thomas, fut détruite; enfin chaque jour de petits combats entre les assiégeants et les assiégés étaient défavorables à Thomas. Malgré ses succès apparents, Michel ne se sentait pas encore assez fort pour risquer une bataille décisive. Heureusement pour Michel, Mortagon, roi des Bulgares, vint à son secours avec une grande armée; il campa à peu de distance des rebelles. Thomas alors se hâta de marcher à lui avec toutes ses forces; mais il fut battu. Le petit nombre qui échappa aux vainqueurs se réfugia dans les montagnes, et ne put se réunir sous les ordres de Thomas qu'après le départ des Bulgares, qui se retirèrent en emportant un gros butin. Michel voyant Thomas réduit à un petit nombre de soldats marcha contre lui. Thomas avait dit à ses troupes de simuler une retraite, de faire ensuite volte-face et de combattre l'ennemi; mais ses soldats n'exécutèrent que la première partie de cet ordre, une fois en train de fuir, il fut impossible de les rallier. Thomas se sauva à Andrinople, où il soutint un siège de cinq mois; cependant Michel, s'étant emparé de lui, le fit mourir dans d'affreux supplices. Michel se laissa enlever par les Sarrasins l'île de Crète (Candie), et deux ans après, presque toute la Sicile, la Pouille et la Calabre. Il mourut en 829, à la suite d'excès. Théophile succéda à son père, Michel le Bègue.

DATES.	ROYAUME DES FRANCS.	DATES.	ESPAGNE.	DATES.	ANGLETERRE.
	rent sur le trône. Lothaire vaincu, vint à son tour demander grâce à l'empereur, qui, non content de pardonner, lui rendit encore le royaume d'Italie, avec défense d'en sortir sans sa permission. Judith, à peine rétablie sur le trône, fit déclarer son fils Charles, roi de Neustrie, au préjudice de Lothaire et de Pepin. Sur ces entrefaites, ce dernier mourut et l'impératrice obtint un nouveau partage entre Charles et Lothaire. Louis, roi de Bavière, lésé dans ses intérêts, n'hésite pas alors un instant à recommencer la guerre civile, mais l'empereur marche sur lui et il défait les rebelles.	842	Alphouse II, jusque dans les dernières années de son règne, fut toujours victorieux; mais les nombreuses infirmités dont il était atteint lui faisaient un devoir de confier la défense de son royaume à un bras plus jeune et plus vigoureux que le sien; il résolut d'abdiquer en faveur de Ramire Ier, fils aîné de Bermude, qui s'était signalé par sa valeur contre les Musulmans à la journée de Lugo.	838	**Ethelwolf** ET SES PREMIERS SUCCESSEURS.
840	Louis le Débonnaire mourut d'une maladie de langueur à l'âge de 62 ans, après avoir désigné Lothaire pour son successeur à l'empire.	845	Alphonse II mourut à l'âge de 78 ans, aimé et regretté de son peuple. A peine ce prince était-il mort que des dissensions éclatèrent dans le royaume. Nepotien, à la tête d'une armée de rebelles, envahit la Biscaye, mais Ramire prit aussitôt les armes et l'insurrection fut comprimée. Le roi épargna la vie à Nepotien, mais il le priva de la vue et le fit enfermer dans un monastère. Ramire eut bientôt une autre insurrection à combattre. Un second rebelle, qui jouissait du titre de comte du palais, ayant pris les armes contre son souverain, eut le même sort que Nepotien. Ce fut à cette époque que les Normands, pirates du Nord sortis des montagnes de la Norvége, envahirent les côtes d'Espagne pour les ravager. Ramire les repoussa et détruisit une partie de leur flotte.		Ethelwolf, fils et successeur d'Egbert Ier, avait plus de goût pour le cloître que pour la royauté. Il associa son fils Athelstan à la couronne, et il lui donna les provinces d'Essex, de Kent et de Sussex. Les Normands, sous le règne d'Ethelwolf, continuèrent leurs excursions et leurs brigandages et ne se laissèrent pas décourager par les défaites qu'ils éprouvèrent. Ayant reçu de puissants secours ils pénétrèrent dans les provinces et brûlèrent Londres et Cantorbéry. Ethelwolf marcha contre eux en personne, les défit, mais il n'arrêta pas pour longtemps leurs brigandages.
	Charles II, surnommé le Chauve.		A peine le roi fut-il délivré des Normands, qu'il eut à combattre un adversaire autrement redoutable. Abdérame II couvrit le territoire des Asturies d'une nuée de Musulmans. Ramire parvint cependant à dissiper cette multitude d'ennemis; mais Abdérame ne se découragea pas, et bientôt le monarque chrétien eut à combattre une seconde invasion.		Malgré les dangers continuels qui menaçaient son royaume, le roi fit un pèlerinage à Rome, où il se livra à des exercices pieux, et fit de grandes libéralités au pape et aux églises; il épousa, à son retour, en secondes noces, la fille de Charles le Chauve.
840	Après la mort de Louis le Débonnaire, Charles le Chauve, fils de Judith, eut en partage la Neustrie et l'Aquitaine; Louis de Bavière posséda la Germanie.	849	Mais les Sarrasins ne furent pas plus heureux, ils furent encore vaincus à Logrono, ce qui valut à Ramire Calahorra et ses environs.		Athelstan étant mort, Ethelbald, second fils d'Ethelwolf, prit les armes contre son père. Mais le roi, pour éviter la guerre civile, lui céda la plus grande partie de son royaume.
844	Bientôt Lothaire, qui était aussi mauvais frère qu'il avait été fils dénaturé, dominé par l'ambition, résolut d'envahir les royaumes de ses deux frères; ces derniers s'armèrent contre l'empereur et lui livrèrent la sanglante bataille de Fontenay, en Bourgogne, où Lothaire fut vaincu. Lothaire, après sa défaite, trouva des ressources dans sa politique; il donna la liberté de conscience aux Saxons, qui ne s'étaient pas convertis sincèrement au christianisme; plusieurs retournèrent avec joie au paganisme, et ils vinrent en foule grossir son armée. Mais il n'en fut pas plus heureux, il fut encore obligé de fuir devant ses deux frères.		Ordogno, fils du monarque catholique, donna dans cette guerre contre les Musulmans des preuves d'une si grande valeur, que son père l'associa à la couronne.		
842	Charles le Chauve et Louis de Bavière firent alors ce que Lothaire avait fait contre son père. Ils assemblent plusieurs évêques à Aix-la-Chapelle et leur font déclarer Lothaire indigne de régner.				
843	Charles et Louis se mirent alors à la poursuite de l'empereur; mais Lothaire, qui savait se plier aux événements, leur demanda la paix; ceux-ci y consentirent, et par un traité conclu à Verdun, un nouveau partage eut lieu entre les trois frères. Les Aquitains et les Bretons, souvent rebelles, profitèrent de ces guerres civiles pour se soulever; Nomenoé, duc de Bretagne, usurpa même le titre de roi. Les Sarrasins et les Normands, ces pirates féroces, firent plusieurs excursions dans l'intérieur du royaume.				
847	Les trois frères, réunis par un traité, s'occupèrent enfin de leurs intérêts. Dans une assemblée, tenue à Mersen sur la Meuse, ils règlent la succession des rois francs. Les enfants devaient hériter de la couronne de leurs pères, pourvu qu'ils eussent pour leurs oncles le respect et la soumission convenables.				

DATES.	GERMANIE (ALLEMAGNE).	DATES.	ITALIE.	DATES.	EMPIRE D'ORIENT.

GERMANIE (ALLEMAGNE).

840 — Cependant Lothaire ayant obtenu encore le pardon de son père, fut envoyé en Italie qu'il ne devait pas quitter sans la permission du roi. Tout faisait croire à une paix durable, mais l'impératrice Judith, poussée par son ambition et toujours inquiète sur le sort de son fils, obtint du roi d'ajouter la Neustrie à l'Allemagne, qui était l'ancien héritage de Charles; et elle faillit encore rallumer la guerre entre Louis et ses enfants.

A la mort de Pépin un nouveau partage eut lieu. Louis, roi de Bavière, n'y eut aucune part, il fut réduit à son royaume. Lothaire et Charles se partagèrent le reste de l'empire au détriment des deux fils de Pepin qui furent entièrement privés des États de leur père. Le roi de Bavière irrité prend de nouveau les armes; mais Louis marche contre lui et le soumet promptement. Après avoir encore pardonné à **840** son fils, le roi rentrait dans ses États lorsqu'il mourut dans une île du Rhin, près de Mayence.

Louis II, dit le Germanique.

841 — A peine Louis le Débonnaire était-il mort, que Lothaire voulant s'emparer de toute la succession paternelle, prit les armes contre Charles et Louis de Bavière. Les deux armées se rencontrèrent à Fontenay en Bourgogne, et Lothaire complétement défait fut forcé de prendre la fuite.

842 — Les deux rois obtinrent qu'une assemblée d'évêques à Aix-la-Chapelle déclarât Lothaire déchu de tous ses droits. Cependant après plusieurs pourparlers la paix fut conclue entre les enfants de Louis le Débonnaire; ce qui décida les deux frères fut la crainte d'une guerre civile. La paix fut **843** suivie d'un nouveau partage qui eut lieu à Verdun. Lothaire, outre l'Italie et le titre d'empereur, eut la province du Lyonnais, la Franche-Comté, le Hainaut, le Cambrésis et toutes les provinces comprises entre le Rhin et l'Escaut. Louis, surnommé dès lors le Germanique, eut tous les pays au delà du Rhin avec les villes de Worms, de Spire et de Mayence. Charles le Chauve eut le royaume de France.

Après la mort de Louis le Débonnaire, les Normands avaient recommencé avec plus d'ordre que jamais à ravager l'Empire; ce n'était plus alors comme autrefois une troupe de maraudeurs, c'étaient des armées nombreuses montées sur des flottes de deux cents voiles et même de six cents voiles qui tentaient la conquête des provinces du royaume. **845** Leur roi Éric surprit et pilla Hambourg, tandis qu'un de ses lieutenants, nommé Regnier, pénétrait jusqu'à Paris par la Seine et livrait cette ville aux flammes. Mais les Saxons les ayant attaqués dans leur retraite, les punirent de leurs excès et les chassèrent pour quelque temps de l'Allemagne.

ITALIE.

Lothaire Ier.

840 — C'est au milieu de ce conflit de puissance et d'intérêts qu'à la mort de Louis le Débonnaire, Lothaire Ier, qui avait été désigné comme son successeur à l'empire, envoya pour gouverner l'Italie son fils Louis, connu plus tard sous le nom de Louis II, empereur et roi d'Italie.

A ce moment aussi les Vénitiens commençaient à étonner le monde; ils y prenaient une place honorable et importante.

Toute la Sicile subit le joug des Sarrasins; alors les persécutions pour motifs religieux vinrent se joindre à toute la rigueur de la domination étrangère; les Sarrasins étaient mahométans et les Chrétiens qui ne voulurent pas être apostats eurent le sort des martyrs.

Cependant, après quelques années de séjour en Sicile, les Infidèles imitèrent leurs frères, qui avaient conquis l'Espagne, et traitèrent avec plus de douceur les peuples subjugués.

C'est à ce peuple actif et industrieux que les Siciliens doivent l'introduction dans leur pays des premières graines de coton qu'il fit venir de l'Anatolie et de la Syrie; de la canne à sucre tirée d'Arabie pétrée et du frêne à manne, indigène de la Perse. Mais l'attention des Sarrasins se tourna principalement vers la culture de l'olivier; aussi ils multiplièrent partout cet arbre si utile, au point que l'île en fut pour ainsi dire couverte.

Les Infidèles apportèrent encore dans le pays qu'ils venaient de conquérir: ce fut l'abolition de l'esclavage, en ce qui concernait la culture des terres, qui fut confiée à des mains libres. L'agriculture prospéra, et les traces de la paresse et de l'indolence des Grecs disparurent partout.

Les Sarrasins ne se contentèrent pas seulement de fertiliser les terres de la Sicile, ils en exportèrent encore les produits; ils établirent à cet effet un commerce fort avantageux d'échange avec les peuples voisins, surtout avec les Napolitains.

Sous le rapport des lettres et des arts, ils ne se montrèrent pas inférieurs aux Maures d'Espagne; ils illustrèrent aussi, sous ce rapport, leur domination en Sicile.

840 — Cependant, il était difficile que les Sarrasins, avides de conquêtes, ne convoitassent pas l'Italie qui était si près de la Sicile. Ils y firent une excursion et s'emparèrent de Tarente, mais ils n'osèrent pénétrer plus loin. Il leur fallait une occasion favorable pour s'étendre en Italie; une révolte contre Radelchise, duc de Bénévent, la leur fournit. Siconolf, frère d'un prince de Capoue, s'était mis à la tête des mécontents; en un vint aux armes. Le duc de Bénévent craignant de ne pouvoir lui résister, eut la mauvaise pensée d'appeler à son aide les Sarrasins; les révoltés, à leur tour, recoururent à d'autres barbares, aux Maures d'Espagne, et bientôt l'Italie fut dévastée et ruinée de fond en comble.

EMPIRE D'ORIENT.

Théophile.

829 — Théophile, successeur de Michel le Bègue, son père, à peine arrivé au pouvoir, punit sévèrement les meurtriers de Léon l'Arménien. Il épousa bientôt Théodora qui se distingua sur le trône par ses belles qualités et par de grands exemples de vertus, dont son mari et son fils ne profitèrent pas.

836 — Excité par le patriarche Jean Lécanomante, un des hommes les plus méchants et les plus corrompus de l'Empire, Théophile, quoique assez zélé pour la justice, exerça les plus grandes persécutions contre les partisans du culte des images. Pendant presque toute la durée de son règne, il fut en guerre avec Al-Mamoun, fils et digne héritier d'Haroun-al-Raschid, et avec Motassem, son successeur, dont il détruisit **841** la ville natale, Sozopatra, en Syrie; celui-ci s'en vengea en réduisant en cendres Amorium, patrie de Théophile.

Sous son règne, les Mahométans étendirent leurs conquêtes.

842 — Près de mourir, il baisa une image de Jésus-Christ et de la Vierge que lui présenta Théodora. Avec lui finit l'hérésie des Iconoclastes qui, depuis 125 ans, troublait l'Église et l'État. Il déclara l'impératrice régente de l'Empire pendant la minorité de son fils. Il mourut bientôt après consumé de chagrins et de remords. Il avait régné 12 ans et 3 mois.

Michel III.

842 — Michel III, fils de Théophile, n'avait que trois ans à la mort de son père; mais en choisissant Théodora pour régente du jeune empereur, Théophile servit-on ne peut mieux les intérêts de l'Empire. Cette princesse, après avoir rétabli le culte des images, fit déposer le patriarche Jean Lécanomante, et le remplaça par Méthodius.

Le rétablissement du culte des images fut célébré par une fête solennelle. Ce jour est encore consacré dans l'Église grecque sous le nom de *fête de l'Orthodoxie*.

847 — Les Chazares et les Moraves ayant informé Théodora qu'ils désiraient embrasser le christianisme, cette princesse leur envoya, pour les instruire dans cette religion, Constantin, surnommé le *Philosophe*, qui prit alors le nom de *Cyrille*, et fut, sous ce nom, l'apôtre de ces deux peuples.

DATES.	ROYAUME DES FRANCS.	DATES.	ESPAGNE.	DATES.	ANGLETERRE.
855	Le nouveau règlement propre à prévenir les guerres civiles fut mis en vigueur pour la première fois en faveur des enfants de Lothaire. Ce prince, le fléau de sa nation et de sa patrie, mourut sous un habit de moine qu'il avait pris depuis quelques jours pour gagner le ciel.	850	Après un règne glorieux de six ans, Ramiro Ier étant mort, son fils Ordogno Ier prit les rênes du gouvernement.	855	Ethelwolf se montra favorable à toutes les prétentions du clergé. Il lui accorda l'établissement de la dîme dans son royaume, et les biens de l'Église furent encore déclarés exempts de toute espèce d'impôt. Il mourut deux ans après;
	Lothaire Ier, avant de mourir, avait réglé le partage de ses trois fils: Louis II fut roi d'Italie; Lothaire II eut le royaume d'Austrasie auquel il a donné son nom (*Lotaringe ou Lorraine*); la Bourgogne et le royaume de Provence échurent à Charles. La monarchie, déjà entamée de toute part, fut encore affaiblie par ce nouveau démembrement.	852	Deux ans après, Abdérame II, surnommé le Victorieux, mourut aussi. Comme ses prédécesseurs, il illustra son règne, qui avait été de 30 ans, par la protection qu'il accorda aux arts et aux sciences. Mohammed Ier lui succéda.	857	il avait partagé son royaume entre deux de ses fils, Ethelbald et Ethelbert.
858	Cependant, les impôts dont Charles le Chauve accablait son peuple; de plus les révoltes de l'Aquitaine et les excursions des Normands, rendirent le roi si odieux, qu'il se forma une conspiration générale pour le détrôner. On invita son frère Louis le Germanique à venir prendre la couronne. Il arriva avec une puissante armée; Charles le Chauve fut forcé de prendre la fuite. Mais bientôt la haine des habitants de la Gaule contre les Germains s'étant réveillée, Louis fut forcé de repasser le Rhin, et Charles II fut rétabli sur le trône.		Dès que Ordogno Ier fut monté sur le trône, il apaisa une révolte qui avait éclaté dans la Biscaye. A peine cette insurrection est-elle comprimée, qu'il apprend qu'une armée d'infidèles a envahi ses États; Ordogno, sans perdre un instant, marche contre eux, les surprend dans leur camp et les met en déroute. Après quelque temps de tranquillité de la part des Maures, Muza qui, en qualité d'émir, exerçait une autorité indépendante sur les cantons de Saragosse, envahit les États chrétiens à la tête d'une armée nombreuse; mais Ordogno le vainquit dans les environs d'Albaga, et lui tua dix mille hommes, parmi lesquels était son gendre. Muza échappé avec peine au vainqueur, alla mourir de ses blessures dans sa capitale. Le monarque catholique repoussa une seconde invasion des Normands. Il arrêta encore les invasions des Sarrasins et détruisit la flotte formidable du Calife équipée pour aller faire la conquête du Portugal. Prenant lui-même l'offensive, il enleva au calife Mohammed Ier les villes importantes de Salamanque et de Coria, mais il les abandonna après les avoir fait démanteler. Il enrichit la ville d'Oviedo de leurs dépouilles.		Le règne de ces deux rois fut court et il fut troublé par les incursions continuelles des Normands.
	La mort des trois fils de Lothaire permit à Charles le Chauve de satisfaire toute son ambition.			871	Ethelred, quatrième fils d'Ethelwolf, leur succéda. Il fit éprouver plusieurs défaites aux Barbares, qui ravageaient le Northumberland, la Mercie et l'Estanglie; mais il mourut des blessures reçues dans une bataille contre les Normands. Alfred, cinquième fils d'Ethelwolf, prit alors les rênes du gouvernement.
863	Après la mort de Charles, roi de Provence, ses États furent partagés entre ses deux frères, Louis II et Lothaire II. Mais Charles II s'empara de Vienne, de Lyon et des contrées voisines, et il les donna au duc Boson, son beau-frère.	857	Sancho-Sancion, comte de Navarre, qui, en 837, avait succédé à Aznar, étant mort, son fils Garcie-Ximenès lui succéda, et prit trois ans après le titre de roi de Navarre.		
870	Lothaire II étant mort aussi, Charles II s'avance dans la Lorraine et se fait nommer roi par les évêques; mais il est bientôt forcé de partager ce royaume avec son frère Louis le Germanique; il en garde la partie méridionale.	860	Cependant l'âge avancé d'Ordogno Ier lui fit songer à transmettre à son fils le sceptre qu'il avait tenu si glorieusement. Il convoqua une assemblée générale, et Alphonse, son fils, fut associé à la dignité royale. Ordogno mourut aimé et admiré de ses sujets.	871	**Alfred le Grand.**
875	Charles le Chauve, protégé par le pape Jean VIII, passa en Italie, s'empara du royaume de Louis II, qui venait de mourir, et fut couronné empereur par le pape.	866	A la mort de son père, Alphonse III n'était âgé que de dix-huit ans, et, dès son avénement au trône, une armée formidable vint sous les ordres de Froila, gouverneur de la Galice, lui disputer l'héritage paternel. Alphonse fut obligé de se réfugier avec plusieurs nobles dans les montagnes de la Castille; le succès de l'usurpateur fut rapide, sa chute ne le fut pas moins; détesté pour sa tyrannie, il fut assassiné.		Alfred fut appelé au trône par le vœu de la nation, au préjudice des enfants du dernier roi. Ce prince, âgé de 22 ans, avait un esprit cultivé, et une grande passion pour l'étude; mais les incursions des Danois l'obligèrent souvent à sacrifier ses goûts aux besoins de l'État.
876	Louis le Germanique se préparait à lui disputer l'empire lorsque la mort vint arrêter ses projets, laissant trois fils, entre lesquels il avait partagé son royaume. Charles le Chauve voulut en usurper une partie du côté de la Lorraine, mais il fut battu à Andernach par Louis III, dit le *Saxon*.	870	En apprenant cet événement dans les montagnes de la Castille, Alphonse se rendit à Oviédo, où il fut reçu aux acclamations de tous; il fit proclamer une amnistie qui rassura les coupables. Cette indulgence eut l'inconvénient d'enhardir les ambitieux et occasionna plusieurs révoltes que ce prince parvint à comprimer. Deux armées mahométanes tentèrent de pénétrer dans ses États et troublèrent les fêtes de son union avec la princesse Chimène; Alphonse les vainquit, et il s'empara ensuite du territoire dépendant du moderne royaume de Portugal, situé entre le Minho et le Duéro.		Les Danois vaincus acceptèrent la paix; mais, au mépris de leur traité, ils recommencèrent bientôt leurs incursions.
877	Charles le Chauve mourut peu de temps après, empoisonné, dit-on, par un juif, son médecin.				Le roi de Mercie, beau-frère d'Alfred, ne pouvant leur résister, se retira à Rome, où il se fit moine.
	Successeurs de Charles le Chauve jusqu'à la fin de la deuxième race. La maison de Charlemagne eut à peu près le même sort que celle de Clovis sous les derniers Mérovingiens. Tout devint confusion et désordre: les seigneurs et les évêques, profitant de la faiblesse du gouvernement, se firent, les uns, des États presque indépendants au milieu de la monarchie,			875	Alfred marcha de nouveau contre les Danois, les soumit et leur accorda la liberté de s'établir dans une partie de l'Angleterre, à la condition qu'ils en défendraient l'entrée aux autres brigands; mais ce traité ne fut pas plus respecté que les précédents, et bientôt le roi d'Angleterre, abandonné de ses troupes qui ont perdu courage, se voit réduit à se déguiser en paysan, et à vivre pendant quelques mois chez un berger dans une position servile.
					Il se retire ensuite avec quelques-uns de ses partisans dans un marais du comté de Sommerset, où il construit un fort, et là il vit des rapines qu'il exerce sur les Danois.
					Alfred ayant appris qu'un seigneur anglais a enlevé aux Danois un étendard auquel ceux-ci attribuent un pouvoir miraculeux, son courage se ranime; il se déguise en joueur de harpe, pénètre dans le camp des ennemis, observe leurs manœuvres, puis il appelle à son aide ses plus fidèles serviteurs.
					Les soldats viennent en foule se ranger sous les ordres d'un monarque regretté, et bientôt les Danois sont vaincus.
				879	Les Danois réduits à la dernière extrémité offrent de se soumettre; Alfred leur propose de s'établir dans l'Estanglie et le Northumberland, avec l'espoir que le goût de l'agriculture remplacera celui du pillage. Pour gage de fidélité, il exige que les vaincus se fassent chrétiens, et pendant quelques années le royaume jouit d'un peu de tranquillité.

DATES.	GERMANIE (ALLEMAGNE).	DATES.	ITALIE.	DATES.	EMPIRE D'ORIENT.
	La faiblesse connue de Charles le Chauve leur laissait plus de liberté; cet indolent monarque avait cru les éloigner en leur donnant les sommes qu'ils demandaient, mais il n'avait fait par là qu'exciter leur cupidité.	850	Dans ces tristes circonstances, on implora la protection de Louis II, roi d'Italie. Ce prince marcha contre les Sarrasins avec une armée formidable, et après avoir culbuté les Infidèles, il parvint à conclure un arrangement entre les deux adversaires. Radelchise resta possesseur de Bénévent et de la plus grande partie du duché; Siconolf devint prince de Salerne et resta maître de plusieurs villes et villages qu'il avait conquis pendant les hostilités.	852	La conversion des Bulgares au christianisme est l'événement le plus remarquable de ce règne. Elle fut l'objet des exhortations de la sœur de leur roi Bogoris qui, étant encore au berceau, avait été prise trente-huit ans auparavant par les Grecs, et élevée dans la religion chrétienne.
858	Charles se faisait encore détester de ses sujets, révoltés des vices de son gouvernement et des impôts dont ils étaient accablés pour solder ses traités honteux avec les Barbares. Une conspiration se forma contre lui. Son royaume fut offert à Louis le Germanique, qui, mettant de côté tout scrupule, l'accepta et vint envahir les États de son frère. Dans un concile à Attigny, Charles fut déposé et sa couronne fut donnée au roi de Germanie.		Lothaire, peu de jours avant sa mort, ayant abdiqué, partagea ses États entre ses trois fils. Louis II eut le royaume d'Italie avec le titre d'empereur. Charles eut la Provence, jusqu'à Lyon. Lothaire II eut le pays nommé depuis royaume de Lorraine. **Louis IIe.** Cependant les Sarrasins n'étaient pas encore entièrement chassés de l'Italie; il restait encore Tarente en leur pouvoir. Louis se préparait à faire le siège de cette ville, et l'Italie allait être complétement débarrassée de la présence de ces terribles ennemis, lorsque par un trait de perfidie d'Adelgise, duc de Bénévent, qui avait succédé à son père Radelchise, les projets de Louis furent renversés. Ce jeune prince, cédant aux mauvais conseils de Basile, empereur d'Orient, s'était révolté contre Louis, mais bientôt il parut vouloir traiter de la paix. L'empereur Louis, plein de confiance dans les protestations de fidélité que le duc lui faisait, se rendit dans le duché de Bénévent après avoir dispersé ses troupes pour contenir le pays dans l'obéissance. Il ne conserva auprès de lui que quelques soldats pour lui servir de gardes. Mais tout à coup Adelgise vint attaquer, à la tête de troupes considérables, le palais où se trouvait l'empereur avec sa famille.	854	Cependant Bordas, frère de l'impératrice, étant parvenu à s'emparer de l'esprit de l'empereur, lui fit persécuter sa mère, qui fut reléguée dans un couvent. Michel se livra bientôt à tous les crimes, épuisa les finances par les plus grandes folies, et alla jusqu'à faire bâtir une écurie magnifique dont les murs étaient incrustés de marbre et de porphyre. Il porta aussi l'impiété jusqu'à tourner en dérision les cérémonies ecclésiastiques.
	Au moment où tout semblait désespéré pour lui, la témérité de Louis de Germanie le sauva. Ce prince, enorgueilli de sa conquête, eut l'imprudence de renvoyer son armée en Allemagne. Charles, informé de cette faute, leva à la hâte un corps d'armée, et il força Louis à repasser le Rhin.			857	Irrité des remontrances du patriarche Ignace, l'empereur le fit chasser de son siége, et le remplaça par Photius. C'est de cette époque que date le schisme des Églises grecque et latine.
869	L'empereur Lothaire était mort en 855 sous l'habit de moine; avant de mourir il avait partagé ses États entre ses trois fils. Louis II avait eu l'Italie avec le titre d'empereur, Lothaire II le royaume d'Austrasie, auquel il a donné son nom (Lorraine), et Charles la Bourgogne et la Provence. Charles étant mort peu de temps après son père, son royaume fut partagé sans discussion entre ses deux frères. Mais Lothaire II ne jouit pas longtemps lui-même de cet accroissement de puissance, il mourut peu de temps après ce partage. Charles le Chauve, profitant de ce que Louis II était occupé à combattre les Sarrasins en Italie, et sachant le roi de Germanie malade, s'empara de la Lorraine; mais Louis le Germanique, mécontent de l'usurpation de Charles le Chauve, prit, aussitôt que sa santé le lui permit, les armes contre son frère; Charles, effrayé, lui céda la moitié de la Lorraine.	871	Louis se défendit longtemps avec la plus grande valeur; mais Adelgise l'ayant menacé de le brûler vif s'il ne se rendait pas, l'empereur finit par capituler. Adelgise le laissa libre, à la condition que Louis s'obligerait par serment à ne pas remettre les pieds dans Bénévent. A peine libre, l'empereur se fit relever de son serment par le pape.	865	Bordas ayant été disgracié et assassiné par Basile le Macédonien, Michel III associa à l'empire le meurtrier de son oncle.
875	La paix rétablie entre ces deux frères fut bientôt troublée par la mort de l'empereur Louis II. Ce prince ne laissait pas d'enfants mâles et n'avait point désigné de successeur. Charles le Chauve vola à Rome et se fit couronner empereur par le pape Jean VIII. Le roi de Germanie, frère aîné de Charles, irrité, envahit la France, et la ravagea.		Adelgise continuait d'inquiéter ses voisins et il se tenait en état d'hostilité avec les Francs. Louis le combattit encore		Basile, voyant son ambition ainsi satisfaite, redevint ce que la nature l'avait fait, sage, bienfaisant, sobre, modéré dans toute sa conduite, ce qui lui gagna bientôt tous les cœurs; mais il ne put voir, sans témoigner son indignation, les désordres de Michel. Ses conseils le rendirent si odieux à l'empereur que celui-ci forma le projet de le faire assassiner.
876	Louis le Germanique mourut l'année suivante, laissant trois fils, qui se partagèrent ses États. Carloman, roi de Bavière, eut cette province avec l'Autriche, la Carinthie, la Bosnie et la Moravie. Louis III, dit *le Saxon*, roi de Germanie, eut la Franconie, la Thuringe, la Saxe, la Frise et une partie de la Lorraine. Charles, dit *le Gros*, roi d'Allemagne, eut en partage la Souabe, la Suisse, l'Alsace et quelques villes de la Lorraine.	875	avec succès ainsi que les Infidèles, mais il mourut en 875. Charles le Chauve succéda à Louis II. Il fut couronné empereur à Rome par le pape Jean VIII. Son règne ne fut pas long. Carloman, son neveu, fils de Louis le Germanique, ayant envahi la Lombardie, Charles fut forcé de retourner	867	Basile, en apprenant que sa mort avait été résolue, se détermina à prévenir Michel; il le fit tuer à la suite d'un repas où il s'était enivré. Michel avait régné 25 ans et 8 mois, et il était âgé de 29 ans. **Basile Ier, dit le Macédonien.**
877	Carloman, trouvant injuste que Charles le Chauve fût empereur au détriment de la branche aînée, passa les Alpes avec une armée nombreuse et envahit la Lombardie. Charles, effrayé, se hâta de revenir en France; mais il mourut dans la chaumière d'un paysan, au pied du Mont-Cenis.	877	en France, et il mourut au village de Brios, en traversant le Mont-Cenis, empoisonné, dit-on, par son médecin Sédicias. Après la mort de Charles le Chauve, Carloman fut nommé empereur et roi d'Italie. Il ne régna que 2 ans. Charles le	867	Basile se fit conduire en pompe à Sainte-Sophie pour y recevoir la couronne des mains du patriarche. Il s'occupa aussitôt après du rétablissement des finances; puis il mit toute son attention à choisir des juges éclairés et vertueux, uniquement favorables au bon droit et à l'innocence, pour remplacer ceux qui n'avaient ni probité, ni science, ni mœurs, et dont les décisions étaient soumises presque toujours à leur intérêt personnel.
		879	Gros, son frère, lui succéda.		Il entreprit un grand ouvrage : c'est un recueil de lois en 60 livres, connu sous le nom de *Basiliques*, et qui fut terminé par son fils Léon. On lui doit aussi un traité de l'*art de régner*.
				871	Quelques courses des Russes leur avaient fait connaître la religion chrétienne; Basile conclut avec eux un traité de paix, il adoucit, par des présents, leur férocité naturelle, et il réussit à leur faire accepter un archevêque ordonné par

DATES.	ROYAUME DES FRANCS.	DATES.	ESPAGNE.	DATES.	ANGLETERRE.
	pendant que les autres s'emparaient des villes épiscopales et de leur territoire. Enfin, toute harmonie et toute subordination disparurent.	880	Garcie-Ximenès étant mort après vingt-trois ans de règne comme comte et comme roi de Navarre, Fortun-Garcie lui succéda.		Alfred profita de ce repos intérieur pour assurer le bonheur de son peuple par de sages et d'utiles institutions. Il trouva le moyen d'unir les deux peuples en établissant entre eux le lien d'une parfaite égalité.
877	Après beaucoup d'intrigues, Louis le Bègue, fils de Charles le Chauve, fut proclamé roi pour contenir un peu les esprits. Il se fit sacrer par le pape Jean VIII, qui était venu lui demander protection contre les Sarrasins, et il mourut laissant deux fils, Louis III et Carloman, qui lui succédèrent.	889	Le calife Mohammed Ier meurt en 886, et laisse le trône de Cordoue à Amoumzir qui, après trois ans de règne, a pour successeur Abdallah.		Les villes qui avaient été dévastées par la guerre furent rétablies. Londres devint la capitale du royaume; une milice régulière fut organisée pour la défense du pays. Tous ceux qui étaient en état de porter les armes devaient servir tour à tour; ceux qui ne faisaient point partie des armées, ou qui ne gardaient point les places, étaient employés à la culture des terres.
	Les seigneurs, d'une part, et Louis III, roi de Germanie, de l'autre, profitant de la faiblesse de ces deux princes, s'agrandirent sur les débris du royaume. Louis s'empara d'une partie de la Lorraine, et Boson, seigneur plein d'ambition et d'adresse, se fit couronner roi d'Arles ou de Provence.		Tandis qu'Alphonse III est redouté et admiré au dehors, les troubles intérieurs font chanceler son trône. Trois révoltes ayant pour chefs Ano, Hermægil et Vitiza, éclatent sans succès dans la Galice.		Les Anglais avaient jusqu'alors négligé les ressources que leur offrait leur position maritime, Alfred songea à former chez eux l'établissement d'une marine; 130 vaisseaux furent distribués sur les côtes; des matelots étrangers furent appelés pour initier les Anglais à l'art de la navigation.
882	Louis et Carloman firent la guerre à Boson tandis que leur royaume était ravagé par les Normands; leur règne fut aussi court que malheureux. Louis fut emporté par une maladie, et Carloman mourut deux ans après, blessé à la chasse.		En vain Alphonse use-t-il, tantôt de clémence, tantôt de sévérité; l'un et l'autre moyen ne parviennent pas à anéantir les factions, et le règne de ce grand monarque est une guerre continuelle, car à peine a-t-il éteint une révolte qu'il en naît une nouvelle.	893	De nouvelles entreprises de la part des Danois vinrent bientôt troubler la tranquillité du royaume. Hastings, pirate danois, qui avait déjà ravagé une partie de la France, passa en Angleterre avec une flotte de 300 vaisseaux.
884	Il ne restait en ce moment, pour monter sur le trône, qu'un enfant de cinq ans, nommé Charles, fils de Louis le Bègue. Mais la France ayant besoin d'un roi fort pour la défendre contre les Normands, la couronne fut offerte à l'empereur Charles le Gros, fils de Louis le Germanique.		Dans la Castille, un nouveau Froïla tente de s'emparer de la couronne d'Oviédo; ses trois frères, Nugnez, Odoaire et Veremond, embrassent son parti. Mais la conspiration ayant été découverte, les coupables sont punis et jetés dans les fers.		Alfred marcha contre lui et le mit en fuite; mais les Danois d'Estanglie et du Northumberland, excités par Hastings, se révoltèrent et portèrent la désolation dans le royaume.
	Mais le fardeau était trop lourd pour ce prince, il ne fut pas à la hauteur de sa mission; les Normands continuèrent à ravager la France, sans que le roi essayât de les chasser par les armes.		Cependant Veremond étant parvenu à briser ses chaînes, se réfugie à Astorga, où sa présence ranime bien vite les espérances de sa faction. Abdallah, calife de Cordoue, dans le but d'allumer la guerre parmi les Chrétiens, soutient la cause de Veremond, et une armée maure se joint aux rebelles; mais Alphonse les met complétement en déroute, et les détruit presque entièrement.		Le roi triomphe de nouveau des rebelles; la femme et les deux fils d'Hastings sont faits prisonniers; mais le vainqueur leur rend la liberté à condition qu'ils s'éloigneront de l'Angleterre. Après le départ d'Hastings, Alfred eut encore à combattre des Danois; mais bientôt la paix reparut de nouveau par les soins de ce sage et valoureux monarque.
	Godefroid, duc de Frise, un des chefs de ces barbares, ayant été tué par trahison dans une conférence par un seigneur, les Normands résolurent de venger sa mort. Ils assiégèrent Paris, qui se réduisait alors à ce qu'on nomme aujourd'hui la Cité; les assiégeants et les assiégés déployèrent dans ce siége mémorable même courage et même opiniâtreté. Eudes, comte de Paris, qui monta plus tard sur le trône, défendit la ville avec le talent d'un grand capitaine. Charles le Gros, après un an et demi de siége, vint au secours de ses sujets; mais, intimidé par les Barbares, il leur				Le pays de Galles, qui, jusqu'alors, avait été indépendant, se soumit.
886	demanda la paix qu'il obtint au prix de 700 livres pesant d'argent.				Alfred voulut établir une justice sévère pour réprimer les désordres auxquels entraînait la misère; afin de parvenir à son but il divisa l'Angleterre en comtés, chaque comté en *hundreds*, ou centaines de maisons, et les *hundreds* en *tythings*, ou dizaines.
	Cependant Charles le Gros, dont l'incapacité lassait son peuple, fut détrôné un an après par les Germains. Il mourut de chagrin à l'abbaye de Reichnau, dans un abandon universel.				Les maîtres de maisons étaient responsables de la conduite de leurs enfants, de leurs esclaves et même de leurs hôtes.
888	Eudes, le défenseur de Paris, fut proclamé roi par les évêques et les seigneurs. Il était fils de Robert le Fort, duc de France, mort en combattant les Normands sous Charles le Chauve.				Le tything répondait aussi de la conduite de tous ses membres, et le hundred de la tranquillité des tythings.
893	En montant sur le trône, ce prince avait eu la sagesse de se déclarer le tuteur de Charles III, fils de Louis le Bègue. Cependant il se forma bientôt un parti en faveur de ce prince, qui fut couronné par l'archevêque de Reims; mais Eudes, ayant attaqué ses ennemis, parvint à les vaincre, malgré l'appui que leur avait prêté Arnould, roi de Germanie.				Ceux qui n'étaient pas incorporés dans ces sortes de tribus étaient considérés et punis comme vagabonds; on ne devait pas changer de demeure sans un certificat de son chef.
					Douze hommes libres tenanciers jugeaient les crimes commis dans le hundred; telle fut l'origine du jury.
					Les membres propriétaires de chaque comté s'assemblaient, deux fois l'an, pour délibérer sur les affaires de son ressort; ces assemblées étaient présidées par l'évêque et par l'*alderman* ou comte. Ce dernier était auparavant chef de la milice et magistrat civil. Alfred lui enjoignit un *shérif* pour renfermer son pouvoir dans de justes bornes. Le shérif, alors offi-

DATES.	GERMANIE (ALLEMAGNE).	DATES.	ITALIE.	DATES.	EMPIRE D'ORIENT.
	Charles le Gros. Les succès de Carloman en Italie et la mort de Charles le Chauve avaient assuré l'Empire à ce prince; mais il mourut sans avoir été couronné par le pape. Sa mort accrut la puissance de ses frères; Charles, dit *le Gros*, fut roi de Lombardie, et Louis III, dit *le Saxon*, ajouta à ses États le royaume de Bavière, à l'exception de la Carinthie, qu'il laissa à Arnould, bâtard de Carloman.	887	Charles le Gros, incapable de gouverner par lui-même, laissa Liotard, évêque de Verceil, prendre les rênes du gouvernement; bientôt la faveur dont jouissait ce ministre excita les jalousies de la cour; il se forma un complot contre lui, et Liotard perdit la faveur de l'empereur. Peu de temps après, Charles le Gros fut détrôné, et mourut dans le plus profond abandon. Il ne restait plus de la puissante famille de Charlemagne qu'un roi. Cette race qui, en 856, comptait six rois vivants, était réduite à Charles le Simple, que les grands avaient exclu du trône, le jugeant incapable de gouverner.		Ignace. Les Chrétiens de ce pays reconnurent pour leur mère l'Église grecque; mais le prince et une grande partie de la nation demeurèrent encore longtemps attachés à l'idolâtrie. Il détruisit les Pauliciens qui depuis vingt-cinq ans faisaient trembler l'Asie jusqu'au Bosphore. Basile eut sans doute bien des fautes à se reprocher; mais, ce qui les couvre, c'est l'amour véritable qu'il eut toujours pour ses sujets.
882	La mort de Louis III, qui venait d'enlever aux successeurs de Charles le Chauve la partie de la Lorraine qui leur restait encore, rendit Charles le Gros possesseur de toute l'Allemagne, de toute la Lorraine et de la Lombardie. Ce prince joignit ensuite à cette grande puissance la dignité impériale, qu'il avait obtenue l'année précédente du pape Jean VIII. Mais ce pontife, avant de l'investir de cette dignité, avait soumis Charles le Gros à d'humiliantes concessions, et avait même exigé de lui des otages comme garantie de sa soumission aux volontés du Saint-Siége. Jusqu'à Louis II, roi d'Italie, les empereurs avaient nommé leurs successeurs. Les papes, qui n'avaient eu que le droit de les couronner, saisirent avec empressement l'occasion de s'arroger celui de les nommer. Au moment même où Charles le Gros acquérait une si grande puissance, il prouvait à ses sujets qu'il en était bien peu digne. Au lieu de combattre les Normands, qui avaient envahi ses États, il fit avec ces Barbares un traité par lequel il leur abandonnait une partie de la Frise, et il maria la fille de Lothaire, duc de Lorraine, avec Godefroid, chef des Normands. Ces concessions ne procurèrent pas la paix, car l'Allemagne, les Pays-Bas et la France continuèrent à être exposés aux incursions de ces Barbares.	888	Charles le Gros n'ayant pas laissé d'enfants mâles, les ducs italiens qui, par la faiblesse du gouvernement des derniers Carlovingiens, s'étaient élevés à une grande puissance, se mirent en mouvement pour s'emparer de l'Italie et de la dignité impériale. Les ducs de Frioul et de Spolette, Bérenger et Guy étaient les deux princes les plus puissants de l'Italie et les plus capables d'y aspirer; mais comme ils sentaient leurs forces égales, ils se réunirent et convinrent entre eux que Bérenger attaquerait l'Italie et Guy le royaume des Francs. Bérenger arriva promptement à son but en Italie, mais Guy fut moins heureux en France; Eudes, comte de Paris, qui gouvernait la France, fit avorter ses projets; alors le duc de Spolette revint en Italie et chercha les moyens de déposséder Bérenger qui avait été couronné à Pavie, par Anselme, archevêque de Milan. Peu de temps après, malgré la puissance de Bérenger, Guy parvint en effet à se faire sacrer roi d'Italie par le pape.	885	Basile fit avec succès la guerre aux Sarrasins; après leur avoir enlevé une partie de leurs conquêtes en Cilicie, il les força à abandonner la Calabre pour se retirer en Sicile.
		890	L'Italie fut donc divisée en deux parties, ayant chacune un roi à leur tête. Après un combat acharné et des chances de succès réciproques, Bérenger fut défait et le duc de Spolette entra dans Pavie, où il fut acclamé, l'année suivante, empereur par le peuple, et couronné à Rome par Étienne V. Guy, heureux de ses succès, associa bientôt son fils Lambert à l'empire; mais il ne jouit pas longtemps de sa fortune. Bérenger, occupé du soin de regagner la couronne, décida Arnould, roi de Germanie, fils naturel de Carloman, à venir en personne chasser Guy et à lui restituer le royaume. Arnould vint en effet, prit d'abord Bergame, Milan, Pavie et Plaisance, et rétablit Bérenger sur le trône. Guy et Lambert,	886	Un jour que l'empereur était à la chasse, un cerf, d'une grandeur peu ordinaire, l'enleva de dessus son cheval par la ceinture; l'un des veneurs eut la mauvaise pensée de couper la ceinture d'un coup de sabre; l'empereur, dont cet événement avait troublé l'esprit, ordonna de trancher la tête à celui qui lui avait sauvé la vie, sous prétexte qu'il avait tiré l'épée contre son souverain. Cette secousse occasionna à Basile une fièvre violente dont il mourut, le 1er mars 886, après avoir régné 14 mois avec Michel, et seul 18 ans 5 mois.
884	Carloman, fils de Charles le Chauve, était mort, et son fils Charles, connu depuis sous le nom de Charles le Simple, n'était âgé que de cinq ans; les grands offrirent alors la couronne de France à Charles le Gros, et ce prince réunit sur sa tête tout l'empire de Charlemagne; mais bientôt les Francs reconnurent l'incapacité de ce prince.	894	son fils, se réfugièrent à Spolette, où le premier mourut peu de temps après d'un vomissement de sang, laissant à Bérenger l'espoir de posséder plus tranquillement la couronne. Mais la mort de Guy ne rétablit pas la tranquillité; Lambert attaque Bérenger, et après l'avoir chassé de Pavie, il s'y fait proclamer empereur.		**Léon VI, dit le Philosophe.**
	Arnould.			886	Léon et Alexandre, ses fils, déjà associés à l'empire, lui succédèrent, mais le second ne s'occupa que de ses plaisirs et laissa tout le fardeau du gouvernement à son frère. Dès que Léon se vit sur le trône, il fit déposer le patriarche Photius, et le fit enfermer dans un monastère, où il vécut encore cinq ans. Les Sarrasins d'Italie ayant repris courage, la Calabre redevint le théâtre de leurs ravages; dans le même temps les Sarrasins d'Asie firent une descente dans l'île de Samos et en firent prisonnier le gouverneur.
887	Cependant, un mécontentement général ne tarda pas à éclater contre l'empereur, et Arnould, duc de Carinthie, fut reconnu roi de Germanie à la diète de Tribur. Charles le Gros, méprisé de tout le monde, vécut d'abord de la charité de l'archevêque de Mayence; le roi de Germanie lui assura ensuite une pension alimentaire dont il ne jouit que pendant une année, la mort mettant fin à son humiliation.			889	Les Bulgares n'avaient rien entrepris contre l'empire depuis soixante-quatorze ans. Siméon, un de leurs rois, se met en campagne à la tête d'une belle armée; Léon, de son côté, fait marcher des troupes à sa rencontre. La bataille fut livrée en Macédoine et les Grecs furent taillés en pièces. Léon fit alors solliciter les Madgyars, nouvellement arrivés dans le pays, de passer le Danube et de se jeter sur la Bulgarie.
893	Arnould, qui avait vaincu les Esclavons et les Normands, ternit sa gloire en appelant à son aide les Hongrois			890	Les Madgyars, éblouis par les présents de Nicétas-Scléros, l'envoyé de Léon, attaquèrent les Bulgares, et ils les taillèrent en pièces. Siméon demande alors la paix et, pendant les négociations, il travaille à réparer ses pertes; ensuite il passe le Danube, surprend les Madgyars, les bat, et dévaste leur pays. Léon, qui avait désarmé, n'obtint la paix qu'en rendant sans rançon les prisonniers faits sur les Bulgares.
				892	Deux ans plus tard le roi des Bulgares recommença la guerre et fut encore victorieux. Léon obtint de ses ennemis une suspension d'armes et un échange de prisonniers.

DATES.	ROYAUME DES FRANCS.	DATES.	ESPAGNE.	DATES.	ANGLETERRE.
	Après sa défaite, Charles le Simple s'était réfugié en Lorraine. Appuyé par les comtes de Flandre et de Hainaut, il marcha de nouveau contre son rival ; ses deux alliés l'ayant abandonné, il fut promptement vaincu.		Les Chrétiens et les Musulmans firent une nouvelle trêve qui ne tarda pas à être rompue; les rives du Duéro, dans les environs de Zamora, furent témoins de la dernière victoire qu'Alphonse remporta comme roi.		cier fiscal, était chargé du soin de maintenir les droits de la couronne.
896	Eudes aurait pu, après sa victoire, s'emparer définitivement de la monarchie; mais Charles le Simple s'étant confié à sa générosité, Eudes lui laissa le pays situé entre le Rhin et la Seine, et le reconnut pour son suzerain. Il garda pour lui Paris et toute la France occidentale, c'est-à-dire le pays entre la Seine et les Pyrénées.		Près de trente campagnes pénibles, mais heureuses, lui méritèrent le nom d'Alphonse le Grand.		Un Code de lois sages fixa et affermit la justice. La milice fut organisée; en un mot, le brigandage et le crime furent sévèrement réprimés.
898	Eudes mourut quelque temps après sans avoir, avec de grandes qualités, remédié aux maux de la France. Les grands se rassemblèrent alors et acceptèrent Charles III comme seul roi. Robert, frère d'Eudes, hérita de son duché de France.	910	Don Garcie, fils aîné d'Alphonse le Grand, désireux de tenir le sceptre, forma une ligue contre son père, soutenu par Chimène. Le vieux roi, grand dans toutes les circonstances de sa vie, aima mieux abdiquer que de répandre le sang de ses sujets; il convoqua une assemblée nationale à Oviédo, et déclara l'intention où il était de céder la couronne à son fils. Don Garcie lui-même fut confondu de la générosité de son père, et, à son tour devenu roi, il rendit à Alphonse les honneurs qu'il avait négligé de lui rendre lorsqu'il n'était que sujet.		L'ordre et l'équité furent les fruits de ces sages mesures; on prétend qu'Alfred faisait suspendre sur les chemins des bracelets d'or sans que personne y touchât.
912	Le fils de Louis le Bègue, Charles, surnommé le Simple, n'était pas sans courage, mais il manquait de prudence et de génie. C'est sous son règne que les Normands s'établirent complétement en France. Le duc Rollon, un de leurs princes, devint si redoutable pour le roi, que Charles lui fit offrir sa fille Gisèle avec le pays qu'on a appelé depuis la Normandie. Il demandait seulement que Rollon se fît chrétien; les Normands n'étaient pas difficiles, et, quand il s'agissait de religion, l'intérêt était leur seul guide. Rollon voyant la faiblesse de Charles, demanda encore la Bretagne, mais seulement pour un temps qui fut limité; on la lui accorda. Une fois le traité conclu, il vint rendre son premier hommage au Roi, mais il fit cet acte de soumission plutôt en vainqueur qu'en vassal. L'usage en pareille circonstance, voulait que le *sujet* baisât le pied du monarque; le fier normand s'y refusa, un de ses officiers fut chargé de le remplacer.	910	Don Garcie pénétra dans le centre de la Castille et défit une armée d'Infidèles. Une seconde incursion présenta au monde un spectacle bien touchant; ce fut de voir Alphonse le Grand commandant l'avant-garde d'un fils dont il avait eu si gravement à se plaindre, et ce fils coupable estimant assez son père pour compter sur lui malgré ses torts.		On lit dans son testament ces belles paroles : *Les Anglais doivent être aussi libres que leurs pensées.*
	Rollon devint le législateur du beau pays qu'on venait de lui céder. Il abolit le vol et le pillage parmi ses sujets, et la Normandie, sous son pouvoir, devint aussi florissante que le royaume était autrefois malheureux. Les nouveaux possesseurs y établirent immédiatement le système féodal, et assurèrent ainsi à leurs institutions une grande régularité : le Normand fut noble, le Neustrien colon ou serf.	912	Cette dernière expédition hâta la mort du vieux roi; à son retour dans les murs de Zamora, Alphonse III, dit le Grand, rendit le dernier soupir.		Les ténèbres de l'ignorance et de la superstition régnaient dans toute l'Angleterre, Alfred entreprit de les dissiper; il appela des savants dans son royaume, établit des écoles pour la jeunesse, et obligea ceux qui possédaient quatre arpents de terre d'y envoyer leurs enfants; il fonda ou releva l'université d'Oxford et n'éleva aux dignités que les hommes de mérite.
	Les Normands abandonnèrent la langue tedesque pour parler le français-roman, et ils communiquèrent bientôt à leurs voisins leur esprit d'entreprise et de liberté, et réveillèrent les habitudes guerrières des Francs. Les Normands terminèrent les émigrations des hommes du Nord; ils furent le dernier des éléments qui devait composer la nation française. La race de Charlemagne tombait dans l'anéantissement; cinq à six souverains, la plupart des usurpateurs, se partageaient son vaste empire.	913	Don Garcie ne régna que trois ans; il était brave et entreprenant, mais il ne sut pas gagner l'affection de ses sujets, aussi sa mort n'excita aucun regret. Ordogno II, son frère, gouverneur de la Galice, lui succéda; ce prince avait la valeur et l'activité de son père.		Sous le règne d'Alfred, les Anglais commencèrent à parcourir les mers et à chercher jusqu'aux Indes les marchandises étrangères.
912	Charles, trop faible pour soutenir ses droits, après la mort de Louis IV, la couronne impériale sortit de la maison de France ainsi que le sceptre de Germanie et passa à Conrad, duc de Franconie.		Abdérame III, le dernier et le plus grand des califes de ce nom, qui avait remplacé, en 912, Abdallah sur le trône de Cordoue, vint avec une armée de quatre-vingt mille Mahométans désoler les contrées fertiles qui bordent le Duéro. Les braves guerriers des Asturies dispersèrent toute cette multitude, et les riches armures et les ceinturons d'or des Infidèles devinrent la récompense des vainqueurs.		Le temps de ce prince était partagé entre les affaires du gouvernement, les soins de l'étude et les exercices d'une piété sincère.
		914	Dès ce moment le roi abandonna la ville d'Oviédo, fit de celle de Léon sa capitale, et il prit le titre de roi de Léon.		Il traduisit en langue saxonne les fables d'Ésope, l'histoire de Bède, etc., et composa lui-même un grand nombre d'apologues, de paraboles et de poésies.
					La septième partie des revenus de la couronne était consacrée à l'entretien des ouvriers qui travaillaient à reconstruire les villes, les châteaux et les églises. On y employa la pierre et la brique dont l'usage était peu connu jusqu'alors en Angleterre.
				901	Alfred mourut en 901, à l'âge de 52 ans.
					Édouard l'Ancien.
					Alfred avait laissé un fils qui lui succéda sous le nom d'Édouard l'Ancien.
					Ce prince hérita des talents militaires de son père, mais non de sa science et de son génie.
					Ethelwald, cousin germain d'Édouard, souleva les Danois, toujours disposés à la révolte et à l'infraction des traités; il livra bataille au roi, dont il voulait s'approprier la couronne; Édouard marcha contre les rebelles et les vainquit. Ethelwald périt dans un combat que lui livrèrent les Anglais de Kent.
				912	Sous ce règne, les Danois connus plus tard sous le nom de Normands, s'établirent en France dans la province que leur céda Charles le Simple, et qui porte encore aujourd'hui leur nom. Nous verrons plus tard la postérité de Rollon, premier duc de Normandie, sur le trône d'Angleterre.

DATES.	GERMANIE (ALLEMAGNE).	DATES.	ITALIE.	DATES.	EMPIRE D'ORIENT.
	contre Swatopluk, roi de Moravie, qui avait secoué le joug à la faveur des troubles, et qui refusait de se soumettre. Le roi de Moravie fut vaincu. Mais on ne pardonna pas à Arnould d'avoir approché de l'empire des Barbares; qui le ruinèrent par leurs brigandages, et où ils devaient s'établir.	896	Arnould, sollicité de nouveau par Bérenger, revient une seconde fois en Italie; il marche sur Rome et s'en empare; il se fait ensuite couronner empereur par Formose, et il l'engage à lui prêter serment de fidélité. Arnould fut ainsi le premier Allemand qui, après les Francs et les Italiens, posséda l'empire d'Occident.	904	Pendant plus de dix ans il ne fut question que d'intrigues de cour; l'inaction de Léon mettait en mouvement tous les Barbares voisins de l'empire : les Bulgares recommençaient leurs courses, les Sarrasins attaquaient les places qui leur convenaient, commettant les plus grands ravages. Ils décidèrent de s'emparer de Thessalonique, la première ville de l'empire après Constantinople. Une flotte, chargée de Syriens, d'Arabes, d'Éthiopiens, d'Africains plus féroces que les lions et les tigres de leurs déserts, s'approcha de cette malheureuse ville.
896	Bientôt Arnould, ambitionnant le titre d'empereur, se fit reconnaître à Pavie comme roi d'Italie, et il se rendit ensuite à Rome, où le pape Formose le couronna empereur. Il mourut quatre ans après se croyant empoisonné.		A la mort du pape Formose, Étienne VI fut élu à sa place par le parti contraire. Le nouveau pape annula tous les actes faits par Formose, le condamna comme simoniaque, déclara nulle l'élection d'Arnould à l'empire, et il couronna Lambert empereur.		Tout ce que la rage et le désespoir peuvent employer de moyens pour l'attaque et pour la défense, fut mis en usage par les Sarrasins, d'une part, et par les Thessaloniens, de l'autre. Enfin la ville fut prise et elle devint le théâtre de toutes les horreurs.
	Louis IV, dit l'Enfant.	897	Le parti d'Étienne s'étant à son tour affaibli, ce pape fut remplacé par Romain, qui détruisit tout ce qu'avait fait son prédécesseur, et déclara nul ce qu'il avait prononcé contre Formose.		Le dixième jour les Sarrasins levèrent l'ancre, emmenant avec eux vingt-deux mille prisonniers, jeunes garçons et jeunes filles; ils en vendirent une partie aux Crétois. Une fois arrivés à Tripoli de Syrie, ils débarquèrent un si nombreux butin que les magasins en furent remplis, et même ne purent tout contenir. Le reste des prisonniers fut embarqué pour Tarse; l'empereur devait les racheter ou ils devaient être massacrés.
899	Arnould, en mourant, ne laissait qu'un fils légitime, Louis, âgé de sept ans, et un fils naturel, Zoentibold, que les Lorrains, après beaucoup de difficultés, avaient reconnu, en 895, pour leur roi dans une diète de Worms.		Bientôt la domination de Lambert devint à charge aux Italiens. Ce prince fut tué et Bérenger fut mis à sa place.	911	Léon VI, affaibli par une dyssenterie, sentant sa fin approcher, recommanda son fils, encore enfant, à son frère Alexandre, et mourut à l'âge de 46 ans après en avoir régné 25.
	La couronne de Germanie était devenue élective depuis la déposition de Charles le Gros. Les grands du royaume, craignant de mettre un enfant à la tête de l'État, ne se décidèrent à mettre Louis IV sur le trône qu'après de longues délibérations.		Les partisans de Lambert ne tardèrent pas à susciter de nouveaux troubles dans le royaume, ils invitèrent Louis III, qui régnait en Provence, à venir chasser Bérenger et à se faire couronner à sa place. Ce prince, neveu de l'empereur Louis II, se rendit à leurs désirs; il détrôna Bérenger, qui se retira en		Il reste de ce prince un ouvrage estimé : c'est la Tactique dans laquelle il donne de très-bons préceptes sur l'art militaire, tel qu'il était à cette époque. On cite encore de ce prince d'autres ouvrages militaires.
	La même année, Zuentibold s'étant rendu odieux à ses sujets par sa tyrannie, fut déposé, et Louis fut encore proclamé roi de Lorraine par les seigneurs de ce royaume, assemblés à Thionville.	900	Bavière, et il se fit couronner roi d'Italie par l'archevêque de Milan.		Il paraît qu'il écrivit aussi un grand nombre de discours sur le dogme de la religion et sur la morale.
	Le règne de Louis ne présente qu'une suite de troubles et de malheurs. Les guerres intestines désolèrent longtemps l'Allemagne; les Hongrois, contenus du vivant d'Arnould, se répandirent dans le royaume, portant partout le ravage, la consternation et la mort.	905	Cependant Bérenger voulut tenter de nouveau de recouvrer son royaume. Il marcha contre Louis, le surprit dans Vérone, et après lui avoir fait crever les yeux, il le dépouilla de l'empire et le renvoya dans ses États héréditaires.		**Constantin VII.**
911	Louis IV, succombant sous le poids de tous ces maux, dont il était le triste témoin, descendit du trône qu'il ne pouvait défendre et s'enfuit à Ratisbonne, laissant l'Allemagne en proie à ses divisions intestines et aux ravages des Hongrois. Il mourut en 911; avec ce prince s'éteignit la branche allemande de la famille de Charlemagne.	915	Bérenger étant demeuré ainsi seul maître du royaume d'Italie, se fit couronner empereur par le pape Jean X.	911	Constantin VII n'avait que six ans à la mort de son père. Alexandre, son oncle, quoique âgé de quarante-deux ans, n'était guère plus expérimenté que lui, ayant toujours vécu loin des affaires du gouvernement, et tout entier à une vie de plaisirs. Il ne régna qu'une année; avant de mourir il nomma sept tuteurs à son neveu, indignes la plupart de cet important ministère.
	Conrad Ier.			912	Bientôt, sous un pareil gouvernement, on vit couler le sang dans Constantinople, et ce fut à ce moment que Siméon, roi des Bulgares, à la tête d'une nombreuse armée, se présenta aux portes de cette capitale; cependant la force des murailles, bien garnies de soldats, lui fit désirer un accommodement, auquel les tuteurs du jeune roi consentirent. Le roi des Bulgares s'en retourna chargé de présents pour lui et pour ses deux fils.
912	Il ne restait plus des descendants de Charlemagne que Charles le Simple; mais le trône de France qu'il occupait était déjà beaucoup au-dessus de ses forces intellectuelles; les Allemands furent alors libres de disposer de leur royaume; ils nommèrent Conrad roi de Germanie ou d'Allemagne.				
	Sous le gouvernement des enfants de Louis le Germanique, l'esprit d'indépendance naturel aux peuples de la Germanie, s'était largement développé; ces princes qui dirigeaient les affaires d'une main faible, avaient laissé l'autorité des grands feudataires s'étendre de manière à gêner les ressorts du gouvernement; aussi Conrad fut-il presque toujours obligé de réprimer par les armes l'empiétement de ses puissants vassaux.				

DATES.	ROYAUME DES FRANCS..	DATES.	ESPAGNE.	DATES.	ANGLETERRE.
	Cependant Charles III, dit le Simple, incapable de régner par lui-même se donna un ministre qui gouvernait l'État à sa place; ce ministre divint bientôt un maître insolent; il se nommait Haganon; il était d'une naissance obscure, mais habile en affaires et d'un caractère courageux. Le roi ne s'en séparait presque jamais, et les seigneurs ne pouvaient plus faire la cour à leur monarque. Chaque fois que l'un d'eux demandait à voir le roi, la réponse était toujours que sa majesté était avec son ministre; cette réponse faite plusieurs jours de suite au duc de Saxe qui était arrivé en France depuis peu de temps, le choqua si vivement qu'il dit publiquement : « de deux choses l'une, ou Haganon sera bientôt roi avec Charles, ou Charles sera bientôt simple gentilhomme comme Haganon, et aussitôt il partit. »	914	Ordogno éprouva bientôt aussi les revers de la fortune. Étant allé à la défense de Sanche-Garcie 1er, roi de Navarre, son oncle, qui était opprimé par un grand nombre de Musulmans, l'événement ne fut pas favorable aux armées chrétiennes; Ordogno, suivi de ses troupes, eut bien de la peine à regagner sa capitale de Léon. Ordogno ternit la gloire qu'il avait acquise, par les actes de cruauté qu'il commit pendant les dernières années de son règne.		De nouvelles expéditions signalèrent la suite du règne d'Édouard; il eut plusieurs attaques à subir de la part des Danois; il les défit, et il força même les Écossais à lui faire soumission. Ethelflède, princesse d'un grand mérite et sœur d'Édouard, l'aida de ses lumières dans l'administration des choses publiques. Édouard soumit la Mercie qui jusqu'alors avait été presque indépendante, et la réunit au royaume d'Angleterre. Il mourut en 925.
				918	

DATES.	GERMANIE (ALLEMAGNE).	DATES.	ITALIE.	DATES.	EMPIRE D'ORIENT.
	Aussitôt que Regnier, duc de Lorraine, apprit l'élection de Conrad, il rompit avec l'Allemagne et soumit ses États au roi de France. Henri, duc de Saxe, fils et successeur du sage Othon, était possesseur de fiefs immenses; Conrad, craignant que ses richesses ne rendissent Henri dangereux, voulut lui en enlever une partie pour la réunir à sa couronne. Henri défendit ses possessions par les armes; les autres princes, trouvant sans doute l'exemple dangereux pour eux-mêmes, s'employèrent à établir la paix. Conrad renonça à toutes réclamations et Henri resta possesseur de l'héritage intact de son père. Ces dissensions eurent le triste résultat d'enhardir les Hongrois ou Madgyars, qui envahirent de nouveau le royaume; ils se répandirent dans la Bavière, la Saxe, la Thuringe, la Suisse, l'Alsace et la Lorraine, et là ils se livrèrent sur ces malheureux peuples à des actes de barbarie et de férocité. Conrad, obligé de combattre ses vassaux au lieu d'être aidé par eux à repousser l'ennemi commun, fut contraint de traiter avec les Hongrois et de leur payer un tribut annuel. A peine ce prince avait-il apaisé les guerres civiles de son royaume, qu'il mourut. Au moment de quitter son peuple, Conrad lui donna une grande preuve de dévouement et une grande preuve de la magnanimité de son caractère. Ce roi n'avait point d'enfants; son frère Eberhard possédait toutes les qualités qu'on peut désirer dans un prince; cependant Conrad, dans la crainte d'une guerre civile, sacrifia la gloire de sa maison à la tranquillité de sa patrie; il nomma Henri, duc de Saxe, son successeur à la couronne; Eberhard, partageant le désir de son frère mourant, porta lui-même à Henri les ornements royaux, et il fut le premier à le reconnaître pour roi d'Allemagne. **Henri Ier surnommé l'Oiseleur.**		Nous allons entrer dans une époque que l'ambition des grands et les invasions étrangères ont rendu bien funeste pour l'Italie. Nous avons vu différents peuples du Nord envahir tour à tour cette fertile contrée. Des Africains se sont présentés ensuite sur la scène et vont l'occuper quelque temps. Les Scandinaves se montreront bientôt, d'abord comme aventuriers, ensuite comme corps de nation; ils apporteront à l'extrémité de l'Italie leurs lois et leurs coutumes, et après en avoir chassé les Africains, ils y fonderont un royaume qui sera détruit tour à tour par des peuples méridionaux. En attendant, le régime féodal va effacer dans ce malheureux pays jusqu'aux derniers restes des lois lombardes et carlovingiennes, qui donnaient encore quelques garanties au peuple contre la tyrannie des grands. Enfin la lumière et la civilisation renaîtront; mais l'Italie n'en restera pas moins le théâtre de guerres civiles. La lutte que nous allons voir s'élever entre les empereurs et les papes, divisera l'Italie en deux grandes factions qui troubleront pour longtemps le repos des populations. Cependant nous verrons naître de tous ces désastres quelques nouvelles républiques qui feront refleurir le commerce et les arts en Italie, et changeront en partie la face de ce pays.	914	Constantin VII était inconsolable de l'éloignement de sa mère, Zoé, dont Alexandre l'avait séparé; il obtint, à force de prières, de ses tuteurs, que l'impératrice revînt habiter le palais; alors, tout changea de face, cette princesse se rendit bientôt maîtresse des affaires. Cependant Siméon, roi des Bulgares, se préparait à de nouvelles entreprises contre les Grecs. Voyant l'empire gouverné par une femme, il crut à un succès plus facile; mais l'impératrice employa, pour se défendre, les mêmes moyens qu'il employa, lui, pour l'attaquer. Siméon s'était associé les Madgyars ou Hongrois; elle gagna, par de riches présents, les Patzinaces. C'était une nation féroce et nombreuse qui était maîtresse de huit provinces : quatre situées à l'orient du Borysthène, quatre à l'occident de ce grand fleuve. L'empire, avec ce secours, n'avait rien à craindre des Bulgares ni de leurs alliés.
919	Henri, surnommé l'Oiseleur, parce qu'il était occupé à prendre des oiseaux quand on lui fit connaître sa nouvelle dignité, était digne par ses vertus de monter sur le trône. Il eut, comme son prédécesseur, à combattre les ennemis du dehors. Henri trouva aussi des ennemis dans ses vassaux. Il refusa la couronne impériale que le pape lui offrait pour se soustraire à la tyrannie de quelques princes italiens qui se disputaient le titre d'empereur, voulant d'abord obtenir la paix dans l'intérieur de son royaume, et s'occuper ensuite d'établir sa puissance sur des bases solides; il y réussit plus par la persuasion et la douceur que par les armes. Buscar, duc de Souabe, fut désarmé par sa générosité; Arnould, duc de Bavière, séduit par l'éloquence persuasive de Henri, reconnut son autorité, et tout rentra dans l'ordre.			915	Cependant, afin de n'avoir à s'occuper que des Bulgares, la princesse Zoé résolut d'en finir avec ses autres ennemis; elle fit la paix avec les Sarrasins, après avoir conclu un traité avec ceux de Sicile, elle envoya des ambassadeurs au calife de Bagdad; ils convinrent avec lui de la paix ainsi que de l'échange des prisonniers. Alors l'impératrice fit passer en Europe toutes les troupes d'Asie; depuis longtemps l'empire n'avait pas mis sur pied une aussi belle armée.
				917	Léon Phocas, fils de Nicéphore Phocas, fut mis à la tête des troupes. Le 6 d'août l'armée de l'empire rencontra les Bulgares, près d'un château nommé Achélaüs, sur les bords du Danube. Dès le premier choc, les Bulgares sont en déroute, les Grecs les poursuivent; mais tout à coup, et sans qu'aucun historien nous en donne l'explication, cette belle armée bat en retraite dans un grand désordre; Siméon profite de ce moment de terreur panique, il retourne sur les Grecs et il en fait un horrible carnage. Depuis longtemps l'empire n'avait essuyé une aussi sanglante défaite. Siméon marche droit sur Constantinople, où Léon Phocas s'était rendu avec les débris de son armée. Ce général attaqua Siméon avec une si grande valeur que le roi des Bulgares se hâta de s'éloigner de Constantinople.
				919	La couronne de l'empire grec était trop mal assurée pour ne pas devenir la proie d'un hardi usurpateur; les deux plus puissants seigneurs de cette époque étaient Léon Phocas et Romain Lecapène : le premier était général des armées de terre et l'autre grand amiral, tous deux égaux par l'audace; mais Romain avait plus de ruse, et d'ailleurs il était préféré de l'impératrice; puis le jeune empereur éprouva pour Hélène, fille de Romain, une si grande passion, qu'il voulut l'épouser. Après cette alliance Romain reçut le titre de père de l'empereur, dignité supérieure à toutes les autres imaginées sous le règne précédent. A cette nouvelle Léon Phocas lève, en Asie, l'étendard de la révolte; mais à une simple déclaration de l'empereur, portée et lue, l'armée rentre dans

DATES.	ROYAUME DES FRANCS.	DATES.	ESPAGNE.	DATES.	ANGLETERRE.
	A cette époque, la royauté avait perdu toute sa puissance morale; il ne lui restait plus qu'une force semblable à celle des seigneurs. Le roi ne pouvait donc la tirer comme eux que de ses propres domaines; mais ces derniers diminuaient tous les jours par les usurpations de la noblesse et par les nombreuses donations faites au clergé. Il ne restait plus à Charles le Simple, méprisé de ses sujets par son imbécilité, que la ville de Laon et quelques châteaux. Robert, duc de France, frère du roi Eudes, et Hugues le Grand, son fils, étaient beaucoup plus puissants que lui; aussi leur but tendait-il à faire passer définitivement dans leur famille la couronne de France, objet de tous leurs désirs.		Ordogno II étant devenu veuf, avait épousé en secondes noces Argonte, issue d'une des plus illustres familles de la Galice. L'ayant répudiée peu de temps après sur des motifs frivoles, il épousa en troisième noces Santua, fille du roi de Navarre, mais il mourut presque en arrivant avec sa nouvelle femme dans sa capitale de Léon.		**Athelstan.**
922	Cependant le peuple, irrité de l'incapacité de Charles le Simple, se révolta contre lui. Robert excita le soulèvement et fut couronné roi par Hervé, archevêque de Reims; mais il fut tué l'année suivante dans une bataille contre Charles le Simple. Hugues le Grand, voulant venger la mort de son père, attaqua le roi et le battit. Charles s'étant réfugié chez le duc de Vermandois, celui-ci le fit enfermer dans le château de Péronne.	923	Ses deux fils, Alphonse et Ramire furent écartés du trône par les intrigues de leur oncle Froïla II. Ce prince ne régna qu'un an: ce fut un bonheur, car il était indigne du trône, qu'il souilla par des cruautés inouïes.	925	Athelstan, fils naturel d'Édouard, lui succéda, au préjudice des autres fils du roi qui étaient encore trop jeunes.
924	Hugues le Grand ayant refusé la couronne, Raoul, duc de Bourgogne son beau-frère, l'accepta. Il n'y eut que sédition et révolte pendant tout ce règne. Les Normands continuèrent leurs incursions, et les Madgyars ou Hongrois, après avoir attaqué la Germanie, pénétrèrent en Italie et vinrent ravager les provinces méridionales de la Gaule. La Lorraine se donna au roi de Germanie, et il se forma un parti qui chercha inutilement à rétablir Charles le Simple sur le trône.	924	Après la chute de Froïla II, Alphonse IV, son neveu, monta sur le trône; mais ayant perdu sa femme Uraque, à laquelle il était tendrement attaché, il se dégoûta de la royauté; il résigna, après trois ans de règne, le sceptre de Léon en faveur de son frère Ramire II.		Alfred, seigneur puissant, ayant excité le peuple à la révolte, fut arrêté; il nia son crime, et offrit de prêter serment devant le pape, espérant ainsi prouver son innocence. On accepta l'épreuve; mais à peine le serment fut-il prêté qu'il tomba dans de violentes convulsions. Le roi, convaincu du crime, confisqua les biens d'Alfred, qui mourut quelques jours après cette condamnation.
929	Ce prince mourut en prison.	927	Dans la vie privée, Alphonse aurait pu jouir d'un bonheur tranquille, que les tracas d'un royaume toujours en guerre ne lui avait pas permis de goûter lorsqu'il était sur le trône; mais il avait un caractère faible, et il recevait facilement les impressions des autres; c'était une de ces natures qui servent l'ambition des intrigants en croyant obéir à elles-mêmes. Ses courtisans arrivèrent à le convaincre qu'il regrettait le pouvoir qu'il avait volontairement abandonné; de là, au désir de le ressaisir, la distance était courte, on la lui fit franchir.		
			Ramire, en ce moment, s'occupait activement de réunir toutes ses forces, afin d'être prêt, au printemps prochain, à combattre les Maures.		
			Alphonse, excité par les ambitieux qui l'entouraient, sort de sa retraite, revêt le manteau royal, et il se remet en possession de la cité et du palais de Léon.		
			A cette nouvelle inattendue, Ramire, soutenu par l'armée qu'il destinait à combattre les Infidèles, vient mettre le siége devant la ville occupée par Alphonse.		
			La valeur et l'intelligence militaire qu'Alphonse déploya dans cette circonstance, prouvèrent qu'il était digne de conserver un trône qu'il avait si légèrement abandonné; mais, malgré ses talents et son courage, il finit par succomber; le manque de vivres le livra à son frère, auquel il demanda grâce; mais Ramire le fit rigoureusement garder dans une prison; ses partisans furent traités par le roi avec une excessive indulgence, car ils obtinrent tous leur pardon.		
			Ramire se croyant à l'avenir parfaitement tranquille en ce qui concernait son frère, alla dans les Asturies, avec ses troupes, pour réduire par les armes les trois fils de Froïla II, qui avaient eux aussi levé l'étendard de la révolte. Son génie supérieur le rendit encore vainqueur; mais, à son retour, sans qu'Alphonse IV lui eût donné de nouveaux sujets de mécontentement, il eut la cruauté de lui faire crever les yeux ainsi qu'à ses trois cousins; après cette horrible exécution, Ramire, à qui les historiens accordent, malgré ce		

DATES.	GERMANIE (ALLEMAGNE).	DATES.	ITALIE.	DATES.	EMPIRE D'ORIENT.
924	Il ne restait plus à Henri qu'à reconquérir la Lorraine pour réunir toute la puissance d'Arnould. Giselbert, duc de cette province, avait succédé à son père Regnier. Ce prince était d'une nature légère, inconstante, on pourrait même dire artificieuse, car tandis qu'il engageait Henri à envahir la Lorraine, il prévenait le roi de France des démarches du roi d'Allemagne; Henri étant parvenu à s'emparer de Giselbert, au lieu de se venger de ses perfidies, il le maria à sa fille Gerberge, et, par cette action, il gagna l'affection du prince lorrain et de son peuple, qui restèrent fidèles à leur serment pendant tout le règne de Henri. A l'époque où nous sommes arrivés, l'Allemagne n'avait encore qu'un très-petit nombre de villes, et presque toutes sans défense; on y voyait alors une immense étendue de pays et, à des distances éloignées, des châteaux épars sur des montagnes; rien de tout cela ne présentait des sécurité, il n'y avait aucune retraite assurée pour les soldats, il n'y avait aucun moyen de se mettre à l'abri contre les ennemis du dehors; Henri s'occupa d'enfermer les villes dans des murs qu'il fit garnir de tours; il fit aussi bâtir de nouvelles villes; ces travaux donnèrent une grande sécurité, non-seulement contre les ennemis extérieurs, mais ils eurent aussi l'avantage de contribuer à la police du royaume ainsi qu'à sa population, car le roi s'occupa de peupler les nouvelles villes. Henri après avoir, autant que la science d'alors le permettait, mis les villes en état de résister à l'ennemi, s'occupa de former des défenseurs à l'état et institua dans ce but les jeux militaires d'où sont venus les tournois; le plaisir, l'honneur, attiraient les jeunes gens à ce spectacle, et là ils se formaient au maniement des armes, et ils y prenaient le goût des combats sérieux. Le monarque lui-même ne dédaignait pas de combattre dans ces jeux; il y montrait tant de dextérité que tout champion craignait de se mesurer avec lui. Henri, si adroit à réveiller le goût de la nation par les armes, ne le fut pas moins à lui inspirer de la confiance dans la force en la menant à l'ennemi et à la victoire. Les Slaves de la Misnie, de la Lusace, du Brandebourg et ceux des côtes de la Baltique, tour à tour vaincus, subissent le joug du roi de Germanie. Wenceslas, duc de Bohême, est forcé de lui rendre hommage. Les Normands eux-mêmes, attaqués pour la première fois dans leurs propres foyers, sont forcés d'abandonner à Henri le Sleswick qu'il érige en margraviat, et cette province devient de ce côté la barrière de l'empire.	924 926	Cependant Bérenger régnait comme empereur depuis neuf ans en Italie, lorsque les grands, jaloux de son autorité croissante, lui suscitèrent un nouveau compétiteur. Ils appelèrent Rodolphe II, roi de la Bourgogne Transjurane, et ils le nommèrent leur roi. Une guerre sanglante s'alluma bientôt entre les deux princes; mais Bérenger fut tué à Vérone par les gens de Rodolphe, et celui-ci resta seul maître du pouvoir. Le nouveau roi jouit peu de ses succès; bientôt les Italiens appelèrent Hugues, comte de Provence, petit-fils de Lothaire, roi de Lorraine. Celui-ci vint en Italie, et après avoir détrôné Rodolphe, il se fit couronner roi d'Italie, par Lambert, archevêque de Milan.	919 921 923 926 927	le devoir, Léon est arrêté, et ceux qui le ramènent à Constantinople lui crèvent les yeux en chemin. D'autres conspirations contre Romain n'eurent pas plus de succès. L'impératrice voulut empoisonner Romain; elle fut trahie, rasée, et enfermée dans un cloître. Constantin, qui n'avait encore que quinze ans, consentit à nommer son beau-père César, et peu de temps après il lui permit de porter le diadème. **Romain Ier.** Romain, empereur, s'occupa des affaires du gouvernement, tandis que son jeune collègue se livrait à des études plus convenables à un particulier qu'à un monarque. Pour affermir sa puissance, il se hâta d'en répandre l'éclat sur sa famille et, dans ce but, l'année suivante, aux fêtes de la Pentecôte, il fit couronner son fils aîné nommé Christophe. Le roi des Bulgares s'ennuyant du repos, prit la route de Constantinople avec un très-petit nombre de soldats; son intention était seulement de faire une simple course, aussi retourna-t-il sur ses pas aussitôt qu'il vit les troupes de l'empire s'avancer vers lui; mais cependant il ne tarda pas à revenir avec de plus grandes forces, ce qui décida l'empereur à augmenter aussi les siennes. Romain fit camper son armée à peu de distance de Constantinople, dans une plaine basse, près du golfe de Ciros. On croyait les Bulgares encore très-éloignés, lorsque tout à coup ils apparurent sur des éminences et fondirent sur les troupes de l'empire en poussant de grands cris; les généraux eux-mêmes furent les premiers à prendre la fuite, les Bulgares les poursuivirent, et presque toute l'armée grecque fut massacrée. A la même époque l'empire perdait, en Italie, presque toute l'Apulie et la Calabre tout entière. Ces provinces passèrent sous la domination de Landolfe, prince de Bénévent et de Capoue, qui ne tarda pas à y renoncer par un traité conclu avec Romain. Le patrice Léon, qui commandait dans Andrinople, ne cessait de faire des courses dans la Bulgarie; Siméon résolut de se délivrer de lui; après avoir réduit les habitants à la famine, il se fit livrer ce général. Siméon se vengea lâchement sur Léon de ses succès sur les Bulgares; il ne le mit à mort qu'après lui avoir fait endurer les plus grandes souffrances. Il laissa une garnison dans la ville, mais les Grecs arrivèrent et ils la reprirent presque aussitôt. L'année suivante une paix fut conclue entre Romain et Siméon; mais la bonne intelligence fut assez promptement rompue par la protection que Romain accorda à Zacharie, prince de Servie, ennemi des Bulgares. Siméon étant mort, son fils Pierre épousa Marie, fille de Christophe, petite-fille de Romain. Un nouveau traité de paix fut signé en même temps que le contrat de mariage.

DATES.	ROYAUME DES FRANCS.	DATES.	ESPAGNE.	DATES.	ANGLETERRE.
936	Raoul, qui avait repoussé pendant son règne les Madgyars et contenu les Normands, mourut sans avoir pu changer, malgré ses exploits, la face du royaume. Sous le règne de Raoul commença une guerre, moins remarquable par sa durée que par le scandale qui la fit naître. Après la mort d'un archevêque de Reims, empoisonné, dit-on, par Herbert, duc de Vermandois, ce dernier avait fait élire à ce grand siége son fils âgé de cinq ans; le roi s'étant brouillé avec le comte qui possédait l'archevêché au nom de son fils, ordonna une autre élection; le clergé et le peuple de Reims s'y opposèrent; alors le roi assiége la ville, y entre après trois mois de résistance, et il fait élire le moine Artaud, dont la famille puissante paraissait capable de le soutenir. La guerre s'alluma et elle dura dix-huit ans; ni les conciles, ni les excommunications ne purent la terminer avant cette époque. Artaud ne fut paisible possesseur du bénéfice qu'après que le pape Agapet II, en 949, eut confirmé la déposition de son rival et l'excommunication de Hugues le Grand qui le protégeait.	932	crime, une humanité naturelle, entoura de soins et d'égards ses quatre victimes. Alphonse IV, dont la piété avait encore augmenté avec ses malheurs, reçut de la postérité le nom de moine et d'aveugle; lorsqu'il mourut, en 933, ses funérailles, ordonnées par Ramire, furent célébrées avec la même pompe que s'il eût été encore roi. Les exploits guerriers de Ramire rivalisèrent avec ceux de ses plus illustres prédécesseurs; il traversa le Duéro, attaqua et prit d'assaut Madrid, menaça Tolède la plus forte cité dès califes d'Espagne et Ahaga, chef maure d'Aragon, fut forcé de se reconnaître le vassal du roi de Léon. Cependant le trône de Cordoue était occupé par Abdérame III. C'était un prince fier et courageux, animé du désir d'égaler ses ancêtres. Abdérame appela sous ses drapeaux toutes les tribus de l'Arabie qui habitaient depuis l'embouchure du Guadalquivir jusqu'à la source du Tage, et à la tête d'une armée de cent cinquante mille Musulmans, il pénétra jusqu'au centre de la Castille.	938	Althelstan, pour contenir les Danois du Northumberland, donna le titre de roi à Sithric, l'un de leurs chefs, et lui fit épouser sa sœur, espérant ainsi retenir dans l'obéissance un peuple toujours séditieux. Mais à la mort de Sithric, arrivée la même année, deux fils qu'il avait eus du premier lit voulurent lui succéder; le roi d'Angleterre les chassa, et l'un d'eux trouva un asile auprès de Constantin, roi d'Écosse, qui refusa de le livrer. Althelstan passe en Écosse à la tête de son armée, et force Constantin à de pénibles soumissions. Quelques auteurs anglais prétendent même que le roi d'Écosse se fit vassal de l'Angleterre; les Écossais nient ce fait.
936	Raoul étant mort sans enfants, Hugues le Grand, comte de Paris, duc de France et de Bourgogne, maître des plus riches abbayes, aurait pu prendre le titre de roi; mais il préféra donner la couronne à Louis IV, fils de Charles le Simple, surnommé d'*Outre-Mer*, parce que sa mère l'avait emmené en Angleterre pour le soustraire aux factieux. Louis, par reconnaissance, se mit d'abord sous la tutelle de Hugues. Mais ayant voulu reprendre l'autorité, celui-ci, qui ne s'était montré généreux que par ambition, s'allia contre le roi de France avec Herbert de Vermandois et Guillaume de Normandie, et la guerre civile commença. Les rebelles appelèrent Othon Ier, roi de Germanie, et lui offrirent la couronne. Louis d'Outre-Mer, en présence de cette puissante ligue, parvint à rattacher à sa cause les seigneurs de Lorraine, et arrêta pendant quelque temps les succès du roi de Germanie; mais Othon parvint enfin à Attigny et s'y	939	Dans leur course presque féerique, rien ne peut leur résister; la ville chrétienne de Solocuvas fut renversée, les pieds de leurs chevaux foulèrent aux pieds les moissons de la vieille Castille, les rives florissantes du Duéro furent ravagées, et ils allèrent dresser leur camp dans les plaines de Simancas, à l'endroit où le Duéro reçoit les eaux du Puiserga. Ce fut là qu'ils attendirent l'armée chrétienne. La victoire fut disputée pendant une longue journée d'été; enfin elle se déclara pour Ramire. Ce monarque, toujours infatigable, poursuivit l'ennemi, malgré l'obscurité de la nuit; quatre-vingts mille Musulmans périrent, dit-on, par l'épée, ou furent engloutis dans les eaux du Duéro et du Puiserga. Ramire devait penser que cette sanglante défaite ralentirait l'ambition des Maures. Ce ne fut pourtant qu'après une seconde bataille devant Salamanque que le roi rentra en triomphe dans la ville de Léon.	940	Constantin s'était allié aux Danois pour faire une incursion dans le royaume, Althelstan les défit à Brunanbur (Chester). Althelstan, délivré de ses ennemis, fit régner la justice et ne s'occupa que du bonheur de son peuple. Voulant encourager le commerce et l'agriculture, il rendit une loi par laquelle tout commerçant qui aurait fait deux voyages de long cours sur mer devait être mis au rang des nobles. La même faveur était accordée au fermier qui possédait cinq *hydes* de terre, une chapelle, une cuisine, une salle et une cloche. Il mourut aimé et regretté de ses sujets.
940	fit proclamer roi. Cependant le pape Étienne VIII ayant interposé sa médiation, Othon abandonna ses prétentions, et Hugues et ses deux alliés, les ducs de Vermandois et de Normandie, reconnurent Louis pour roi.				

DATES.	GERMANIE (ALLEMAGNE).	DATES.	ITALIE.	DATES.	EMPIRE D'ORIENT.
933 936 937 938 939 940	Les Hongrois étant venus demander le tribut annuel que les prédécesseurs d'Henri payaient d'ordinaire à ce peuple farouche, le roi d'Allemagne refusa ce tribut. Les Hongrois envahirent alors l'Allemagne, certains de la victoire; mais la jeune armée formée par Henri les dispersa, et affranchit la couronne de ce tribut honteux. Henri Ier mourut peu de temps après cette victoire, à l'âge de 60 ans. Othon, son fils, lui succéda. **Othon Ier, dit le Grand.** Henri, de son vivant, avait fait reconnaître Othon pour son successeur à la couronne, ce qui n'empêcha pas, à la mort de l'empereur, de remplir les formalités d'usage en pareille circonstance; une assemblée eut lieu à Aix-la-Chapelle, et Othon, placé sur un trône, reçut l'hommage de tous les princes d'Allemagne; il fut ensuite conduit solennellement à l'église, et son élection fut notifiée au peuple. A peine assis sur le trône, il eut à combattre la Bohême. Boleslas, après avoir assassiné son frère Wenassac, prend hardiment les rênes du gouvernement sans attendre l'autorisation d'Othon son suzerain; le roi confie la conduite de cette guerre à Herman, fils de son ancien instituteur, le crée duc de Saxe, et par cette préférence blesse l'orgueil des grands feudataires, qui lui suscitent des ennemis. A la mort d'Arnould, duc de Bavière, que la bonté d'Henri avait désarmé, Eberhard, son fils aîné, se mit en possession de son duché, et refusa de rendre hommage au roi à titre de vassal. Othon le dépouille et donne la Bavière à Berthold, frère d'Arnould et oncle d'Eberhard. Eberhard, duc de Franconie, frère de Conrad Ier, irrité des insolences des Saxons qui, protégés par l'empereur, se croyaient tout permis, réduit en cendres une ville appartenant à ce peuple; c'est le signal d'une guerre sanglante. Thammar, fils de Henri Ier et de Hatburge, répudiée pour Mathilde, se mit à la tête des mécontents; il eut d'abord quelques succès avec le secours du duc de Franconie; mais ensuite vaincu, il fut mis à mort ainsi que ses partisans. Mathilde, mère d'Othon Ier, irritée de la dureté inflexible de son fils, se ligue avec Henri, autre frère d'Othon, pour le dépouiller de la couronne; mais Othon ayant découvert la conspiration, marche contre les rebelles; il les atteint dans le duché de Clèves, et les met en déroute. Il poursuit son frère en Saxe, le fait prisonnier, et par une modération inattendue lui accorde la liberté. Henri se retire en Lorraine et recommence la lutte. Dans le même moment, Louis IV, roi de France, fait une invasion en Lorraine; tous deux réunis contre Othon, ils ravagent les bords du Rhin; mais Othon les défait et se fait proclamer roi de France à Attigny. Il renonce cependant à ses prétentions, et fait la paix avec Lo is d'Outre-mer.	931 945	Hugues, aussitôt sur le trône, chercha à rétablir le bon ordre dans son royaume; mais, effrayé du sort de ses prédécesseurs, il s'unit d'une étroite amitié avec Henri, roi d'Allemagne, et avec Romain, empereur d'Orient. Il associa ensuite son fils Lothaire au trône, afin qu'il pût, de son vivant, s'établir en Italie; cependant toutes ses précautions furent inutiles; les Italiens ne tardèrent pas à rappeler Rodolphe, et sur le refus de ce prince, ils s'adressèrent alors à Bérenger II, fils d'une fille de Bérenger Ier, et ils lui offrirent la couronne. Ainsi, depuis près de soixante ans que les Italiens possèdent l'empire dont ils se sont emparés à l'extinction de la race de Charlemagne, nous voyons les malheurs planer sur ce pays; les étrangers qui y sont venus, sous le prétexte de protéger les Italiens, n'y ont été attirés, il faut le dire, que pour en chasser les nations rivales et y fonder leur puissance sur les ruines des indigènes. La condition des Italiens eût été plus supportable, même sous le despotisme, si ce despotisme eût toujours été imposé par la même nation, mais il n'en fut pas ainsi : aujourd'hui les Francs, demain les Allemands; rien de certain ne se présentait pour les Italiens. Si l'une de ces nations eût acquis en Italie une supériorité tellement prépondérante qu'elle n'eût eu plus rien à craindre de l'autre, son empire s'y serait établi sur des fondements solides, et avec le temps elle aurait pu devenir nationale; mais les forces des deux nations qui se disputaient l'Italie étaient à peu près égales; il en résultait une incertitude perpétuelle, en sorte que les Francs et les Allemands étaient toujours regardés comme des étrangers par les Italiens. Voici pourquoi cette nation voulut, à la mort de Charles le Gros, secouer toute espèce de joug étranger et se gouverner elle-même. Les circonstances alors paraissaient favorables à ce dessein, par la faiblesse du gouvernement des derniers Carlovingiens; les ducs italiens s'étaient élevés à une grande puissance; parmi eux brillaient principalement ceux de Frioul et de Spolète, dont l'un avait une grande influence sur la Lombardie, et l'autre sur Rome; le premier avait plus d'espoir d'obtenir la couronne du royaume d'Italie; l'autre pouvait se procurer le diadème impérial. Dans les idées de l'époque, Rome seule pouvait le donner; mais comme, depuis quelque temps, on était habitué à voir ces deux dignités, celles d'empereur d'Occident et de roi d'Italie, réunies sur la même personne, il était facile de prévoir, que si les ducs ne parvenaient pas à s'entendre, l'Italie serait encore livrée à la guerre civile. Le duc de Bénévent qui aurait pu compliquer la situation, ou faire pencher la balance en sa faveur s'il avait conservé son ancienne puissance, affaibli par toutes les calamités qui avaient pesé sur sa principauté, n'était plus en état d'entrer en concurrence; ainsi la lutte devait nécessairement s'établir entre les ducs de Frioul et de Spolète.	931 943	Romain ayant perdu Christophe, son fils aîné, se consola de cette perte par l'éclat d'une brillante cérémonie. Deux ans après, son fils Théophylacte, quoique âgé seulement de seize ans, fut élevé au siège patriarcal par la mort du patriarche Étienne. Ce jeune prince, tant qu'il fut gouverné par une main étrangère, ne s'écarta pas de la modestie convenable à sa haute dignité; mais dès qu'il fut maître de ses actions, il se livra sans pudeur à tous les débordements. Cependant Romain, chez qui l'ivresse de l'ambition et l'excès de ses passions n'avaient point encore étouffé tout sentiment religieux, commençait, quoique un peu tard, à se reconnaître; il donnait un libre accès dans son palais aux moines vertueux, parmi lesquels un d'eux, nommé Sergius, travaillait efficacement à sa conversion : c'était un neveu du patriarche Photius, qui joignait au savoir de son oncle des vertus que Photius n'avait pas. Sergius, malgré son ascendant sur l'empereur, qui avait pour lui la plus grande estime, ne put cependant le corriger de sa faible complaisance pour ses fils, faiblesse dont il devait être cruellement puni. Romain était déjà dans un âge avancé lorsque Constantin VII, dit *Porphyrogénète*, fâché de n'être rappelé au trône qu'après Romain et ses fils, forma le dessein de lui faire quitter le pouvoir à l'aide de ses fils, Étienne et Constantin. Romain, détrôné et exilé dans l'île de Protée, à l'entrée de la Propontide, fut relégué dans un monastère. Il avait régné 5 ans.

DATES.	ROYAUME DES FRANCS.	DATES.	ESPAGNE.	DATES.	ANGLETERRE.
945 954 956	Guillaume, duc de Normandie, fils de Rollon, était mort en 943, ne laissant qu'un fils en bas âge. Louis IV résolut de réunir à son royaume la Normandie. Il se ligua à cet effet avec Hugues le Grand, pour s'emparer de ce pays; mais après en avoir fait la conquête, il manqua de parole à Hugues, qui devait en avoir la moitié. Celui-ci irrité fit prisonnier le roi lui-même, l'obligea à lui donner le comté de Laon et à restituer la Normandie au duc Richard qu'ils avaient dépouillé. Les hostilités continuèrent entre eux. Louis ne pouvant le vaincre eut recours aux foudres de l'Église et Hugues fut excommunié. La guerre n'en fut que plus acharnée. Enfin l'empereur Othon ménagea la paix; mais Louis d'Outre-mer n'en jouit pas longtemps; il mourut d'une chute de cheval. Il y eut à cette époque une diète tenue par Othon Ier, qui avait pour but de décider si la représentation aurait lieu en ligne directe, c'est-à-dire si le petit-fils du roi hériterait du trône préférablement à ses oncles. Cette question exigeant toute l'habileté des jurisconsultes, on ne put tomber d'accord. L'empereur voulut, pour ne faire tort à aucun parti, qu'elle se décidât par le duel. Deux champions entrèrent en lice : le champion de la représentation ayant été vainqueur, l'assemblée se déclara en faveur de la cause qu'il soutenait. Depuis ce moment, le petit-fils a toujours représenté le père. C'était une époque où l'esprit humain semblait enseveli dans les ténèbres. Un autre trait peut servir encore à le prouver. Foulques, comte d'Anjou, aimait à chanter au lutrin; ayant su que Louis d'Outre-mer en plaisantait, il lui écrivit très-sérieusement : *Sachez, sire, qu'un prince non lettré est un âne couronné.* Les malheurs, soit publics, soit particuliers, contribuaient à l'abrutissement des hommes. On croyait que la fin du monde était proche; cette pensée multipliait les extravagances en inspirant le fanatisme. Louis avant de mourir avait associé Lothaire, son fils aîné, à la couronne. Hugues le Grand protégea le jeune prince et régna sous son nom; mais il ne jouit pas longtemps de cette augmentation de pouvoir, il mourut deux ans après, laissant deux fils, Hugues et Henri. Hugues, surnommé Capito ou Capet, eut le duché de France; Henri eut le duché de Bourgogne. La mort de Hugues ne releva pas l'autorité royale; les seigneurs avaient tout envahi, et chacun se regardait comme indépendant. Ils avaient fait de la France un théâtre de confusion et de massacre; Lothaire était incapable de lui rendre son ancienne splendeur.	 950 955	Cependant, Ramire II avait étendu les possessions des Chrétiens jusqu'aux montagnes qui séparent la Vieille de la Nouvelle Castille. Voulant rétablir les villes détruites par les Sarrasins, et désirant élever une barrière contre leurs invasions, il augmenta les impôts, ce qui occasionna quelques murmures. Les comtes de Castille, vassaux du roi de Léon, qui jouissaient d'une grande influence parmi les princes chrétiens de second ordre, saisirent cette occasion pour tenter de se rendre indépendants. Mais Ramire marcha sur la Castille avec une armée bien disciplinée, et après avoir dissipé la ligue qui s'était formée, il fit arrêter les comtes Ferdinand Gonzalès et Diégo Nuguez, les chefs des conjurés, et il les envoya prisonniers à Léon. Ramire, au lieu de punir les coupables, préféra leur faire entendre raison en leur démontrant sans peine que c'était par l'union des Chrétiens d'Espagne qu'on pouvait éviter de tomber sous le joug des Musulmans. Gonzalès et Nuguez s'étant laissé convaincre, on leur rendit la liberté, et pour consolider l'alliance, Ramire fit épouser à son fils Ordogno Urraque, fille de Gonzalès. Après avoir rétabli l'ordre à l'intérieur, Ramire reprit les hostilités contre les Musulmans. Il marcha contre eux, et les ayant atteints sous les murs de Talaveira, il leur fit essuyer de nouveau une sanglante défaite. Cependant Ramire II ne jouit pas longtemps du fruit de ses victoires. Sentant sa fin approcher, il fit reconnaître son fils Ordogno pour son successeur. Il mourut peu de jours après, regretté de ses sujets qu'il avait gouvernés pendant vingt ans. Ordogno III n'avait été élu qu'en reconnaissance du règne glorieux de son père; mais on ne tarda pas à reconnaître qu'il était digne de la couronne. Ce prince sut déjouer les complots de ses ennemis intérieurs et vaincre les ennemis de son pays. Son beau-père Gonzalès était au nombre de ceux qui voulaient détrôner le roi de Léon. Ordogno parvint à déjouer les projets des rebelles sans effusion de sang; mais il fut tellement irrité contre Gonzalès, qu'il répudia sa fille Urraque et épousa Elvire, appartenant à l'une des plus nobles familles de la Galice. Malheureusement une fièvre mortelle arrêta Ordogno III au milieu de sa carrière; il mourut laissant un fils qu'il avait eu de son dernier mariage. Il avait régné 5 ans. Sanche Ier, dit le *Gros*, oncle du jeune prince, fut proclamé roi de Léon, mais il ne sut pas se maintenir sur le trône, et Gonzalès y fit monter Ordogno IV, dit le *Mauvais*. Sanche, obligé de fuir, vint chercher un refuge à la cour de Garcie II, son oncle, roi de Navarre.	941 946 955	**Edmond Ier** Edmond, frère et successeur d'Athelstan, soumit les Danois Northumbres, et les força de nouveau à embrasser le christianisme qu'ils avaient abandonné. Il prit aux Bretons le Cumberland. Son règne fut de courte durée; Edmond ayant reconnu un jour dans la salle où il mangeait un voleur qu'il avait condamné à l'exil, et lui ayant en vain ordonné de sortir, transporté de fureur, il s'élança sur lui; mais le voleur tira son poignard et lui porta un coup mortel. Ses fils n'étant pas en âge de régner, Edred, son frère, lui succéda. **Edred.** Comme ses prédécesseurs, ce roi fut contraint, dans l'intérêt de son autorité, de se préoccuper d'abord de réprimer les Danois du Northumberland; il porta dans leur pays le ravage et l'incendie, et afin de prévenir de nouveaux soulèvements, il y laissa des garnisons sous les ordres d'un gouverneur anglais. La dévotion fut la qualité la plus remarquable de ce prince, et le célèbre abbé Dunstan, qui était le directeur de sa conscience, fut entièrement chargé des affaires du royaume. C'était un homme hardi, entreprenant, et dont la piété, quoique sincère, ne put adoucir le caractère; il appartenait à la catégorie de ces hommes dont les intentions sont toujours droites, mais qui cependant troublent quelquefois les États par leurs préjugés opiniâtres. Sous le dernier règne, Dunstan, neveu de l'archevêque de Cantorbery, se voyant soupçonné à la cour d'avoir une existence licencieuse, alla s'enterrer dans une petite cellule, où il ne pouvait même pas s'étendre pour dormir; aussi le roi, convaincu de sa sainteté, lui donna toute sa confiance. C'est vers cette époque que les moines établirent la punition de la discipline. Le roi la recevait souvent de la main de l'abbé Dunstan. Du reste, malgré quelques défauts et quelques erreurs qu'on peut reprocher à l'abbé Dunstan, il est compté, à juste droit, au nombre des saints. Les prêtres et les moines anglais avaient été jusqu'alors libres de se marier; Dunstan établit une réforme monastique qui les obligeait au célibat. L'ordre de saint Benoît, répandu dans le midi de l'Europe, astreignait les religieux à la même règle. Les nouveaux moines s'élevèrent bientôt contre la conduite du clergé séculier; celui-ci, privé des bénéfices que l'on accordait aux bénédictins, éclata à son tour en violentes invectives, et cette animosité réciproque fit naître de grands troubles dans le royaume; mais la mort du roi, survenue à cette époque, changea la face du gouvernement.

DATES.	GERMANIE (Allemagne).	DATES.	ITALIE.	DATES.	EMPIRE D'ORIENT.

GERMANIE (Allemagne).

Henri, pardonné de nouveau par Othon, ne tarde pas à se liguer avec les Saxons, qui, en raison d'un tribut que le roi leur refuse, conspirent contre sa vie. Tout est organisé pour assassiner Othon, et Henri, son frère, est à la tête de cet infâme complot, heureusement la conspiration est découverte, et les criminels sont punis de mort.

947 — Ce dernier crime fut encore pardonné à Henri, et même, à la mort de Berthold, duc de Bavière, arrivée en 947, Othon donna le duché à son frère Henri, au préjudice des fils d'Arnould, qui réclamèrent en vain leur héritage.

Sans doute par imitation et pour suivre les errements de Charlemagne, Othon, lorsque la tranquillité fut rétablie dans son royaume et qu'il eut soumis ses vassaux à sa puissance, s'occupa de porter la guerre chez les peuples ennemis de ses États. Othon, animé d'un zèle religieux mal entendu, force ensuite les peuples vaincus à adopter le christianisme. On baptise les Slaves, on érige des évêchés à Havelberg et à Brandebourg; on ne s'occupe pas des sentiments intimes de ces nouveaux chrétiens; ils en portent le nom; cela suffit au vainqueur.

Othon aurait dû être satisfait de son pouvoir et de l'élévation de sa famille; son frère Henri possédait la Bavière; son gendre, Conrad le Sage, la Lorraine; Ludolfe, son fils, était héritier d'Herman, duc de Souabe, dont il avait épousé la fille. Il ambitionnait cependant un nouvel honneur.

951 — Bérenger II, roi d'Italie, qui, dit-on, avait empoisonné Lothaire, voulait qu'Adélaïde, veuve de ce dernier, se mariât avec Adalbert, son fils. Adélaïde, repoussant avec horreur cette proposition, appela Othon à son secours. L'empereur, qui était veuf, accepta, flatté d'acquérir en même temps une couronne et une femme que la renommée disait accomplie au physique ainsi qu'au moral.

En peu de temps il délivre Adélaïde, chasse Bérenger, s'empare de Pavie et devient l'époux de la veuve de Lothaire.

952 — Cependant Bérenger ayant fait acte de soumission et prêté serment de fidélité au monarque, reçut l'Italie à titre de fief.

Othon se croyait au comble du bonheur, mais à peine les fêtes de son mariage étaient-elles terminées que des troubles vinrent changer sa joie en deuil. Son fils Ludolfe désapprouvant le mariage de son père, fait les préparatifs d'une guerre civile à laquelle se joignent tous les mécontents du royaume; Conrad lui-même embrasse le parti de son beau-frère. Othon les attaque avec tant de vigueur que les rebelles sont forcés de demander grâce; il veut pardonner à son fils Ludolfe et à son gendre Conrad, à la condition **954** qu'on lui livrera les principaux conseillers. Les deux princes refusant un pardon aussi honteux, reprennent aussitôt les armes; mais Othon triomphe encore, et les princes sont de nouveau en sa puissance. Cette fois le monarque, plus juste, se contenta, comme sujets rebelles, de priver de leurs duchés son fils et son gendre.

ITALIE.

Jamais on ne vit autant de schismes pour la possession du trône pontifical qu'à cette époque déplorable; chaque jour amenait un anti-pape, suivant les désirs des factions de Rome, ou des ducs d'Italie, des princes étrangers. Une soif effrénée de pouvoir s'était emparée de tout le monde, tous les moyens étaient bons pour y arriver.

Ces douloureuses circonstances qui pesèrent sur l'Italie, nous prouvent combien il est difficile de remettre la société sur des bases solides, lorsque ces bases ont été bouleversées; souvent la lassitude des peuples les conduit à former un gouvernement régulier; plus souvent encore le calme d'une nation est rétabli par l'ascendant d'un grand homme; c'est ce qui arriva en Italie sous la domination d'Othon.

943 — Cependant sur les instances de Lothaire, fils de Hugues de Provence, les Milanais avaient consenti à prendre ce jeune prince pour roi; mais, étant mort peu de temps après, **949** Bérenger II, avec son fils Adalbert, fut couronné roi d'Italie.

Les calamités sous lesquelles l'Italie gémissait n'auraient point encore fini, si les peuples, excédés par la tyrannie de Bérenger, n'eussent suivi les conseils du pape et recouru à un roi puissant qui, en les délivrant de leurs princes, ou plutôt de leurs oppresseurs, mit fin à leurs malheurs: ce fut Othon, le grand roi d'Allemagne.

Le roi d'Allemagne jouissait dans toute l'Europe d'une réputation qui ne le cédait en rien à celle de Charlemagne; aussi les conseils que le pape donnait aux Italiens étaient commandés, non-seulement par les circonstances, mais encore par les qualités du roi qui en était l'objet. Une cause particulière vint se joindre à l'influence du pape pour décider Othon à écouter les propositions qui lui furent faites.

951 — Adélaïde, veuve de Lothaire, possédait la ville de Pavie, qui lui avait été assignée pour son douaire; Bérenger fit proposer à cette princesse, alors jeune et belle, d'épouser son fils Adalbert. Sur son refus, il l'assiégea dans Pavie, parvint à se rendre maître de sa personne, et il l'envoya, comme prisonnière, dans le château de Garda. Adélaïde sut se procurer elle-même sa liberté, et ensuite elle fit offrir à Othon de l'épouser en lui cédant les droits qu'elle avait sur l'Italie. Othon, à qui la renommée avait appris qu'Adélaïde était aussi parfaite au physique qu'au moral, n'hésita pas à partir pour l'Italie, afin de la secourir; il arrive avec une armée nombreuse et délivra la veuve de Lothaire.

Le roi Othon ayant pu juger par lui-même du mérite et des agréments de cette princesse, n'hésita pas à l'épouser et il l'emmena avec lui en Allemagne.

952 — Othon en quittant l'Italie chargea Conrad, duc de Lorraine, de soumettre Bérenger et son fils; ceux-ci vaincus se rendirent alors en Allemagne et firent à Othon serment de fidélité. Le roi d'Allemagne les confirma dans la possession de leurs États, à l'exception du Véronais et du Frioul, qu'il donna à son frère, Henri, duc de Bavière.

EMPIRE D'ORIENT.

Constantin VII.

944 — Constantin VII, maître de nouveau du pouvoir, expulsa toutes les créatures de Romain. Craignant aussi l'ambition de ses fils, il les fit enfermer dans un monastère.

Constantin était alors âgé de quarante ans. Pendant vingt-cinq ans que Romain avait gouverné l'empire, il s'était appliqué, lui, à l'étude des sciences; aussi le premier soin de ce prince, lorsqu'il se vit maître du pouvoir, fut de choisir les plus habiles professeurs de philosophie, de rhétorique, de géométrie et d'astronomie; il donna l'inspection de ces études aux premiers personnages de l'empire. Il s'occupait d'art plus qu'il ne convenait à un souverain de le faire. Sans avoir eu de maîtres pour le diriger, il était devenu le plus habile peintre de son époque; il était aussi très-connaisseur en architecture et fort capable de bien sculpter; il était connaisseur dans la fonte et la fabrique des métaux, et dans tous les ouvrages que le luxe honore; de plus il s'entendait parfaitement à la construction des vaisseaux; il aimait la musique et il composait lui-même les chants de l'Église. Les fêtes solennelles prirent, sous son règne, plus d'éclat et de célébrité. C'eût été un grand artiste, ce fut un médiocre empereur.

L'empereur ordonne, par un édit, que toutes les acquisitions faites depuis la mort de son père, et qui se trouveraient entachées d'injustice, fussent annulées; il allait lui-même visiter les prisonniers, et souvent il en mettait en liberté.

Il s'occupa beaucoup aussi de l'instruction de son fils, Romain II. Pendant les dernières années de sa vie, ce fut pour lui qu'il composa une description générale des provinces de l'empire, tel qu'il était alors, et un traité de l'administration où l'on trouve des traits remplis de sagesse.

Malheureusement, la faiblesse de son caractère le rendit l'esclave de sa femme et de son chambellan Basile, qui tous deux vendaient les places pour emplir leurs caisses.

956 — Vers la fin du règne de Constantin, l'empire remporta plusieurs victoires sur les Sarrasins; le patrice Basile coula à fond une flotte qui venait d'Afrique au secours de la Sicile.

Chabdan, général des Sarrasins d'Orient, était alors l'ennemi le plus redoutable de l'empire; son nom seul jetait la terreur dans l'armée grecque. Nicéphore parvint à ranimer le courage des soldats; aussi, avec des troupes peu nombreuses, il battit les émirs d'Alep, de Tarse et de Tripoli. Tandis qu'il faisait la guerre en Syrie, son frère, Léon, pénétrait jusqu'à l'Euphrate et se rendait maître de la ville de Samosate. Ce fut dans cette expédition que Jean Zimiscès donna les premières preuves de ses talents militaires.

Mais l'armée impériale reçut un grand échec dans l'île de Crète; cependant les califes de Bagdad et d'Afrique firent des propositions de paix à l'empereur, qui les accepta.

DATES.	ROYAUME DES FRANCS.	DATES.	ESPAGNE.	DATES.	ANGLETERRE.
	Étudier l'histoire, sans se préoccuper de remarquer les différents changements qui s'opèrent dans les mœurs, serait charger sa mémoire de noms et de dates sans utilité réelle. Nous allons, par conséquent, dire quelques mots sur le régime féodal et sur l'état de la nation française au moment où la race des Capétiens va monter sur le trône de Charlemagne. Nous avons vu cette nation, libre sous ses premiers rois, n'ayant pour seigneur que le roi lui-même; mais à l'époque où nous sommes arrivés, elle n'est plus reconnaissable, la servitude s'est établie insensiblement et elle est devenue générale. Une des causes qui ont conduit les Francs à ce triste résultat, c'est le droit qu'ont eu les puissants et les riches, de réduire à la servitude les rebelles et les débiteurs insolvables. Les seigneurs n'ont cherché qu'à multiplier le nombre de leurs esclaves; aussi graduellement la France est arrivée au point de n'être composée que de seigneurs et de serfs, à l'exception de quelques villes qui ont toujours combattu pour conserver leurs priviléges. A cette époque on distinguait plusieurs genres de servitude; les esclaves domestiques étaient attachés à la maison du seigneur; les autres, qu'on appelait *serfs*, étaient attachés à la glèbe ou aux domaines; ces derniers ne pouvaient, ni quitter la terre de leur seigneur, ni se marier sans en avoir obtenu la permission de leur maître; on comprend alors qu'il n'y eut plus dans le cœur de ces malheureux, le plus léger sentiment patriotique; que faisaient à ces esclaves la gloire ou la honte de leur pays! D'un autre côté, chaque seigneur n'étant préoccupé que du soin d'étendre son autorité, comptait pour rien l'intérêt de l'État, et même le repoussait lorsqu'il était opposé à son intérêt personnel. Charles le Chauve, par des concessions funestes, avait autorisé la licence et en quelque sorte l'indépendance des feudataires ou des vassaux. Le plus grand nombre n'étaient tenus envers leurs souverains qu'à quarante jours de service militaire; encore fallait-il que ce fût pour une guerre générale et contre des ennemis étrangers. Même sous la première race, les rois, pour s'attacher les grands ou les leudes, s'étaient accoutumés à leur donner des portions du domaine de la couronne; c'est ce qu'on appelait *bénéfices*; ils imposaient l'obligation du service militaire, et le roi pouvait les reprendre. Ces bénéfices devenus enfin héréditaires, multipliés à l'infini par l'usurpation des seigneurs, laissèrent la couronne si pauvre, qu'il ne lui restait que Laon et quelques possessions. Il est vrai que la propriété des fiefs était censée appartenir au suzerain dont ils relevaient; c'était un bien petit avantage, puisqu'il laissait toute la puissance au possesseur. Comme le gouvernement féodal, établi sous cette seconde race, n'obligeait pas moins le seigneur à défendre ses vassaux que les vassaux à combattre pour le seigneur, on avait	955 956	Trois monarques vertueux avaient rendu le nom d'Ordogno cher aux Chrétiens; l'usurpateur le déshonora par une conduite qui lui fit donner, avec justice, le surnom de *Mauvais*. Ordogno IV, neveu de Ramire II, et fils d'Alphonse l'Aveugle, n'avait ni le génie de son oncle, ni les vertus de son père; il épousa Urraque, femme répudiée d'Ordogno III, et Gonzalès vit pour la seconde fois sa fille sur le trône de Léon. Le comte de Castille espérait que par reconnaissance son gendre consentirait à ériger ses domaines en principauté indépendante; mais le trône d'Ordogno, souillé par ses vices et par ses cruautés, fut bientôt renversé, et Gonzalès perdit l'espérance de voir réaliser ses ambitieux projets. Sanche le Gros étant malade, était allé à la cour de Cordoue consulter les médecins arabes qui faisaient renaître la science médicale en Europe. Son rétablissement fut si complet qu'il se sentit capable de supporter le poids de la couronne. Abdérame III épousa la cause de Sanche, qui fut soutenu par le roi de Navarre, Garcie II. A l'approche des deux armées chrétiennes et musulmanes, les villes s'ouvrirent, et Ordogno IV, chargé d'imprécations, se réfugia chez le gouverneur maure d'Aragon. Gonzalès, ayant tenté le sort d'une bataille pour soutenir la cause de son gendre, fut vaincu et fait prisonnier dans les plaines d'Aronia. Cette défaite ruina les espérances de son parti, et Sanche Ier, dit le Gros, remonta sur le trône.	955 960 960	**Edwy.** Ce fut Edwy, neveu d'Edred, qui lui succéda sur le trône. Ce jeune prince était âgé de 17 ans; il épousa une princesse nommée Elgive, qui était sa parente au troisième ou quatrième degré. Les nouveaux moines virent avec peine ce mariage et cherchèrent vainement à le faire rompre. Dunstan et Odon, archevêques de Cantorbéry, traitèrent outrageusement la princesse le jour de son couronnement. Edwy, irrité, saisit cette occasion pour demander compte à Dunstan des finances qu'ils avait administrées sous le règne précédent; celui-ci refusa de s'expliquer et il fut condamné à l'exil. L'archevêque Odon entreprend de venger le ministre par une indigne violence; des soldats envoyés par son ordre, s'emparent d'Elgive, lui brûlent le visage avec un fer chaud, et l'emmènent en Irlande. Quelque temps après, l'infortunée princesse reprend la route de l'Angleterre, mais le cruel archevêque la fait arrêter et soumettre à un horrible supplice dont elle mourut. Quelques factieux se soulevèrent, et se déclarèrent en faveur d'Edgar, frère d'Edwy, qui n'avait encore que 12 ans. Dunstan, revenu en Angleterre, embrassa le parti d'Edgar, et fut fait à la fois évêque de Worcester, évêque de Londres et archevêque de Cantorbéry. Edwy mourut dans l'infortune. **Edgar.** Si une révolte contre l'autorité suprême pouvait être justifiée, le mérite d'Edgar trouverait facilement grâce devant la postérité. Il fut ami de la paix et il sut la procurer à son royaume en se trouvant toujours en mesure de faire la guerre. Il établit des troupes bien disciplinées pour veiller sur les mouvements des Danois et des Écossais; de plus une flotte redoutable faisait souvent le tour du royaume. Toutes ces sages mesures eurent l'avantage de contenir les sujets dans le devoir et les ennemis dans une crainte salutaire. Le mariage d'Edgar avec Elfride fut précédé d'un incident qui mérite d'être rapporté. Elfride était la fille et l'héritière du comte de Devon, l'un des plus grands seigneurs du royaume; quoique cette jeune personne n'eût jamais paru à la cour, sa beauté y était célèbre; Edgar pensa sérieusement à l'épouser, mais ne voulant rien confier au hasard, il chargea Athelwold, son favori, d'aller chez le comte sous un prétexte quelconque, afin de s'assurer que la beauté de la jeune Elfride était à la hauteur de sa réputation; Athelwold fut pris d'une si violente passion pour la fille du comte qu'elle fit taire la voix du devoir. Après avoir persuadé à son roi qu'Elfride n'était qu'une jeune fille fort ordinaire, Athelwold obtint son consentement pour l'épouser lui-même, en disant à Edgar que l'héritage du comte de Devon était assez beau

DATES.	GERMANIE (Allemagne).	DATES.	ITALIE.	DATES.	EMPIRE D'ORIENT.

GERMANIE (Allemagne).

955 — Cependant la dernière guerre civile avait réveillé l'avide fureur des Hongrois; ils envahirent la Lorraine et la ravagèrent. Ils retournaient chez eux chargés de butin lorsque Othon marcha à leur rencontre, et les ayant joints sur le Lech, aux environs d'Augsbourg, il leur fit essuyer la défaite la plus complète. Tous les princes hongrois faits prisonniers furent pendus. Cette victoire délivra pour longtemps l'empire des invasions de ces Barbares.

Bérenger, pensant qu'Othon était trop occupé chez lui pour songer aux affaires des autres pays, donna carrière à sa vengeance sur tous les partisans de la maison de Bourgogne et même sur les ecclésiastiques qu'il supposait lui être contraires.

Mais à peine Othon eut-il châtié les Hongrois que, pressé par la reine Adélaïde et sollicité par Jean XII, il envoya son fils Ludolfe à la défense des Italiens; ce prince ayant été tué à la fleur de l'âge, Othon courut lui-même à la défense de l'Italie.

961 — A son approche, toutes les villes reconnurent son autorité, il vainquit sans être obligé de combattre. Il fut proclamé roi d'Italie dans la ville de Milan.

962 — L'année suivante, Othon fit son entrée dans Rome; après avoir juré de faire rendre au Saint-Siége les biens qui lui avaient été enlevés, et confirmé ensuite les donations de Pepin et de ses successeurs, il reçut le serment du pape et du peuple qui promirent de lui rester fidèles, de ne donner aucun secours ni à Bérenger ni à son fils. Othon fut couronné empereur.

963 — On ne sait pas au juste pour quelle raison le pape ainsi que le peuple qui venaient de jurer fidélité à l'empereur, s'empressèrent, lorsqu'il fut parti, de rappeler Adalbert, qui était en Corse, et de s'unir à lui pour chasser les Allemands de l'Italie.

Othon, pendant ce temps-là, assiégeait Bérenger dans Mont-Léon; il ne peut croire d'abord à un semblable parjure; mais il en obtient la certitude, et alors avec une partie de ses troupes il marche à la hâte droit sur Rome. Le pape ne l'attendit pas; il se sauva en Campanie avec Adalbert.

Les Romains, toujours inconstants, accueillent Othon avec des transports de joie, ils lui jurent de nouveau fidélité, et s'engagent par les serments les plus solennels à ne jamais élire un pape sans son consentement ou celui de ses successeurs. C'est de cette époque que les empereurs fondèrent leurs droits de souveraineté dans Rome, ainsi que sur les papes dont l'élection dépendait de leur consentement.

Pour se concilier les Romains et paraître user de clémence, Othon ne voulut point exercer sa vengeance sur Jean XII; mais afin de satisfaire tout à la fois sa haine et conserver l'apparence de la justice, il en appela à un concile pour juger la conduite du pape envers lui. Aussitôt les accusateurs se présentent en foule, les crimes les plus affreux sont imputés à Jean XII. On le dépose, et on élit à sa place Léon VIII, homme d'une grande vertu.

ITALIE.

Mais à peine rentrés dans la possession de leurs États, Bérenger et son fils, oubliant leurs promesses, recommencèrent à conspirer contre le roi d'Allemagne et à écraser de leur tyrannie l'Italie entière. Le pape, les évêques et les seigneurs portèrent leurs plaintes à Othon et le supplièrent de repasser les monts pour les délivrer des persécutions de Bérenger et d'Adalbert, lui offrant le royaume d'Italie et la couronne impériale. Valpert, archevêque de Milan, l'assura qu'il était prêt à le couronner et à l'oindre roi; et, pour donner encore plus de poids à leurs promesses, ils envoyèrent au roi d'Allemagne une ambassade solennelle.

961 — Othon, entraîné par des offres aussi séduisantes, se disposa à rentrer en Italie avec une armée considérable. Bérenger et son fils firent de leur côté quelques préparatifs de défense et rassemblèrent leur armée à Trente pour y disputer le passage aux Allemands; mais l'armée, outrée d'indignation par la tyrannie de Bérenger, se débanda, et Othon s'avança sans obstacle et entra à Pavie en triomphateur. Le roi d'Allemagne se rendit dans une diète de grands seigneurs du royaume, convoquée à Milan, où il fut couronné roi de Lombardie et d'Italie; on mit sur sa tête la couronne de fer que l'on conservait soigneusement dans la cathédrale de Monza.

962 — Othon se rendit ensuite à Rome, où le pape Jean XII le couronna empereur d'Occident. Il acheva de soumettre les faibles restes du parti de Bérenger. Bérenger, vaincu, se soumit et fut envoyé, avec sa femme Guilda, à Bamberg, où il mourut. Avec lui s'éteignirent les dynasties italiennes, et l'empire d'Occident se raffermit dans la personne d'un prince allemand. Quant à Adalbert, il ne put jamais parvenir à relever sa fortune.

Othon Ier, dit le Grand.

963 — Othon, non content de régner sur la partie de l'Italie qui représentait l'ancien royaume des Lombards, ambitionnait la possession de l'Italie entière. Les empereurs d'Orient possédaient encore dans ces pays des territoires importants : Naples, Gaëte, Amalfi et quelques autres villes se maintenaient en république, sous la protection de Constantinople; les ducs de Capoue, de Bénévent et de Salerne avaient reconnu l'autorité des empereurs d'Orient, et les papes gouvernaient comme des princes indépendants. Othon, pour arriver à ses fins, sut se ménager un pouvoir absolu dans Rome en déposant le pape Jean XII, qui avait favorisé le parti d'Adalbert contre lui, et il fit nommer à sa place Léon VIII; alors les ducs, effrayés de la puissance d'Othon, abandonnèrent tout à fait les empereurs d'Orient et lui jurèrent obéissance; les petites républiques en firent autant;

EMPIRE D'ORIENT.

Au milieu des bonnes qualités que la postérité reconnaît à Constantin VII, il se trouve de grands vices. On dit que ce prince confiait légèrement les emplois les plus importants à des hommes incapables de les remplir, et quelquefois même à des hommes déshonorés; on dit aussi qu'il aimait trop le vin et à bien vivre.

On raconte que quand ce prince donnait un repas aux grands de l'empire, on dressait dix-neuf lits dans une vaste salle, les convives mangeaient couchés selon l'usage antique; on y était servi en vaisselle d'or. Le dessert était apporté dans trois grands vases d'or très-pesants, soutenus sur deux brancards; trois cordes dorées tenaient aux anses de ces vases et descendaient de la voûte; sur le toit, une machine était établie pour amener ces vases sur la table. On ajoutait à cet appareil des jeux et des tours de bateleurs pour l'amusement des convives.

Tout était en paix dans l'empire lorsque Constantin, légèrement indisposé, prit du poison dans une médecine; c'était son fils, Romain, qui le lui avait fait donner. Il vécut encore pendant une année, mais dans un grand état de langueur;

959 — il était âgé de 55 ans. Quoique son règne porte 48 ans, il n'avait réellement gouverné que pendant 15 ans.

Romain II.

Romain II, surnommé le Jeune, succéda à son père. Cet empereur ne fut occupé que de ses plaisirs; mais les généraux Nicéphore Phocas et Léon, son frère, se rendirent célèbres par leurs exploits : le premier s'empara de l'île de Crète,

961 — le second remporta une grande victoire en Galatie sur les Sarrasins commandés par Chabdan.

963 — Ce prince ne régna que trois ans et quatre mois. On croit que Théophanie, sa criminelle épouse, lui fit prendre le même poison qu'elle l'avait engagé à donner à son père.

L'empereur, en montant sur le trône, s'était déchargé de toutes les affaires sur son grand chambellan Bringas.

Romain le Jeune laissa deux fils, Basile et Constantin, presque encore au berceau. L'empereur, en mourant, les avait nommés tous les deux pour ses successeurs.

En raison de leur excessive jeunesse, l'impératrice prit les rênes du gouvernement; cette princesse fit aussitôt revenir Nicéphore à Constantinople. Peu après, nommé général des troupes en Asie, Nicéphore retourna en Cappadoce. En son absence, Bringas, premier ministre, écrivit à Jean Zimiscès et à Romain Curcuas, deux de ses principaux officiers, pour s'engager à l'assassiner; mais ils avertirent Nicéphore et l'exhortèrent à se faire nommer empereur.

963 — Après avoir été proclamé, en effet, par l'armée d'Orient, Nicéphore se mit en marche pour Constantinople; ensuite il se rendit à l'église de Sainte-Sophie, où le patriarche Polyeucte lui mit la couronne impériale sur la tête.

DATES.	ROYAUME DES FRANCS.	DATES.	ESPAGNE.	DATES.	ANGLETERRE.

ROYAUME DES FRANCS.

changé en fief la plupart des terres libres ou des francs-al-leux, afin de se ménager une protection nécessaire.

Les maîtres des francs-alleux s'en dépouillaient entre les mains du prince, ou de quelque seigneur puissant, pour les recevoir de lui à titre de fiefs avec les obligations du service féodal, et on préférait généralement les grands vassaux au monarque lui-même; ainsi, le titre de *baron* par lequel on les désignait, parut quelquefois préférable à celui de prince, et les baronnies renfermèrent une infinité de fiefs inférieurs. Les biens ecclésiastiques étant plus respectés que les autres, l'Église vit augmenter de jour en jour le nombre de ses feu-dataires.

En résumé, la possession des terres fut tout; elle donna valeur à l'homme; elle constitua la condition civile et po-litique.

La dépendance du vassal envers le seigneur était repré-sentée par *l'hommage*, en retour duquel le vassal recevait du seigneur *l'investiture* ou le droit de posséder. L'hom-mage était *simple* ou *lige*. Le seigneur avait encore sur lui *droit de relief, droit de rachat, droit de forfaiture*. Il était chargé de la tutelle de son vassal mineur, et il pouvait ma-rier à l'un de ses hommes l'héritière d'un fief.

La féodalité, née des coutumes germaniques, fut établie dans la Gaule à l'époque de la conquête des Francs, et devint triomphante au dixième siècle. Ce n'était pas une constitution régulière, c'était seulement un assemblage de coutumes nées de besoins sociaux, adaptées aux hommes et aux choses de cette époque, qui furent consenties, adoptées et consacrées par l'usage universel.

Au commencement du régime féodal, les aristocraties laïque et cléricale constituaient seules la nation; elles étaient toutes deux nombreuses et égales en puissance.

Des cent États féodaux qui existaient, huit étaient supé-rieurs aux autres par la puissance et l'étendue; c'étaient : 1° le comté de Flandre; 2° le comté de Vermandois; 3° le comté de Paris; 4° le duché de Normandie; 5° le duché de Bourgogne; 6° le duché d'Aquitaine; 7° le duché de Gas-cogne; 8° le comté de Toulouse.

Les huit souverains de ces États, égaux entre eux, recon-naissaient à peine la suprématie morale du roi de France. Isolés, étrangers, et souvent même ennemis, ces souverains n'avaient entre eux aucun droit, aucun devoir; ils étaient suzerains d'autres souverains : ainsi les ducs de Bretagne relevaient nominalement des ducs de Normandie; les comtes d'Angoulême, de la Marche, du Périgord, des ducs d'Aqui-taine; les comtes d'Armagnac et de Bigorre, des ducs de Gascogne, etc.

Ces vassaux étaient à leur tour suzerains d'autres vassaux, égaux aussi entre eux, lesquels étaient seigneurs d'arrière-vassaux.

A cette époque, tous les genres de maux fondirent sur la

ESPAGNE.

961 — Vers cette époque mourut Abdérame III. La pompe et la profusion de ce prince doivent avoir excité d'autant plus l'étonnement de ses contemporains qu'elles ont presque sur-passé la croyance de la postérité. Il ne marchait jamais qu'accompagné de douze mille cavaliers vêtus avec une éclatante somptuosité guerrière et armés de cimeterres à poignée d'or. Les présents que lui fit son favori; Abou-Malic, lorsqu'il l'éleva aux fonctions de grand vizir, parais-sent incroyables. Cependant, ou ne peut le révoquer en doute, à l'aspect des magnifiques constructions qui ont servi de résidence aux califes dans les anciennes capitales de leurs diverses dominations : Grenade, Séville, Murcie et Cordoue. Mais le palais d'Arizapba, qu'il fit construire à trois lieues de Cordoue pour sa sultane favorite, Zehra, pa-raît avoir été le monument le plus prodigieux.

L'édifice était soutenu par environ douze cents colonnes de marbre d'Espagne et d'Afrique, d'Italie et de Grèce. La salle d'audience était incrustée d'or et de perles. Selon les historiens, le prestige des charmes de Zehra surpassait en-core le spectacle de toutes ces richesses. Les Musulmans venaient contempler avec une espèce de ravissement la beauté céleste de sa statue, placée au-dessus de la principale porte du palais. Il ne reste plus aujourd'hui aucune trace de ce superbe monument, dont la construction a coûté tant de trésors.

Cependant le possesseur de tant de biens n'était pas heu-reux; on a trouvé dans le cabinet d'Abdérame, après son décès, un mémoire authentique où il écrivait lui-même cet aveu mémorable.

Il y a, dit ce prince, *plus de cinquante ans que je règne victorieux ou en paix, aimé de mes sujets, redouté de mes ennemis ; puissance et plaisir, tout a prévenu mes désirs, et il semble qu'aucun bonheur terrestre n'a manqué à ma féli-cité. Dans cette situation, j'ai compté avec soin les jours où je me suis trouvé réellement et parfaitement heureux ; le nombre ne va pas au delà de quatorze.*

Abdérame III, surnommé le *protecteur des cultes*, dont le royaume comprenait le Portugal, l'Andalousie, les royaumes de Grenade, de Murcie, de Valence et la plus grande partie de la Nouvelle-Castille, eut pour successeur son fils Hakem II.

Dans l'espace d'environ cinquante ans, à partir de la mort d'Abdérame, le royaume de Cordoue est dissous, et la dynastie des Ommiades, qui avait régné trois siècles, est renversée.

967 — Sanche le Gros, rétabli sur le trône de Léon, employa toujours l'indulgence pour ramener à lui ses ennemis; mais il finit par être victime de sa générosité : un officier à qui il avait confié la garde des frontières du Portugal l'avait trahi; il lui pardonna. Ce misérable, pour qui la reconnaissance était un poids trop lourd, l'empoisonna.

ANGLETERRE.

pour tenter un sujet du roi, et pour le faire se contenter d'une beauté vulgaire.

Cependant, quoique Athelwold cachât au fond d'une pro-vince son trésor, le roi entendit encore vanter de nouveau la beauté d'Elfride; il conçut des doutes et il voulut les éclair-cir; il dit à son favori qu'il désirait lui rendre visite dans son château et faire connaissance avec son épouse. Athelwold effrayé court révéler toute la vérité à Elfride, la conjurant d'employer son esprit et son adresse à paraître aux yeux du roi telle qu'il la lui avait dépeinte. Elfride fit le contraire de ce que son époux lui demanda; le roi dissimula sa colère; mais, dans une partie de chasse, il poignarda lui-même Athelwold, et ensuite il épousa sa veuve.

Comment concilier ces actions avec les vertus que l'on accorde à Edgar? C'est que dans ce siècle la superstition prenait la place de la religion, et qu'enrichir les églises et les monastères suffisait souvent pour obtenir une réputation de sainteté. Défions-nous donc des époques où dominent les superstitions, qui n'enfantèrent jamais la saine morale.

Les privilèges qu'il accorda aux moines contribuèrent beaucoup à la tranquillité du royaume.

Il changea le tribut que lui payaient les Gallois en l'obli-gation de lui présenter tous les ans trois cents têtes de loups, et bientôt, par ses soins, l'Angleterre fut entièrement délivrée de ces animaux.

975 — Edgar n'avait que 33 ans lorsqu'il mourut. Il avait régné 13 ans. Édouard, son fils du premier mariage, lui succéda.

DATES.	GERMANIE (ALLEMAGNE).	DATES.	ITALIE.	DATES.	EMPIRE D'ORIENT.
964 966 969 972	Othon ayant quitté Rome pour soumettre les duchés de Spolète et de Camerino qu'Adalbert possédait encore, les Romains reprennent Jean XII, et déposent Léon VIII. Jean ayant été tué par un seigneur romain, le peuple, oubliant les serments faits à Othon, nomme Benoît V pour succéder à Jean XII sans consulter l'empereur. La mort de Jean ne fait que le soustraire à la vengeance de l'empereur sans éteindre la sédition qu'il a soulevée. Othon était devant Camerino; à la nouvelle de ce bouleversement, l'empereur indigné vient mettre le siége devant Rome, il réduit cette ville à la dernière détresse, et les Romains, pressés par la famine et la rigueur des assiégeants, demandent grâce et l'obtiennent encore une fois. Benoît V fut dépouillé et Léon replacé sur le siége pontifical. Othon, pensant avoir enfin établi son pouvoir sur des bases solides, retourne en Allemagne avec une armée ruinée par la peste et d'autres maladies; mais le désir de faire revivre l'ancienne république romaine, renouvelle les troubles, les massacres; ils élisent un nouveau pape sous le nom de Jean XIII, et les commissaires impériaux sont ignominieusement chassés de la ville. Othon traverse les Alpes, apparaît tout à coup au milieu de Rome et déploie sa vengeance contre les séditieux; les nouveaux consuls sont exilés, et les tribuns sont pendus. Lorsque Othon eut détruit cette nouvelle sédition et reçu l'hommage de divers princes italiens, il fit couronner son fils à Rome; ensuite, pensant qu'une alliance avec l'empereur d'Orient cimenterait sa puissance, il demanda en mariage, pour son fils, Théophanie, fille de Romain II et belle-fille de Nicéphore, empereur d'Orient. Nicéphore repoussa d'abord cette proposition; mais le voisinage d'une armée allemande l'engagea à accepter l'offre de l'empereur. Othon ayant envoyé au-devant de la princesse une escorte, Nicéphore la fit massacrer. Othon, fils d'Othon le Grand, se jette alors sur la Pouille et la Calabre, et fait un horrible carnage des Grecs. Nicéphore ayant été assassiné, Jean Zimiscès s'empara du pouvoir, et se hâta de faire la paix. Théophanie fut conduite à Rome, où elle épousa le fils d'Othon le Grand. L'empereur de retour en Allemagne y mourut sur la fin de l'année 972. Othon Ier fut craint, mais peu aimé des grands, dont il avait réprimé l'ambition; les dernières années de son règne adoucirent cependant aux yeux des Allemands les premières rigueurs qui les avaient révoltés. La fermeté de Conrad et la sagesse de Henri avaient conservé les restes de l'autorité royale, tombée sous les faibles Carlovingiens; la sévérité d'Othon la rétablit et son pouvoir ne fut pas inférieur à celui de Charlemagne. A partir du règne d'Othon le Grand, le royaume de Germanie prit le titre d'empire d'Allemagne.	969 972	Jean XII était fils d'Albéric et petit-fils de Marosie; son père devenu patrice, c'est-à-dire souverain de Rome, par les intrigues de Jean XI, lui avait laissé en mourant toute son autorité. Patrice en 954, élevé l'année suivante sur le siège des apôtres, il réunissait à l'âge de dix-huit ans ces deux grandes puissances sur sa tête. Son esprit était inculte, son caractère hardi et entreprenant. Lorsque Othon eut fait déposer Jean XII, il crut avoir abattu les rebelles; leur soumission passagère lui inspira une confiance qui faillit lui coûter la vie. L'empereur avait renvoyé ses troupes dans l'Ombrie, ne gardant près de sa personne qu'un très-petit nombre de défenseurs. Jean, par ses émissaires, ranime la haine des Romains contre les étrangers. Une conspiration s'organise pour assassiner Othon; mais l'empereur, prévenu assez à temps, battit les traîtres et les mit en fuite. Othon, voulant réduire aussi à sa puissance la Pouille et la Calabre qui obéissaient encore à l'empire d'Orient, demanda pour son fils Othon la main de la princesse Théophanie, fille de Théophanie, impératrice d'Orient. L'empereur Nicéphore, beau-père de cette princesse, après quelques difficultés, feignit d'y consentir, et invita Othon à envoyer une nombreuse escorte dans la Calabre pour y recevoir convenablement la fiancée de son fils; mais Nicéphore ayant aposté des troupes dans les endroits où celles d'Othon devaient passer, en fit un grand carnage. L'empereur d'Occident, indigné d'une pareille lâcheté, marcha avec une puissante armée contre les Grecs, les battit, fit couper le nez aux prisonniers qu'il avait faits et les renvoya dans cet état de mutilation à Constantinople. Les habitants de cette ville, indignés de la lâcheté de Nicéphore et du spectacle de leurs soldats mutilés, se soulevèrent contre l'empereur, le détrônèrent, et l'ayant mis à mort, ils proclamèrent Zimiscès à sa place. Aussitôt sur le trône, le nouvel empereur, pour apaiser Othon, envoya la princesse Théophanie en Italie, où elle épousa le fils de l'empereur d'Occident. Ce mariage mit fin pour le moment à la guerre entre les deux empires. Quoiqu'il ne soit pas tout à fait certain que l'empereur d'Allemagne ait possédé, à titre de dot de la princesse Théophanie, les pays situés dans la Pouille et dans la Calabre que l'empire d'Orient avait encore sous sa domination; on peut dire cependant qu'Othon y exerça une grande autorité, à laquelle les empereurs de Constantinople, soit par crainte, soit par respect, n'opposèrent point d'obstacles. Sous le règne d'Othon Ier les Italiens espéraient vivre en paix et oublier leurs longs malheurs; mais ce prince mourut bientôt après le mariage de son fils et ne put, par conséquent, réaliser les projets qu'il avait conçus pour le bonheur de ses nouveaux sujets. Le règne d'Othon II, quoique de peu de durée, causa néanmoins de grands malheurs à l'Italie.	963 964 966 969 969 969 971 972	**Nicéphore II, dit Phocas.** A peine sur le trône, Nicéphore donna à son père Bardas le titre d'empereur; il fit enfermer Brudgas dans un monastère, et il fit déposer ensuite l'impératrice Théophanie. Cependant Manuel, fils naturel de Léon Phocas, oncle du nouvel empereur, fut complétement battu en Sicile par les Sarrasins, qui lui tranchèrent la tête. Zimiscès, plus heureux, défit plusieurs fois en Cilicie les Sarrasins. Ces événements réveillèrent l'humeur guerrière de Nicéphore; il partit pour la Cilicie avec sa femme et les deux jeunes empereurs; puis il entra en Syrie, se rendit maître de Rhosus, et alla prendre ses quartiers d'hiver en Cappadoce. Au printemps suivant toute la Cilicie tomba sous sa puissance, ce qui le rendit maître de la Syrie. L'émir d'Alep consentit à lui payer un tribut annuel; Tripoli et Damas se rachetèrent par le même moyen; Émèse fut brûlée; il revint ensuite à Constantinople. Cependant Othon Ier ayant demandé en mariage, pour son fils, Théophanie, fille de Romain le Jeune et belle-fille de l'empereur, Nicéphore parut y consentir; mais il manqua bientôt à sa promesse par une infâme perfidie qui contribua à le faire assassiner. Ce prince, le plus grand guerrier depuis Théodose, fut poignardé par Zimiscès, d'accord avec l'impératrice; il était alors âgé de 57 ans et en avait régné 6. **Jean Zimiscès.** Après l'assassinat de Nicéphore, Zimiscès fut proclamé empereur. Quoiqu'il fût d'une très-petite taille, il avait la force d'un géant et le courage d'un héros. Il fit périr tous ses complices, et fit enfermer l'impératrice Théophanie dans un monastère. Le patriarche Polyeucte lui mit la couronne sur la tête, dans l'église de Sainte-Sophie, à la condition qu'il distribuerait aux pauvres tous les biens qu'il possédait avant d'être empereur, et cela en expiation de son crime. Il défit ensuite les Sarrasins qui avaient mis le siège devant Antioche. Zimiscès épousa Théodora, fille de Constantin Porphyrogénète, princesse remplie de vertus. Sous le règne précédent, les Russes s'étaient emparés de la Bulgarie; Zimiscès les attaqua, les défit entièrement, et il les chassa de ce pays. Le mariage de Théophanie, fille de Romain le Jeune, eut lieu avec le fils de l'empereur Othon Ier. Le pape Jean XIII célébra le mariage de cette princesse, la couronna et la nomma Auguste; chaste, spirituelle, elle n'avait de sa mère que le nom et la beauté.

DATES.	ROYAUME DES FRANCS.	DATES.	ESPAGNE.	DATES.	ANGLETERRE.
	France et sur le reste de l'Europe. Le trône et l'autel, les lois et la vérité, les devoirs et la religion s'abîmèrent dans le gouffre de l'anarchie. Les intérêts particuliers venant se heurter avec violence contre l'intérêt général finirent par former un composé monstrueux des débris de l'ancien gouvernement et de l'ancienne discipline; l'ignorance du dixième siècle mit le comble aux malheurs de la nation; tout fut oublié, on ne savait plus ni lire, ni écrire, on ne connaissait plus les possessions que par l'usage, les traités n'étaient plus conservés que dans la mémoire; le clergé seul avait encore quelque teinture des lettres, et c'est lui seul qui pouvait diriger les affaires. Les coutumes avaient changé aussi; la longue chevelure ne servait plus à distinguer les princes; ils portaient les cheveux courts.	967	Les chrétiens d'Oviédo et de Léon, environnés d'ennemis actifs et puissants, avaient toujours cherché dans un souverain l'expérience, la sagesse et la valeur; rarement ils s'étaient trompés dans leur choix, et pendant plus de deux siècles, le sceptre de Pélage avait été confié, à quelques exceptions près, à une succession de guerriers et d'hommes d'État. Soit qu'ils eussent plus de confiance dans leurs propres forces, soit pour honorer la mémoire de Sanche, ils placèrent son fils sur le trône, quoiqu'il n'eût encore que cinq ans. Pendant sa minorité, Thérèse, sa mère, et Elvire, sa tante, gouvernèrent en qualité de régentes. Pendant douze ans que dura la régence de Thérèse et d'Elvire, ces deux princesses donnèrent des preuves de prudence et de vigueur. La paix fut constamment maintenue avec la cour de Cordoue. Les aventuriers normands qui renouvelèrent leurs invasions et leurs brigandages, furent sévèrement châtiés. La retraite de ces barbares ayant été interceptée, leur flotte fut détruite, et tous ceux qui échappèrent au massacre furent réduits en esclavage.		**Edouard II, dit le Martyr.**
977	Cependant, après quelques années un peu plus tranquilles, Lothaire jeta ses vues sur la Lorraine. Regnier, comte de Mons, et Lambert, comte de Louvain, ayant réclamé les armes à la main les fiefs patrimoniaux qui leur avaient été enlevés sous le règne d'Henri Ier, Charles, frère de Lothaire, qui revendiquait aussi des terres en Lorraine du droit de sa mère, Gerberge, soutint les deux comtes, et Lothaire lui-même, qui apercevait dans les troubles de l'empire d'Allemagne l'occasion de s'emparer de la Lorraine, leur prêta son appui. Othon ne pouvant s'opposer à cette ligue, suscita un compétiteur au roi de France. Il offrit à Charles, frère du roi, la Basse-Lorraine, qui comprenait le Brabant et les provinces situées entre le Rhin et l'Escaut jusqu'à la mer, à condition qu'il la tiendrait comme un fief de la couronne de Germanie. Charles, qui n'avait pas d'État, accepta, prêta serment de fidélité à l'empereur et vint s'établir dans la ville de Bruxelles.	979	A l'âge de 17 ans, Ramire III fit valoir ses droits; mais son règne fut déshonoré par ses folles passions. Les vœux de la nation se dirigèrent alors vers Bermude II, fils d'Ordogno III, qui fut revêtu des attributs de la royauté dans la Galice.	975	Elfride, veuve d'Edgar, essaya de placer sur le trône le fils qu'elle avait eu de lui, au préjudice du jeune Édouard qui, par sa naissance ainsi que par les volontés de son père, était appelé à régner. Dunstan et les moines s'opposèrent aux ambitieux projets d'Elfride, et Édouard fut reconnu roi.
978	Lothaire, irrité que son frère se soit rendu vassal de l'empire, ravage la haute Lorraine. Othon de son côté dévaste la France et vient mettre le siége devant Paris; Hugues Capet, fils de Hugues le Grand, défendit la ville en héros. L'empereur s'étant retiré après avoir brûlé un faubourg de la ville, le roi de France se mit à sa poursuite, et le battit complétement au passage de l'Aisne.			978	L'orgueilleuse princesse se vengea cruellement. Un jour qu'Édouard chassait près de son château, elle lui fit offrir des rafraîchissements; au moment où le prince prit la coupe qu'on lui présentait, il tomba percé de plusieurs coups de poignard. On suppose que le titre de martyr, accordé à Édouard, lui vint de ce qu'on lui attribua après sa mort la puissance de faire des miracles, comme ceux des anciens martyrs. Ethelred, fils d'Elfride, lui succéda.
980	Cependant Othon, appelé en Italie par les troubles qui avaient éclaté dans ce pays, s'empressa de négocier la paix avec Lothaire. Le roi de France renonça à la Lorraine, et le duché de Basse-Lorraine fut donné à son frère Charles.				

DATES.	ALLEMAGNE.	DATES.	ITALIE.	DATES.	EMPIRE D'ORIENT.
	Othon II.		**Othon II.**		
972	Othon n'était âgé que de dix-huit ans lorsqu'il succéda à son père. Dès le début de son règne l'empereur eut à lutter d'un côté contre sa propre famille, de l'autre contre les Danois qui s'étaient mis en mouvement dans l'espérance de venger sur le fils les victoires du père; mais Othon, pour la	980	Cependant Basile II et Constantin VIII, empereurs de Constantinople, ayant profité, pour reprendre la Pouille et la Calabre, de la guerre que la Lorraine avait suscitée entre Othon II et Lothaire, roi de France, n'avaient pas craint de s'allier avec les Sarrasins de Sicile et d'Afrique, et ils s'étaient emparés sans obstacle de ces pays.		Zimiscès, devenu tranquille du côté de l'Occident, tourna ses vues vers les Sarrasins-d'Orient; son intention était de leur enlever Jérusalem, ainsi que les conquêtes qu'ils avaient faites en Syrie et en Mésopotamie. Une belle armée traversa l'Asie Mineure, passa l'Euphrate, jeta partout l'épouvante et s'avança vers les sources du Tigre. Le gouverneur de cette contrée rassemble à la hâte tout ce qu'il peut de troupes, et taille en pièces les Grecs. Cette défaite entraîna la perte de toutes les conquêtes de cette campagne.
974	bravoure, était digne de son père; rien ne l'arrête, il égorge tout ce qui s'oppose à sa marche et paraît au milieu du Danemark, précédé de la victoire et suivi de la vengeance. Harold tenta en vain de défendre son pays, tout céda à la fougue du jeune monarque, et la servitude dont Harold voulait délivrer son royaume, fut rivée plus fortement.		Dans ces circonstances, Othon s'empresse de conclure la paix avec le roi de France; il passe ensuite en Italie. Rome et plusieurs autres villes, profitant de l'absence de l'empereur, s'étaient révoltées. Othon soumet les villes qui se trouvent sur son passage et punit les séditieux. Arrivé à Rome, il y déploie sa vengeance contre les rebelles; les principaux factieux, invités à un grand repas, sont poignardés.	974	Zimiscès, peu habitué à de pareils revers, se met lui-même à la tête de ses troupes au printemps suivant; il passe l'Euphrate, entre dans Nisibe, se rend maître d'Amide et de Mictarsys, deux villes opulentes; il retourne ensuite à Constantinople, emportant avec lui d'immenses richesses. Mais à peine était-il dans sa capitale qu'il apprend que les places conquises, depuis l'Euphrate jusqu'au delà du Tigre, dans la
	Les Danois, avant leur révolte contre l'empereur, s'étaient alliés avec Henri, duc de Bavière, surnommé le Querelleur; l'empereur avait exilé ce prince à Ingelheim, mais il s'était enfui chez Boleslas, duc de Bohême, qui avait pris les armes en sa faveur; Henri tomba de nouveau au pouvoir d'Othon, et fut déposé.		Cette cruauté révoltante inspira la terreur; tout parut rentrer dans le devoir; mais la feinte soumission des Italiens cachait une vengeance qui éclata par une trahison.		campagne précédente, étaient retombées au pouvoir des Sarrasins. Il part de nouveau au printemps suivant, il entre en Syrie, un grand nombre de places retombent en son pouvoir; mais une maladie arrête ses opérations. L'empereur reprit alors le chemin de Constantinople; ayant bu
977	A peine le royaume jouissait-il d'une apparence de calme qu'Othon fut obligé d'aller réprimer de nouvelles révoltes en Italie et en Lorraine. Charles, frère du roi de France, revendiquait au nom de Gerberge, sa mère, quelques terres en Lorraine; Lothaire lui-même, dans l'espérance de s'emparer de la Lorraine, donnait appui aux révoltés. Othon se hâta de faire cesser cette guerre civile et donna à Charles la Basse Lorraine, à titre de fief mouvant de l'Allemagne. Othon espérait par ces concessions arriver à la paix; mais Lothaire, ainsi que tous les Francs, furent indignés que Charles eût consenti à être vassal de l'empire.	982	Othon ne voulant pas se laisser enlever la Pouille et la Calabre, qu'il regardait comme la dot de son épouse Théophanie, pénètre dans la Pouille avec son armée, augmentée par les Italiens qu'il a forcés de marcher à sa suite. Les Grecs se présentant à sa rencontre, l'empereur d'Allemagne n'hésite pas à leur livrer bataille; mais dès le premier choc, les Italiens se rompent et mettent le désordre et la confusion dans les rangs allemands. Malgré son courage et ses efforts héroïques, Othon est forcé de prendre la fuite. Il se fait jour à travers les bataillons ennemis, se déguise, vole au bord de la mer, et il se sauve dans une nacelle de pêcheur. Arrêté par des corsaires qui ne le reconnaissent pas, il leur promet une forte rançon et il se fait débarquer à Rossano, où Théophanie, instruite des malheurs de son époux, s'empresse d'envoyer le prix de sa rançon.	976	en route un breuvage empoisonné que lui fit donner Basile, son ministre, il mourut en arrivant dans sa capitale, âgé de 51 ans, et après 6 ans de règne.
978	Aussitôt le roi de France arme secrètement, tombe avec précipitation sur Aix-la-Chapelle, au moment où Othon se mettait à table; l'empereur se sauve laissant son dîner aux Francs; mais peu après, il porta lui-même la guerre en Champagne, arriva jusqu'à Paris, brûla un des faubourgs de cette ville, puis enfonçant une lance dans une des portes, dit : « C'est assez; » mais le roi de France atteint les Allemands au passage de l'Aisne, et les met en déroute.	983	Aussitôt libre, Othon lève quelques troupes, et va faire sentir sa vengeance aux Bénéventins qui, les premiers, l'ont trahi. Il entre ensuite en Lombardie, et en attendant des renforts d'Allemagne, qui doivent le mettre à même de se venger des Grecs, il fait reconnaître, à Vérone, son fils Othon pour son successeur.		**Basile II. — Constantin VIII.**
980	L'empereur, pressé d'aller en Italie, où de nouveaux troubles venaient d'éclater, négocia la paix avec le roi de France. Othon garda la Lorraine, et il donna à Charles, frère du roi, le duché de Basse-Lorraine.		Vers le même temps, les Caloprini et les Morosini se disputaient à Venise le pouvoir; les premiers ayant été chassés s'adressèrent à Othon et l'invitèrent à faire la guerre à leur patrie en lui représentant la conquête de Venise comme facile. L'empereur, écoutant leurs propositions, se disposait à marcher contre les Vénitiens et à les subjuguer, lorsque leur doge, Vital Caudian, voyant l'impuissance de Venise de résister aux forces de l'empereur, parvint à obtenir la paix.		A la mort de Zimiscès les deux empereurs légitimes étaient alors âgés, l'un de dix-huit ans, l'autre de quinze. Basile, l'aîné, paraissait digne du trône.
	Othon passe ensuite en Italie, soumet les villes révoltées, et arrivé à Rome, il tire une cruelle vengeance des habitants.				Le chambellan Basile, qui voulait régner, éloigna des armées Bardas Sclérus, le général le plus capable de l'empire; alors celui-ci leva l'étendard de la révolte, et se fit proclamer empereur. Mais après avoir défait en plusieurs rencontres les troupes impériales, il fut lui-même vaincu et forcé de prendre la fuite.
982	Le châtiment paraît soumettre entièrement les Italiens; mais le calme cachait une tempête. Dans une bataille contre les Grecs, Othon fut complètement vaincu par la trahison des Italiens, et faillit même être fait prisonnier.	983	Sur de nouvelles instances des Caloprini, l'empereur d'Occident se disposait à renouveler ses tentatives contre Venise, lorsque la mort vint l'arrêter dans ses projets. Son fils, Othon III, lui succéda.	984	Aussitôt la guerre civile terminée par la soumission du parti de Sclérus, une autre guerre vint réveiller l'esprit guerrier de l'empereur Basile. Les Bulgares s'étant révoltés avaient choisi un roi nommé Samuel, fils d'un comte de leur nation; ce prince était ardent et belliqueux, il se mit à faire des courses en Thrace, en Macédoine, en Thessalie, et il poussa ses conquêtes jusqu'en Dalmatie, d'où il pénétra dans le Péloponèse. Le jeune empereur Basile se mit à la tête des troupes, et il entra en Bulgarie; mais la trahison d'un de ses généraux fit donner à Samuel tous les avantages de cette campagne.
983	Quelque temps après, il fit reconnaître, pour son successeur, son fils Othon, encore au berceau. La mort le surprit à Rome.			982	Pendant que l'empire perdait la Bulgarie, la puissance des Grecs se relevait en Italie; ils enlevaient à Othon II la Pouille et la Calabre.

DATES.	FRANCE.	DATES.	ESPAGNE.	DATES.	ANGLETERRE.
986	Lothaire, qui avait su réunir les seigneurs et reprendre sur eux un peu de leur autorité, mourut âgé d'environ 45 ans. Son fils Louis V lui succéda ; il mourut après un an de règne et sans enfants. C'est le dernier roi de la maison de Charlemagne ; les Carlovingiens possédaient le trône depuis 236 ans.	982	Ramire III défendit la couronne avec autant de fermeté que de valeur. La bataille qui eut lieu entre ces deux princes fut longue et sanglante ; la nuit la termina sans succès décisif ; le sang chrétien eût sans doute coulé de nouveau, mais la mort de Ramire, qui arriva un an après, mit fin à la contestation. Bermude II resta sans compétiteur. Ce prince était remarquable par sa grâce et son affabilité.		
	TROISIÈME RACE.	985	Les guerres civiles avaient épuisé les forces de la monarchie. Le célèbre Almanzor, général d'Hescham II, jugea le moment favorable pour attaquer le royaume de Léon. Malgré son courage, le roi fut battu sur les rives de l'Esla, après avoir vu la destruction des murailles de Simancas et les drapeaux des Infidèles flotter sur les murs de Zamora.	978	**Ethelred II.**
	Hugues Capet.		Cependant Bermude, après sa défaite, chercha son salut dans sa capitale ; mais les fortifications n'offrant pas assez de sécurité, il fit emporter les cendres de ses aïeux dans la ville d'Oviédo ; il ordonna aux habitants de quitter Léon, d'emporter avec eux ce qu'ils avaient de plus précieux, et après avoir laissé dans cette ville une forte garnison, il la quitta lui-même pour se retirer avec le reste de ses forces dans les Asturies.		Ethelred II, fils d'Elfride, se trouva possesseur de la couronne par la mort d'Édouard. Ce prince complétement inhabile dans l'art de gouverner, ne sut point résister aux invasions des Danois.
987	Les mêmes causes qui avaient mis Pepin sur le trône des descendants de Clovis, mirent Hugues Capet à la place des descendants de Pepin. Sous les derniers rois de la race de ce maire du palais, l'autorité fut anéantie comme sous les rois fainéants. Aussi, d'une manière inévitable, une révolution devait placer la couronne où se trouvait la puissance.		Almanzor prit la ville de Léon et la fit raser. Il détruisit de même les villes d'Astorga, de Coïmbre, de Viséo et de Lamago. Il ravagea tout le pays situé entre la source de l'Esla et l'embouchure du Duéro, et après avoir fait raser Braga, qui lui avait résisté, il emmena les habitants en esclavage.	991	Ces Barbares, profitant de la faiblesse d'Ethelred, firent de nouvelles tentatives en Angleterre ; Ethelred acheta leur départ au prix de dix mille livres ; mais à peine les Danois eurent-ils accepté ce traité honteux pour le roi qu'ils revinrent ayant à leur tête Suénon, roi de Danemark, et Olaüs, roi de Norwège. Les Anglais furent vaincus, et on ne parvint qu'avec peine à sauver Londres du pouvoir des Barbares. Ethelred, trop faible pour leur résister, leur donna encore seize mille livres afin qu'ils s'éloignassent ; mais de nouvelles incursions renouvelèrent bientôt ces lâches marchés. Ethelred était veuf ; il épousa la sœur de Richard II, duc de Normandie, espérant par ce mariage s'assurer une alliance avantageuse.
	Hugues Capet, fils de Hugues le Grand, était, par ses ancêtres, aussi illustre que Pepin. Ambitieux, brave, politique comme lui, il voulut arriver au même but. Charles, duc de la Basse-Lorraine, frère de Lothaire et oncle du dernier roi, voulait faire valoir ses droits légitimes à la couronne ; mais Hugues Capet ayant rassemblé à Noyon les principaux seigneurs et évêques de la France septentrionale, fut élu roi et sacré par Adalbéron, évêque de Laon.		La peste seule arrêta ses fureurs et le força à se retirer. Il le fit, mais avec l'intention de revenir encore ; Bermude le suivit de près dans sa retraite, et les Chrétiens vengèrent les habitants de Léon et de Braga sur les Maures errants et dispersés.		
988	Voulant se concilier le clergé et les moines, il leur remit de grands bénéfices, renonçant aux abbayes de Saint-Denis et de Saint-Germain dont il avait hérité de son père. Il choisit ensuite Paris pour sa résidence et pour fixer tout à fait le trône dans sa maison, il s'associa son fils Robert qui fut sacré l'année suivante. Hugues Capet ajouta à la couronne de France, ce qui la rendit plus respectable, le duché qu'il avait reçu de son père et qui comprenait, outre la capitale du royaume, plusieurs provinces de l'Orléanais, la Touraine, l'Anjou, le Maine, etc.		Cependant les menaces d'Almanzor réunirent tous les Chrétiens d'Espagne sous les mêmes drapeaux : on vit les étendards alliés des rois de Léon et de Navarre et des comtes de Castille se déployer dans les plaines d'Osma, où ces princes attendirent Almanzor, qui ne tarda pas à paraître.		
991	Cependant le duc de Basse-Lorraine n'avait pas renoncé à ses droits sur la couronne de France ; il fit une invasion dans ce royaume et s'empara de Laon et de Reims ; mais trahi par l'évêque de Laon, Charles fut fait prisonnier dans cette ville et enfermé dans la tour d'Orléans, où il finit ses jours.	998	Les troupes s'avancèrent avec un égal acharnement ; mais enfin les Chrétiens furent victorieux, et les défaites de Bermude furent vengées par la bataille de Calatanazor, où plus de 50,000 Musulmans perdirent la vie.		
996	Hugues Capet mourut à Paris, où les rois avaient cessé d'habiter depuis plus de deux cents ans. Plein d'affabilité et de douceur avec tout le monde, il porta toujours dignement la couronne qu'il avait usurpée. Son fils Robert lui succéda sans contestation.		Almanzor ne pouvant survivre à sa défaite, mourut du chagrin bientôt après à Medina-Cœli. Ce général était devenu la terreur des Chrétiens ; aussi cette nouvelle fut-elle reçue avec des transports de joie.		
	Depuis la première race les bâtards ne succédant plus au trône, Gauslin, fils naturel de Hugues Capet, devint abbé de Fleury et archevêque de Bourges.				
	Pendant les six premiers siècles de la domination des Francs dans la Gaule, ce pays ne forme pas une nation ;				

DATES.	ALLEMAGNE.	DATES.	ITALIE.	DATES.	EMPIRE D'ORIENT.
	Othon III.		**Othon III.**	987	Depuis l'expédition de la Bulgarie la cour de Constantinople était peuplée de mécontents; Bardas Phocas, qui commandait les troupes d'Orient, piqué de n'avoir pas été employé contre les Bulgares, se fit proclamer empereur à Charsiane, en Cappadoce, et il ceignit le diadème; puis il se mit en marche pour Constantinople à la tête d'une armée considérable partagée en deux corps. Les Russes vinrent au secours de l'empereur, et ils battirent le premier corps sous les ordres du patrice Calocyr Delpsimas; le prince fit pendre ce rebelle dans l'endroit même où sa tente était dressée. Quant à Phocas, il mourut subitement au moment d'une bataille que les deux empereurs, Basile et Constantin, lui livraient près de Lampsaque; après sa mort le désordre se mit dans son armée et l'on fit plus de prisonniers que l'on ne fit de carnage.
983	Othon III, qui avait été élu à Vérone, et couronné déjà à Aix-la-Chapelle, succéda à Othon II. Ce prince n'était âgé que de quatre ans à la mort de son père; trois femmes prétendirent d'abord à sa tutelle : sa mère Théophanie, que les Allemands n'aimaient pas; son aïeule, Adélaïde, pour laquelle la nation n'avait pas plus d'affection; et enfin Mathilde, abbesse de Quedlimbourg, qui avait dirigé les affaires du gouvernement pendant l'absence de son frère Othon II. Théophanie fut enfin déclarée régente. Elle gouverna de manière à dissiper les préjugés que les Allemands avaient conçus contre elle.	983	Othon III était encore mineur lorsqu'il succéda à son père; aussi les ducs et les autres chefs féodaux en profitèrent pour agir avec plus d'indépendance contre le peuple, et les empereurs d'Orient purent rasseoir leur puissance sur les restes de leurs possessions dans la grande Grèce.		
996	Pendant la minorité d'Othon III, plusieurs révolutions avaient eu lieu à Rome, lorsqu'en 996 le jeune roi se rendit dans cette ville; sa présence fut accueillie avec des transports d'allégresse; le pape Jean XV venait de mourir; on demanda au roi d'en élire un autre; le choix tomba sur un Allemand. Il eût été à désirer pour la tranquillité des possessions allemandes en Italie que les papes fussent toujours de cette nation, mais tout porte à croire que ce choix fut l'effet du hasard plutôt que le résultat de la réflexion. Le nouveau pape, qui s'appelait Brunon, prit le nom de Grégoire V.		A peu près à cette époque il commença à se former des factions qui, pendant longtemps, désolèrent l'Italie. Des familles puissantes qui s'étaient élevées tout à coup au-dessus des autres, voulurent s'attribuer un pouvoir prépondérant dans les affaires politiques; mais cette prépondérance devait nécessairement exciter la rivalité; d'autres familles leur disputèrent le pouvoir; c'est ce qui arriva malheureusement, principalement dans la ville de Rome, où les Albéric avaient exercé une grande suprématie, en dépit des papes et des rois d'Italie. Les papes ne pouvaient résister à ces usurpations que par la faveur du peuple, mais comme les Albéric avaient une grande influence sur ce même peuple, il résultait qu'il était impossible aux papes de garantir la plénitude de leur souveraineté.	996	Cependant les Bulgares ne cessaient pas leurs excursions. Leur roi, Samuel, après avoir battu le gouverneur de Thessalonique, Grégoire le Taronite, qui avait péri dans la bataille, avait pénétré en Grèce et menaçait de ravager l'Achaïe et le Péloponèse; mais Basile envoya contre lui Nicéphore Urane; qui surprit le roi des Bulgares sur les bords du Sperchius, où il était campé, et détruisit une partie de son armée.
	Othon, après s'être fait couronner par le nouveau pape, exila le fauteur de tous les troubles, nommé Crescentius; mais Grégoire V sollicita sa grâce et l'obtint de l'empereur.		Un certain Crescentius, séduit par l'exemple des Albéric, se mit en opposition complète avec le pape Jean XV qui, pour s'en débarrasser, eut recours à l'empereur d'Occident, arrivé déjà à l'âge de pouvoir gouverner par lui-même.		L'empereur Basile, tourmenté par le désir de subjuguer les Bulgares à sa puissance, envoya au delà du mont Hémus une grande armée sous les ordres de Nicéphore Xenias et de Théodorocane. Ces deux généraux envahirent la Bulgarie, et après s'être emparés de Pliscova et de Parasthlava, les deux villes les plus importantes de ce pays, ils revinrent à Constantinople chargés d'un riche butin.
	Othon croyant avoir rétabli la tranquillité en Italie, retourna en Allemagne pour réprimer les Slaves qui s'étaient encore soulevés. A peine l'empereur avait-il passé les Alpes que Crescentius, oubliant la reconnaissance qu'il doit à Grégoire V, se met à la tête des factieux, dépose le pape, le chasse de Rome, nomme à sa place l'évêque de Plaisance, qui, de son côté, devait son élévation à Théophanie, mère de l'empereur. Crescentius concerte avec lui les moyens de chasser les Allemands de l'Italie	996	Othon vint en Italie, soumit Crescentius, et le pape Jean XV recouvra toute sa puissance; mais ce pontife étant mort peu de temps après, l'empereur d'Occident lui fit donner pour successeur Grégoire V, son cousin, Saxon d'origine.		
	Grégoire, qui s'était sauvé à Pavie, fulminait des excommunications contre les deux traîtres. Othon vint à son secours; il s'empara de Rome, punit de mort Crescentius, et Grégoire remonta sur le siège épiscopal.		L'élection d'un pape allemand était peut-être le moyen le plus sûr de maintenir l'Italie dans l'obéissance et dans son union avec l'Allemagne.		
	A cette époque, Othon III fit un décret par lequel le droit d'élire l'empereur romain était exclusivement réservé à la nation allemande, donnant seulement aux papes le droit de les couronner.	998	Othon retourna ensuite en Allemagne, mais bientôt après il fut forcé de revenir au secours de Grégoire V que Crescentius, qui s'était révolté de nouveau, avait chassé de Rome après avoir nommé pape Jean de Calabre, archevêque de Plaisance. Crescentius, pour résister à Othon, voulait soumettre l'Italie et Rome elle-même au pouvoir de Basile II et de Constantin VIII, empereurs d'Orient; mais l'empereur d'Occident ne lui laissa pas le temps d'accomplir ses odieux desseins; il l'assiégea dans le château Saint-Ange, le prit, et il le fit périr du supplice des traîtres.		
999	Le pape Grégoire V étant mort peu de temps après ces événements, Othon nomma Gerbert sous le nom de Silvestre II.	999	Grégoire V fut rétabli sur le siège pontifical, mais étant mort sur ces entrefaites, le savant Gerbert, abbé de Bobbio, le remplaça, par le crédit de l'empereur d'Occident, et Gerbert prit le nom de Sylvestre II.		
	Toujours l'apparence de la paix en Italie semblait permettre aux empereurs de retourner dans leur pays héréditaire, et toujours leur absence ramenait de nouveaux troubles.				

DATES.	FRANCE.	DATES.	ESPAGNE.	DATES.	ANGLETERRE.
	c'est un mélange de peuples étrangers et ennemis, qui ne regardent pas comme leur patrie le pays qui les nourrit. A l'époque où nous sommes arrivés, la Gaule n'a encore ni nom, ni existence, ni gouvernement unique; elle est régie pour ainsi dire par une confédération d'États indépendants des uns et des autres. Le duché de France, ou comté de Paris, va être le noyau de cette unité politique. L'État de Hugues Capet doit imposer ses rois, son nom et sa capitale aux différents peuples qui habitent la Gaule. La féodalité, née au moyen âge, à l'époque de l'envahissement et de la conquête de l'empire romain par les Barbares, était devenue triomphante au dixième siècle, sous les derniers Carlovingiens, par l'indépendance des grands feudataires. Hugues Capet consomma ce triomphe par le renversement de la dynastie régnante. Mais dès ce moment commence la lutte du pouvoir royal contre la féodalité. Hugues Capet et ses premiers successeurs ne sont vraiment rois que des domaines de la couronne. L'établissement des communes, en fournissant aux rois un auxiliaire contre la puissance des vassaux; les croisades, en forçant les seigneurs à engager à la couronne des propriétés que plus tard ils ne purent recouvrer, portèrent les premiers coups à la féodalité. **Robert II.** Robert, fils de Hugues Capet, qui avait déjà partagé le gouvernement avec son père, lui succéda. Son mariage avec Berthe, fille de Conrad, roi de Bourgogne, lui attira de grandes persécutions de la part du pape Grégoire V, à cause de son degré de parenté avec cette princesse. N'ayant pas voulu obtempérer aux ordres du pape, qui lui avait ordonné de quitter sa femme, Robert fut excommunié et abandonné de tout le monde comme un pestiféré. Enfin, manquant de fermeté, le roi plia, se sépara de la reine, et il épousa Constance, fille du comte de Toulouse, Guillaume Taillefer III. Cependant, à l'époque où nous sommes arrivés, la croyance de la fin du monde rend la vie sombre, misérable et barbare; toutes les relations intellectuelles et matérielles sont pour ainsi dire nulles, tout entreprise cesse, tout mouvement est arrêté; les pèlerins et les marchands voyagent à peu près seuls. Les pestes, les famines qui désolent l'Europe contribuent à cette atonie universelle. Dans l'attente du jour fatal, la ferveur religieuse redoublant, on se presse dans les couvents, dans les églises. Au milieu de ce paroxysme de terreur, une nouvelle remplit toute la chrétienté de consternation : on apprend que l'église et le Saint Sépulcre de Jérusalem ont été détruits par les Infidèles. Les Juifs, accusés d'avoir poussé les Musulmans à cet acte sacrilége, deviennent l'objet des plus grandes persécutions, et bientôt il n'en reste qu'un petit nombre dans le royaume.	999. 906	Un an après la victoire d'Osma, Bermude II mourut laissant un fils en bas âge, du nom d'Alphonse V. La régence fut confiée à la veuve du roi, et dans ce poste difficile Elvire mérita l'estime générale. Une armée de Maures ayant osé ravager le territoire de Léon, fut attaquée et forcée de chercher son salut dans la fuite. Soit que les dissensions des Infidèles les aient empêchés de renouveler les hostilités, soit qu'ils aient craint l'activité des généraux de la régente, ils ne s'avisèrent plus de revenir troubler la tranquillité de ses États. Profitant du repos que les Maures lui laissaient, Elvire sut aussi employer la voie des négociations, à l'aide de laquelle elle obtint des comtes de Castille la restitution du territoire d'Atava, qu'ils avaient usurpé sur la famille de Cabala, et la régente le rendit aux premiers possesseurs. Cette princesse s'occupa avec le plus grand zèle de l'éducation de son fils. Le caractère heureux et l'intelligence du jeune roi le firent profiter des bons conseils et des bons exemples de sa mère. Cette femme prévoyante choisit pour être l'épouse d'Alphonse la fille de Gonzalès, qui avait été son gouverneur. Cette jeune princesse avait un mérite supérieur, et était digne d'occuper le trône. Cependant Hescham II, privé de son habile ministre Almanzor, avait été détrôné par Mohammed-Al-Madhi, qui le fit jeter dans les fers; mais il fut tiré plus tard de cette captivité par une nouvelle révolution, et il fut replacé sur le trône.	1002 1013 1015	La haine des Anglais pour les Danois s'augmentant de jour en jour, donna lieu à un horrible massacre. On égorgea sans distinction d'âge ni de sexe tous les Danois qui s'étaient fixés en Angleterre; la sœur du roi de Danemark subit le même sort après avoir vu tuer sous ses yeux son mari et ses enfants. Suénon accourt pour venger les Danois; il ravage le royaume, traînant à sa suite les fléaux de la guerre et de la famine; Ethelred achète de nouveau la paix, mais la noblesse, indignée de la lâcheté du roi, prête serment de fidélité au roi de Danemark, et lui donne des otages. Ethelred, forcé de prendre la fuite, trouve avec sa famille un asile près de Richard, duc de Normandie. Suénon étant mort, Ethelred est rappelé en Angleterre; le duc Edric, son dangereux conseiller, lui fait commettre d'odieuses injustices, puis l'abandonne ensuite pour servir la cause de Canut II, fils et successeur de Suénon, qui vient revendiquer les armes à la main le royaume d'Angleterre conquis par son père. Ethelred II fut détrôné après un règne de 35 ans, laissant un fils, nommé Edmond, qui s'était déjà signalé par une grande valeur. Sous son règne, on établit le *danegelt*, impôt d'un schelling, par *hyde*, sur toutes les terres du royaume. Cet impôt devait servir à se défendre contre les Danois, ou à leur acheter la paix.
998					

DATES.	ALLEMAGNE.	DATES.	ITALIE.	DATES.	EMPIRE D'ORIENT.
1001 1002	Othon III, comme ses prédécesseurs, fut bientôt rappelé en Italie pour venir au secours du pape Sylvestre. Il arriva devant Rome, à la tête de son armée; mais voulant donner aux factieux une preuve de sa confiance envers eux, il laisse son armée et pénètre dans la ville accompagné seulement d'un très-petit nombre de seigneurs; alors les Romains se mutinent et entourent son palais. En vain l'évêque de Hildesheim et Othon lui-même haranguent le peuple du haut d'une tour; rien ne peut le fléchir; Othon était perdu avec ceux qui l'accompagnaient, si Henri, duc de Bavière, et Hugues, marquis de Toscane, ne les avaient conduits ainsi que le pape par des souterrains hors de la ville. Othon III se préparait à punir les traîtres lorsque la mort le surprit à Paterno, le 28 janvier, dans la vingt-deuxième année de son âge. On suppose généralement qu'il fut empoisonné par la veuve de Crescentius. **Henri II.** Othon III ne laissait point d'enfants. Sa mort prématurée suscita beaucoup d'ambitieux, mais Henri, duc de Bavière, arrière-petit-fils d'Henri l'Oiseleur, l'emporta sur ses rivaux.	1001 1002	Othon III croyait avoir assuré pour longtemps la paix en Italie, lorsqu'il fut forcé de revenir au secours de Sylvestre, menacé de perdre l'autorité et la vie. L'empereur d'Occident revint à Rome; mais ayant pénétré dans la ville accompagné seulement d'une faible escorte, il faillit être victime de son imprudence. Il se préparait à punir sévèrement les rebelles; mais la mort le surprit à Paterno, empoisonné, dit-on, par la veuve de Crescentius. **Henri II.** Othon III étant mort sans enfant mâle, Henri II, duc de Bavière, lui succéda comme empereur. Le nouveau monarque se proposait de venir en Italie pour recevoir la couronne impériale, à Rome, des mains du pape, et se faire couronner roi d'Italie, à Pavie, car les empereurs prétendaient toujours que les deux couronnes étaient inséparables; mais Ardouin, marquis d'Ivrée, homme actif, doué de grands talents militaires, et le plus puissant et le plus considéré des princes de Lombardie, vint mettre obstacle à ce projet; il assemble à Pavie un grand nombre d'évêques, d'abbés et de barons, et se fait couronner roi d'Italie.	1002 1014 1015	L'empereur Basile, jaloux de la gloire de ses généraux, se mit à la tête de ses troupes, et pénétra en Macédoine, dont il chassa les Bulgares; il passa ensuite en Thessalie, et rétablit les villes que Samuel avait ruinées. L'Occident commençait alors à se mettre en mouvement pour la conquête de la Terre-Sainte; les juifs occidentaux et les Sarrasins d'Espagne en donnèrent avis aux Sarrasins de l'Orient. Cette nouvelle, portée au calife de Bagdad, fit naître de nouvelles persécutions. La Mésopotamie, la Syrie, l'Égypte virent de nouveaux martyrs; les Chrétiens prirent la fuite et se dispersèrent dans tout l'Orient. Les juifs, jaloux de l'influence des pèlerins qui se rendaient de toutes parts à Jérusalem, avaient montré leur haine dans cette persécution; on s'en vengea en Occident par de cruels traitements qu'on exerça à leur égard. Pendant douze années Basile ne cessa pas de poursuivre les Bulgares; mais dans l'année 1014, il remporta sur eux une victoire plus éclatante, et la mort de Samuel, leur roi, délivra l'empire d'un de ses plus redoutables ennemis. L'empereur se rendit ensuite maître de la forteresse de Mélénic, traversa la Macédoine, et après avoir pénétré jusqu'en Pélagonie, il revint passer l'hiver à Constantinople. L'année suivante, Basile revint en Bulgarie, et il s'empara d'Edyle en Macédoine. Il retournait dans sa capitale lorsque Ladislas, roi des Bulgares, lui envoya un acte de soumission; mais ayant appris que ce prince formait de nouveaux projets contre l'empire, Basile revint sur ses pas, ravagea tout le pays jusqu'en Pélagonie, et se retira ensuite à Constantinople.
1004 1014	A peine roi, Henri fut obligé de marcher en personne vers l'Italie, où Ardouin, marquis d'Ivrée, s'était fait couronner roi des Lombards à Pavie. Tout se soumet à son approche, Pavie même ouvre ses portes, et Henri y reçoit la couronne de Lombardie; mais Henri retourna en Allemagne avant d'avoir entièrement détruit la faction d'Ardouin; il était rappelé dans ses États par les tentatives de Boleslas créé roi de Pologne par Othon III. La Bohême, à ce moment, était livrée à des guerres intestines, et Boleslas, roi de Pologne, espérait, au milieu de ces désordres, agrandir ses possessions; il y eut entre lui et l'empereur une succession alternative de paix et d'hostilités qui dura jusqu'en 1018. Cependant Henri, rappelé en Italie par les tentatives d'Ardouin, apaisa les nouvelles séditions qui avaient éclaté, et poursuivit sa marche jusqu'à Rome, où il reçut la couronne impériale de la main de Benoît VIII, qui lui fit présent d'une pomme d'or enrichie de pierreries et surmontée d'une croix d'or. Henri jura ensuite fidélité au pape, et sacrifia les prérogatives que ses prédécesseurs avaient acquises avec tant de peine.	1004 1014	La nomination d'Ardouin et quelques guerres intestines en Allemagne forcèrent Henri à ajourner ses projets; mais la tyrannie que son rival exerça sur ses sujets créa à l'empereur un parti puissant en Italie; aussi en profita-t-il pour arriver à ses fins. Cependant sa première tentative ne fut pas heureuse; Othon, duc de Carinthie, père du pape défunt, Grégoire V, que l'empereur Henri avait chargé de l'expédition, fut défait par Ardouin et forcé de retourner en Allemagne. Henri, secondé par Arnolf, archevêque de Milan, fit en personne une seconde tentative qui, cette fois-ci, fut couronnée de succès. Les grands furent convoqués à Roncaglia par l'archevêque, et l'empereur fut proclamé roi d'Italie. Henri retourna ensuite dans ses États, après avoir assez bien affermi son pouvoir dans la Lombardie. Cependant Ardouin, qui était maître du haut pays, ne restait pas inactif pour reconquérir la couronne; aussi l'empereur fut-il obligé de retourner en Italie avec des forces considérables. Il combattit Ardouin qui, abandonné d'une partie des barons et des évêques, à cause de ses violences, perdit tout à fait la couronne et alla se réfugier dans un cloître où il mourut. Après la défaite d'Ardouin, Henri II se rendit à Rome, où le pape Benoît VIII le couronna empereur.		

DATES.	FRANCE.	DATES.	ESPAGNE,	DATES.	ANGLETERRE.
	Jamais à aucun temps, la superstition ne se montra ni plus contagieuse ni plus insensée. L'excommunication n'était pas comme aujourd'hui une peine simplement spirituelle, ne s'étendant pas aux effets civils, surtout lorsqu'elle s'applique aux princes dépositaires de l'autorité : un excommunié ne paraissait plus un roi, un citoyen, un homme, c'était un monstre avec lequel on n'avait aucune relation. Aussi, à peine le roi Robert avait-il été excommunié, que les seigneurs rompirent tout commerce avec lui; il ne lui restait que quelques domestiques tellement frappés de terreur, qu'ils faisaient même passer par le feu tous les restes de sa table, comme si la main d'un excommunié avait pu y introduire la peste.	1014	Alphonse V, pendant douze ans qu'il régna, travailla avec succès à rétablir la gloire et la prospérité dans ses États. Il fit relever les murs de Léon, et cette capitale reprit son ancienne splendeur. Les nouvelles fortifications de Zamora protégèrent les Chrétiens et imposèrent aux Infidèles..		**Edmond II.**
1024	L'empereur Henri II étant mort sans enfants, les Italiens, fatigués de la domination allemande offrirent le royaume d'Italie et la couronne impériale à Robert, mais il refusa par prudence.	1026	Il alla ensuite, à la tête d'une armée bien disciplinée, investir la cité de Viséo, défendue par une forte garnison; malheureusement, la chaleur lui ayant fait quitter sa cuirasse, une flèche vint le blesser mortellement pendant qu'il se promenait autour des remparts. Il laissa un fils qui n'avait que douze ans; mais le calme ne fut pas troublé, les Maures avaient trop d'occupation chez eux pour faire la guerre aux Chrétiens. A l'âge de seize ans, Bermude III prit les rênes du gouvernement; son attention fut bientôt éveillée par l'ambition des rois de Navarre.	1016	Edmond, fils et successeur d'Ethelred II, avait à combattre Canut, roi des Danois; il en eût sans doute été vainqueur sans une trahison; Edric mit au bout d'une pique la tête d'un homme qui ressemblait au roi, et persuada à l'armée qu'Edmond était mort. En vain le roi s'efforça-t-il de se faire reconnaître, la victoire resta indécise; Edric, feignant de se repentir, vint trouver le roi, et en obtint un commandement. Dans un second combat, il prit la fuite et causa la défaite des Anglais.
1026	Par les conseils de la nouvelle reine Constance, fille du comte de Provence, Robert avait associé à la couronne, Hugues leur fils aîné. Mais celui-ci étant mort fort jeune, le roi mit à sa place Henri, l'aîné des autres enfants, et le fit sacrer dans une assemblée des grands, malgré l'opposition de Constance qui n'aimait pas Henri. La reine irritée de ce choix, à force de persécutions poussa à la révolte Henri et son frère Robert qu'elle s'était efforcée de faire choisir pour roi. Les deux frères s'enfuirent de la cour et commencèrent une guerre civile contre leur père qui fut contraint de prendre les armes contre deux enfants qu'il affectionnait et qu'une mauvaise mère avait égarés. Le prompt retour de ses deux fils le consola bientôt.	1028	Sanche III, roi de Navarre, voulant venger la mort de Don Garcie, comte de Castille, lâchement assassiné, envahit cette contrée à la tête d'une armée nombreuse; il fit exécuter les assassins et s'appropria le domaine de Garcie; alors son autorité s'étendit depuis les montagnes de la Sierra-Moréna jusqu'à l'extrémité au nord des Pyrénées. Mais Bermude voulut s'opposer à la prétention du roi Sanche III sur la cité de Valence; les deux princes, pleins d'ardeur, brûlaient du désir de terminer leur différend par les armes; les évêques de Navarre et de Léon obligèrent les deux monarques à ménager le sang des Chrétiens. La discussion se termina par un accommodement : Ferdinand, fils du roi de Navarre, épousa Sancha, sœur de Bermude. Le roi de Navarre consentit à céder à Ferdinand sa nouvelle conquête de la Castille, Bermude, de son côté, lui céda le territoire placé entre le Puiserga et le Céo, à titre de portion dotale de sa sœur; et Ferdinand, par son mariage avec Sancha, devint le premier roi de Castille.	1017	Edmond ayant rassemblé de nouvelles troupes, se disposait à une nouvelle guerre contre Canut; mais les deux princes, fatigués de ces luttes incessantes, conclurent un traité et se partagèrent le royaume; Canut eut la Mercie, le Northumberland et l'Estanglie. Edmond II mourut peu de temps après le traité; il fut assassiné par les ordres d'Edric.
1031	Robert, prince pieux, clément, aimant l'étude, mourut âgé de 60 ans, regretté de tous ses sujets. Mais il vint dans un siècle trop rempli d'erreurs pour s'en garantir lui-même; on raconte que, dans le but de prévenir les faux serments très-communs à cette époque, ce prince faisait ôter les reliques des-reliquaires sur lesquels on jurait; comme si la fausseté du serment n'était pas tout entière dans l'intention que l'on a de tromper son prochain. Un jour il apprit que des misérables se préparaient à l'assassiner; il les fit d'abord arrêter, et pendant l'instruction du procès il eut le soin de les faire communier; ensuite il voulut manger avec eux et envoya dire aux juges *qu'il ne pouvait se venger de ceux que son maître avait reçus à sa table.* Ce roi avait une grande charité, quelquefois même elle lui faisait oublier toute prudence. On raconte qu'une fois des voleurs le suivirent jusque dans son appartement sous le prétexte de lui demander l'aumône; un d'eux, après lui avoir coupé la moitié d'une frange d'or, voulait encore se saisir de l'autre moitié : *Retirez-vous,* lui dit ce bon roi, *vous en avez assez; le reste pourra servir à vos camarades.* Il était si bon que dans la crainte de contrarier la reine, il se cachait d'elle quand il récompensait les	1035	La mort de Sanche brisa des liens qui n'avaient été formés que par la nécessité. Les enfants de ce roi partagèrent entre eux les États de leur père, et par là firent disparaître cette puissance formidable qui imposait au roi de Léon. L'aîné, Don Garcie III, eut la couronne de Navarre et une partie de la Biscaye; Ferdinand Ier conserva les domaines qui formaient son royaume de Castille; Gonzalès eut en partage les États de Sobrarbre et de Ribargoça, qui bordent les frontières de l'Aragon; Ramire, quatrième fils, hérita du royaume d'Aragon. Ce partage faillit devenir fatal à tous les enfants de Sanche.	1017	**Canut le Grand.**
		1037	Bermude III attaqua Ferdinand qui, ne pouvant lui résister, appela à son secours le roi de Navarre. Leurs forces combinées se rassemblèrent dans la vallée de Samara, et une bataille décisive fut livrée sous les murs de Carrion; la mort de Bermude, occasionnée par son imprudence, décida de la victoire.	1028 1036	Edmond avait laissé deux fils; mais Canut Ier parvint à se faire reconnaître pour son successeur au préjudice de ses enfants, et il fut couronné roi. Il envoya les deux jeunes princes au roi de Suède avec ordre de les faire mourir. Les Suédois refusèrent d'accomplir cette cruauté, et ils envoyèrent les fils d'Edmond en Hongrie où ils furent accueillis par le roi Salomon. Canut songea d'abord à affermir sa puissance, il fit exécuter plusieurs seigneurs anglais qui lui portaient ombrage; Edric subit le supplice que méritaient ses crimes, et son corps fut jeté dans la Tamise. Le besoin d'argent obligea Canut à charger d'impôts l'Angleterre et principalement la ville de Londres; mais il sut se concilier l'affection de ses peuples en établissant une parfaite égalité entre les Danois et les Anglais. Canut épousa Emma, sœur de Richard, duc de Normandie, veuve d'Ethelred II. Cette alliance le rendit plus cher au peuple anglais et assura sa puissance qui s'étendit encore par la conquête du royaume de Norvége. Mais fatigué des triomphes de l'ambition, Canut s'occupa uniquement de religion et de piété. Il fonda des églises et des monastères et alla jusqu'à Rome en pèlerinage. Malcolm, roi d'Écosse, avait refusé de prêter hommage pour le Cumberland qu'il possédait; mais Canut le força à se soumettre. Il mourut en 1036.

DATES.	ALLEMAGNE.	DATES.	ITALIE.	DATES.	EMPIRE D'ORIENT.
1016	Cependant la réunion de la Bourgogne à l'empire fit oublier la mauvaise politique de Henri II. Rodolphe III, roi de Bourgogne, prince incapable et détesté de ses sujets, se trouvant sans enfant, voulut se donner un héritier et un défenseur; il jeta les yeux sur l'empereur d'Allemagne, fils de sa sœur Gisèle. Un traité solennel déféra la couronne de Bourgogne à Henri II; mais ce prince ne jouit pas de cette acquisition, parce que Rodolphe lui survécut; cette jouissance était réservée à Conrad, son successeur. Henri II mourut en 1024.	1022	La Pouille et la Calabre, depuis la défaite d'Othon II, obéissaient aux empereurs de Constantinople, qui les gouvernaient par un recteur, nommé *catapan*. Les habitants de ce pays, las de gémir sous le joug de leurs tyrans, s'étaient révoltés, ayant à leur tête Mélo, qui jouissait d'un grand crédit dans la ville de Barri; mais contraint de céder à la force, Mélo s'était rendu en Allemagne pour exhorter l'empereur à marcher contre les Grecs. Benoît VIII, auquel les ennemis venaient d'enlever la province de Bénévent, qui était du domaine de l'Église, étant venu joindre ses sollicitations à celles de Mélo, Henri II se décida à marcher contre l'Italie. Il passe dans la Pouille, bat les Grecs, s'empare de Capoue, reprend Palerme, Amalfi et les autres places du duché de Bénévent.	1018	Comme Basile désirait vivement la soumission complète des Bulgares, il ne les perdait pas de vue. La mort de Ladislas, leur roi, lui offrit une occasion favorable pour achever la conquête de la Bulgarie. Dès qu'il en eut appris la nouvelle, il se dirigea vers ce pays; mais à peine arrivé à Andrinople, le gouverneur de Pernic vint lui rendre hommage, et lui livra cette place importante, qu'il avait assiégée deux fois sans résultat; il lui remit en même temps trente-cinq châteaux; tous les autres gouverneurs imitèrent son exemple. Basile entra ensuite dans Acbride, capitale du royaume, où tous les chefs vinrent lui prêter serment de fidélité.
	Conrad II.		**Conrad II, dit le Salique.**	1020	Trois ans après, Basile fut obligé de reprendre les armes. George, roi de l'Ibérie septentrionale, prince des Abasges, faisait des courses dans les provinces voisines de l'empire. Basile marche contre les ennemis, mais ils étaient nombreux et soutenus par tous les Barbares voisins du Caucase. La victoire fut débattue; mais enfin George, obligé de fuir, demanda la paix, que l'empereur lui accorda à la condition qu'il lui céderait une grande étendue de pays.
1024	L'empire, par la mort de Henri II, ouvrait, comme à la mort d'Othon III, un vaste champ aux ambitieux. Henri, ainsi que son prédécesseur, laissait le trône vacant; il n'avait pas d'enfants; les grands seigneurs, les évêques et les députés se réunirent sur le Rhin, entre Worms et Mayence. Les suffrages furent d'abord en faveur de deux concurrents: Conrad l'aîné, dit le Salique, et Conrad le jeune, tous les deux ducs de Franconie et descendants de Conrad le Sage. Après une indécision que justifiait le mérite de ces deux princes, Conrad le Salique fut élu et couronné roi.	1024	A la mort de l'empereur Henri II, Conrad, dit le Salique, monta sur le trône d'Allemagne; cependant sa domination en Italie ne fut bien établie qu'après un certain temps, parce que les évêques et les seigneurs du royaume, indisposés contre la domination allemande, refusèrent de le reconnaître et offrirent la couronne d'Italie à Robert II, roi de France, fils de Hugues Capet. Ce prince ayant rejeté les offres qu'on lui faisait, Guillaume III, duc d'Aquitaine, s'offrit pour roi aux Italiens; mais Conrad, actif et guerrier, fit échouer ces projets d'indépendance; il fut reconnu roi d'Italie. Jean XIX le couronna empereur à Rome.	1023	Basile, chez qui les années n'éteignaient pas l'ardeur martiale, se proposait de porter la guerre en Sicile lorsqu'il mourut, après une courte maladie, à l'âge de 68 ans; il avait régné pendant 50 ans avec son frère Constantin.
	Avec la nature de Conrad, l'Allemagne eût pu vivre en paix, mais ce pays ne pouvait être sans guerre; c'était d'abord le résultat du gouvernement féodal, et ensuite de la conquête de l'Italie. Conrad eut toujours les armes à la main; son règne ne fut qu'un enchaînement de victoires.	1026	C'est à la faveur des troubles de l'Italie que les Normands s'établirent dans ce pays. Quelques guerriers de cette nation qui étaient allés en pèlerinage au mont Gargan, avaient offert leurs services à Mélo. Ils servirent avec valeur dans l'armée impériale, et en récompense, l'empereur leur abandonna quelques terres.	1026	Constantin VIII était âgé de soixante-cinq ans à la mort de son frère; il avait jusque là vécu dans le désordre, et il continua ce genre de vie lorsqu'il fut seul empereur, laissant le soin des affaires à des ministres qu'il ne savait pas choisir, et dont cependant il lui était impossible de se passer. Son règne heureusement ne dura que trois ans; il nomma pour son successeur Romain Argyre, à la condition que ce dernier se séparerait de sa femme pour épouser Zoé, sa fille.
	Cependant les Italiens, toujours disposés à changer de maître, avaient, à la mort d'Henri II, fait quelques démarches pour avoir un prince français; mais Héribert, archevêque de Milan, vint trouver Conrad à Constance, lui rendit hommage et l'exhorta à passer promptement en Italie.	1029	Leur nombre s'accrut; les Normands vendirent leurs bras à qui payait le mieux; ils combattirent avec le même courage pour les Grecs, les Allemands, les papes ou les princes du pays. Ils fondèrent près de Naples la ville d'Averse en 1029, et Rainolfe, leur chef, prit le titre de *comte*; telle fut la faible origine du royaume des Deux-Siciles, qui s'éleva peu après sur les ruines de l'empire des Grecs en Italie, et que les princes normands conservèrent longtemps.		**Romain III, dit Argyre.**
1026	Conrad désigna Henri, son fils, pour son successeur, et il passa les Alpes avec une nombreuse armée; les villes s'empressèrent de lui jurer fidélité; il fut couronné à Milan roi de Lombardie, et Jean XIX, successeur de Benoît VIII, lui donna la couronne impériale à Rome. Il chassa ensuite les Grecs de la Pouille, et retourna dans ses États, où de nouveaux troubles s'étaient élevés.		Ce fut aussi la nation normande qui délivra l'Italie et la Sicile des courses et du joug des Sarrasins.	1028	Le nouvel empereur était grand, bien fait et d'un aspect majestueux. Les commencements de son règne furent consacrés au soulagement de son peuple, réduit à la misère sous les règnes précédents; mais une expédition malheureuse contre les Sarrasins changea son caractère; il écrasa ses peuples d'impôts pour réparer et embellir des monastères.
1032	Rodolphe, roi de Bourgogne, venait de mourir après avoir envoyé à l'empereur les bijoux de la couronne. Ce fut un nouveau sujet de guerre. Eudes ou Othon, comte de Champagne, neveu du défunt, forma des prétentions sur cette succession; il eut facilement dans le royaume un parti considérable de mécontents. Après plusieurs batailles, l'empereur réduisit Eudes et reçut l'hommage de ses partisans.		D'abord les Normands gouvernèrent avec douceur; mais l'assassinat de plusieurs de leurs princes les irrita contre les indigènes, qui agissaient dans cette circonstance à l'instigation des Grecs. Ces derniers, impuissants à reprendre ouvertement aux Normands leurs anciennes possessions, recouraient à la trahison.	1034	L'impératrice s'empara de toutes les affaires; et enfin, voulant épouser Michel, frère du grand chambellan, elle fit étouffer l'empereur dans son bain. A peine venait-il d'expirer, qu'elle fit couronner Michel, et l'épousa le même jour.
1034	Cependant Conrad ne put recueillir que peu de chose du royaume de Bourgogne. Les comtés de Bourgogne, du Viennois, de Savoie, de Provence s'en détachèrent, et se déclarèrent indépendants. Quant au duché de Bourgogne, il ne releva jamais de l'empire germanique.				**Michel IV, dit Paphlagonien.**
				1034	Michel n'était qu'un automate dont Jean, son frère, faisait remuer les ressorts; ce ministre, il est vrai, donnait toute son application aux affaires; mais il était d'un caractère sombre et sans aucune humanité. Il commença par éloigner l'impératrice, et il la tint dans son palais.

DATES.	FRANCE.	DATES.	ESPAGNE.	DATES.	ANGLETERRE.
1031	domestiques; *Prenez garde que Constance ne le sache,* disait-il à ses serviteurs. C'est le premier roi de France auquel on attribue le don de guérir les écrouelles; mais son plus bel éloge est dans ces mots : *il fut roi de ses passions comme de ses peuples.* Les traits que nous venons de citer ont pour but de montrer à nos lecteurs que les vertus mêmes ont besoin de lumières pour être bien dirigées. Il y eut sous ce règne une famine des plus affreuses qui occasionna autant de crimes que de calamités.			La couronne de Léon fut le prix du vainqueur; les couronnes de Léon et de Castille se trouvèrent alors réunies sur la tête de Ferdinand Ier.		

Henri Ier.

FRANCE (1031) — Après la mort du roi Robert, la reine Constance renoua ses intrigues contre son fils Henri, et ayant formé un parti à son autre fils Robert, elle l'engagea à se révolter contre son frère. Le roi, environné de périls, demanda alors du secours au duc de Normandie, et il battit les rebelles; Henri pardonna généreusement à son frère, et il lui céda le duché de Bourgogne. Ce Robert fut le fondateur d'une seconde maison de Bourgogne qui finit en 1361.

L'ambition fit bientôt oublier au roi de France la reconnaissance qu'il devait au duc de Normandie, Robert le *Magnifique* ou le *Diable*. Ce prince, pour expier les fautes de sa jeunesse, voulut aller en pèlerinage à Jérusalem, dévotion à la mode de cette époque, et qui attirait d'autant plus les Normands qu'ils en avaient tiré du profit et de la gloire. Quarante de leurs compatriotes, au retour du pèlerinage de la Terre Sainte, en 1003, avaient sauvé Salerne, sur le point de tomber au pouvoir des Sarrasins. D'autres Normands, fils de Tancrède de Hauteville, excités par ces exploits, passèrent en Italie et y conquirent quelques États qui furent les fondements du royaume de Naples et de Sicile.

1035 — Le duc de Normandie étant mort à Nicée en revenant de la Terre-Sainte, Henri, oubliant bien vite la reconnaissance qu'il devait à ce prince, ne se fit pas scrupule d'attaquer le jeune Guillaume, fils naturel du duc de Normandie et son successeur, que son père avait mis sous sa protection; mais

1045 — le roi fut plusieurs fois battu et demanda la paix. Le prince normand, surnommé plus tard le Conquérant, affermit sa domination.

C'est vers cette époque, en 1041, que fut établie la *trève de Dieu.* La France était alors hérissée de châteaux, où les plus petits seigneurs vivaient en tyrans; chacun croyait avoir le droit de se faire justice soi-même; aussi ce n'était partout que massacres et brigandages. Les évêques, avec les personnes de tous rangs, dévoués au bien de la religion, formèrent des assemblées pour faire cesser ces guerres perpétuelles. Pour remédier à ce désordre, toute attaque fut défendue depuis le mercredi-soir jusqu'au lundi matin de chaque semaine, pendant les jours de fête, l'Avent, le carême; on restreignit de beaucoup les jours où il était permis

---

ESPAGNE (1037) — Bermude III, était le dernier des descendants mâles de Pélage; sa race s'éteignit en lui après avoir régné pendant trois siècles.

A l'époque où Ferdinand Ier réunit les couronnes de Castille et de Léon, ce monarque et ses frères possédaient la partie la plus fertile et la plus étendue de l'Europe.

Cependant les Maures étaient maîtres encore de provinces considérables dont les territoires s'étendaient le long de la Méditerranée depuis les Pyrénées jusqu'au détroit de Gibraltar, et côtoyaient l'Atlantique depuis la pointe de Tarif jusqu'à l'embouchure du Tage : l'Andalousie, la Grenade, la Murcie, Tolède et une partie de la Nouvelle-Castille étaient occupées par les Maures. Quelques chefs chrétiens cependant occupaient le Portugal, et ils pouvaient se reposer, pour leur sûreté, sur la force naturelle, encore augmentée par l'art, des rochers qui défendaient ce royaume; mais ils en troublèrent plutôt la tranquillité qu'ils n'en assurèrent l'indépendance.

Un émir sarrasin résidait à Barcelone et stimulait l'industrie des Catalans; les Musulmans habitaient aussi les cités magnifiques de Séville et de Cordoue; une longue chaîne de côtes maritimes leur procurait des ports vastes et nombreux, infiniment avantageux au commerce; les Maures, cependant, ou négligèrent ces avantages ou ils en abusèrent. Aussi les mêmes causes qui avaient presque amené la ruine des Chrétiens précipitèrent la chute des Musulmans d'Espagne: la jalousie qui existait entre eux consumait leurs forces, ils virent insensiblement resserrer leurs domaines.

1038 — Gonzalès, roi de Sobrarve, étant mort, Ramire, roi d'Aragon, son frère, réunit ses États à son royaume.

Ferdinand Ier, poussé par son ardeur guerrière, reprit les projets de conquêtes que la mort d'Alphonse V avait suspendus. Il passe le Duéro, prit Zéna, s'empara de Viséo, et il fit périr, dit-on, le Musulman dont la flèche avait donné la mort à Alphonse V. Il investit ensuite Coimbre, et il s'en rendit maître par la famine.

Harold Ier.

ANGLETERRE (1035) — Hardicanut ou Canut II, fils de Canut Ier et d'Emma, devait succéder à son père, en vertu du traité fait avec le duc de Normandie; mais Canut Ier avait eu, d'un premier mariage, un fils nommé Harold, et son testament appelait ce jeune prince au trône. Pour prévenir les malheurs d'une guerre civile, le royaume fut partagé entre les deux héritiers; toutes les provinces du nord de la Tamise appartinrent à Harold.

Alfred et Édouard, deux autres fils d'Ethelred II, étaient venus de Normandie en Angleterre pour voir leur mère; Harold fit crever les yeux au premier et l'enferma dans un couvent, où il mourut: l'autre prit la fuite. Harold s'empara des États qui étaient au pouvoir d'Hardicanut; mais étant mort quatre ans après, il lui laissa la couronne.

Hardicanut ou Canut II.

1039 — Le règne de ce prince fut signalé par d'horribles violences. Un impôt extraordinaire souleva le peuple, qui tua deux collecteurs à Worcester; aussitôt cette ville fut saccagée par les ordres du roi. Heureusement pour ses sujets, Hardicanut ne régna que 2 ans.

Édouard III, dit le Confesseur.

1042 — Les Anglais, désireux de s'affranchir du joug des Danois, appelèrent au trône le prince Édouard, fils d'Ethelred II. Le duc Godwin le fit couronner à la condition que le nouveau monarque épouserait sa fille Edithe.

Sous le gouvernement d'Édouard, les deux peuples restèrent constamment unis, et, à partir de cette époque, l'histoire ne signale plus de différence entre ces deux nations.

Emma, veuve d'Ethelred II et de Canut Ier, fut dépouillée de ses trésors et renfermée dans un monastère par l'ordre de son fils Édouard qui accusait sa conduite envers les enfants de son premier mariage.

DATES.	ALLEMAGNE.	DATES.	ITALIE.	DATES.	EMPIRE D'ORIENT.
1039	Cependant Conrad, toujours appelé en Italie par les révolutions qui agitaient ce pays, revenait chaque fois avec des troupes infectées de maladies contagieuses; lui-même rapporta le venin qui mina ses jours; il mourut à Utrecht un an après sa dernière campagne d'Italie. Henri, son fils, lui succéda. **Henri III.** *(1039)* Ce règne offre le même tableau que le précédent; une chaîne de guerres presque toujours heureuses. Henri épousa Agnès, fille de Guillaume, roi d'Aquitaine. Cette union amena la tranquillité dans le royaume de Bourgogne. *(1043)* Les troubles de la Hongrie occupèrent longtemps le jeune monarque. Pierre, prince vicieux, révolta les Hongrois par ses débauches; chassé par son peuple, il alla implorer la protection de Henri, qu'il parvint à séduire. L'empereur prit les armes et rétablit son protégé sur le trône de Hongrie. Mais à peine les troupes allemandes étaient-elles parties, que le peuple se révolta une seconde fois contre Pierre, et le chassa du royaume. De nouveau replacé sur le trône par l'empereur, Pierre, pénétré de reconnaissance, lui prêta foi et hommage, devint son vassal, et le royaume un fief de l'empire; mais les Hongrois lui crevèrent les yeux, l'enfermèrent dans une prison, et André, qui fut appelé à lui succéder en 1046, eut la gloire d'affranchir sa couronne de la dépendance de l'empire d'Allemagne.		Nous arrivons au moment où nous allons voir comment les Normands parvinrent à se rendre maîtres de l'Italie méridionale et de la Sicile, et à y fonder le royaume des Deux-Siciles. Guillaume, dit Bras de Fer, Drogon et Humfroi, les trois frères aînés des douze fils de Tancrède, comte de Hauteville, en Normandie, après avoir inutilement cherché fortune en plusieurs endroits, réunirent trois cents aventuriers de leurs compatriotes, et tournèrent leurs pas vers la Basse-Italie, invités probablement par Rainolfe, comte d'Averse. Ils se mirent d'abord au service de Guimar IV, qui régnait alors à Salerne, et l'aidèrent puissamment à agrandir les limites de ses États. *1038* A cette époque, les Grecs, se voyant sur le point d'être chassés entièrement de la Sicile par les Sarrasins, l'empereur Michel IV y avait envoyé, en qualité de catapan, George Maniacée; mais ce dernier, persuadé qu'avec ses propres forces il ne pourrait venir à bout de son entreprise, demanda à Guimar le secours de ses Normands. Le duc de Salerne, qui commençait à se méfier de ses auxiliaires, se *1040* rendit volontiers aux vœux du général grec. Ils allèrent donc en Sicile, battirent en plusieurs rencontres les Sarrasins, et leur enlevèrent un immense butin; mais l'avarice des Grecs leur faisant promptement oublier les services des Normands, ils s'approprièrent tout le butin de l'ennemi, sans aucun égard pour leurs vaillants auxiliaires. *1041* Les Normands, indignés de la mauvaise foi de leurs alliés, résolurent de se venger. Ils se réunirent aux Normands d'Averse, et ayant choisi, parmi les plus nobles d'entre eux, douze chefs auxquels ils donnèrent le titre de *comtes*, ils envahirent les possessions des Grecs sur le continent, et leur enlevèrent la Pouille et la Calabre. Les Normands, ne voulant plus se mettre à la solde de personne, se décidèrent à se conserver en corps de nation, et ils nommèrent pour leur souverain Adémolfe, frère du duc de Bénévent. Mais bientôt, mécontents de lui, ils le remplacèrent par Argyre, fils de Mélo, pour la mémoire duquel on professait la plus grande vénération. Les Normands s'étant aperçus qu'ils avaient fait encore un mauvais *1043* choix, créèrent alors pour leur chef Guillaume Bras-de-Fer, l'aîné des fils de Tancrède, qui prit le titre de comte de Pouille. Ils choisirent Amalfi pour leur capitale, dans laquelle ils convoquèrent de temps en temps leurs assemblées pour délibérer sur les affaires générales de l'État. Cependant Guillaume n'était pas tout à fait maître de la province; elle avait été divisée en plusieurs districs, dont plusieurs furent assignés aux frères du comte et aux principaux chefs de l'expédition; mais Guillaume exerçait sur eux une certaine suprématie, et il possédait les insignes de la souveraineté.	1038	La valeur de Maniacée, un des plus braves officiers de l'empire, fut sur le point de lui faire reprendre la Sicile sur les Sarrasins; l'incapacité de ses collègues le firent échouer. C'est à cette époque que l'Italie apprit à connaître les fils de Tancrède de Hauteville. Aidé de trois cents Normands, qui *1040* firent des prodiges de valeur, ayant à leur tête les trois fils aînés de Tancrède, Guillaume, Drogon et Humfroi, Maniacée mit les Sarrasins en déroute, reprit Messine et Syracuse. Pour récompense de sa victoire, le vainqueur, accusé de vouloir se faire roi de Sicile, fut arrêté et conduit à Constantinople. Les généraux qui lui succédèrent, et surtout la retraite des Normands auxquels les Grecs refusèrent leur part dans le butin, firent perdre tout le fruit de la victoire. *1041* Les Normands, voulant se venger des Grecs, les attaquent, et après plusieurs batailles sanglantes, ils remportent une victoire complète; il ne reste plus à l'empire que les villes de Tarente, de Brindes et de Bari. A cette même époque, les Sarrasins redevenaient maîtres de la Sicile, à l'exception de la ville de Messine. *1041* L'empereur, sujet à l'épilepsie, devenait de jour en jour plus malade, et tout faisait craindre à Jean, son frère, de le voir bientôt mourir. Michel, sentant sa fin approcher, était dévoré de remords, car il avait contribué à l'assassinat de Romain III; il se livrait aux actes de la plus profonde humilité, dans l'espoir d'obtenir de Dieu le pardon de son crime; il lavait les pieds des pauvres, pansait les plaies des lépreux. Jean, pour conserver son pouvoir, obligea Zoé à adopter son neveu Michel, calfateur de vaisseaux. Michel quitta le palais, se fit conduire dans le monastère des saints Côme et Damien qu'il avait fait bâtir aux portes de Constantinople. C'est là qu'il mourut le 10 décembre 1041. Il avait régné 7 ans et 8 mois. **Michel V, dit Calaphate.** *1041* Le nouveau Michel avait de l'esprit et de l'activité; mais il était fourbe, injuste, ingrat, menteur; ses premiers actes de méchanceté s'exercèrent sur sa propre famille; il fit exiler son oncle Jean, à qui il devait son élévation; tous ses parents furent ses victimes, à l'exception de son oncle Constantin. Le peuple vit avec indifférence les cruautés dont l'empereur accablait sa famille, mais il n'en fut pas de même lorsque Michel fit exiler Zoé à l'île du Prince, avec ordre de la raser et de lui rapporter ses cheveux, ce qui fut exécuté. *1042* Les habitants de Constantinople prennent les armes, font sortir du couvent Théodora, fille cadette de Constantin IX et sœur de Zoé; et la proclament impératrice. Michel fait revenir Zoé à la hâte, remplace ses habits monastiques par la pourpre; tout est inutile, le palais est forcé, Michel et son oncle Constantin sont renfermés dans un monastère après avoir eu les yeux crevés. Il avait régné 14 mois.

DATES.	FRANCE.	DATES.	ESPAGNE.	DATES.	ANGLETERRE.
1049	de faire appel à la force; telle fut la *trêve de Dieu*. Quelques années auparavant, les évêques avaient ordonné la *paix de Dieu*; c'est-à-dire qu'on exigeait le serment de ne plus porter les armes, de ne pas venger la mort de ses proches et de pardonner aux meurtriers; de jeuner le vendredi au pain et à l'eau et de s'abstenir de chair le samedi. On faisait prêter le serment sous peine d'excommunication; mais bientôt il ne produisit que des parjures, et l'on substitua à la *paix* la *trêve de Dieu*. L'autorité pontificale prit, à dater du xie siècle, une plus grande influence, particulièrement en France où tout était livré au trafic. Les grands n'avaient pas honte de vendre, même les dignités ecclésiastiques, à qui pouvait les acheter. C'est pourquoi nous voyons dans ces époques malheureuses des évêques, des abbés indignes du sacerdoce. Léon IX, pape d'un mérite supérieur, fut invité par les moines de Saint-Rémi à venir faire la dédicace de leur église. Après y avoir consenti, le pape annonça qu'en même temps il tiendrait un concile dans leur ville. L'alarme fut générale parmi les seigneurs, les évêques et les abbés, qui avaient à redouter que leur conduite fût examinée par le Saint-Père; tous influencèrent le roi de France, pour l'engager à s'opposer au concile; ce serait, lui disait-on, exposer les droits de la couronne que de permettre au pape de venir exercer son autorité dans le royaume. A ce moment plusieurs factieux troublaient l'État, et l'on persuada facilement à Henri Ier qu'il valait mieux s'occuper de soumettre les rebelles que de se préoccuper d'un concile. Le roi fit donc prier le pape d'ajourner son voyage à une autre époque, et lui-même partit brusquement avec son armée. Léon IX n'en vint pas moins à Reims, assembla son concile; le pape y est déclaré chef universel de l'Église. On dépose quelques prélats; ceux qui ne sont pas venus à l'assemblée sont excommuniés, ainsi que ceux qui ont suivi le roi à la guerre. Dès ce moment nous verrons, pendant longtemps, les légats de Rome exercer leur autorité sur le royaume de France. Vers l'époque où s'était établie la trêve de Dieu, il était né une institution qui eut une longue et brillante existence, c'était la *chevalerie*. Tout souverain féodal eut son *connétable*, ses *maréchaux*, son *sénéchal*, ses *écuyers*, qui étaient plus immédiatement que les autres ses *chevaliers*. Née en France, cette institution se propagea rapidement dans les autres pays. Dès le principe, le titre de chevalier ne pouvait être conféré qu'aux personnes nobles de *nom et d'armes*. La réception d'un chevalier était accompagnée d'une foule de cérémonies destinées à rehausser l'éclat et l'importance de ce titre, qui donnait droit à de nombreux priviléges. Avec la chevalerie, les exercices militaires devinrent l'oc-	1054	Malgré les louanges nombreuses que les historiens espagnols ont données à Ferdinand Ier, une action qui fait tache à son règne est l'arrestation de son frère, Garcie IV, qui était venu lui faire une visite amicale; le roi de Navarre étant parvenu à s'échapper de la forteresse où Ferdinand l'avait fait enfermer, revint avec une armée nombreuse pour punir le traître, mais il fut tué, près de Burgos, par une flèche pendant le combat. Ferdinand refusa de profiter du désordre qui s'était introduit dans l'armée de son frère à la suite de ce triste événement. On attribue généralement cette bienveillance de Ferdinand aux remords : c'est pour cette même cause, dit-on, qu'il plaça la couronne de Navarre sur la tête de Sanche IV, fils de Garcie IV.	1052 1054	La jeunesse d'Édouard III s'était écoulée en Normandie; il se souvint de ses liaisons avec les Normands et en attira un grand nombre à sa cour. Les coutumes, les manières et la langue française qu'avaient adoptées les Normands, s'introduisirent peu à peu en Angleterre. Les Anglais conçurent de la jalousie des priviléges accordés à ces étrangers, Godwin surtout prit ce prétexte pour se révolter. Il avait reçu l'ordre de punir les habitants de la ville de Douvres qui avaient insulté Eustache, comte de Boulogne; il refusa d'obéir, et en peu de temps il organisa une petite armée. Édouard, secouru par ses fidèles sujets, obligea Godwin à prendre la fuite, confisqua ses biens, et il fit enfermer la reine Edithe, fille de Godwin, dans un monastère. Mais Godwin réunit de nouvelles forces, reparaît à Londres et il obtient un accommodement avec le roi en lui donnant des otages, qui furent envoyés en Normandie. Godwin mourut l'année suivante. Harold, son fils, hérita de son habileté et de sa popularité; mais Édouard, tout en lui témoignant de l'amitié, lui suscita un rival dans Algar, fils du duc de Mercie; Harold triompha bientôt de son compétiteur, et la mort de Siward, duc de Northumberland, accrut encore sa puissance.

DATES.	ALLEMAGNE	DATES.	ITALIE.	DATES.	EMPIRE D'ORIENT.
1046 1048 1053	Henri III étant passé en Italie pour réprimer les troubles auxquels Rome était en proie, par suite de l'élection des papes, se rendit dans cette ville et éleva au pontificat Suidger, évêque de Bamber, qui prit le nom de Clément II. Le nouveau pape, le lendemain de son élection, jour de Noël, lui donna la couronne impériale, ainsi qu'à son épouse Agnès. Vers cette époque, de longs troubles se firent sentir en Allemagne. On vit deux frères, Godefroy et Gozelon II, s'arracher mutuellement le pouvoir. Le premier était duc de la Haute-Lorraine, le second possédait la Basse-Lorraine. Godefroy l'aîné, prétendant succéder à toute la puissance de son père Gozelon Ier, qui possédait les deux duchés, arma contre son frère Gozelon pour lui arracher la Basse-Lorraine; mais Henri III ayant pris parti contre Godefroy, le fit prisonnier, et donna son duché à Adalbert d'Alsace. Cependant, Godefroy ayant obtenu sa liberté, intrigue de nouveau et parvient à attacher à sa cause Baudouin V, comte de Flandre, et Thierry, comte de Hollande. Le feu de la guerre désole de nouveau la Lorraine, et Adalbert périt dans une bataille. Henri reparaît avec la vengeance et la victoire, et il donne la Haute-Lorraine à Gérard, comte d'Alsace, neveu d'Adalbert, qui fut le premier duc héréditaire, et la tige de l'illustre maison qui posséda cette province jusqu'à la paix de Vienne en 1737. Gozelon II étant mort, le duché de Basse-Lorraine fut donné à Frédéric de Luxembourg. Godefroy, las de lutter contre la fortune en Lorraine, alla en Italie. Boniface, roi de Toscane, venait de mourir laissant de vastes possessions à Béatrix, son épouse; Godefroy l'épousa, et son fils, Godefroy le *Bossu*, épousa la fille de Béatrix, la comtesse Mathilde, qui devint si célèbre sous le pontificat de Grégoire VII. L'empereur, de retour de l'Italie, où il avait fait nommer successivement trois papes allemands : Clément II en 1046, Damase II en 1048 et Léon IX en 1048, combattit de nouveau les Hongrois et confisqua à son profit le duché de Bavière. Henri III mourut en 1056, à l'âge de 39 ans, mort prématurée, qui fut la source des convulsions de l'empire et des malheurs de son fils Henri IV.	1046 1050 1053	Guillaume Bras-de-Fer ne jouit pas longtemps du fruit de sa valeur; il mourut trois ans après son élection. Son frère Drogon, qui possédait le gouvernement de Venouse, lui succéda; mais ayant été assassiné par ses propres sujets, soudoyés par les Grecs, Humfroi, troisième fils de Tancrède, fut nommé comte de Pouille. Enhardis par la protection d'Henri III, successeur de Conrad, qui les avait investis de tout le pays qu'ils avaient conquis, lorsqu'il était venu à Rome, en 1046, pour s'y faire couronner, les Normands voulurent étendre leur domination sur leurs voisins; rien ne les arrêtait : quoiqu'ils portassent le titre de chrétiens, ils pillaient les églises, ainsi que les monastères. Le pape Léon IX prépara une expédition contre eux, et il se mit lui-même à la tête de ses soldats; c'était la première fois qu'on voyait un pontife de Rome conduire une armée à la guerre. Malgré le généreux dévouement du pontife, les Normands furent vainqueurs; ils s'emparèrent même du pape; mais ils n'abusèrent pas du droit de la victoire; ils prodiguèrent, au contraire, les plus grandes marques de respect et de compassion à Léon IX, et ils le mirent un an après en liberté. La malheureuse expédition de Léon IX servit, grâce à sa noble conduite, à l'agrandissement de la dignité pontificale : c'est de ce moment que fut fondé le droit du siége apostolique sur le royaume de Naples; droit qui devint dans la suite une source de querelles, de guerres et de révolutions en Italie, et qui fut bien fatal à l'empire.	1043 1047 1048 1049 1053	**Constantin IX, dit Monomaque.** Jamais l'empire ne fut plus tranquille que sous le gouvernement de Zoé et de Théodora; malheureusement Zoé, quoique âgée de soixante-dix ans, se remaria avec Constantin-Monomaque. Théodora, par ce mariage, fut dépouillée de toute autorité; mais elle conserva le nom d'Auguste. Le règne de Monomaque fut agité par des guerres continuelles et par des révoltes que l'on finit par étouffer. Le patriarche Alexis mourut après avoir gouverné l'église de Constantinople pendant dix-sept ans; on lui donna pour successeur Michel Cérulaire, qui leva l'étendard de la révolte contre l'Église romaine et fut l'auteur du schisme grec. Cette même année fut encore remarquable par la défaite d'une grande armée navale russe qui s'était avancée pour attaquer Constantinople. Léon Tornice, parent de l'empereur, établi dans Andrinople, ayant gagné l'affection des Macédoniens, fut proclamé empereur; il marcha sur Constantinople avec une armée de séditieux et de brigands; s'il avait su profiter du moment où il repoussa les défenseurs de la capitale, nul doute qu'il eût remplacé Monomaque; ébloui par le succès, il remit au lendemain de s'emparer de Constantinople; mais il y eut une grande défection dans ses troupes, et il fut obligé de se réfugier à Arcadiopolis, où il fut pris avec son ami Vatace; conduits tous les deux à Constantinople, l'empereur leur fit crever les yeux. L'année suivante vit naître une guerre sanglante entre les Grecs et une nouvelle horde de Turcs qui détruisit en Asie une grande partie de l'empire grec; elle étendit encore plus loin ses conquêtes; mais renversée à son tour par les Seldjoucides, on vit sortir de ses ruines la puissance ottomane. Cette nouvelle dynastie des Turcs prit son nom de Seldgiouc, un des principaux capitaines du Turkestan. Leurs progrès donnaient de l'inquiétude à l'empereur, il voulut les vaincre; mais l'armée impériale fut battue à la bataille de Capêtre. Dans le même temps, les Patzinaces entrent sur les terres de l'empire; ils sont repoussés; mais ils reviennent et battent le gouverneur d'Andrinople; après ce triomphe, ils repassent le mont Hémus et remportent encore une victoire sur l'armée d'Asie. Ce fut vers ce temps qu'éclata tout à fait le schisme qui sépare encore l'Église grecque de l'Église latine. Michel Cérulaire ayant résisté aux instances des trois légats envoyés de Rome pour le convaincre, le pape excommunia ce patriarche et ses adhérents. Michel Cérulaire, pour consommer son ouvrage, excommunia le pape à son tour et effaça son nom des diptyques.

DATES.	FRANCE.	DATES.	ESPAGNE.	DATES.	ANGLETERRE.
	cupation de tous les instants ; on les transporta bientôt dans les jeux publics : ce furent les *tournois* où la chevalerie déploya son luxe, sa valeur et sa galanterie.		Le règne de Ferdinand Ier est remarquable par quelques essais utiles de législation et de police. Il convoqua, à Coyança, un concile national, où fut interdit aux ecclésiastiques l'usage des armes, si bien établi à cette époque en Espagne, que les évêques suivaient presque toujours les rois à la guerre. Il fut aussi ordonné que les royaumes de Castille et de Léon conserveraient, malgé leur réunion, leurs lois particulières. La peine de l'excommunication devait être prononcée contre les transgresseurs de ces ordonnances.		Édouard III n'avait point d'enfant ; il songea à se donner un successeur et rappela de Hongrie un fils d'Edmond II, son frère. Son neveu mourut en arrivant ; il avait un fils nommé Edgar Atheling, mais il n'était pas encore en âge de régner. Édouard porta alors ses vues sur Guillaume, duc de Normandie, et il lui fit part de son projet ; Guillaume reçut avec joie une espérance aussi flatteuse.
1059	Henri, se sentant malade, voulut faire passer la couronne à Philippe, son fils aîné, enfant âgé de sept ans. Ayant assemblé les évêques, les ducs d'Aquitaine, les comtes de Flandre et d'Anjou, et douze autres seigneurs, il les pria de reconnaître son fils pour son successeur, et de lui prêter serment de fidélité. Tous y consentirent avec joie, et s'écrièrent par trois fois : *Nous le voulons, nous le louons ; qu'il en soit ainsi.*		Nous arrivons à une époque où va paraître sur la scène le célèbre général Rodrigue Diaz de Bivar, si connu sous le nom de *Cid*. Il avait à peine quinze ans quand il donna des preuves de son courage intrépide, en vengeant l'honneur de son père, outragé par le comte de Lozano. Le jeune Rodrigue tua le comte, et cette action fut regardée comme le présage de la gloire qu'il acquit plus tard.		Cependant Harold, voyant avec peine son frère et son neveu au pouvoir du duc de Normandie, qui les avait reçus comme otages en garantie de la fidélité de Godwin, son père, envers Édouard III, obtint la permission de les ramener en Angleterre.
1060	Henri Ier mourut peu de temps après le couronnement, à l'âge de 55 ans, laissant son fils enfant, qu'il recommanda avec son royaume à Baudouin V, comte de Flandre.				Harold s'étant embarqué, une tempête le fit échouer sur les terres du comte de Ponthieu, qui le retint prisonnier. Harold réclama la protection de Guillaume ; le duc obtint sa liberté, le reçut avec honneur ; il chercha à le mettre dans ses intérêts, rélativement à ses prétentions sur l'Angleterre, et lui offrit même sa fille en mariage, à condition qu'il s'engagerait par un serment à le seconder de tout son pouvoir. Guillaume avait fait cacher des reliques sous l'autel où Harold devait prêter ce serment ; il les montra ensuite, croyant, au moyen de ce subterfuge, rendre les engagements d'Harold plus inviolables. Mais à peine ce dernier fut-il rendu à la liberté qu'il trahit son serment ; il s'efforça de s'attacher les Anglais et de leur inspirer la haine des Normands. Il signala sa vaillance en subjuguant les Gallois, toujours prêts à faire des incursions dans le royaume, et sa justice en abandonnant les intérêts de son frère le duc de Northumberland, dont le gouvernement tyrannique avait soulevé ses sujets.
	L'événement le plus remarquable du règne d'Henri est son mariage, en 1044, avec Anne, fille du duc ou czar de Russie, Jaroslaw. La Russie, convertie depuis peu au christianisme, n'avait encore aucune relation avec le reste de l'Europe ; elle comprenait à cette époque tout le nord de l'Europe, depuis le Niémen et le Borysthène, et elle avait Kiew pour capitale.				Harold, maître d'une grande partie de l'État, soit par lui-même, soit par ses partisans ; assuré désormais des suffrages de la nation par sa conduite sage et populaire, ne dissimula plus ses prétentions à la couronne.

DATES.	ALLEMAGNE.	DATES.	ITALIE.	DATES.	EMPIRE D'ORIENT.
	Henri IV.	1054	Après la mort de Léon IX, qui arriva peu de temps après la guerre que nous venons de signaler, les Normands montrèrent tant de respect pour la religion que, six ans plus tard, le pape Nicolas II crut convenable de resserrer ses liens d'amitié avec eux et de consacrer par l'autorité de son ministère les conquêtes qu'ils pourraient faire dans leur nouvelle patrie.	1054	Zoé était morte en 1052, âgée de soixante-quatorze ans. Théodora, apprenant que Monomaque était au moment de mourir, se fit proclamer impératrice. On dit que cet événement hâta les derniers moments de l'empereur; il expira le 30 novembre après un règne de 12 ans et 6 mois.
1056	Henri, élu roi d'Allemagne en 1054, n'avait environ que cinq ans à la mort de son père; l'impératrice Agnès se chargea d'abord des soins de son éducation et du gouvernement de l'État.		**Henri IV.**		**Théodora.**
	Godefroi, après son mariage avec Béatrix, était retourné en Lorraine et avait entretenu au moins par ses conseils des troubles dans ce pays; mais dans une diète convoquée à Cologne par Agnès, la paix fut rétablie. Baudouin, comte de Flandre, qui avait été dépouillé de ses États par Henri III pour le secours qu'il avait accordé à Godefroi, rentra dans ses possessions et prêta l'hommage. Béatrix, qui avait été emmenée en Allemagne comme garantie de la fidélité de Godefroi, fut rendue à son époux, et ce prince fut lui-même déclaré successeur de Fréderic de Luxembourg, auquel il succéda en 1063 comme duc de la Basse-Lorraine.	1056	Henri III étant mort à l'âge de trente-neuf ans, son fils, Henri IV, âgé d'environ cinq ans, lui succéda sous la régence de sa mère, Agnès.		Théodora, quoique âgée de soixante-seize ans, gouverna cependant avec gloire et elle prévint les troubles de l'empire. Elle donnait audience chaque matin, répondait aux ambassadeurs, nommait les magistrats, rendait la justice; sous son règne l'empire semblait ne former qu'une seule famille. Les Normands qui continuaient leurs conquêtes en Italie étaient les seuls en guerre avec les Grecs.
	La paix se rétablit ainsi; mais la discorde qui existait entre les papes et les empereurs amena bientôt des événements funestes qui troublèrent le repos de l'empire.		Cette mort prématurée fut la source des convulsions de l'empire et des malheurs de son fils.	1055	Elle agréa pour successeur Michel-Stratiotique, vieux guerrier d'une grande réputation de probité, mais de peu d'esprit et déjà caduc; elle lui ceignit elle-même le diadème et mourut peu de jours après cette cérémonie. Elle avait régné 1 an et 9 mois.
	Hildebrand, homme d'une naissance obscure, mais habile et plein de zèle pour l'Église, fut d'abord moine de l'abbaye de Cluny. Chargé d'une mission à Rome, il s'attacha à Grégoire VI. Cardinal sous Léon IX; Victor II, qui lui devait la papauté, le fit son légat en France. Étienne IX, son successeur en 1057, le créa cardinal archidiacré. A la mort d'Étienne, en 1058, Hildebrand eut assez d'autorité pour faire déposer un pape que les Romains avaient élu sans sa participation, et pour élever sur le trône pontifical Gérard, évêque de Florence, sous le nom de Nicolas II. Ce pape reconnaissant lui accorda toute sa confiance.	1057	Sur ces entrefaites, Humfroi, comte de Pouille, mourut aussi, et Robert, un autre fils de Tancrède de Hauteville, qui était venu en 1040 rejoindre ses frères en Italie, fut appelé par les Normands au gouvernement suprême de la nation, au détriment des deux fils de Humfroi.		**Michel VI, dit Stratiotique.**
1059	Par les conseils de Hildebrand, Nicolas, dans un concile de Rome, fit le célèbre décret qui privait les empereurs du droit de confirmer l'élection des papes; il fut ordonné que dans le choix d'un pontife, on choisirait de préférence le clergé de Rome à celui des autres nations; que les cardinaux-évêques feraient l'élection, qui serait sanctionnée par le reste du clergé et par le peuple.	1059	Robert, surnommé *Guiscard*, fort de la condescendance du pape, s'empare de la Calabre, et prit le titre de duc du consentement de Nicolas II.	1057	Le nouvel empereur ne montra sur le trône qu'incapacité et faiblesse. Esclave des ministres que Théodora savait gouverner, il ne pensait que par eux; aussi les généraux qui commandaient les troupes de l'empire, victimes des injustices de ces ministres, devenus maîtres, choisirent pour empereur Isaac Comnène le 8 juin 1057. Catacalon, qui s'était couvert de gloire dans les campagnes précédentes, en Asie et en Europe, se mit en marche pour le soutenir à la tête de toutes les troupes de l'Asie Mineure.
			Le nouveau titulaire s'avoua vassal de la sainte Église romaine, reconnant tenir en fief du siége apostolique la Pouille et la Calabre, et même, par anticipation, la Sicile, dont il méditait la conquête.		Stratiotique assemble alors des troupes qui vont au-devant des conspirateurs et campent devant Nicée; mais Catacalon détruit et pille leur camp, et les impériaux prennent la fuite, abandonnant un grand nombre de prisonniers.
			L'adresse dont les Normands durent faire preuve pour obtenir l'investiture de l'empereur Henri III en 1046, et les concessions du pape Nicolas II font honneur à cette nation; aussi, comme nous le voyons, joignaient-ils à une très-grande valeur guerrière une habileté politique très-remarquable.		Après la victoire, Comnène sortit de Nicée et entra dans Nicomédie sans trouver de résistance; en vain Stratiotique, effrayé, offre d'adopter Comnène, on le refuse; les principaux sénateurs, d'accord avec le patriarche, proclament Comnène empereur; Stratiotique quitte le palais et va habiter la maison qu'il occupait avant d'être empereur.
			Le traité qu'ils venaient de faire avec Nicolas était avantageux au Saint-Siége, qui se faisait un appui contre les empereurs en acquérant des vassaux capables de le soutenir; mais il l'était aussi aux Normands dont il semblait légitimer les usurpations, du moins aux yeux des peuples.		Sous le règne de Théodora et de Stratiotique, les Normands avaient avancé leurs conquêtes en Italie. En Orient, le calife d'Égypte, devenu maître de la Syrie, fit fermer le Saint-Sépulcre et défendit d'y donner entrée. Trois cents Chrétiens établis à Jérusalem en sortirent pour aller chercher un asile en Occident.
					C'est ici que commence la nouvelle dynastie des princes de Comnène, si connus en Occident par l'histoire des Croisades.

DATES.	FRANCE.	DATES.	ESPAGNE.	DATES.	ANGLETERRE.
	Philippe Ier.		Ferdinand Ier, roi de Castille et de Léon, voulut avant sa mort partager ses États entre ses enfants. Sancho II, dit le *Fort*, hérita de la Castille; Alphonse VI, de Léon et des Asturies; Garcie eut la Galice et une partie du Portugal; ses filles Elvire et Urraque eurent en partage les cités de Zamora et de Toro, situées sur les rives du Duéro.	1065	Édouard III mourut, sans avoir nommé son successeur; il se fit regretter de ses sujets par son amour de la justice, et ses lois, dont le recueil est perdu, furent longtemps respectées et chéries en Angleterre. Ce prince mérita par sa piété d'être mis au nombre des saints. Il établit en Angleterre la coutume de toucher les écrouelles; ce même usage fut introduit en France, où l'on attribuait aussi aux rois le pouvoir de guérir cette maladie.
1060	Philippe n'ayant que sept ans lorsqu'il monta sur le trône; son père avait donné la régence à Baudouin V, comte de Flandre, prince sage, qui gouverna sous le nom de marquis de France jusqu'à sa mort, en 1067. Quoique Philippe n'eût à ce moment que quinze ans, la régence finit alors. Le long règne de Philippe fut une époque d'événements remarquables auxquels il prit une part très-peu active.	1065	La mort de ce prince, qui arriva bientôt après la division de son royaume, fut le signal de la discorde qui éclata entre ses enfants.		**Harold II.**
1066	Édouard III, roi d'Angleterre, étant mort sans enfant, le duc de Normandie, sous le prétexte qu'il avait été désigné par ce prince pour son successeur, fit la conquête de ce royaume.			1066	Harold, aimé et respecté du peuple, monta sur le trône sans aucune opposition; mais l'ambitieux Guillaume lui ayant reproché son parjure, le fit sommer de tenir son serment et de lui céder la couronne. La réponse ferme qu'il reçut d'Harold lui fit prévoir une vigoureuse résistance; il médita alors la conquête de l'Angleterre. L'empereur Henri IV et le pape Alexandre II favorisèrent les projets du duc de Normandie; la France elle-même, où Philippe Ier régnait alors, agit indirectement dans les intérêts de Guillaume, et bientôt celui-ci se vit maître d'une flotte de trois mille voiles et d'une armée de soixante mille hommes. Cependant la nouvelle s'étant répandue en Angleterre que Guillaume avait abandonné son entreprise, Harold laissa rentrer dans les ports une flotte qui avait été équipée pour arrêter les Normands. Bientôt, au grand étonnement des Anglais, on les aperçut sur la côte de Sussex, et on ne put s'opposer à leur débarquement. On rapporte que Guillaume étant tombé en sortant de son vaisseau, s'écria : « Je prends possession du pays. » Ce fait insignifiant par lui-même parut d'un heureux présage aux Normands. Gurth, frère de Harold, était d'avis que le roi ne s'exposât pas dans une bataille décisive; mais qu'il fatiguât les Normands par de fréquents petits combats, en attendant que la disette et la rigueur de l'hiver qui approchait les obligeassent à se retirer. Harold ne suivit point ce conseil; Guillaume lui avait proposé ou de lui céder la couronne, ou de se reconnaître son vassal, ou de s'en tenir au jugement du pape, ou de terminer l'affaire par un combat singulier; Harold se mit à la tête de son armée et marcha à la rencontre de Guillaume. Les Normands furent d'abord repoussés; leur duc se servit d'un stratagème qui perdit les Anglais. Il fit reculer ses troupes; les soldats de Harold crurent qu'elles fuyaient; ils se précipitèrent sans ordre, sans discipline, sur les ennemis qui tout à coup firent volte-face et se trouvèrent en peu d'instants maîtres du champ de bataille. Le roi et ses deux frères furent tués à ce fameux combat de Hastings; leur mort livra l'Angleterre à Guillaume, et mit fin à la domination des Anglo-Saxons.

DATES.	ALLEMAGNE.	DATES.	ITALIE.	DATES.	EMPIRE D'ORIENT.
1061	Sous la régence d'Agnès, le pape Nicolas II mourut. Hildebrand mit sur la chaire épiscopale Alexandre II, sans même consulter la cour d'Allemagne. On envoya une armée en Italie pour réprimer cette décision hardie; mais elle fut battue.	1062	Cependant les Normands, qui s'étaient établis à Averse, ne restaient pas inactifs pour agrandir leurs possessions. Richard Ier, un de leurs comtes, fils et successeur de Rainolfe, après avoir épousé la sœur du duc Robert, conquit la principauté de Capoue sur Landolfe VI, dernier rejeton de la race lombarde, et prit le titre de prince de Capoue. Le pape Alexandre II lui accorda ensuite l'investiture de son nouvel État.		**Isaac Comnène.**
1062	Agnès gouvernait avec sagesse, aidée des conseils de Henri, évêque d'Augsbourg; mais la jalousie vint troubler sa régence. Le jeune monarque fut enlevé à sa mère par Annon, archevêque de Cologne, et il fut décidé que le roi mineur serait sous la tutelle de l'archevêque dans le diocèse duquel il résidait.	1068	Richard tourna ses armes contre la ville de Naples, qui continuait à se gouverner sous forme de république; mais il mourut au moment de s'en rendre maître.	1059	Comnène, maître de l'empire, fit conférer à sa femme le titre d'Auguste, plaça ses neveux dans les premières magistratures, et il s'occupa de remplir le trésor impérial épuisé par ses prédécesseurs. Il fit conduire Michel Cérulaire dans l'île de Proconnèse où ce patriarche mourut; Constantin Lichudès fut élu à sa place par le suffrage des métropolitains, du clergé et du peuple.
	L'impératrice, indignée d'une pareille conduite, quitta l'Allemagne, se retira à Rome, et peu de temps après, elle s'enferma dans un couvent.				La seule expédition de cet empereur fut contre les Hongrois et contre les Patzinaces qui ravageaient la frontière de l'empire; il les vainquit et il les força à demander la paix.
	Annon, maître de Henri, eut bientôt un rival dans Adalbert, archevêque de Brême, prélat plein d'ambition, qu'il fut forcé d'associer à la régence et à l'éducation du jeune prince. Henri eut ainsi deux gouverneurs, et l'empire deux régents.				Comnène étant passé en Asie pour se livrer à son amour pour la chasse, gagna une pleurésie qui mit ses jours en danger; il songea alors à se donner un successeur. Son fils Manuel étant mort, il choisit pour lui succéder Ducas, un de ses partisans dans sa révolte contre Stratiotique. Aussitôt qu'il se fut dépouillé de la pourpre impériale, il prit l'habit monastique et se fit conduire au monastère de Stude où il vécut encore une année; sa femme Hélène, avec sa fille Marie, se consacrèrent aussi à la vie religieuse et elles lui survécurent plusieurs années. Il avait régné 2 ans et 3 mois.
	Les deux prélats, doués de caractères différents, inculquèrent à leur élève des principes opposés qui furent la source des malheurs de Henri IV. Annon tâchait de lui inspirer l'amour de la vertu, de former son esprit par des études convenables à son rang; Adalbert flattait ses passions pour gagner sa confiance. Bientôt l'archevêque de Cologne vit avec douleur ses leçons sévères méprisées, et il devint lui-même l'objet de la haine du jeune prince.				**Constantin X, dit Ducas.**
	Adalbert étant parvenu à éloigner Annon, s'empare entièrement de l'esprit de Henri, auquel il cherchait à inspirer la haine contre les princes de l'empire, qu'il dépeignait comme des lâches, des traîtres, prêts à tramer des complots contre la majesté du trône.			1060	Constantin Ducas fut couronné sans opposition; ce fut un prince de peu de génie, qui n'avait que les qualités bonnes à un particulier. Il laissa dépérir les armées par la réforme qu'il fit des meilleurs officiers.
1066	Mais il se forma bientôt une conspiration contre le régent: les archevêques de Mayence et de Cologne, secondés par les princes de l'empire, convoquèrent une assemblée à Tibur, et sommèrent Henri de renvoyer Adalbert ou de renoncer à l'empire. Le jeune prince ayant cédé non sans résistance, d'autres prélats s'emparèrent de la régence et ne gouvernèrent pas mieux que celui de Brême.			1063	Le règne de Constantin Ducas n'offre d'autres événements remarquables que la cession de Jérusalem, faite au patriarche de cette ville par le gouverneur musulman; que la prise de Belgrade par les Hongrois et l'irruption des Uses, peuple tartare, dont les Bulgares et les Patzinaces délivrèrent l'empire.
				1067	L'empereur mourut laissant trois enfants pour lui succéder; il les avait recommandés vivement à Jean Ducas, son frère, auquel il avait adjoint pour la régence le patriarche Xiphilin; il était âgé de 60 ans, et avait régné 7 ans et 5 mois.
					Pendant son règne, les Normands avaient continué presque sans interruption la conquête de la Pouille et de la Calabre, sous la conduite de Robert et de son frère Roger, dont les exploits furent aussi brillants que rapides.

DATES.	FRANCE.	DATES.	ESPAGNE.	DATES.	ANGLETERRE.
1067	Baudouin V, comte de Flandre, avait laissé en mourant deux fils : Baudouin VI, qui lui succéda, et Robert. Ce dernier n'ayant pas d'État à gouverner, alla chercher fortune en différents pays, et finit par conquérir la Hollande et la Frise.	1067	Les hostilités eurent lieu en effet peu de temps après la mort de Ferdinand; ce fut Sanche II qui commença la guerre; les débuts ne furent pas heureux pour le roi de Castille. Il eût perdu courage, si les conseils du Cid n'avaient ranimé son ardeur; à la nuit, le camp d'Alphonse VI fut attaqué à l'improviste, et son armée se livra presque sans défense. Alphonse fut enfermé dans le monastère de Sabagon; le vainqueur entra ensuite dans la Galice, et Garcie vaincu chercha un asile à la cour d'Ali-Maimon, roi mahométan de Séville.		**Guillaume Ier dit le Conquérant.**
1071	Baudouin VI étant mort, Robert, dit le *Frison*, dépouilla son neveu Arnould III, de l'héritage de son père. Philippe Ier ayant tenté de prendre la défense du jeune prince, fut battu à Mont-Cassel par Robert, qui fonda au nord de la France une puissance redoutable.		Alphonse s'échappa de sa prison; Sanche, convaincu que ses sœurs l'avaient aidé à sortir du monastère où il était enfermé, voulut s'emparer de leurs domaines. Toro, l'héritage d'Elvire, se soumit; mais les habitants de Zamora, animés par le courage d'Urraque, résistèrent.	1066	Les Anglais essayèrent de résister à leur nouveau maître; ils se déclarèrent en faveur d'Edgar Atheling, le seul prince qui restât de la maison royale, et l'archevêque de Cantorbéry le proclama roi.
1072	Le roi de France conclut la paix avec Robert le Frison, et il épousa ensuite Berthe, sa belle-fille.	1072	Pendant le siége, Sanche ayant été attiré dans un piége sous prétexte de lui livrer la ville, fut assassiné. Le Cid fit transporter les restes de ce prince dans le monastère d'Ossa.		Mais Guillaume s'empare de la ville de Douvres et se dirige sur Londres; bientôt le clergé, la noblesse, Edgar lui-même, vont le supplier d'occuper le trône d'Angleterre. La cérémonie du couronnement eut lieu dans l'abbaye de Wetsminster; elle fut troublée par un incident qui faillit devenir tragique; les Normands qui gardaient l'église au dehors, prenant pour des cris séditieux les acclamations redoublées qu'ils entendaient, se précipitèrent sur les Anglais, et Guillaume parvint avec peine à faire cesser ce tumulte.
		1073	Alphonse VI était alors à Tolède; averti par sa sœur Urraque, il arriva à Zamora, reçut les félicitations des nobles de Léon et des Asturies, mais les Castillans montrèrent moins d'empressement : ils exigèrent qu'avant de monter sur le trône, Alphonse fît le serment qu'il n'avait pas trempé dans l'assassinat de son frère Sanche II. Au moment d'exécuter la condition, les nobles de Castille gardèrent le silence; le Cid eut le courage de rappeler à Alphonse l'obligation qu'il avait contractée. Le monarque se soumit à cette humiliante condition; mais Rodrigue fut exilé.		A peine sur le trône, il parvint à gagner l'affection de ses sujets, quoiqu'il exerçât en Angleterre la sévère justice qu'il exerçait en Normandie: mais son affabilité et ses largesses en tempéraient les rigueurs. Cependant, comme il avait plus à cœur son intérêt que le bonheur de l'Angleterre, il distribua à ses sujets normands les terres confisquées et mit l'autorité entre leurs mains.
		1073	A la mort de Sanche le Fort, Garcie, son frère, réfugié chez les Maures, était remonté sur le trône de Galice; à peine eut-il repris les rênes du gouvernement, qu'Alphonse l'ayant invité à une conférence à Léon, le fit prisonnier et s'empara de son royaume.	1067	Trois mois après la conquête, Guillaume, accompagné des principaux Anglais, repassa en Normandie, on ne sait trop dans quel but. Pendant son absence, des troubles sérieux éclatèrent en Angleterre; Guillaume revint promptement et réprima les rebelles. Les révoltes se multiplièrent bientôt à l'infini, et les Anglais, soutenus par le roi d'Écosse et le roi de Danemark, mirent tout le royaume en feu.
			Cependant, le Cid ayant quitté la cour de Castille, alla, suivi de quelques braves aventuriers, chercher un établissement sur les terres des Maures; il s'empara de la citadelle d'Alcazar, sur la frontière de l'Aragon, et après divers autres exploits, il pénétra dans la province de Teruel, arrosée par le Guadalquivir, et il fixa sa résidence dans un château situé sur une hauteur escarpée qui porte encore le nom de *Rocher-du-Cid.*	1070	Le duc de Normandie, supérieur par son génie à tous ces dangers, évita par son habileté une révolution complète; il dissipa cette multitude d'ennemis, et Guillaume exécuta son dessein de changer toute la face de l'Angleterre. Il dépouilla les anciennes familles de toutes leurs richesses et les donna aux Normands. Il établit ensuite le gouvernement féodal, qui lui parut le plus propre à assurer sa puissance.
					Il divisa le royaume en *baronnies*, qu'il distribua comme récompense à ses partisans, et ceux-ci à leur tour donnèrent une partie de leurs terres à des arrière-vassaux. Il eut environ sept cents grands fiefs et plus de soixante mille arrière-fiefs. Aucun Anglais n'eut part aux premières faveurs, et bien peu participèrent aux secondes. Guillaume soumit aussi les biens ecclésiastiques aux lois féodales.
					Alexandre II, alors sur le trône de Saint-Pierre, profita d'une conquête entreprise avec l'assentiment de l'autorité pontificale pour étendre son autorité en Angleterre; et ce royaume reçut pour la première fois un légat. Le célèbre Lanfranc, moine milanais, conseiller intime de Guillaume en Normandie, fut élevé au siége de Cantorbéry, primat du royaume, à la place de Stigand, Anglais d'origine, qui portait ombrage au conquérant.

DATES.	ALLEMAGNE.	DATES.	ITALIE.	DATES.	EMPIRE D'ORIENT.
1069 1072	L'État ne gagna rien à l'éloignement d'Adalbert. A peine Henri IV eût-il atteint sa majorité, que l'on découvrit en lui tous les penchants qui chez les princes nuisent au bonheur des peuples; Henri était vindicatif et se livrait sans remords aux plus affreux débordements: la violence, le meurtre même ne l'arrêtait pas quand il s'agissait de satisfaire de honteuses passions. Entraîné par elles, ce prince marchait à sa ruine. La violence de son caractère lui créait chaque jour de nouveaux ennemis, et l'habitude du désordre l'éloignait de tout travail sérieux. Henri ne voyait dans les grands de son royaume que ses ennemis, et, en effet, son despotisme finit par leur inspirer la haine. Bientôt l'archevêque de Brême reparut à la cour avec plus d'empire que jamais; son retour excita les plaintes et les murmures; mais la mort de ce ministre vint arrêter les révoltes prêtes à éclater. On parvint alors à persuader à Henri de rappeler Annon, et le calme sembla se rétablir. La sévérité de l'archevêque de Cologne ne pouvant s'accorder avec la vie licencieuse de son maître, ce ministre prévint sa disgrâce en se retirant, et bientôt de nouveaux malheurs vinrent fondre sur l'empire.	1061 1072	Sur ces entrefaites, Roger, autre fils de Tancrède de Hauteville, étant venu joindre ses forces avec celles de Robert, les deux princes soumirent entièrement la Calabre, et résolurent de porter leurs armes jusqu'en Sicile. La domination des Grecs dans cette île était à peu près anéantie; les Sarrasins l'occupaient presque entièrement. Les deux frères, excités par leur ambition et exhortés par le pape Alexandre II, brûlaient d'en chasser les Infidèles. Roger fut chargé spécialement de l'expédition; Hildebrand, conseiller et ministre du pape, le créa général du siége apostolique. Le prince normand passe le détroit et il s'empare, en 1061, de Messine. Robert étant venu le rejoindre, les deux frères subjuguèrent en peu de temps la presque totalité de l'île, et les Sarrasins, chassés de place en place, furent forcés de s'enfermer dans Palerme, où les Normands ne tardèrent pas à les assiéger. Mais bientôt la division s'éleva entre les deux frères. Robert, ne voulant pas partager avec Roger la Calabre, dont il avait fait cependant la conquête avec l'aide de ce prince, une guerre civile s'ensuivit. Robert ayant été vaincu, la paix se rétablit entre les prétendants, qui se partagèrent d'un commun accord la Calabre. La paix rétablie, les deux frères attaquèrent de nouveau les Sarrasins, et s'emparèrent de Palerme, dernier rempart de la domination des Infidèles en Sicile, dont ils étaient en possession depuis plus de deux cents ans, et ils les obligèrent à reconnaître leur souveraineté. Les Grecs, de leur côté, désespérant de résister aux Normands, eux qui n'avaient pu chasser les Sarrasins de la Sicile, abandonnèrent les quelques places qu'ils possédaient encore dans cette île, et reprirent le chemin de Constantinople. C'est ainsi que l'on vit la puissance des Grecs en Italie s'écrouler sous les coups des Normands. La conquête de la Sicile, en procurant un État à Roger, écarta tout sujet de discorde entre lui et son frère. Quoique investi par Robert de la Sicile, comme d'un fief relevant du duché de Pouille, ce prince gouverna cette île avec un pouvoir absolu. Messine, le val de Demona et une partie de Palerme en furent cependant exceptés au profit de Robert, qui voulut les conserver sous sa domination.	1068 1069 1070 1071 1071	**Romain IV, dit Diogène.** Après la mort de l'empereur, Eudoxie, veuve de Ducas, s'empara de l'autorité, sans toutefois avoir l'air de témoigner qu'elle voulût en exclure ses fils. L'incapacité de cette impératrice ayant fait murmurer, elle se décida à épouser Romain Diogène; ce mariage fut loin d'apaiser le mécontentement; mais les trois princes ayant déclaré que c'était de leur consentement que leur mère avait agi, tout rentra dans l'ordre. Le nouvel empereur, vif, actif, passionné pour la gloire, commença à faire des réformes dans l'intérieur du royaume; sa précipitation les rendit incomplètes. Mécontent d'Eudoxie et voulant qu'on le sût, il la laissa vivre dans le palais, et alla se loger au delà du Bosphore avec toutes les troupes de sa maison. Quoique l'empire eût besoin de la paix pour rétablir ses affaires, Diogène alla combattre les Turcs en Syrie, il revint ensuite à Constantinople; cette campagne, malgré la diversité des succès, lui procura beaucoup de gloire. Il confia ensuite le commandement de ses troupes à Manuel Comnène, jeune seigneur dont il connaissait la prudence et les talents militaires; mais étant devenu jaloux de ce général, il affaiblit son armée. Manuel fut battu par les Turcs, qui traversèrent la Cappadoce et entrèrent en Phrygie, où ils saccagèrent la ville de Colosse. L'année suivante, Diogène partit dans le dessein de conquérir la Perse : jamais campagne ne fut plus funeste. Près de Chléat, un des généraux de l'empire fut défait par le sultan Basilace. Diogène alors résolut d'en venir à une bataille décisive; il la perdit et lui-même fut fait prisonnier; mais le sultan le traita avec tout le respect et la dignité dus à son titre; il fit ensuite avec lui un traité de paix et d'alliance perpétuelle; puis il lui rendit la liberté, lui donna une nombreuse escorte, et il le fit accompagner des premiers de sa cour; qu'il envoyait en ambassade à Constantinople. Dans l'incertitude où l'on était de son sort, Eudoxie avait fait proclamer empereur Michel, son fils aîné. Une lettre de Diogène, qui annonçait son retour, produisit à la cour une grande confusion. Le César Jean fit enfermer Eudoxie, et prit des mesures pour exclure Diogène du trône. Ce dernier lève des troupes et marche sur la capitale; mais vaincu, il se rendit à Andronic, fils aîné de Jean, qui l'envoya à Constantinople. En route, un ordre du César Jean arriva pour qu'on eût à le conduire dans l'île de Proté après lui avoir crevé les yeux. Cet ordre fut exécuté malgré Andronic et la présence de trois archevêques qui avaient garanti à ce prince qu'il ne serait soumis à aucun mauvais traitement. Peu de jours après, il mourut dans les sentiments d'un héros chrétien.

DATES.	FRANCE.	DATES.	ESPAGNE.	DATES.	ANGLETERRE.
1073 1076	Hildebrand , qui, de l'obscurité du cloître, s'était élevé au comble des honneurs, et avait gouverné l'Église sous quatre papes pendant vingt ans, était monté sur le trône pontifical sous le nom de Grégoire VII, après la mort d'Alexandre II. Austère dans ses mœurs et inflexible dans ses principes, il avait formé le dessein d'assujétir à sa domination toutes les têtes couronnées. Il voulait que les papes, autrefois sujets des empereurs, eussent le droit de les déposer et de délier les peuples du serment de fidélité envers un mauvais prince. L'usage de conférer l'investiture des bénéfices par une crosse et un anneau, cérémonie politique, étrangère à la religion, lui parut un attentat aux droits de l'Église. L'empereur Henri IV ayant voulu soutenir cet usage, établi en France, en Normandie, en Angleterre et en Allemagne, Grégoire VII osa l'excommunier et le déposer. La France elle-même ne put échapper aux entreprises de Grégoire; les légats y exerçaient sur les évêques une autorité sans bornes : ils assemblaient des conciles; ils excommuniaient, ils déposaient des prélats. Philippe Ier, occupé de ses plaisirs, ne portait aucune entrave à leur domination. Cependant, malgré ces concessions, le roi de France n'échappa pas aux menaces du pape. Les plaintes de quelques marchands italiens dépouillés dans une foire, firent éclater la colère de Grégoire; il écrivit aux évêques du royaume : *Votre roi est un tyran, indigne de porter le sceptre; il souille sa vie par des infamies et des crimes; s'il ne veut pas s'amender, je vous ordonne de lui refuser la communion et l'obéissance, et de mettre son royaume en interdit; si cela ne suffit, nous tenterons, avec l'aide de Dieu, de délivrer par tous les moyens possibles la France de sa domination.* Philippe, tremblant devant ce langage, s'humilia, promit de s'amender; mais il retomba dans les mêmes fautes.	1073	Alphonse VI , après avoir réuni la Galice sous la même autorité que les royaumes de Léon et de Castille, profita d'une révolte des habitants de la Navarre pour s'emparer de l'importante province de la Biscaye.	 1076	Lanfranc travailla sans relâche à étendre l'autorité de Rome, qui par ses soins jeta de profondes racines en Angleterre. Mais Guillaume, tout dévot qu'il paraissait être, ne voulut pas soumettre les droits de la couronne à ceux de l'Église; il exigea que les canons des synodes et même les bulles du pape n'eussent d'effet qu'avec le sceau de l'autorité royale. Le roi d'Angleterre, après avoir dépouillé les Anglais de leurs biens, voulut anéantir leur langue. Il ordonna, dans ce but, que le français, qui était la langue de la cour et par conséquent de la noblesse, fût enseigné dans toutes les écoles, et qu'il fût employé dans les actes publics, dans les ordonnances, dans les tribunaux et dans les contrats. Bientôt Grégoire VII (Hildebrand), qui avait succédé à Alexandre II sur la chaire de saint Pierre, somma Guillaume de lui rendre hommage pour la couronne d'Angleterre et de lui payer le tribut accoutumé, *le denier de saint Pierre.* Le roi d'Angleterre répondit qu'il s'offrait à payer le tribut, mais il refusa l'hommage, et il défendit même aux évêques d'aller à Rome pour un concile. Il permit cependant au légat du pape de tenir un synode à Winchester pour établir le célibat des ecclésiastiques, qui date seulement de cette époque.

DATES.	ALLEMAGNE.	DATES.	ITALIE.	DATES.	EMPIRE D'ORIENT.
1073	Henri IV ne voyant dans les grands que des ennemis disposés à le trahir, enleva la Carinthie à Berchthold de Zæteringue, et la Bavière à Othon de Nordheim. Mais c'est particulièrement contre les Saxons que ce monarque exerça ses rigueurs. Ces peuples avaient succombé sous une première attaque; Magnus, un de leurs princes, languissait dans les fers. Cette humiliation ne suffisant pas encore à Henri IV, le pays fut livré au brigandage des soldats; tout concourut à l'oppression de cette nation; il enveloppa même dans sa haine les Thuringiens. Ces deux nations, irritées à leur tour de tant de cruautés, se réveillent, somment Henri de relâcher Magnus, de faire abattre les fortifications qu'il vient d'établir dans leur pays; le roi répond par le mépris. Bientôt ces ennemis, que Henri traitait avec tant de dédain, égorgent ses soldats, détruisent ses châteaux et ses forts, et l'obligent lui-même à se réfugier en Hesse. Magnus est rendu à la liberté; on parle d'élire un nouveau souverain.	1073	Le pape Alexandre II étant mort, Hildebrand lui avait succédé sous le nom de Grégoire VII. A peine sur le trône pontifical, il forma le projet hardi d'émanciper la puissance ecclésiastique; mais il rencontra dans l'empereur Henri IV un redoutable adversaire. L'empereur Henri et le pape Grégoire étaient l'un et l'autre d'un caractère à ne reculer devant rien. La question la plus importante qu'il fût possible d'agiter, s'éleva entre ces deux puissances qui se partageaient le monde.		**Michel VII, dit Parapinace.** La faiblesse naturelle du caractère de Michel VII fut encore développée par son éducation, dont le but avait été de faire de lui un savant. Son précepteur, Psellus, n'en fit qu'un présomptueux ridicule. Aussi, tandis que l'Empire s'affaiblissait par le découragement des sujets, tandis que les Turcs l'entamaient de toutes parts, le jeune empereur s'occupait à discuter sur des règles de grammaire ou de rhétorique. A la place de l'archevêque de Syde en Pamphilie, ministre habile et vertueux, Michel prit Nicéphorise, qui joignait à des talents supérieurs toute la bassesse et la noirceur d'un méchant homme, et dont les concussions firent donner à l'empereur le titre de *Parapinace*.
1075	Henri se soumet, il négocie avec les rebelles; une trêve suspend les hostilités jusqu'à l'assemblée de Gerstangen, où les États de l'empire doivent prononcer entre lui et les Saxons. Tous étaient ses ennemis; ils profitèrent de l'occasion pour lui rendre haine pour haine. On le force à reconnaître la liberté entière des Saxons; il se soumet, mais en jurant intérieurement de se venger. Pour réduire les Saxons, il demande aide de tous les côtés; partout on le refuse; il commande et n'obtient pas davantage. Il attaque les Saxons; au moment de combattre, ses soldats l'abandonnent. Il change alors de tactique : sa dureté envers les grands est remplacée par la douceur; il les flatte, les ramène à lui, et parvient enfin à se composer une belle armée. Il retourne combattre les Saxons; il les défait, et il les oblige à demander grâce; mais l'empereur ne pardonne qu'à demi; il fait mettre les chefs aux fers. Les Saxons, indignés, portent leurs plaintes au pied du trône pontifical; c'était Hildebrand, sous le nom de Grégoire VII, qui l'occupait à cette époque. Les réformes de l'Église ne pouvant manquer d'armer son zèle, dès les premières années de son pontificat, il interdit toutes fonctions sacerdotales aux ecclésiastiques mariés. Grégoire résolut aussi de conquérir la liberté de l'Église; cette liberté consistait à rendre le clergé indépendant des princes, et à leur enlever le droit de nommer aux bénéfices et celui d'investir les bénéficiers.	1074	Il était d'usage alors que la nomination des papes ne fût valable qu'autant qu'elle était confirmée par les empereurs. En signe de son approbation, le souverain envoyait au pape l'anneau et le bâton pastoral. Grégoire ne put se soumettre à une telle dépendance; au contraire, il défendit pour lui, ses successeurs, ainsi que pour les évêques, abbés et ecclésiastiques appelés à des bénéfices, de recourir à l'approbation temporelle des empereurs. Entre deux hommes du caractère de Grégoire VII et de Henri IV, on ne pouvait espérer de bons résultats d'aucune négociation; il était à craindre qu'on en vînt des deux côtés à des moyens extrêmes : c'est ce qui arriva. Le pape ne se borna pas à défendre le recours à la puissance temporelle; mais il excommunia les ecclésiastiques qui consentaient à recevoir l'investiture des laïques; il excommuniait aussi les laïques qui la donnaient.	1073	Cependant le sultan des Turcs vengeait la mort de Romain Diogène en ravageant les provinces de l'empire. Alexis Comnène est chargé de marcher contre lui; Oursel, à la tête de quatre cents aventuriers normands, se joint à lui; mais Oursel, victime d'une injustice, se sépare de l'armée, et avec les troupes à lui, il met à contribution la Phrygie, la Galatie et la Cappadoce. Ses succès le rendirent bientôt, aux yeux de l'empereur, plus redoutable que les Turcs. Michel, épouvanté, charge le César Jean de l'aller combattre. Une bataille se livre à Zompi en Galatie; Jean est vaincu et fait prisonnier avec son fils Andronic. Oursel force le César Jean à prendre le titre d'empereur; cette nouvelle alarme la cour de Constantinople; mais Oursel et Jean sont faits prisonniers par les Turcs. Oursel, ayant recouvré sa liberté, fut quelque temps après livré à Alexis Comnène et conduit à Constantinople, où l'empereur le fit battre de nerfs de bœuf et jeter dans un cachot. Les Bulgares s'étant révoltés, les troupes grecques qu'on dirigeait contre eux furent battues. Plus tard, une armée de Français et de Macédoniens fut envoyée pour s'opposer aux succès de Bodin, petit-fils du roi de Servie, qui marchait à la tête des Bulgares. Les Barbares, fatigués d'une longue course dans les neiges, sont surpris et taillés en pièces; Bodin fut lui-même fait prisonnier et envoyé à l'empereur, qui le fit conduire en Syrie.
1076	Grégoire, irrité contre Henri de l'opposition que ce prince faisait à ses réformes, prend parti pour les Saxons. Des légats arrivent en Allemagne et ordonnent à l'empereur de comparaître à Rome dans un délai fixé. Henri, furieux, chasse les légats, assemble un concile à Worms, y fait déposer Grégoire, et il lui écrit en lui ordonnant de quitter le trône pontifical.	1076	Henri voulut résister par les armes; le pape lança l'excommunication, et même le déclara déchu du trône. A cette époque, la Lombardie appartenait aux empereurs d'Allemagne, comme rois d'Italie. Le pape, lui, était souverain de Rome et de tout le patrimoine de saint Pierre. Le royaume de Naples et la Sicile, à quelques exceptions près, obéissaient aux Normands. Une puissance jusqu'à présent inaperçue s'était élevée au centre de l'Italie; elle était, au point où nous sommes arrivés, capable de jeter un grand poids dans la balance des affaires de la péninsule. Cette autorité était celle de la princesse Mathilde, souveraine de la Toscane. Cette principauté comprenait de plus, en traversant les Apennins, plusieurs villes importantes dans la vallée du Pô, telles que Parme, Reggio et Mantoue, avec une partie du pays qui forme aujourd'hui ce qu'on appelle les Légations. Mathilde tenait ce bel héritage de son père Boniface. Quoiqu'il n'y eût pas de loi expresse qui défendît aux femmes de posséder de grands fiefs, l'usage cependant les en excluait. Mathilde se trouva donc très-embarrassée à la mort de son père, dont elle était la fille unique; elle éluda la loi, comme faisaient beaucoup d'héritières en épousant des individus agréables à l'empereur. Mathilde prit pour mari d'abord Godefroi le *Bossu*, et ensuite Guelfe de Bavière. Mais ce fut toujours elle qui dirigea les affaires de l'État.	1076	La défaite de Bodin ne calma pas les troubles de la Bulgarie; les Barbares s'emparèrent de plusieurs places et tinrent en échec les troupes de l'empire. L'empereur chargea Nicéphore-Bryenne de terminer cette guerre; il le nomma duc de Bulgarie avec ordre de chasser de cette province les Serves et les Esclavons. Bryenne, en peu de temps, fit rentrer les Bulgares dans l'obéissance. Après cet exploit, il réprima les Croates, qui infestaient l'Illyrie, et il purgea la mer Adriatique des corsaires normands.

DATES.	FRANCE.	DATES.	ESPAGNE.	DATES.	ANGLETERRE.
1079	Cependant la guerre ayant éclaté entre Guillaume et son fils Robert, auquel le Conquérant avait donné la Normandie, Philippe Ier y prit part plutôt en aventurier qu'en roi. Retranché dans ses châteaux, il vivait de pillages et de la vente des biens ecclésiastiques. Il réunit cependant à la couronne de France le Gâtinais, qu'il reçut de Foulques-le-Réchin, comte d'Anjou.	1079	Ali-Maimon était mort, et la couronne de Tolède était passée, dans l'espace de moins d'une année, des mains d'Hassam, son fils aîné, dans celles d'Hiaga, second fils du prince mauré. Alphonse VI, invité, dit-on, par les habitants de Tolède à les délivrer de la tyrannie de leur souverain, envahit les États du roi musulman.	1079	Guillaume ne tarda pas à trouver dans sa famille une source de chagrin et d'amertume; Robert, son fils aîné, auquel il destinait la Normandie, voulant jouir avant le temps de son royaume, se révolta contre son père. Guillaume poursuivit le rebelle, qui se réfugia dans le château de Gerberoi en Beauvoisis; il y fut assiégé et il se défendit avec vigueur. Bientôt le père et le fils en vinrent aux mains dans un combat singulier, sans se connaître sous le casque. Le roi d'Angleterre, blessé, tombe de cheval; le prince Robert en entendant sa voix, le reconnaît; saisi d'horreur et de remords, il se jette à ses pieds et obtient avec peine son pardon. La tranquillité étant rétablie dans le royaume, Guillaume fit faire un dénombrement de toutes les terres, de leur valeur, de leur qualité, du nombre des habitants. Les Normands étant passionnés pour la chasse, le roi d'Angleterre s'empara d'un canton immense, et le réduisit en forêt royale; maisons, domaines, églises, tout fut sacrifié, sans que l'on pensât à dédommager les propriétaires. Des peines atroces furent décrétées contre quiconque tuerait un sanglier, un cerf, un lièvre même dans les forêts du souverain. Guillaume obligea aussi tous les habitants du royaume d'éteindre leurs feux et leurs lumières à huit heures du soir. Cette loi du *couvre-feu*, regardée comme une mesure vexatoire, n'était cependant qu'une mesure de police usitée à cette époque en Normandie, et même en Écosse. La valeur, l'habileté et la politique de Guillaume avaient établi sa domination sur des fondements très-solides. Les rigueurs qu'il exerça en Angleterre, et qui lui valurent la haine des Anglais, lui parurent sans doute le seul moyen d'étouffer les séditions et les révoltes qui troublèrent fréquemment la tranquillité de son nouveau royaume.

ALLEMAGNE

Grégoire VII, à son tour, assemble un concile et excommunie Henri IV. La publication de cette sentence, la première de ce genre, produisit une vive sensation. Les ennemis de Henri profitèrent de la terreur religieuse pour accabler le monarque; il y eut plusieurs assemblées dans le but de le déposer; en attendant il fut relégué à Spire jusqu'à l'arrivée du pape que les seigneurs avaient appelé. Le roi dut se séparer du petit nombre d'amis qui lui restaient, et on lui signifia que si d'ici à une année l'excommunication lancée contre lui n'était pas levée, il perdrait tous ses droits à la couronne.

1077 — Henri prend la résolution de passer en Italie, afin d'obtenir son pardon du pape; on lui ferme le passage; rien ne l'arrête; son désespoir lui fait braver tous les dangers, il franchit les Alpes au cœur de l'hiver et il paraît en Lombardie. Grégoire fut alarmé en apprenant son arrivée en Italie. Henri aurait pu agir contre lui, car les Lombards lui offraient une belle armée; mais l'empereur voulait être relevé de la sentence du pape. Henri IV s'humilie, supplie le pape de le recevoir; enfin on lui permet d'entrer dans la forteresse de Canossa appartenant à la comtesse Mathilde, chez laquelle Grégoire VII s'était réfugié. Là on le contraignit à rester nu-pieds trois jours et trois nuits par un froid rigoureux, n'ayant pour tout habillement qu'une chemise de laine, et pour toute nourriture que quelques morceaux de pain. On était au mois de janvier. Le pape consentit enfin à le recevoir le quatrième jour. Henri promit tout ce que voulut Grégoire tant il désirait se retrouver libre. Mais ces humiliantes concessions lui attirèrent le mépris de ses sujets; les Lombards le menacèrent de le dépouiller de la couronne; alors il révoque ses serments et il rompt un traité qui le couvre d'opprobre.

Cependant les rebelles d'Allemagne s'assemblent à Forkheim. Excités par les légats du pape, ils déposent Henri et élisent Rodolphe, qui était duc de Souabe.

Mais les circonstances étaient changées. Henri, à la tête d'une armée qu'il était parvenu à former, inspirait une certaine crainte, même au pape, qui prit le parti de reconnaître les deux souverains, ce qui plongea l'Allemagne dans des maux affreux, en armant les citoyens les uns contre les autres.

1080 — Pendant deux années Henri et Rodolphe se disputèrent la couronne avec des succès alternés; le premier cependant semblait devoir l'emporter. Il avait dépouillé son rival de la Souabe pour la donner au comte Frédéric Hohenstauffen; mais Rodolphe remporta une victoire à Fladenheim qui parut décisive; alors les anathèmes recommencèrent, et Grégoire VII, qui désirait le triomphe de Rodolphe, montra ouvertement sa préférence.

ITALIE

A cette époque, une femme, qui n'était en rien inférieure à la princesse Mathilde, régnait à Suze : c'était Adélaïde. Après être restée veuve, d'abord d'Oriman, duc de Souabe, ensuite d'Henri de Montferrat, elle avait épousé Odon, comte de Maurienne. Cette union constituait un lien politique de la plus haute importance : en effet, l'un possédait la Maurienne, l'autre, Suze; il en résultait qu'il fallait deux volontés réunies pour obtenir le libre passage du Mont-Cenis, passage alors le plus fréquenté entre la France et l'Italie. Mettre ce passage au pouvoir d'un seul était donc une mesure importante pour les puissances qui s'agitaient alors en Europe, surtout pour la France, l'Italie et l'Allemagne. Par ce mariage, la maison de Savoie, dont les comtes de Maurienne étaient la première souche, acquit un premier territoire au delà des Alpes.

Les deux princesses que nous venons de nommer eurent entre elles de grands points de ressemblance; toutes les deux eurent une grande influence sur les destinées de l'Italie.

Cependant plusieurs princes d'Allemagne se déclarèrent pour Grégoire VII dans l'espoir de succéder à Henri IV. Adélaïde, marquise de Suze, penchait vers le pape; mais Berthe, sa fille, avait épousé l'empereur Henri IV, et elle ne pouvait se déclarer ouvertement contre lui. On dit que cette princesse sut agir avec tant de prudence qu'elle parvint à ne mécontenter ni l'un ni l'autre parti.

Mathilde s'était ouvertement prononcée en faveur de Grégoire VII. Les princes normands suivaient aussi la bannière de Rome.

Les peuples étaient plus partagés que les princes; la nation italienne se trouva ainsi divisée en deux partis, l'un impérial, l'autre papal; celui-là tenant pour la conservation des liens envers l'Allemagne, celui-ci prétextant les libertés nationales. Ce fut la première origine de ces fameuses factions qui divisèrent si longtemps l'Italie, et qui sont connues sous le nom de *Guelfes* et de *Gibelins*.

Mais les princes d'Allemagne s'étant réunis dans une diète générale, à Augsbourg, décidèrent de déposer Henri, si, dans l'espace d'une année, il n'avait pas fait la paix avec le Saint-Siége.

1077 — Henri consentit à s'humilier devant le pape pour obtenir de rentrer dans le sein de l'église. Le pape accorda l'absolution, et il en informa les princes d'Allemagne.

La paix ne dura pas longtemps entre Grégoire et Henri. Les grands du royaume, dans les veines desquels coulait encore du sang lombard, furent indignés de la soumission de leur souverain; ils la lui reprochaient continuellement. Alors Henri, remis de sa première frayeur, protesta de nouveau contre les emplètements du Saint-Siége. Les haines se réveillèrent entre le parti ecclésiastique et le parti impérial.

1080 — Le pape déclara une seconde fois Henri déchu du trône, et il confirma l'élection de Rodolphe, duc de Souabe, élu.

EMPIRE D'ORIENT

1077 — Cependant ces succès n'attirèrent à Nicéphore Bryenne que des disgrâces; l'empereur envoya un soldat étranger pour l'assassiner. Instruit de ce projet, il prend les armes contre Michel, et soutenu par les troupes, il se fait proclamer empereur près de la ville de Trajanople. Son frère Jean, brave capitaine, parut bientôt à la vue de Constantinople; Constantin, frère de l'empereur, et Alexis Comnène prirent la défense de la ville; Oursel est mis en liberté à la condition de se joindre aux défenseurs de Constantinople. Ces trois guerriers enrôlent à la hâte tous ceux qu'ils rencontrent. Jean, qui n'avait pas les forces nécessaires pour achever son entreprise, songea alors à la retraite; il décampa sous le prétexte d'aller combattre en Chersonèse un corps de Patzinaces; il les défit en effet, et ayant fait beaucoup de prisonniers, il les conduisit à son frère qui les rendit à leur roi, et conclut un traité d'alliance avec ces Barbares.

1077 — Dès qu'on eut appris, en Orient, la révolte de Bryenne, les milices asiatiques proclamèrent empereur leur commandant, Nicéphore Botaniate. A Constantinople, cette nouvelle fut reçue avec de grandes démonstrations de joie. Botaniate arriva dans la capitale et y fut accueilli comme le sauveur de l'empire. Avant même son arrivée, Michel s'était fait raser, et il s'était retiré au monastère de Stude, accompagné de sa femme et de son fils. Il avait régné 6 ans et 6 mois.

Nicéphore Botaniate.

Botaniate fut couronné empereur par le patriarche le lendemain de son entrée dans Constantinople.

Cependant Nicéphore Bryenne, suivi des troupes de Macédoine, de Thrace et des Patzinaces, ses alliés, marchait sur Constantinople. Botaniate, instruit de ses projets, fait marcher contre lui Alexis Comnène, qui taille son armée en pièces et le fait prisonnier. Bryenne, conduit à Constantinople, eut les yeux crevés, ainsi que son fils.

1078 — Basilace, autre général de l'empire, leva aussi l'étendard de la révolte; mais il fut battu par Alexis Comnène.

1080 — La révolte de Nicéphore Mélissène, beau-frère d'Alexis, eut des conséquences plus graves. Secondé par les Turcs, il s'établit dans l'île de Nicée, et pendant près de deux ans, il partagea tranquillement avec eux la souveraineté d'une grande partie de l'Asie Mineure. C'est alors que ces Barbares, sous la conduite du vaillant Soliman, s'établirent dans toutes les provinces, depuis la Cilicie jusqu'à l'Hellespont, et qu'ils firent de Nicée la capitale de leurs conquêtes.

Isaac et Alexis Comnène avaient beaucoup d'ennemis qui indisposaient contre eux l'empereur. L'adoption d'Alexis par l'impératrice inspirant de l'inquiétude, on décida Botaniate à faire disparaître ces deux généraux. Ayant appris ce qu'on méditait contre eux, les deux frères prirent le parti de la révolte, chose très-habituelle à cette époque.

	DATES.	FRANCE.	DATES.	ESPAGNE.	DATES.	ANGLETERRE.
1085		Cependant, le pape Grégoire VII, vaincu par l'empereur d'Allemagne, Henri IV, mais toujours constant dans ses idées et non abattu par les revers, mourut à Salerne, où Robert Guiscard lui avait donné asile.	1085	Hiaga avait de grandes qualités civiles et guerrières; quoique privé d'alliés, il résista pendant cinq années; enfin il fut forcé de négocier. Il obtint la permission de quitter librement Tolède et d'emmener avec lui ceux qui voudraient partager sa fortune. Un traité garantit aux habitants qui resteraient dans la ville le libre exercice de leur religion et la jouissance paisible de leurs propriétés.	1087	Une raillerie indiscrète du roi de France irrita le Conquérant contre Philippe Ier. Guillaume prit les armes contre lui, pénétra jusqu'à Mantes et brûla cette ville; il aurait porté ses forces beaucoup plus loin, mais il fut arrêté par une chute de cheval, dont il mourut. A ses derniers moments, il se reprocha ses violences, pourtant il se rassura contre les terreurs de l'avenir par les largesses qu'il avait faites aux églises et aux monastères.
1087		Une raillerie, que Philippe avait faite sur l'embonpoint considérable de Guillaume, alluma une guerre entre eux. Mais heureusement pour Philippe, Guillaume mourut sur ces entrefaites à Rouen, où il s'était fait transporter après avoir assiégé et brûlé Mantes. Telle fut en partie l'origine des longues et cruelles inimitiés qui ont existé entre la France et l'Angleterre.		La cité de Valence reçut Hiaga et ses compagnons d'infortune.	1087	Il mourut à Rouen, où il s'était fait transporter, âgé de soixante-deux ans. Il donna la Normandie et le Maine à Robert, son fils aîné; Guillaume, dit le Roux, son second fils, fut désigné par lui pour le trône d'Angleterre; Henri, le plus jeune, n'eut en partage qu'une somme d'argent, mais il devait, plus tard, hériter de toute la succession de son père.
			1086	Alphonse VI fit de Tolède la capitale du royaume de Castille. Mais bientôt ses succès inquiétèrent le roi de Séville qui appela à son aide les Maures d'Afrique. Alphonse les prévint : il pénétra dans l'Estrémadure où il répandit la désolation ; il attaqua et réduisit la ville de Coria ; mais à peine s'en était-il emparé, qu'il apprit l'arrivée des rois de Séville et de Badajoz à la tête des tribus qui habitaient le pays entre le Guadalquivir et la Guadiana. L'avantage fut pour les Musulmans ; Alphonse, blessé à la jambe, n'échappa qu'avec peine du champ de bataille de Zélaka, entre Mérida et Badajoz, où vingt mille Chrétiens perdirent la vie.		

Guillaume, dit le Roux.

	DATES.				DATES.	ANGLETERRE.
				L'honneur de la victoire appartint, il est vrai, aux Infidèles ; mais elle leur coûta trente mille de leurs soldats qui périrent dans cette seule action ; aussi, après une pareille perte, les rois mahométans de Séville et de Badajoz, loin d'être en état de faire une guerre offensive, purent à peine défendre leurs possessions contre les nouvelles entreprises du roi de Castille.	1087	Robert, comme l'aîné des enfants du Conquérant, aurait dû hériter du trône de son père ; aussi Guillaume, dont le droit n'était fondé que sur une lettre du roi d'Angleterre à Lanfranc, archevêque de Cantorbéry, se hâta de passer dans ce pays avant que la mort de son père n'y fût connue. Il s'empara d'abord du trésor et des principales forteresses, et secondé avec zèle par l'archevêque de Cantorbéry, qui avait été son précepteur, il fut couronné sans opposition. Mais les barons mécontents de voir l'Angleterre séparée de la Normandie, se montraient plus favorables à Robert qu'à Guillaume, qui, par ses violences et sa tyrannie, ne pouvait inspirer que de la défiance à l'ambition de la noblesse. L'évêque de Bayeux, jaloux du pouvoir de Lanfranc, se mit à la tête d'une redoutable conspiration ; mais Guillaume instruit du projet des rebelles, s'attacha les Anglais par des promesses flatteuses ; il leva des troupes et il eut bientôt dissipé les conspirateurs, dont il confisqua en partie les biens. Lanfranc étant mort, les passions du roi ne connurent plus de bornes ; les Anglais, pour prix de leur fidélité, furent opprimés sous le joug du despotisme du nouveau monarque. Les privilèges de l'Église, si considérables alors, ne furent pas même respectés ; il vendit les bénéfices, ou il les laissa vacants pour s'emparer des revenus.

DATES.	ALLEMAGNE	DATES.	ITALIE.	DATES.	EMPIRE D'ORIENT.
	Grégoire VII se trompait; Henri n'était pas aussi abattu qu'il le pensait. L'empereur, d'un caractère violent et impétueux, assemble un concile, et, après des accusations terribles contre Grégoire VII, il le dépose et élit Guibert, archevêque de Ravenne, sous le nom de Clément III.		à la place de Henri par les princes allemands dans une diète à Forkheim.	1081	Le 14 février, Jean et Alexis Comnène sortirent avant le jour, suivis de leurs partisans, par la porte de Blaquernes, prirent avec eux Georges Paléologue, et ils se rendirent ensemble à Zurule. Tous ceux qui ne pouvaient supporter la tyrannie des ministres allèrent les rejoindre. Le César Jean lui-même conduisit à leur camp un corps de Hongrois en leur portant une grande somme d'argent. On marcha alors sur Constantinople. Arrivé à six lieues de cette ville, on délibéra sur le choix d'un empereur; tous les vœux se portèrent sur Alexis Comnène. Son frère Isaac, quoique l'aîné, le revêtit lui-même de la pourpre.
	Henri va ensuite combattre son rival au milieu de la Saxe. L'avantage reste d'abord à Rodolphe; l'empereur croit tout perdu, il se dispose à la fuite; mais Godefroy de Bouillon, plus tard roi de Jérusalem, ranime le courage des troupes et se bat en désespéré; Rodolphe est blessé mortellement par lui; les Saxons, se voyant sans chef, sont consternés, et la victoire reste à l'armée impériale.	1080	Grégoire VII, qui espérait que le parti de Rodolphe serait assez fort en Allemagne pour s'y soutenir et pour que l'empereur ne pût descendre l'inquiéter en Italie, fut trompé dans son attente; peu après, Rodolphe fut vaincu et tué à Mœlsen, et la victoire resta à son rival.		Nicéphore Mélissène, son beau-frère, qui s'était aussi révolté, envoya des députés à Alexis pour l'engager à partager l'empire avec lui. Le nouvel empereur lui fit une réponse évasive, et il alla camper devant Constantinople. Une fois là, il accorda à Mélissène le titre et les honneurs de César avec la propriété de Thessalonique.
1084	Henri passe aussitôt les Alpes avec son armée, et emmène son anti-pape. Les Italiens effrayés, engagent Grégoire VII à faire la paix avec l'empereur; le pape reste inflexible. Malgré la protection de la comtesse Mathilde, malgré l'aide des Normands, Henri entra dans Rome. L'inflexibilité de Grégoire avait irrité les Italiens, ils reconnurent Clément III pour pape, et le premier acte du nouveau pontife fut de couronner Henri et son épouse.	1084	Henri, qui, à son tour, avait déposé le pape et fait élire Guibert, archevêque de Ravenne, entra en Italie, mit le siège devant Rome, et tint en échec les troupes de la comtesse Mathilde; le pape se réfugia dans le château Saint-Ange. Henri fit alors installer l'anti-pape Guibert, et reçut de lui la couronne impériale qu'il n'avait pu obtenir de Grégoire.		A ces tristes nouvelles, Botaniate perdit courage; il se rendit à pied à Sainte-Sophie, d'où il fut conduit dans un monastère de Saint-Basile. Il y mourut quelque temps après son exil.
	Grégoire, retiré au château de Saint-Ange, y fut assiégé par l'armée impériale. Cependant Henri, rappelé en Allemagne par de nouveaux troubles, confia aux Romains la direction de ce siège. Ce peuple témoignait tant d'attachement à l'empereur, que ce dernier s'absenta avec toute sécurité.		Le pape n'avait plus d'espoir que dans les secours de Robert Guiscard. En effet, Robert rassembla une armée à la hâte, mit Henri en déroute, délivra le pape et l'emmena à Salerne.		**Alexis Comnène.**
	En effet, les Romains poussèrent le siège avec vigueur; mais le pape fut délivré par Robert Guiscard. Le prince normand parut devant Rome, la soumit et conduisit Grégoire au palais de Latran; mais le pape ne s'y trouvant pas en sûreté, se retira à Salerne où il mourut l'année suivante.	1085	Grégoire VII mourut peu de temps après ces déplorables événements; avant d'expirer, il prononça ces paroles tirées de l'Écriture : *J'ai aimé la justice et haï l'iniquité; c'est pourquoi je meurs en exil.*	1081	Dès qu'Alexis se vit maître de la ville et du palais, il se fit couronner, selon l'usage, par le patriarche, dans l'église de Sainte-Sophie. A peine sur le trône, son premier soin fut d'élever sa famille aux honneurs. Il inventa pour Isaac, son frère, le nom pompeux de *Sébastocrator*.
1085	A l'arrivée de Henri en Allemagne, ce pays était en feu; les Saxons s'étaient encore révoltés; l'empereur les soumit de nouveau.		Cependant Robert Guiscard, après avoir chassé les Grecs de l'Italie, avait voulu fondre sur l'Illyrie; il défit en différentes rencontres Alexis Comnène, alors empereur d'Orient; mais ces succès ne purent le rendre maître de ce pays. Déterminé cependant à s'en emparer, il invita tous les sujets en état de porter les armes à une nouvelle expédition, et ayant équipé une flotte nombreuse, il marcha à cette nouvelle conquête, accompagné de ses quatre fils, Boémond, Roger, Robert et Gui. Après avoir détruit une armée navale de Grecs et de Vénitiens qui avait voulu s'opposer à son passage, il arriva sur les côtes de l'Épire, où l'approche de l'hiver le força à s'arrêter et à faire prendre des quartiers à ses troupes.		Plusieurs batailles se livrèrent en Illyrie entre les Grecs et les Normands; mais les conquêtes faites par Robert Guiscard rentrèrent sous la domination de l'empire après la mort du prince normand.
	Les rebelles d'Allemagne étant abattus avec leurs chefs; on espérait voir renaître la paix, mais de nouvelles trames se préparaient à l'infortuné Henri des coups plus sensibles en armant contre lui son propre fils.	1085	Le printemps suivant, son fils Roger passa dans l'île de Céphalonie, et vint mettre le siège devant la capitale de cette île. Après la mort de Grégoire VII, Robert Guiscard s'empressa de le rejoindre avec sa flotte, mais il fut atteint d'une fièvre qui le conduisit au tombeau.	1085	Le sultan Soliman étant mort aussi, Alexis eut une guerre à soutenir contre son successeur. L'émir Aboulcasem se mit à ravager la Bithynie jusqu'au Bosphore; après une année de succès et de revers éprouvés par les deux parties, les Turcs restèrent possesseurs de leurs conquêtes sur la Propontide et dans le voisinage du Bosphore.
			Roger, qu'il avait nommé son héritier au duché de Pouille et de Calabre, fit alors embarquer toutes ses troupes pour accompagner le corps de son père en Italie. Telle fut la fin de ce guerrier qui avait fait trembler les empereurs d'Allemagne et de Constantinople.	1086	Au commencement de l'année 1086, naquit Jean Comnène fils et successeur d'Alexis. Le jour du baptême, on lui mit la couronne impériale sur la tête.
				1087	La guerre contre les Turcs fut suivie d'une autre bien plus sanglante; les Patzinaces, auxiliaires de l'empire, commirent d'affreux ravages dans la Thrace, aidés des Sarmates et des Hongrois; mais deux généraux grecs, envoyés contre eux avec des troupes bien inférieures en nombre, les forcèrent à repasser le mont Hémus, après les avoir mis en déroute et leur avoir fait éprouver de grandes pertes.

DATES.	FRANCE.	DATES.	ESPAGNE.	DATES.	ANGLETERRE.
1093 1095 1100 1100	Dégoûté de la reine Berthe, belle-fille de Robert-le-Frison, Philippe Ier divorça d'avec elle sous prétexte de parenté. Il enleva alors Bertrade de Montfort, femme de Foulques-de-Réchin, comte d'Anjou, qu'il aimait, et il l'épousa. Cette conduite scandaleuse lui attira le courroux des évêques, et Urbain II, deuxième successeur de Grégoire VII et son digne émule, fit assembler un concile à Autun où le roi de France fut excommunié. Le pape Urbain II vint lui-même en France, et dans le fameux concile de Clermont, il fulmina de nouveau l'anathème, non-seulement contre Philippe, mais contre tous ceux qui oseraient lui donner le titre de roi et lui parler même. Philippe promit alors de se séparer de Bertrade. A peine le roi de France avait-il été absous, qu'il fit couronner de nouveau Bertrade par deux évêques; mais aussitôt une nouvelle excommunication fut lancée contre lui dans un concile convoqué à Poitiers par les ordres de Pascal II, successeur d'Urbain, malgré la mort de la reine Berthe, et la nullité du mariage de Bertrade avec le comte d'Anjou. Tremblant sous l'excommunication, Philippe s'associa son fils Louis, âgé de près de vingt ans; ce prince, d'un rare mérite, sut contenir les mutins et réprimer les rebelles. Mais Bertrade, qui avait deux fils de Philippe, voulant en élever un sur le trône, chercha à empoisonner Louis; un médecin le sauva. Ce fut dans le concile de Clermont, où Philippe fut excommunié par Urbain II, que ce pape inspira l'ardeur des croisades, auxquelles Philippe refusa de prendre part; ce qui le rendit encore plus méprisable que les désordres de sa conduite. Un simple ermite de Picardie, nommé Pierre, fut l'instrument dont se servit le pape pour remplir l'Europe d'enthousiasme et la mettre en mouvement. Le sentiment qui dicta les croisades fut un sentiment respectable que nous ne pouvons qu'admirer; mais il est à regretter qu'on n'ait pas su éviter tous les abus qui en furent la conséquence; cependant les croisades furent avantageuses à la royauté, dont elles étendirent l'autorité. Le besoin d'argent pour le voyage de la Terre-Sainte força un grand nombre de seigneurs à vendre au roi leurs domaines qui furent ainsi réunis à la couronne; mais ce qui parut un bien et ce qui l'était en effet, fut malheureusement la cause d'une altération dans les monnaies. Philippe Ier en donna le premier l'exemple; ces expéditions lointaines ayant absorbé tout l'argent de la monarchie, ce prince fit frapper des monnaies d'argent dans lesquelles se trouvait un tiers d'alliage en cuivre. C'est aux croisades que nous devons l'invention des armoiries; on n'en avait pas eu jusqu'à ce moment. Les seigneurs, qui étaient tout couverts de fer, avaient besoin d'un signe qui les fît reconnaître de leurs vassaux; chacun mit un emblème sur ses armes.	1093 1094 1095	L'esprit d'Alphonse VI était supérieur à une défaite : le courage de ses soldats se ranima par une incursion heureuse qu'ils firent en Portugal contre les Maures. Alphonse s'empara de Lisbonne et obtint Cintra par capitulation. Quelque temps après il maria Thérèse, sa fille, à Henri de Bourgogne, prince français, et il fonda pour lui le royaume chrétien de Portugal. Cependant Alphonse VI, séduit par la beauté admirable de Zaïde, fille du roi de Séville, fit alliance avec ce dernier pour épouser la jeune princesse, qui renonça à la religion de ses ancêtres pour devenir reine de Castille et de Léon. Mais pendant son long règne, Alphonse jouit à peine de quelques mois de tranquillité; les combats se succédèrent presque sans interruption; les Maures ne cessèrent d'attaquer l'Espagne sur des points différents : quelquefois vainqueurs, plus souvent vaincus, ils semblaient renaître de leurs cendres. C'est à cette époque que Hiaga, le roi mahométan de Valence, auquel Alphonse VII avait enlevé, en 1085, le royaume de Tolède, fut assassiné dans sa capitale par ses sujets révoltés. Le Cid, indigné, résolut de venger la mort de ce prince; il marcha, malgré son âge, à la tête de ses compagnons d'armes, et soutenu par quelques troupes que lui avait envoyées Alphonse, il vint mettre le siége devant Valence, dont il s'empara après une longue résistance. Le Cid fixa sa résidence dans cette ville, et il la défendit jusqu'à sa mort contre les Musulmans. Lorsqu'il expira, chargé d'années, sa veuve même, héritant de son courage héroïque, résista aux nombreuses attaques des Infidèles, et elle conserva Valence jusqu'au moment où Alphonse se vit forcé d'abandonner cette ville, trop éloignée pour être toujours défendue avec un égal succès. Les Almoravides, tribu guerrière récemment sortie des déserts de l'Afrique, après s'être rendus maîtres des royaumes de Fez et de Maroc, débarquèrent en Espagne, et dirigeant leurs premières attaques contre les Maures, ils s'emparèrent de Séville et de Murcie. Alphonse VI comprenant que ces nouveaux envahisseurs aspiraient à la conquête de l'Espagne, vint au secours du roi de Séville, son beau-père; mais Yusuf, calife des Almoravides, défit les Chrétiens à Quada, dans le pays de la Manche. Le roi de Castille et de Léon voulant venger l'honneur de ses armes, marcha lui-même à la tête de ses troupes pour combattre ses redoutables ennemis; mais les Almoravides battirent prudemment en retraite et se rembarquèrent en partie pour l'Afrique, d'où ils devaient bientôt revenir plus nombreux, laissant leur frère en possession de Séville.	1090 1094 1096 1099 1100	Robert, duc de Normandie, se vit bientôt menacé par son frère dans ses États. Ce prince était courageux, mais il manquait de prudence et de vigueur dans sa conduite; et la faiblesse de son gouvernement excitait ses vassaux à la révolte. Le roi d'Angleterre s'unit aux rebelles; les deux frères pourtant ne tardèrent pas à se réconcilier, et ils marchèrent ensemble contre Henri, leur frère puîné, que le mécontentement avait poussé à la révolte, et ils le soumirent. Quoique Robert eût cédé quelques places au roi d'Angleterre, il n'avait pu cependant en faire ni un ami, ni un allié fidèle. Guillaume corrompit, à force de présents, plusieurs vassaux de son frère, et lui aliéna l'amitié du roi de France; mais il fut forcé de repasser en Angleterre, plus tôt qu'il ne le désirait, pour repousser les invasions des Gallois. Pendant que le gouvernement féodal remplissait de troubles l'Europe entière, l'enthousiasme des croisades se répandit avec une incroyable rapidité. Pierre l'Ermite, homme d'une imagination ardente, représenta si vivement, à son retour de la Palestine, les vexations et les outrages dont les Turcs accablaient les Chrétiens, que le pape Urbain II se servit de lui pour exciter les princes et les peuples à conquérir cette terre sanctifiée par le Sauveur. Urbain lui-même vint prêcher la croisade pendant le concile de Clermont en Auvergne, où Philippe Ier fut excommunié. On vit alors un nombre infini de personnes prendre la croix, et se préparer à partir pour la Terre-Sainte. Les souverains, quoique perdant un grand nombre de sujets, y trouvèrent un grand avantage : leurs turbulents vassaux s'éloignèrent, et ils furent délivrés ainsi de beaucoup d'ennemis. Guillaume sut profiter de la pieuse imprudence des croisés; son frère Robert, l'un des plus ardents à cette dévotion, mais manquant des ressources nécessaires, engagea au roi d'Angleterre, la Normandie et le Maine, ses États. Le comte de Poitiers ayant fait avec Guillaume le même marché que Robert, le roi d'Angleterre se disposait à aller prendre possession de la Guienne et du Poitou, lorsqu'il fut tué à la chasse d'un coup de flèche tirée contre un cerf; il avait environ 30 ans. **Henri Ier.** Guillaume-le-Roux n'avait pas été marié, par conséquent la couronne d'Angleterre appartenait de droit à Robert, soit à cause de son droit d'aînesse, soit à cause d'un traité qu'il avait conclu avec Guillaume. Robert, qui s'était signalé en Palestine, où Jérusalem avait été conquise par les croisés, avait épousé à son retour une princesse d'Italie, et il goûtait dans ce pays les douceurs du repos, lorsque le trône d'Angleterre devint vacant. Henri, profitant de l'absence de son frère, courut à Londres et il se fit couronner roi.

DATES.	ALLEMAGNE.	DATES.	ITALIE.	DATES.	EMPIRE D'ORIENT.
1093 1097 1099	Le nouveau pape Urbain II, soutenu de la comtesse Mathilde, fut aussi hostile à l'empereur que l'avait été Grégoire VII; mais ce qui porta le coup le plus rude au cœur de Henri, fut la trahison de son fils Conrad, qui se ligua avec les ennemis de son père; il reçut la couronne de Lombardie, et il épousa la fille de Roger, comte de Sicile. Le pape soutint cette rébellion et promit à Conrad sa protection pour l'élever à l'empire, à la condition qu'il renoncerait aux investitures. Le malheureux Henri voulut punir ce fils dénaturé; il n'eut que des revers : la peste, la famine ravagèrent son armée; les peuples attribuèrent ses malheurs à l'excommunication qui pesait sur lui : enfin, ranimant son courage, Henri convoque une assemblée à Mayence, fait mettre Conrad au ban de l'empire et il désigne Henri, son second fils, pour son successeur. Trois ans après, ce prince fut couronné à Aix-la-Chapelle, en promettant de ne point se mêler des affaires de l'empire et de rester fidèle à son père. Après la mort d'Urbain II, Pascal II qui monta sur le trône pontifical eut à combattre plusieurs anti-papes nommés par Henri et il resta enfin seul maître du Saint-Siége. La mort de Conrad, arrivée en 1101, lui ôta un soutien; cependant il confirma toutes les sentences prononcées contre Henri IV. Ces anathèmes commençaient à perdre de leur vigueur; les seigneurs allemands en sentaient d'autant mieux l'abus, que l'empereur, corrigé des défauts qui, dans sa jeunesse, lui avaient créé un grand nombre d'ennemis, gouvernait alors avec une grande sagesse. Henri sut encore par une adroite politique détourner les effets que ces anathèmes pouvaient produire sur des esprits fanatiques et portés à la rébellion : il annonça qu'il voulait marcher au secours des Chrétiens de la Palestine opprimés par les Infidèles et laisser l'empire à son fils. Les peuples, le clergé même applaudirent à sa résolution; son excommunication fut oubliée, et la tranquillité régna de nouveau en Allemagne. Cependant les croisades enlevèrent à Henri ses plus chauds partisans : la petite noblesse, les soldats, partirent pour la Palestine, tandis que ses ennemis, les grands vassaux de l'empire, se refusèrent à prendre part à ces expéditions lointaines qui furent si favorables au pouvoir royal en France.	1087 1088 1093 1097 1099	La mort de Grégoire VII ne mit pas fin aux dissensions qui désolaient l'Italie. L'antipape Guibert, homme d'un grand caractère, constamment soutenu par Henri, forma un parti puissant en sa faveur; mais Grégoire revivait dans ses successeurs qu'il avait désignés comme dignes du pontificat. Victor III, après avoir refusé longtemps la tiare, avait été sacré en 1087; mais il n'eut que le temps de renouveler les sentences de son prédécesseur contre Henri IV. Urbain II, qui le remplaça l'année suivante, foudroya aussi l'investiture, l'empereur et l'antipape Guibert. La position de la princesse Mathilde entretenait la haine des pontifes contre Henri. Cependant l'empereur fatigué des anathèmes de Rome, passa les Alpes, et porta le fer et le feu dans les domaines de la princesse Mathilde. Il s'empara de Mantoue après un siége opiniâtre, et soumit presque toute la Lombardie. Les Romains eux-mêmes redoutant la colère de l'empereur, replacèrent sur le trône pontifical l'antipape Guibert qu'ils avaient chassé de leurs murs. Urbain II, furieux, renouvela en vain ses anathèmes contre l'empereur, il fut contraint de céder momentanément à la force. Henri retourna ensuite en Allemagne, mais il eut la mauvaise pensée de laisser le commandement des troupes à son fils Conrad, afin d'anéantir complétement la puissance de la princesse Mathilde. Cette princesse et le pape saisirent cette occasion pour armer le fils contre le père. Sous prétexte de entrevue de paix, Mathilde engage le jeune prince à une négociation; elle le séduit par des éloges, par des flatteries, et faisant luire à ses yeux la couronne que le pontife désire lui mettre sur la tête, elle parvient à l'armer contre le malheureux empereur. Pour récompenser son odieuse conduite, on le conduisit à Monza, où il fut proclamé et couronné roi de Lombardie. Le règne de Conrad ne fut qu'un tissu de malheurs, de dégoûts, d'humiliations. Il mourut en 1101, empoisonné, dit-on, par le médecin de la princesse Mathilde. Après la trahison de Conrad, Henri s'associa son autre fils, qui portait le même nom que lui, et qui lui succéda plus tard sous le nom de Henri V, après avoir abreuvé le malheureux monarque de chagrin et d'amertume. Urbain II étant mort, Pascal II lui avait succédé. Ce pape, digne successeur de Grégoire VII, après avoir chassé de Rome l'anti-pape Guibert et trois autres anti-papes créés par l'empereur, confirma toutes les sentences de ses prédécesseurs contre Henri IV.	1088 1089 1092 1093 1094 1095 1096	Cette victoire n'empêcha pas les Barbares de renouveler leurs ravages quelques mois après leur défaite. Alexis se mit lui-même à la tête de l'armée, destinée à les combattre; mais les Grecs vaincus, furent obligés de fuir; s'en fallut qu'Alexis, qui avait donné de grandes preuves de courage, ne tombât entre leurs mains. Il gagna Golo pendant la nuit; de là il se rendit à Bérée de Thrace; et, après avoir traité de la rançon des prisonniers et recueilli les débris de ses troupes, il retourna à Constantinople. L'empereur ayant reformé une nouvelle armée alla camper devant Andrinople avec l'intention de faire une guerre de ruse; mais les Barbares surent déjouer ses projets et ils s'avancèrent vers Constantinople; cependant l'hiver approchant, ils retournèrent se cantonner dans leurs domaines. A peine l'hiver était-il fini que l'empereur, secondé par les Comans, les Bulgares et les Valaques, prit l'offensive, et pendant une guerre contre les Patzinaces, il fit essuyer à ces Barbares de sanglantes défaites. Alexis, après avoir récompensé et congédié ses alliés, rentra triomphant à Constantinople. Il fit ensuite la guerre aux Turcs qui infestaient les côtes d'Asie; mais ayant fait la paix avec eux, il tourna ses armes contre un seigneur nommé Bolcan, qui faisait des courses sur la frontière de l'empire. La seule vue de l'armée grecque, conduite par Alexis, effraya ce seigneur qui demanda la paix; l'empereur la lui accorda. Mais le nom de Diogène était fatal au repos d'Alexis Comnène; un inconnu, venu d'Asie, se présente comme étant Constantin, fils de Romain Diogène; envoyé prisonnier à Cherson, il mit dans ses intérêts les Comans du voisinage qui le reconnurent pour empereur et prirent les armes pour soutenir ce qu'ils croyaient être son droit; mais cet imposteur fut pris par trahison et Alexis attaqua les Comans aux environs d'Anchiale et il en fit un affreux carnage. Cependant le bruit des armes retentissait dans tout l'Occident; les princes et les peuples de l'Europe se disposaient à aller enlever la Terre-Sainte aux Infidèles. Le premier chef qui partit se nommait Gautier *Sans-Avoir*; il traversa la Hongrie et la Bulgarie et il vint demander à l'empereur Alexis de le laisser camper aux portes de la ville de Constantinople pour y attendre Pierre l'Ermite. Pierre, qui était parti suivi de quarante mille hommes, en avait perdu plus de dix mille dans une bataille contre les Bulgares, lorsqu'il rejoignit Gautier sous les murs de Constantinople. Alexis se hâta de leur fournir des vaisseaux pour passer le Bosphore; car ces troupes indisciplinées étaient plus dangereuses que les Infidèles eux-mêmes. Entrés en Asie, ils ravagèrent les terres des Grecs, et celles du sultan Soliman qui résidait à Nicée; ce prince, irrité, tailla en pièces l'armée des Croisés. D'autres bandes suivirent celles de Gautier et de Pierre l'Ermite; elles eurent le même sort.

DATES.	FRANCE.	DATES.	ESPAGNE.	DATES.	ANGLETERRE.
1104 1108	Entraîné par sa passion, Philippe, au lieu de renvoyer Bertrade, ne chercha qu'à réconcilier la reine avec son fils, et il offrit même au pape de se soumettre à la pénitence, en le priant de réhabiliter son mariage. Le pape consentit à l'absolution du roi, à la condition que lui et Bertrade jureraient de rompre leur liaison illégitime; Philippe ayant prêté le serment pieds nus, au cœur de l'hiver, dans un concile de Paris, l'absolution lui fut donnée; cependant il est probable que son mariage fut réhabilité plus tard, car Philippe continua à vivre obscur et isolé, avec Bertrade, dans ses châteaux, sans être inquiété par l'Église. Philippe Ier mourut à l'âge de cinquante-six ans, après avoir régné quarante-huit ans. La conquête de l'Angleterre par les Normands, les entreprises violentes du pape sur la couronne et le commencement des croisades, événements auxquels, comme nous l'avons dit, Philippe ne prit pas part, ont fait de son long règne une époque intéressante et célèbre. **Louis VI, surnommé le Gros.** Louis VI, dit le Gros, était un prince plein de sens et de courage. Lorsqu'il fut seul sur le trône, il se vit entouré d'une foule d'ennemis, ses sujets, que, sous le dernier règne, la croisade avait tenus éloignés. Le roi réduisit à l'obéissance tous ces petits feudataires qui possédaient chacun une ou plusieurs places de guerre, redoutables par leur position. Henri, roi d'Angleterre, s'étant emparé de la Normandie au détriment de son neveu Guillaume Cliton, fils de Robert-le-Prisonnier, Louis-le-Gros s'allia aux comtes de Flandre et d'Anjou pour forcer le roi d'Angleterre à restituer cet État à l'héritier légitime, et la Normandie fut ravagée. Cependant le roi d'Angleterre, s'étant emparé de la forteresse de Gisors, située sur la frontière de deux États, le roi de France lui envoya un cartel: Henri ayant refusé, au lieu d'un duel, il y eut une bataille où les Anglais furent vaincus. C'est ici que commencent les guerres entre les Français et les Anglais, guerres qui durèrent plusieurs siècles, souvent interrompues par des traités, mais bientôt ranimées par l'ambition et la haine, et où Louis fut quelquefois malheureux, mais où il se montra toujours brave. L'établissement des *communes* qui favorisa singulièrement les accroissements de la royauté et servit à la dégager des entraves de la féodalité, en élevant son pouvoir au-dessus de celui des grands vassaux, prit sous le règne de Louis-le-Gros une grande extension. L'établissement de la commune du Mans en 1070 fut le premier indice de cette révolution; mais il est probable que c'était un fait déjà accompli lentement et silencieusement en beaucoup de lieux.	1108 1109 1111	Les Almoravides, de retour dans leur patrie, enflammèrent le courage de leurs compatriotes, en vantant les richesses des contrées qu'ils venaient de visiter. Bientôt une flotte considérable transporta ces Barbares sur la côte de Grenade, et ils vinrent se réunir à ceux de leurs frères qui s'étaient maintenus en possession de Séville. Cependant les Chrétiens et les Infidèles ne tardèrent pas à se trouver en présence, et une bataille sanglante fut livrée à Uclès; mais les Chrétiens, accablés par la cavalerie des Almoravides, furent vaincus. Sept comtes des plus illustres familles d'Espagne, ainsi que le fils d'Alphonse VI, jeune prince qui était dans la première adolescence, périrent dans cette bataille, appelée aussi la bataille des *sept Comtes*, et où le roi de Castille et de Léon perdit plus de trente mille des siens. Alphonse VI mourut sans enfants mâles après un règne de trente-sept ans. Peu de temps avant sa mort, il avait marié sa fille Urraque, veuve de Raymond, à Alphonse Ier, roi d'Aragon et de Navarre, surnommé *le Batailleur*. L'autorité d'Urraque sur les royaumes de Castille et de Léon fut reconnue sans difficulté; le caractère absolu d'Urraque ne permit pas au roi de Navarre de conserver l'espoir dont il s'était flatté de régner avec elle; leurs dissensions intérieures dégénérèrent en guerre civile; Urraque fut emprisonnée à Castellas en Aragon et délivrée bientôt après de sa captivité par les nobles du royaume qui lui formèrent un parti puissant. Cependant Alphonse Ier battit la reine de Castille à Sepulvéda; mais Urraque employa, pour ressaisir l'autorité, un moyen plus fort que les armes: sous le prétexte qu'Alphonse était son cousin, et que sa conscience lui reprochait cette union, son mariage fut rompu dans le concile de Palencia par un décret tout-puissant du pape Pascal II.	1100 1101 1106 1107	Aussitôt sur le trône, Henri Ier, pour gagner les cœurs des Anglais, s'empressa de publier une charte, qui restreignait l'autorité royale dans de justes limites. Mais son mariage avec Mathilde, fille du roi d'Écosse, acheva de lui gagner l'affection de ses sujets. Cette princesse, du sang de leurs rois, leur était infiniment chère. Cependant Robert revint en Normandie peu de temps après la mort de Guillaume. Une conspiration se forma en sa faveur pour recouvrer par les armes ce qu'il avait perdu par son absence; plusieurs barons normands d'Angleterre prirent parti pour lui; mais au moment où les deux frères allaient livrer bataille, un arrangement heureux les désarma. Robert se contenta d'une pension de 3,000 ducats, et l'on se promit de part et d'autre amnistie pour les vassaux révoltés et protection contre les ennemis. Cependant Henri, manquant à sa promesse, poursuivit, sous différents prétextes, les principaux rebelles et confisqua leurs biens. Robert ayant eu l'imprudence de venir réclamer en personne contre ce manque de foi, fut retenu prisonnier, et ne recouvra sa liberté qu'en renonçant à la pension que le roi d'Angleterre lui faisait. Le prince Robert, quoique brave et généreux, était incapable de gouverner ses États; il rendait la Normandie malheureuse, malgré ses inclinations bienfaisantes. Le mécontentement devint si grand que les Normands appelèrent le roi d'Angleterre à leur secours pour faire cesser les désordres. Henri passa la mer, battit et fit prisonnier à Tinchebray le duc de Normandie, et reçut l'hommage de tous les vassaux de son frère. Le duc Robert resta en prison jusqu'à sa mort. Par là l'unité de la puissance normande fut rétablie et les deux États de Guillaume-le-Conquérant se trouvèrent encore réunis aux mains d'un homme plein de vigueur et d'ambition. Edgard Atheling, seul héritier de la famille royale des Anglo-Saxons et détrôné par Guillaume-le-Conquérant, ayant combattu sous les ordres d'Henri Ier contre Robert, obtint en récompense complétement sa liberté et une pension, et il alla finir ses jours en Angleterre. Cependant la querelle des investitures était toujours très-animée; Anselme, archevêque de Cantorbéry, jaloux du pouvoir de l'Église, soutenait les prétentions de la papauté et refusait de rendre hommage au roi. Les menaces d'excommunication alarmaient déjà le royaume; on savait l'incendie que les censures et les foudres du Vatican avaient allumé en Allemagne et l'état malheureux où elles avaient réduit les empereurs. Après une longue résistance, Henri finit par céder; il acheta la paix en sacrifiant les investitures, et Pascal II consentit à l'hommage et au serment que les évêques devaient comme seigneurs temporels. Un synode tenu à Westminster dans le cours de ces débats, avait défendu les cheveux longs à tous les laïques, le mariage

DATES.	ALLEMAGNE.	DATES.	ITALIE.	DATES.	EMPIRE D'ORIENT.
1103 1106	La paix qui commençait à régner dans cette Allemagne, si agitée sous ce malheureux règne, ne fut pas d'une longue durée. Henri V se déclara le défenseur de l'Église et ne craignit pas de se révolter contre Henri IV. Mais bientôt le traître se présente à son père comme soumis et repentant; Henri, le cœur ému, pardonne à son fils et le suit sans défiance jusqu'à Bingen. Profitant de sa trop grande confiance le fils rebelle s'empare de son père et le fait prisonnier; ensuite on va dans la prison où le malheureux monarque est enfermé, et on lui arrache les ornements royaux, qu'il refusait de rendre. Cependant on craignait les soulèvements des villes qui presque toutes étaient attachées à l'empereur. Afin de les prévenir, on conduit le malheureux monarque à Ingelheim, et là on l'oblige à faire l'aveu de ses fautes, de se reconnaître incapable de gouverner, de renoncer à l'empire, et de déclarer son abdication volontaire. Il consentit à tout; son fils barbare lui donna ensuite Ingelheim pour prison. Pendant les fêtes du couronnement de son fils à Mayence, Henri parvint à se réfugier chez Olbert, évêque de Liége, dont le nom doit être conservé, car son affection pour le malheureux prince augmenta avec ses malheurs: dévouement bien rare. Malgré les soins dont l'évêque entoura Henri IV, ce prince mourut peu après le couronnement de son fils; il fut enterré dans la cathédrale de Liége. Cependant Henri V, qui avait refusé toute réconciliation avec son père, fit exhumer son corps, et il le fit transporter à Spire, où il resta exposé à la porte de l'église jusqu'au moment où l'excommunication fut levée. **Henri V.**	1106 1106 1107 1110 1111	Henri IV, destiné à boire le calice d'amertume jusqu'à la lie, et à voir tous ses enfants traîtres avec lui, fut détrôné deux fois par Henri, qu'il avait appelé au partage de sa puissance. Enfermé à Ingelheim par son fils dénaturé, le malheureux monarque parvint à s'échapper, et il se réfugia chez Olbert, évêque de Liége, qui mit tous ses soins à lui faire oublier les malheurs qui l'accablait. Il mourut peu de temps après. **Henri V.** Henri V, après être devenu légalement l'héritier de son père, fit sa soumission à Pascal II et lui jura obéissance. Ce serment fut tenu comme celui qu'il avait fait à Henri IV. Le pape, heureux de voir le défenseur de l'Église sur le trône, allait se rendre en Allemagne pour assembler un concile, afin de foudroyer les investitures; mais quel fut son étonnement en apprenant par les ambassadeurs de Henri V que le nouveau souverain allait soutenir les investitures qui avaient amené les anathèmes des pontifes sur son père. A cette nouvelle, le pape, prévoyant les dangers qui le menaçaient, chercha un abri en France. Cependant l'empereur était intéressé à terminer ses débats avec le pape; la moitié de son royaume tenait encore pour la cour de Rome; dissimulant son mécontentement, il essaya d'arriver à la paix par des négociations. Une conférence fut indiquée à Châlons-sur-Marne; le pape y alla et l'empereur y envoya ses ambassadeurs. L'archevêque de Trèves plaida pour son souverain; l'évêque de Plaisance répondit au nom du pape; il voulut prouver que c'était un attentat contre Dieu de ne pouvoir élire un prélat sans le consentement de l'empereur, et un plus grand encore d'investir par la crosse et l'anneau. On se sépara en s'adressant mutuellement des menaces. Cependant le pape accorda un an à l'empereur, pour qu'il vînt discuter sa cause dans un concile à Rome. Des guerres malheureuses en Hongrie et en Pologne empêchèrent l'empereur de s'occuper de cette querelle; mais à peine eut-il obtenu la paix, qu'il passa les Alpes à la tête d'une armée de quatre-vingt mille hommes. Toutes les villes lui ouvrirent leurs portes, à l'exception de Novare; qu'il réduisit en cendres. Il reçut la couronne de Lombardie, marcha vers Rome, bien décidé à défendre ses droits et à se faire couronner. Le pape, rentré dans cette ville, ne se croyant pas bien certain de la fidélité des Normands auxquels il avait demandé secours, envoya des députés au-devant des ambassadeurs que Henri avait chargés d'arranger les détails de son couronnement. On convint, d'une part, que l'empereur renoncerait aux investitures; de l'autre, le pape s'engageait à donner une bulle qui obligerait le clergé d'Allemagne à renoncer aux régales; il promit, en outre, de couronner Henri, mais l'un et l'autre se trompaient.	1096 1097 1099 1103 1106 1111	Cependant à ces premières troupes indisciplinées succéda une armée régulière, commandée par des chefs illustres qui mirent à leur tête Godefroi de Bouillon, duc de Lorraine. Ce prince partit le 15 août, traversa paisiblement la Hongrie et la Bulgarie jusqu'en Thrace; là il apprit que Hugues-le-Grand, frère de Philippe Ier, roi de France, était retenu prisonnier à Constantinople. Alexis ayant refusé de le mettre en liberté, Godefroi alla camper à la vue de Constantinople, dont les environs furent ravagés pendant huit jours. L'empereur finit par rendre à Godefroi tous ses prisonniers, et par un traité entre l'empereur et le duc de Lorraine, la bonne harmonie parut se rétablir entre Alexis et les Croisés. L'armée des Croisés, quoique bien réduite, vint mettre le siége devant Nicée et l'enleva aux Sarrasins; les Chrétiens s'emparèrent ensuite d'Antioche et de quarante autres villes; ils en formèrent une principauté, dont on fit Antioche la capitale, et qui fut cédée par les princes croisés à Boémond, prince de Tarente et fils de Robert Guiscard; cette principauté subsista pendant cent quatre-vingt-dix ans. Après la prise d'Antioche les Croisés marchèrent sur Jérusalem, le but de leur expédition; ils s'emparèrent d'abord de toutes les places qui se trouvaient sur leur route, et, s'étant ensuite rendus maîtres de cette ville si célèbre, après un siége de cinq semaines, ils lui donnèrent pour souverain Godefroi de Bouillon. Pendant toute cette expédition, Alexis tint à l'égard des Croisés une conduite équivoque, qui pouvait faire penser que, par politique, il préférait voir Jérusalem au pouvoir des Turcs qu'entre les mains des princes chrétiens. Alexis ne pardonnait point à Boémond de s'être fait déclarer prince d'Antioche sans lui prêter foi et hommage. L'empereur envoya Bitumite pour reprendre les provinces de Cilicie et de Pamphilie. Boémond se sentait assez fort pour résister aux Grecs sur terre; mais comme il manquait de vaisseaux pour leur tenir tête sur mer, il eut recours aux Pisans, aux Génois et aux Florentins. L'empereur détruisit une partie de la flotte de l'évêque de Pise; au retour, celle des Grecs fut assaillie d'une si violente tempête à la vue de Constantinople, qu'elle fut en partie détruite. Le mauvais succès des Pisans n'empêcha pas les Génois de mettre en mer une flotte pour le service de Boémond; mais les impériaux s'emparèrent de toute la Cilicie. Boémond étant allé en Europe pour y chercher des secours, épousa Constance, fille de Philippe Ier, roi de France; bientôt à la tête d'une belle armée, il se disposa à passer en Illyrie; Alexis essaya de s'opposer au passage d'un ennemi si redoutable; mais il ne put empêcher Boémond d'entrer dans le port de Valonne. Après plusieurs combats où les succès furent balancés, un traité fut conclu entre les deux princes. Deux années après Boémond mourut, laissant un fils de son nom, âgé seulement de quatre ans...
1106 1110 1111	Une fois Henri V sur le trône, on s'aperçut que s'il s'était révolté contre son père, ce n'était pas pour l'amour qu'il portait à Rome, et le pape Pascal II vit bien que poussé par son ambition il résisterait au Saint-Siége. L'affaire de l'investiture fut remise en question; Henri V se montra aussi déterminé que son prédécesseur à en revendiquer le droit en faveur de la couronne. Des révoltes malheureuses ayant éclaté en Hongrie et en Pologne, l'empereur fut forcé de porter ses armes dans ces pays et d'ajourner le moment de s'occuper de cette querelle qui déjà avait attiré tant de calamités sur l'Allemagne. Mais dès que la paix eut terminé les hostilités, il déclara aux États, dans une diète à Ratisbonne, son projet de campagne en Italie, et, ayant obtenu des secours, Henri V se présenta devant Rome avec une nombreuse armée. Pascal II, alarmé par des forces aussi imposantes, envoya des députés à l'empereur pour traiter d'un accommodement. On convint que Henri V renoncerait aux investitures en faveur de la restitution des régales, et que le pape le couronnerait				

DATES.	FRANCE.	DATES.	ESPAGNE.	DATES.	ANGLETERRE.
	Il n'y avait alors d'hommes réellement libres que les ecclésiastiques et les seigneurs, tous les autres étaient plus ou moins esclaves. Louis-le-Gros voulant se ménager d'utiles auxiliaires contre ses redoutables vassaux, favorisa les associations des habitants d'une même ville pour se défendre contre les exactions et les violences des nobles et des seigneurs. Il permit aux habitants des villes d'acheter des franchises, de se choisir des *maires*, des *échevins*, d'avoir un *sceau*, une *milice bourgeoise*. Ainsi se forma le gouvernement municipal. A l'abri de la protection royale, plusieurs communes, celles de Laon, de Soissons, de Reims, etc., acquirent la plus grande importance, mais les seigneurs perdirent de leur empire sur les nouveaux affranchis jaloux de leur liberté. Cette révolution fut simultanée par toute la France, mais elle ne fut point systématique; il n'y eut pas d'alliance entre les villes pour obtenir plus facilement leur affranchissement, ni de fédérations entre elles pour se défendre plus efficacement; les bourgeois restèrent aussi isolés dans leurs villes que les seigneurs dans leurs châteaux; chaque ville travailla enfin pour son compte. Il existait aussi de grandes différences entre les communes du Nord et les communes du Midi; dans les premières dominait généralement l'esprit démocratique, dans les secondes l'esprit aristocratique. Un autre établissement de Louis-le-Gros, non moins utile que celui des communes, fut le droit d'appeler, dans plusieurs circonstances, aux juges royaux des sentences rendues par les officiers des grands feudataires. Les justices seigneuriales perdirent ainsi une grande partie de leur importance au profit de celle du souverain. Louis-le-Gros en voyant la soumission de ses vassaux et la déférence des évêques envers le pouvoir royal, conçut le sentiment de sa force et de son droit. Il opposa alors son titre de roi à tous les grands vassaux dont l'indépendance était si complète, que quelques-uns lui avaient même refusé l'hommage. A force de mettre en évidence les droits de sa couronne et de les appuyer de son épée, il parvint à se faire craindre de ses grands feudataires, à se faire respecter d'eux et à exiger des services par lesquels il se rattachait indirectement les sujets de ces seigneurs. Enfin il traça à ses successeurs la conduite qu'ils devaient tenir pour arriver à détrôner la féodalité et à conquérir ainsi une souveraine puissance. Grâce à son courage et à sa conduite pleine de sagesse et d'activité, Louis-le-Gros acquit au loin à la couronne une grande importance, et la renommée des Français dans la conquête de la Terre-Sainte donna une idée fabuleuse de la puissance du roi de France.		Il restait à Urraque un fils, Alphonse VII, de son premier mariage avec Raymond, comte de Bourgogne; elle le fit proclamer roi et gouverna ou plutôt laissa gouverner en son nom le comte de Lara, son favori.		des prêtres, et même tout mariage jusqu'au huitième degré de parenté exclusivement. Le roi d'Angleterre pour vivre en paix avec le clergé consentit aussi à se faire couper les cheveux.
1119	Cependant les hostilités continuaient entre Louis-le-Gros et le roi d'Angleterre. Le combat le plus important de cette longue guerre fut celui de Brenneville où le roi de France fut vaincu. On raconte que dans cette mêlée où neuf cents chevaliers entièrement revêtus de fer furent engagés, un Anglais	1112		1119	L'usurpation de la Normandie suscita au roi d'Angleterre des ennemis. Guillaume, fils du duc Robert, qui s'était retiré auprès du comte d'Anjou, réclama aide et protection de la part de plusieurs souverains de l'Europe. Louis-le-Gros, roi de France, prit les armes en sa faveur, et excita le pape, Calixte II, contre le roi d'Angleterre; mais le prudent Henri parvint à parer le coup en mettant le pape dans ses intérêts, et le roi d'Angleterre triompha du roi de France à la bataille de Brenneville. Les hostilités continuèrent encore quelque temps entre les deux monarques, cependant après quelques expéditions peu remarquables, ils parvinrent enfin à conclure un traité de paix. Un accident affreux ne tarda pas à troubler la prospérité de Henri Ier : il revenait en Angleterre avec son fils Guillaume, déjà reconnu pour son successeur, lorsque le vaisseau qui portait Guillaume échoua par la faute des matelots. Le jeune prince était parvenu à se sauver dans une chaloupe, lorsque voyant le péril où se trouvait sa sœur naturelle, la comtesse de Perche, il voulut aller la secourir; mais la chaloupe ayant été surchargée de monde, fut engloutie par les flots avec environ cent cinquante personnes de la première noblesse.
		1118	Alphonse Ier, roi d'Arragon et de Navarre, après son divorce tourna ses armes contre les Maures d'Espagne et d'Afrique; il remporta sur eux plusieurs victoires sanglantes, et il soumit à sa domination le royaume mahométan de Saragosse.		
		1122	Cependant Urraque n'était point aimée : les nobles lui préféraient son fils Alphonse; une conspiration s'étant formée, le favori de la reine fut arrêté et les grands du royaume donnèrent la réalité du pouvoir à Alphonse VII. Ce fut un nouveau sujet de discorde; le royaume de Castille et de Léon fut, pendant quatre ans, le théâtre des troubles excités par les factions.		

DATES.	ALLEMAGNE.	DATES.	ITALIE.	DATES.	EMPIRE D'ORIENT.
1115	Henri V retourna en Allemagne, et l'Italie jouit de quelques moments de tranquillité, qui ne devait durer que jusqu'au moment de la mort de la princesse Mathilde en 1115. La dureté de ce monarque lui donnait beaucoup d'ennemis qui furent heureux de trouver l'occasion de se venger. Les révoltes, la guerre civile, tous les malheurs qui avaient pesé sur l'Allemagne pendant la durée du règne précédent, recommencent; toutes les scènes du règne de Henri sont au moment de se renouveler. Dans le but de les écarter, il convoqua une diète à Mayence; là il put juger du peu de sympathie qu'il inspirait; il s'y trouva avec un très-petit nombre de partisans, et entouré de beaucoup d'ennemis. Tout annonce à Henri la révolution la plus funeste; le clergé irrité contre l'empereur avisé aux moyens de traiter le fils comme on avait traité le père.		Au moment du couronnement, Pascal II veut faire jurer à Henri de renoncer aux investitures; le souverain demande la bulle sur les régales; aussitôt le pontife lit la bulle qui oblige le clergé d'Allemagne à la restitution des régales. Mais les prélats étaient bien loin de renoncer à leurs richesses; ceux de la suite de l'empereur s'élèvent avec chaleur contre la décision du pape; ils lui répondent qu'ils restitueront leurs biens et leurs droits quand il aura lui-même rendu le patrimoine de Saint Pierre qui provient comme leurs biens de la bienfaisance des empereurs. Pascal refusant le couronnement, les évêques d'Allemagne conseillent à l'empereur d'arrêter le pape; on le fait aussitôt prisonnier avec ses évêques et ses prêtres. A cette nouvelle le peuple de Rome égorge tous les Allemands qu'il rencontre; l'empereur, qui n'avait près de lui que sa garde personnelle, ne sauve sa vie qu'aux dépens de celles de ses soldats, et ce ne fut qu'à travers d'immenses périls qu'il réussit à gagner son camp, en emmenant avec lui le pape. Cependant Pascal II, effrayé des malheurs des Romains et de la désolation de l'Église, oublia sa fierté et consentit à conférer à Henri V le droit pur et simple des investitures, tel que ses prédécesseurs l'avaient exercé par la crosse et l'anneau.	1118	Plusieurs guerres contre les Turcs, dont Alexis Comnène revint triomphant; remplissent les dernières années du règne de cet empereur, qui mourut le 15 août 1118. **Jean Comnène.**
1116	L'empereur, après avoir confié le gouvernement de l'Allemagne à ses neveux, Frédéric, duc de Souabe, et Conrad, duc de Franconie, vint en Italie prendre possession de la Toscane. La question de l'investiture se renouvela avec plus de force que jamais; Rome fulmina de nouveau l'interdiction contre Henri; mais les seigneurs allemands sollicitèrent vivement l'empereur de se réconcilier avec l'Église. La division est en Allemagne, en Lombardie, à Rome, à Naples, en Sicile. Les prétentions diverses de plusieurs individus donnèrent naissance à de graves événements. Les peuples, fatigués de l'ambition des grands, font renaître le régime municipal. L'esprit républicain se forme en Italie; plusieurs républiques s'élèvent, et influent considérablement sur les affaires d'Europe. Pendant la discussion de l'empereur avec le pape, l'Allemagne offrait le tableau de toutes les horreurs que peut enfanter la haine des partis; ces hommes semblaient être des bêtes féroces acharnées à leur destruction : on ravageait, on pillait, on s'égorgeait.	1112	Henri V reconduisit Pascal à Rome et il fut couronné par lui; mais à peine l'empereur eut-il quitté l'Italie, que tout le clergé de Rome se souleva contre le pape, lui reprochant les concessions qu'il avait faites à l'empereur. Il fut contraint d'assembler un grand concile dans le palais de Latran, d'y faire une profession de foi; car on allait jusqu'à porter sur Pascal une accusation d'hérésie; de plus, il annula son traité avec l'empereur, comme étant le fruit de la violence, et le concile anathématisa de nouveau les investitures.	1118	Jean Comnène, qui succédait à son père, avait toutes ses bonnes qualités, sans aucun de ses défauts. Il fut presque toujours en guerre avec les Turcs, sur lesquels il regagna une grande étendue de pays. A cette guerre succéda celle des Patzinaces et des Serves qui inquiétaient les frontières de l'empire; il les vainquit et il les força à demander la paix. La défaite successive de tous ces Barbares n'empêcha pas les Hongrois de s'emparer de Belgrade et de porter leurs ravages jusque sur les frontières de la Thrace. Jean les battit, reprit Belgrade, et rétablit les ouvrages que les Hongrois avaient détruits.
1119	La querelle des investitures était le principe des désordres de l'empire; ce n'était qu'en la terminant qu'on pouvait espérer la paix; l'empereur et le pape la désiraient; le pape déclara qu'il ne voyait blâmable dans l'investiture que le symbole, ou la crosse et l'anneau. Henri tenait à l'investiture, afin d'être plus assuré de l'obéissance de ses vassaux. Peu lui importait la manière dont cette cérémonie aurait lieu; cependant, au moment de s'entendre, on se brouilla encore; mais enfin, dans une diète générale à Wurtzbourg, on ordonna d'abord la paix publique et on envoya des ambassadeurs au pape, lui demandant avec prière d'assembler un concile général, afin que le Saint-Esprit décidât ce qui ne pouvait s'être par aucun jugement humain. Guy, archevêque de Vienne en Dauphiné, occupait en ce moment le trône pontifical, sous le nom de Calixte II.	1116	Cependant, au moment de cette crise, l'empereur se rendit en Italie; il se mit en possession de l'héritage de la célèbre comtesse Mathilde, sans se préoccuper de la donation que cette princesse avait faite de ses États au Saint-Siége : elle possédait la Toscane et la Lombardie, États composés, il est vrai, pour la plupart, de fiefs de l'empire, dont la comtesse Mathilde n'était pas en droit de disposer.		
		1118	Henri ne put rien obtenir de Pascal; il essaya de le faire encore prisonnier; mais le pape se sauva à Bénévent, où il mourut l'année suivante. Gélase II, qui lui succéda, refusa d'approuver l'investiture; alors l'empereur se présenta inopinément devant Rome. Gélase n'eut que le temps de se réfugier chez les Normands. Toutes les instances de l'empereur pour le faire rentrer dans Rome, furent inutiles; alors on lui opposa un antipape; ce fut le prélat Bourdin que Henri fit élire sous le nom de Grégoire VIII et qui le couronna de nouveau. Cependant, par la protection des Normands, Gélase II rentra dans Rome; mais il en fut promptement chassé par la faction impériale. Il mourut à l'abbaye de Cluny.		
		1119			

DATES.	FRANCE.	DATES.	ESPAGNE.	DATES.	ANGLETERRE.

FRANCE.

s'étant saisi de la bride du cheval du roi de France, s'écria : *Le roi est pris.* Sans s'effrayer du danger : *Ne sais-tu*, lui dit Louis, *qu'on ne prend jamais le roi aux échecs?* Et il le tua aussitôt d'un coup d'épée.

1124. L'empereur d'Allemagne Henri V, gendre du roi d'Angleterre, voulant se venger de l'excommunication fulminée contre lui à Reims, se mit à la tête d'une armée nombreuse pour brûler la ville d'où lui était venu cet affront. Louis convoqua ses vassaux et il eut bientôt une armée de 200 mille hommes; l'empereur effrayé repassa promptement le Rhin.

A ce moment le roi de France pouvait aisément avec une armée aussi nombreuse enlever la Normandie à l'Angleterre; mais les grands vassaux ne voulurent pas y consentir de peur de trop étendre l'autorité royale.

C'est ici qu'apparaît pour la première fois l'*oriflamme*, bannière de l'abbaye de Saint-Denis, à laquelle on attachait une vertu miraculeuse. Le roi l'avait prise avant son départ; il la reporta solennellement à son retour dans l'abbaye de Saint-Denis.

1127. Louis, quoique pieux et zélé pour l'Église, ne put échapper cependant aux censures ecclésiastiques; il fut excommunié par l'évêque de Paris qui voulait se venger de la saisie de son temporel. Ce prélat s'était attiré par des plaintes séditieuses la colère du roi; mais le pape Honorius II leva l'interdit.

1137. Louis-le-Gros mourut très-chrétiennement, âgé d'environ soixante ans, après avoir fait sacrer son fils Louis VII, qui lui succéda. Avant de mourir, il adressa à ce prince des paroles qui méritent d'être conservées : *Souvenez-vous, mon fils, que la royauté n'est qu'une charge publique, dont vous rendrez un compte très-rigoureux après votre mort.*

Vers cette époque les ordres monastiques se multiplièrent; les plus célèbres furent : l'ordre des *Chartreux*, fondé en 1084 par saint Bruno dans le désert de la Grande-Chartreuse, près de Grenoble; l'ordre de *Cîteaux*, illustré par saint Bernard et fondé en 1098 par Robert de Molème à Cîteaux, lieu voisin de Dijon; l'ordre de *Fontevrault*, fondé en 1118 près de Saumur, par Robert d'Arbrissel; l'ordre des *Prémontrés*, fondé en 1120 à Prémontré, près de Laon, par saint Robert.

Louis VII, surnommé le Jeune.

1137. Louis VII, dit le Jeune, en montant sur le trône, était dans une position plus prospère que celle de son père; mais il n'avait pas comme lui sa fermeté, son sens droit et ses idées justes. C'était un prince faible et dominé par ses caprices, qui ne comprenait pas l'impulsion qui avait été donnée par Louis-le-Gros au pouvoir royal. Heureusement il eut pour ministre l'abbé Suger qui gouverna le royaume pendant la moitié de son règne.

1137. Louis VII, par son mariage avec Éléonore, héritière du

ESPAGNE.

1126. La mort d'Urraque permit à Alphonse VII, âgé de vingt ans, de monter sur le trône que sa mère lui disputait. Le calme qui régna dans l'intérieur des États d'Alphonse VII, permit à ce monarque d'effacer les échecs que les Chrétiens avaient éprouvés à la bataille d'Uclès, sous Alphonse VI, contre les Maures.

Son armée fut partagée en deux colonnes : l'une passa sous les tours de Badajoz, conduite par Rodéric de Gonzalez qui précédemment s'étant révolté, avait été vaincu, et qui, dans cette circonstance, justifia la confiance de son roi; l'autre pénétra dans la Sierra-Morena. Les calamités dont les Maures avaient affligé la Castille leur furent bien rendues; tout fut dévasté par l'armée d'Alphonse : les vignes, les oliviers furent arrachés, les mosquées renversées, les villages furent livrés aux flammes et les habitants traînés en esclavage. Le vainqueur continua sa marche à travers les provinces désolées de l'Estramadure jusqu'aux tours de Talaveyra, pays allié.

1135. Les Chrétiens ne furent pas tous aussi heureux qu'Alphonse VII : le roi d'Aragon et de Navarre, Alphonse Ier, perdit son armée et la vie au siège de Fraga, en Catalogne. Sa mort donna lieu à la séparation des royaumes d'Aragon et de Navarre, qu'il avait réunis par la force des armes : le premier reconnut l'autorité de son frère Ramire II, le second se soumit à son parent don Garcie V.

Le roi de Castille, Alphonse VII, fut sensible à la mort d'un prince qu'il avait regardé comme son père, et, comme roi chrétien, il ne put voir avec indifférence le triomphe des Infidèles; il vint au secours de Ramire II, afin de tenir tête aux Musulmans. L'union des princes chrétiens empêcha les Maures de poursuivre leurs avantages.

1139. Alphonse VII, retiré dans sa ville de Léon, reçut de ses sujets le titre d'empereur. Les successeurs de Constantin et de Charlemagne dédaignèrent d'associer à la dignité impériale un prince dont l'autorité était resserrée entre le détroit de Gibraltar et les monts Pyrénées; mais les prétentions d'Alphonse à ce titre étaient appuyées sur l'estime de son peuple et sur l'admiration de ses voisins. Il se fit, dit-on, couronner dans trois villes différentes : Tolède, Léon et Compostelle.

1139. Alphonse Ier, comte de Portugal, fils de Henri de Bourgogne, fut proclamé roi du Portugal par ses sujets, après une sanglante victoire sur les Maures à Castro-Verde.

Cependant la jalousie l'emporta bientôt sur la reconnaissance que les princes chrétiens devaient à Alphonse VII, car les rois de Navarre et de Portugal ne tardèrent pas à se liguer contre lui, eux qui avaient été les plus empressés à lui conférer le titre d'empereur; mais ils furent forcés de demander la paix à Alphonse, qui consentit à la leur accorder à des conditions qui prouvent la bonté de ce conquérant.

ANGLETERRE.

1127. Henri Ier n'avait plus pour héritier que sa fille Mathilde, veuve de l'empereur Henri V. Voulant détacher Geoffroy Plantagenet, comte d'Anjou, de l'alliance de Guillaume de Normandie, il lui donna Mathilde en mariage. Les barons, mécontents de ce mariage, sur lequel on ne les avait pas consultés, murmurèrent, et Guillaume, que Louis le Gros venait de mettre en possession de la Flandre, profita de la circonstance pour faire la guerre; mais il fut tué dans une bataille, et le roi d'Angleterre se trouva délivré de son ennemi le plus redoutable.

1135. Les dernières années du règne de Henri furent pleines de tranquillité. Étant passé en Normandie auprès de sa fille, il se préparait à retourner en Angleterre lorsqu'il fut frappé d'une maladie violente. Henri, prince aussi habile que brave, mourut après trente-quatre ans de règne. Il avait nommé sa fille son héritière, sans faire mention du comté d'Anjou, dont il avait à se plaindre.

Henri Ier quoique jaloux, comme ses prédécesseurs, de l'autorité absolue, soulagea ses sujets en diverses circonstances, en réprimait certains abus qui étaient pour la nation de lourds fardeaux. Par sa prudence il sut ménager la cour de Rome et soutenir les libertés de l'Église nationale.

Ce prince fut surnommé *Beau-clerc*, parce qu'il aimait la littérature et avait de la science comme on pouvait en avoir dans ce siècle de barbarie et de superstition.

Il exerça aussi sévèrement la justice, et sous son règne le vol et la fausse monnaie furent punies de mort.

Étienne.

1135. L'impératrice Mathilde, fille de Henri Ier, devait hériter de la couronne de son père; mais deux enfants d'Adèle, fille de Guillaume le Conquérant, mariée au comte de Blois, possédaient des biens considérables en Angleterre, qu'ils avaient obtenus sous le règne d'Henri Ier. Étienne, l'un d'eux, par une conduite adroite, s'empara du pouvoir, et l'archevêque de Cantorbéry, trompé par un parjure, couronna l'usurpateur.

Étienne, maître du pouvoir, chercha à s'affermir sur le trône; il accorda à ses sujets une charte également avantageuse au clergé et aux différents corps de la nation. La Normandie se soumit aussi, et le fils aîné d'Étienne en fit hommage à Louis VII, roi de France, qui lui accorda sa sœur en mariage. Les prétendants à la couronne d'Angleterre, et Geoffroy Plantagenet lui-même, mari de Mathilde, furent forcés de renoncer à leurs droits moyennant une pension.

DATES.	ALLEMAGNE.	DATES.	ITALIE.	DATES.	EMPIRE D'ORIENT.
1122	Heureusement, l'humiliation des États d'Allemagne n'affaiblit pas chez le pape son amour de la paix en lui inspirant l'orgueil; l'empereur renonça aux investitures par la *crosse* et l'*anneau*: l'élu devait être investi par le *sceptre*, et s'acquitter envers l'empereur de tous les devoirs attachés aux fiefs; de son côté, Henri V, au nombre des conditions qui lui furent imposées, s'engagea à restituer les biens et les régales de Saint-Pierre. Ce traité termina la plus affreuse des querelles.	1119	Guy, archevêque de Vienne en Dauphiné, succéda à Gélase II sous le nom de Calixte II. On s'attendait de sa part à une violente résistance; on se trompa.	1124	La guerre de Hongrie terminée, Jean Comnène reprit le dessein qu'il avait formé de recouvrer l'Asie Mineure. Il réussit à s'emparer de plusieurs villes, mais à peine fut-il rentré dans Constantinople, que les Turcs regagnèrent les villes qu'ils avaient perdues. Depuis cette guerre jusqu'à celle de Cilicie, il s'écoula dix ans pendant lesquels l'empereur s'occupa du gouvernement intérieur de ses États.
1123	Les troubles qui agitèrent l'Allemagne pendant le règne d'Henri IV et d'Henri V avaient tellement affaibli l'autorité du souverain, que l'empereur était réduit à n'avoir plus ni domaines ni puissance. Lorsque Henri V fut réconcilié avec le Saint-Siége et avec ses sujets, il essaya en vain de recouvrer les domaines et les droits de la couronne. Il mourut à Utrecht, laissant à ses successeurs un fantôme de royauté. **Lothaire II.** Henri V, ne laissant pas d'héritiers directs, ses neveux, Conrad et Frédéric de Hohenstauffen, ducs de Souabe et de Franconie, aspirèrent au trône. Leurs vertus les rendaient dignes de cette haute position; mais on désirait rompre cette espèce d'hérédité, qui avait maintenu jusqu'à ce jour la couronne dans la maison de Franconie. On voulait aussi rétablir les élections pour nommer les souverains. Dans cette élection, les bases ordinaires furent rejetées; un légat la présida et en dirigea la conduite avec Adalbert, archevêque de Mayence; le peuple, contre l'ancienne habitude, en fut exclu; on trouva même que le nombre des princes et des prélats était trop nombreux, et on décida de nommer dix commissaires, en promettant de s'en rapporter solennellement à eux. Lothaire, comte de Supplembourg et duc de Saxe, qui, sous les règnes de Henri IV et de Henri V, s'était constamment montré le défenseur zélé de l'Église, fixa le choix de l'Assemblée et fut élu malgré lui. La volonté des princes et du clergé était de mettre des bornes à la puissance impériale et de former une sorte de république dont le chef fût dans la dépendance des membres; aussi les limites du pouvoir du nouvel empereur furent-elles très-étroitement resserrées.	1122	Henri V pressé par ses barons de se réconcilier avec le Saint-Siége, entama des négociations avec lui, et l'on tomba d'accord. L'empereur s'engagea à procurer la liberté des élections canoniques et à restituer les biens et les régales de Saint-Pierre, enlevés depuis le commencement de la dispute; de son côté, Calixte II accorda que les élections se fissent en présence de l'empereur, et que les élus fussent mis en possession des fiefs, non par la *crosse* et l'*anneau*, mais par le *sceptre*. **Lothaire II.**	1137	Cependant Léon, roi de la Petite-Arménie, contrée qui s'étendait dans les montagnes de la Cilicie, leva des troupes sur les conseils de Raymond, prince d'Antioche, et vint menacer Séleucie, ville maritime. Jean Comnène, à cette nouvelle, se met à la tête de ses troupes, et marche vers la Cilicie. Il s'empare de Tarse et de plusieurs autres villes qui lui ouvrirent leurs portes presque sans résistance. Encouragé par les succès, l'empereur vient assiéger Anazarbe, ville forte très-importante, où il s'en rend maître après une vigoureuse résistance. Les Arméniens ne possédaient plus dans la Cilicie que la forteresse de Baca, qu'ils regardaient comme imprenable; mais Jean Comnène s'en empara en peu de temps, et par cette conquête il se vit maître de toute la Cilicie. Tranquille du côté des Arméniens, qu'il avait repoussés jusque dans les défilés du mont Taurus, Jean marcha vers Antioche et l'investit; mais Raymond, qui avait succédé à Boémond II, se rendit près de l'empereur et lui jura fidélité; il reçut de Jean l'investiture de la ville d'Antioche. On arbora, sur la citadelle, l'étendard impérial, et Raymond rentra dans la ville comblé de présents.
1127	Cependant, jaloux de la préférence donnée à Lothaire II, Conrad et Frédéric se révoltèrent. Lothaire, malgré l'assistance de Henri le Superbe, duc de Bavière, échoua devant Nuremberg, ville qui appartenait aux Hohenstauffen; mais la paix se fit en 1135 à la sollicitation d'Innocent II qui avait besoin du secours de l'empereur contre l'antipape Anaclet II.	1125	Henri V étant mort sans enfants, trois ans après sa réconciliation avec le pape, il y eut alors en présence deux compétiteurs: Lothaire II et Conrad, neveu d'une sœur d'Henri V. Le pape Honorius II se déclara pour Lothaire; mais Conrad vint en Lombardie, y fut accueilli avec de grands honneurs et il reçut la couronne royale. Le pape ayant déposé ceux qui s'étaient déclarés pour Conrad, le parti de Lothaire prenait le dessus, et tout faisait prévoir que la paix allait enfin se rétablir en Italie lorsque Honorius II mourut.	1138	L'année suivante l'empereur dirigea sa marche vers l'Euphrate et s'empara de Piza; place très-forte défendue par les Turcs. Il attaqua bientôt après Shizar, ville importante située sur les bords de l'Oronte, où s'étaient réfugiés tous les émirs des environs avec leurs troupes. Craignant d'être passés au fil de l'épée, les assiégés lui firent des propositions qui furent acceptées. Ils apportèrent à l'empereur une somme d'argent considérable, et ils s'engagèrent à lui payer un tribut annuel. Jean Comnène prit ensuite le chemin de Constantinople; arrivé dans sa capitale, il exila à Héraclée, en Bithynie, son frère Isaac qui, pendant son absence, avait cherché à se rendre maître du pouvoir.
1137	Peu après, Innocent ayant été expulsé de Rome, Lothaire se déclara son protecteur; il le fit rentrer dans cette ville, et reprit la route de l'Allemagne; mais il mourut en chemin.	1130	On lui donna pour successeur le cardinal de Saint-Ange qui prit le nom d'Innocent II; mais une faction contraire porta le cardinal Pierre de Léon, qui se fit appeler Anaclet II. La faction de ce dernier prévalut à Rome, et Innocent II fut obligé de quitter cette ville et de se réfugier en France. Ce pape fut déclaré pasteur légitime par la France, l'Espagne et l'Angleterre. Quant à l'Allemagne, le parti de Lothaire y prit la même résolution, ce qui porta naturellement Conrad à embrasser le parti d'Anaclet. Dans la Pouille, la race de Robert Guiscard s'était éteinte par la mort de Guillaume II et de Boémond II, prince d'Antioche. Alors Roger II, comte de Sicile, passa le détroit et vint soutenir, les armes à la main, ses prétentions contre les barons de la Pouille, qui s'étaient coalisés pour s'y opposer. Les deux partis embrassèrent la cause de l'un ou l'autre prétendant à la chaire de saint Pierre; Roger se déclara pour Anaclet; les barons pour Innocent II.		
		1130	Anaclet ne négligea rien pour conserver les bonnes grâces de Roger. Par le ministère d'un de ses légats, il le créa roi de Sicile et mit solennellement sur sa tête la couronne royale dans la cathédrale de Palerme. Ce fut un Français, saint Bernard, qui termina ce douloureux conflit; par son éloquence, il apaisa les discordes de la Lombardie; il décida Conrad à renoncer à son prétendu royaume; il persuada aussi aux Milanais de reconnaître Lothaire pour souverain et Innocent pour pontife.		
		1137	Peu de temps après cette conciliation, Lothaire mourut,		

FRANCE.	DATES.	ESPAGNE.	DATES.	ANGLETERRE.
...chié d'Aquitaine, réunit à la couronne le pays situé depuis la Loire jusqu'aux Pyrénées. Tranquille du côté de l'Angleterre, où la mort de Henri Ier [...] des guerres civiles, il ne resta pas longtemps en repos. Il s'éleva bientôt une querelle entre lui et le pape Innocent II pour donner un pasteur à la ville de Bourges. Les intrigues de Thibaut IV, comte de Champagne, ne tardèrent pas aussi à troubler la tranquillité de la France.		Alphonse VII, à la tête d'une puissante armée, fondit sur la province de l'Andalousie, et il ravagea un pays alors sans défense; mais ses succès s'arrêtèrent promptement : un détachement de ses troupes fut mis en pièces presque sous ses yeux. Il fut plus heureux dans la campagne suivante; les dissensions des Maures permirent aux Chrétiens de conduire presque sans obstacles toutes leurs opérations.		Le comte de Glocester, fils naturel de Henri Ier, en attendant l'occasion heureuse de mettre l'impératrice Mathilde sur le trône de son père, avait prêté serment comme les autres, à la condition que le roi d'Angleterre la laisserait en possession de ses dignités et de tous ses droits. Les troubles ne tardèrent pas à éclater; plusieurs barons voulurent fortifier leurs châteaux, et bientôt il s'éleva des forteresses dans tout le royaume. Les grands s'emparèrent aussi du droit de rendre la justice à leurs vassaux et de battre monnaie, enfin de tous les priviléges que la force peut usurper. Le peuple fut la victime des guerres intestines que se faisaient sans cesse les seigneurs entre eux. Le roi lui-même, imitant l'exemple de ses seigneurs, ne commença à gouverner que par la force.
1141 Le roi ayant voulu en effet s'opposer à l'élection d'un archevêque de Bourges, faite sans son consentement, le pape Innocent II mit son royaume en interdit. Le comte de Champagne, homme brouillon et méchant, zélé protecteur des moines, saisissant toutes les occasions de nuire au roi et de troubler l'État, eut beaucoup de part à cette affaire.		**1136** Une nouvelle race de fanatiques, élevée au milieu des sables de l'Afrique, se répandit en Espagne, et la dynastie des Almoravides fit place à celle des Almohades. La tendresse paternelle d'Alphonse VII lui fit commettre la faute de partager ses États entre ses enfants. Sanche, l'aîné, fut désigné pour son successeur au royaume des Deux-Castilles; Ferdinand eut en partage Léon et les Asturies.	**1138**	Le mécontentement de la nation encouragea le comte de Glocester à se révolter; il s'unit au roi d'Écosse David, et tous deux ravagèrent les frontières, mais Étienne remporta sur eux une victoire complète et dispersa les rebelles. Malheureusement Étienne souleva le clergé qu'il aurait dû ménager, en voulant lui ravir les forteresses qui le rendaient indépendant. Indigné d'une pareille conduite, l'évêque de Winchester, son propre frère, qui était revêtu alors de la qualité de légat, fait citer le roi; Étienne refuse de comparaître et arrête cette affaire en menaçant d'employer les armes et la violence.
1143 Louis irrité, fond sur la Champagne, saccage Vitry et fait mettre le feu à l'église, où il périt un grand nombre de personnes; mais accablé de violents remords pour cette exécution, il ne crut pouvoir l'expier qu'en faisant le vœu d'aller en personne à la Terre-Sainte.			**1141**	Mathilde, profitant de ces désordres, entre dans le royaume avec le comte de Glocester, et la guerre civile, avec toutes ses horreurs, éclate aussitôt dans le pays. Après plusieurs combats, l'armée royale fut battue, et le roi lui-même fut fait prisonnier. Le légat se déclara pour Mathilde, qui fut couronnée par l'archevêque de Cantorbéry; mais le caractère impérieux de cette princesse, qui refusa d'accorder aux grands les libertés de la charte de Henri Ier qu'ils réclamaient, excita bientôt des désordres dans le royaume.
			1146	Londres se révolta; le légat, évêque de Winchester, ne tarda pas à trahir Mathilde et à faire cause commune avec les partisans de son frère Étienne retenu prisonnier. La princesse alors se sauva, et le comte de Glocester fut fait prisonnier. L'impératrice l'échangea contre le roi d'Angleterre; mais la mort de Glocester, arrivée quelque temps après, affaiblit considérablement son parti. A peine Étienne fut-il rétabli sur le trône, qu'il eut une querelle avec le pape Eugène III qui lança un interdit sur le royaume. C'était le premier exemple en Angleterre de cette terrible censure. Étienne en prévint les suites si dangereuses en se soumettant.